Gabriele Seitz · Wo Europa den Himmel berührt

Wo Europa den Himmel berührt

Die Entdeckung der Alpen

Von Gabriele Seitz

Artemis Verlag

© 1987 Artemis Verlag, München und Zürich; Verlagsort München.
Alle Rechte, einschließlich derjenigen des auszugsweisen Abdrucks und der
photomechanischen Wiedergabe, vorbehalten. Gestaltung: Meike Harms.
Gesamtherstellung: Passavia Druckerei GmbH Passau.
Printed in Germany ISBN 3–7608–4631–9

Inhalt

ANHANG

Die berühmteste aller Alpen-Überquerungen: Hannibal auf dem Kriegszug gegen die Römer 218 v. Chr. Lithographie nach einer aquarellierten Zeichnung von Alfred Rethel

I. Die Alpen in der Antike

Bei seinem Zug über die ligurischen Alpen baute Herakles eine Straße für sein Heer und für die Gepäckzüge; bevor er das Land diesseits der Alpen, das heute Gallien genannt wird, und Etrurien betrat, vernichtete er alle Räuberbanden, die den Paß unsicher machten«. Diese Arbeit soll nach dem griechischen Geschichtsschreiber Diodorus Siculus und dem römischen Historiker Livius[1] der Heros der griechischen Mythologie (von den Römern Herkules genannt) geleistet haben, als er die zehnte der zwölf von Eurysthenes ihm auferlegten, übermenschlichen Sühnetaten, den Raub der Herde des Geryones, ausführte. Dem griechischen Geographen und Geschichtsschreiber Strabon zufolge zog Herkules auch an der ligurischen Küste entlang, wo ihm zu Ehren eine Burg und ein Hafen »Monoikus« (»des in der Einsamkeit Wohnenden«) genannt wurden[2], ein Name, der in der heutigen Bezeichnung Monacos erhalten geblieben ist.

In der Vorstellung der Römer konnten die Alpen – jahrtausendelang eine *terra incognita* – nur ein Terrain für Bewährung bzw. eine Herausforderung zu gezielt strategischer Überwindung sein. Ihre Ansichten über Gestalt, Höhe und Ausdehnung der Alpen waren – zumindest zunächst – vage und schwankend. Die meisten Schriftsteller verglichen sie einfach mit einer Mauer, einem gewaltigen Wall oder Bollwerk, das eine natürliche Grenze Italiens bildete. Vergil nennt sie nur »hoch in die Lüfte ragend«[3], Silius Italicus vermutete, daß die felsigen Spitzen des Hochgebirges an die Wohnungen der Götter hinanreichen.[4] Polybios, ein für seine Zeit weitgereister Gelehrter, der einst als Geisel aus Griechenland nach Rom gekommen war und 151 v. Chr. auf Hannibals Spuren die Westalpen durchwandert hatte, schätzte die Gesamtausdehnung des Gebirgszuges auf lediglich 2200 Stadien (55 geographische Meilen), wobei er aber vielleicht die Luftlinie der Strecke von Marseille bis zur Nordküste der Adria meinte.[5] Er vermutete, daß man mindestens fünf Tage brauche, um die höchsten Alpengipfel zu erklimmen, während man den Parnassus oder Olympus in einem Tag ersteigen könne.[6] Dabei war allein schon Polybios' Gedanke an eine Gipfelbezwingung ungewöhnlich, denn in der Antike dachte man nicht anders, als daß die Alpen

Römischer Reisewagen. Relief von einem Grabmal aus Virunum (Kärnten)

äußerst unwirtlich und abweisend seien. Livius, der große Historiker im Zeitalter des Augustus, prägte das Wort von der ›foeditas Alpium‹, der Scheußlichkeit der Alpen. Obwohl etliche der lateinischen Schriftsteller fast am Fuß des Gebirges zu Hause waren – Livius stammte aus Padua, Vergil aus Mantua, Plinius d. Ä. aus Como, Catull und Cornelius Nepos kamen aus Verona –, trug dies nicht dazu bei, ihre Sympathie für die Alpen zu wecken. Julius Caesar, in militärischer Mission in den Westalpen, hatte keinen Blick für ihre Schönheit; während der Reise diktierte er seinem Stenographen eine Schrift über Grammatik, ›De analogia‹. Eine ästhetische Würdigung der Alpen sucht man in der römischen Literatur vergeblich. Dagegen finden sich zahlreiche Schilderungen, die das Meer und anmutig-liebliche Landschaften preisen. Das die Alpen beschreibende Vokabular ist knapp und gibt der negativen Einstellung Ausdruck. Sie werden »gelidae« (eisig) genannt, »ventosae« (sturmumbraust), »savae« (wild), »latebrosae« (schluchtenreich), »tremendae« (schreckeinflößend) und – in einem Bild ihrer Unzugänglichkeit – als den Sterblichen verschlossen.

Jedoch waren die Alpen zu dieser Zeit längst durch zahlreiche Stämme besiedelt. Schon in der Mittelsteinzeit (7000–4000 v. Chr.) hatten Jäger, die Steinböcken, Murmeltieren und Höhlenbären nachpirschten, Sommerlager in den Hochregionen oberhalb der noch versumpften Täler bezogen, wie Archäologen an einigen Fundstellen, zum Beispiel auf dem Penserjoch, nachweisen konnten. Ab etwa 1800 v. Chr. datiert eine fortschreitende Besiedelung der Alpen. Seit der Bronzezeit wurde im Tiroler und Salzburger Land Kupfer gefördert, seit etwa 800 v. Chr. Steinsalz abgebaut – das keltische Wort ›halen‹ für Salz gab dieser Niederlassung, Hallstadt, den Namen.

Polybios weiß einige, Strabon eine stattliche Anzahl von Alpenvölkern zu nennen. Nach Livius waren die Kelten die ersten, die die Alpen überschritten haben, doch fanden sie schon frühere Ansiedelungen vor, etwa die der Ligurer in den Seealpen, der Räter in Graubünden und den angrenzenden Ländern Tirols, der Euganeer in Südtirol und der Illyrer in den Ostalpen. Livius datiert den ersten Wanderzug der Kelten um 600 v. Chr. König Ambigatus soll die Führung einer aus verschiedenen Stämmen gemischten Schar seinem Neffen Bellovesus übergeben haben, der die graischen Alpen, also vermutlich den

Kleinen St. Bernhard, überschritt und in der Po-Ebene den Gau der Insubrer mit der Stadt Mailand gründete. Im Anschluß an diese erfolgreiche Unternehmung ließ ein zweiter Schwarm den Gau der Cenomanen mit den Städten Brescia und Verona entstehen.[7] Die Inschrift auf dem Tropaeum Alpium, dem Monument der Siege des Kaisers Augustus, das in Turbia (La Turbie) nahe Monaco aufgestellt war, nannte 44 Alpenvölker. Der Berner Forscher Dübi war der Ansicht, daß die allgemeinen Schilderungen der Gallier (Kelten) bei Caesar, Strabon, Diodorus und anderen Autoren auf die Alpenvölker übertragen werden dürfen. Demnach wären folgende Eigenschaften zu konstatieren: kriegerisch, jähzornig, entschlußfreudig, von unbedeutender geistiger Kultur, aber bildungsfähig, rechtsbewußt, abgehärtet, den Wahrsagungen ihrer Priester zugänglich. Die als schön bezeichneten, blonden Frauen waren den Männern, deren Stimme dumpf, rauh und drohend klang, nicht nur an Kraft, sondern auch an Größe ähnlich »und zu fürchten, wenn sie sich schnaubend in den Kampf einmischten ...«.[8]

Wenn die lateinischen Schriftsteller die Alpen an sich als unwirtlich betrachteten, so hatten die Römer andererseits durchaus Interesse an den wirtschaftlichen Produkten, die aus dieser Region kamen. Plinius berichtet, die gewaltigen Baumstämme der Bergforste gefielen den Römern nur allzusehr, so daß der südliche Abhang der Alpen seines ursprünglichen Bestandes beraubt sei.[9] Strabon überliefert, man finde in den ligurischen Wäldern viel Schiffbauholz und Bäume bis zu einem Durchmesser von acht Fuß. Manches Holz dort sei wegen seiner schönen Maserung zu Tischlerarbeiten so brauchbar wie das Zedernholz. Die Ligurer, die wohl als erstes Volk über Maulesel verfügten[10], brachten es neben Vieh, Häuten und Honig nach Genua, wo sie dagegen Öl und Wein tauschten. Außerdem handelten sie Harz, Kienholz und Pech, Wachs und Käse gegen Lebensmittel ein.[11] Nach Plinius waren die Seealpen auch reich an Binsen.[12] Von Sueton wissen wir, daß der rätische Wein, der einen milden Geschmack gehabt haben soll, ein Lieblingsgetränk des Kaisers Augustus war.[13] Docleates, ein Käse aus den dalmatischen Gebirgen, bereicherte die Tafeln reicher Römer, auch preist Plinius eine Käsesorte namens Vatusicus, den die Centronen der Westalpen herstellten.[14] Überdies spricht er von einer Weizengattung, die in Alpentälern gedieh und schon nach drei Monaten zur Reife kam, sowie von einer Buchweizenart mit schwarzen Körnern aus dem Gebiet der Tauriner;[15] die Räter sollen schon einen eigentümlichen Pflug benützt haben.[16]

Ebenso wußte Plinius, daß bestimmte Kräuter aus dem Hochgebirge heilsam wirken.[17] Bekannt war ihm der Bergkristall, von dem er glaubte, er sei unter Einwirkung

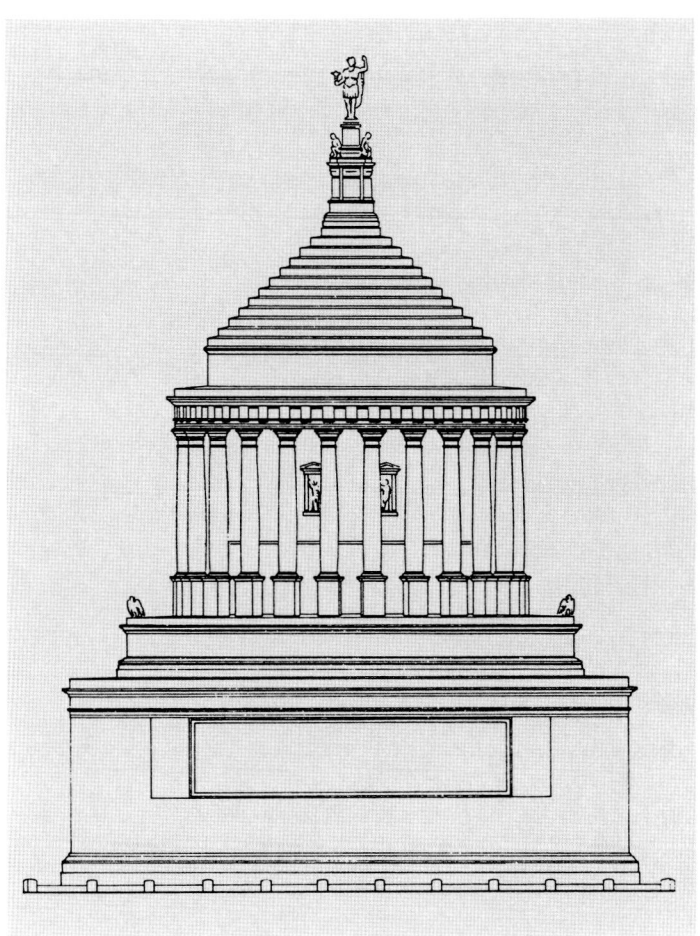

Zeichnerische Rekonstruktion des Siegesdenkmals von La Turbie, das die Unterwerfung der Alpenvölker feiert (Höhe: 50 m)

der Kälte entstanden. Doch die Fundstellen seien so unzugänglich, daß man sich an Seilen zu ihnen hinablassen müsse.[18] Erwähnenswert waren Plinius die Marmorvorkommen der Alpen.[19]

Im Bergland der Noriker (Steiermark) stellte die Förderung und Bearbeitung von Metallen, besonders von Eisen, einen wichtigen Erwerbszweig dar.[20] Den ›Carmina‹ des Horaz zufolge waren zum Beispiel auch die Räter mit eisernen Waffen ausgerüstet.[21] Besonders aber vom Goldreichtum der Alpen sprechen die antiken Geschichtsschreiber. Polybios berichtet von einem ergiebigen Vorkommen im Gebiet der Taurisker in Noricum in der Nähe von Aquileia in lediglich 15 Fuß Tiefe. Wenn man nur zwei Fuß Erde abgeschürft habe, sei zum Teil reines Gold in Stücken von der Größe einer Bohne zutage gekommen. Die sich schnell verbreitende Nachricht von dieser Grube habe bewirkt, daß der Goldpreis in ganz Italien um ein Drittel gefallen sei. Die Taurisker hätten daraufhin aus ihrer Fundstelle ein Monopol gemacht, aber jetzt gehörten alle Goldbergwerke den Römern[22] – wie auch jene der Salasser, über die Strabon erzählt (siehe Dokumentation).

Die Geschichte der Unterwerfung jener Länder, die im Bereich der Alpen lagen – Liguria, Gallia Narbonensis, Gallia Transpadana, Germania Superior, Raetien, Vindelicien, Noricum, Venetien, Illyrien und Pannonien –, durch die Römer ist ein trübes Kapitel mit dramatischen Höhepunkten. Sie datiert im wesentlichen nach der über ein Jahrhundert während Auseinandersetzung Roms um die Vorherrschaft im westlichen Mittelmeer mit Karthago – in die Zeit zwischen 264–146 v. Chr. fallen die drei punischen Kriege –, die schließlich mit der Zerstörung Karthagos endete. Die erste militärische Expedition ins Innere der Alpen richtete sich 154 v. Chr. gegen die Ligurer. Der römische Geschichtsschreiber Florus berichtet darüber: »Die Ligurer, welche die südlichsten Alpenkämme … bewohnen und in undurchdringlichen Wäldern und Dornhecken ihre Schlupfwinkel haben, aufzufinden, war einst eine größere Arbeit, als sie zu besiegen. Das abgehärtete und behende Volk verlegte sich, indem es sich auf die Örtlichkeit und die Flucht verließ, mehr auf Raub als auf Krieg. Als daher die Salluvier, Deciaten, Oxubier und Ingauner die römischen Heere lange und vielfach zum besten gehabt, zündete Fulvius ihre Verstecke an, Baebius führte sie ins Flachland ab, Postumius entwaffnete sie so, daß kaum die zum Ackerbau erforderlichen Eisengeräte übrigblieben.«[23] Das Gebiet der Allobroger, zu dem Genf gehörte, eroberten die Römer 121 v. Chr.; 110 v. Chr. beherrschten sie die Ostalpen. Über den heroischen Untergang eines rätischen Volkes aus der Gegend bei Trient, der Stoiner, 118 v. Chr. heißt es bei dem spätrömischen Geschichtsschreiber Orosius: »Als diese sich durch die römischen Truppen eingeschlossen sahen und merkten, daß sie ihnen im Kampf nicht gewachsen sein würden, töteten sie ihre Weiber und Kinder und stürzten sich selbst in die Flammen. Diejenigen aber, welche durch Dazwischenkunft der Römer an der Ausführung des Selbstmordes verhindert worden waren, töteten sich in der Gefangenschaft, teils durch das Schwert, teils durch Aufhängen, teils durch Verweigerung der Nahrung, und es blieb nicht ein junger übrig, der aus Liebe zum Leben das Joch der Knechtschaft ertragen hätte.«[24]

Die Salasser wurden erstmals 143 v. Chr. bezwungen, zum letzten Mal 25 v. Chr. Während vor allem die Goldvorkommen auf ihrem Gebiet der römischen Staatskasse zugute kamen, trieben die Sieger alle erwachsenen Salasser – an die 35 000 – auf den Sklavenmarkt von Eporedia.[25] Das heutige Wallis war bereits durch Caesar seit 57 v. Chr. in römischer Hand. Die restlichen freien Alpenvölker unterwarfen die Adoptivsöhne des Kaisers Augustus, Ti-

berius und Drusus, durch einen großangelegten Feldzug. Welch übermenschlichen Widerstand ihnen dabei die Räter entgegensetzten, geht aus einem Bericht des Florus hervor: ihre Frauen haben demzufolge, sobald sie die Geschosse verbraucht hatten, ihre Kinder den andringenden römischen Soldaten ins Gesicht geschleudert.[26] Um 15 v. Chr. stand das gesamte Alpengebiet unter römischer Herrschaft. Diese Nachricht wurde in der Hauptstadt mit Genugtuung begrüßt. Horaz feierte Tiberius und Drusus in zwei formvollendeten Oden.[27]

Die Grenze des römischen Reiches bildete nun im Norden die Donau. Mit der Ausdehnung des Herrschaftsgebietes wurde der konsequente Ausbau des Straßennetzes notwendig. »Der Kaiser Augustus«, so Strabon, »verband mit der Unterjochung der räuberischen Alpenvölker auch die Gangbarmachung der Wege, soweit es möglich war; denn die Natur läßt sich nicht überall besiegen wegen der Felsen und ungeheuren Abhänge, so daß man bei einem Fehltritt unvermeidlich Gefahr läuft, in unergründliche Schluchten hinabzustürzen. Die Alpenwege sind teilweise so schmal, daß Fußgänger und selbst Lasttiere … vom Schwindel ergriffen werden; (die Einheimischen tragen die Lasten ohne Gefahr). Dem konnte man freilich nicht abhelfen, so wenig als dem Herabrollen der Eislawinen, die den Reisenden Tod und Verderben bringen, indem

Römische Münze zum Gedenken an die Unterwerfung der Alpenvölker: Kaiser Augustus nimmt von den Generälen Drusus und Tiberius den Siegeslorbeer entgegen. Geprägt nach 15 v. Chr.

sie so oft ganze Gesellschaften mit sich in die Tiefe schleudern.«[28]

Von den bis dahin bekannten Wegen über die Alpen ist wenig überliefert. Polybios kannte vier Pässe: den Küstenweg in den ligurischen Seealpen (Alpis maritima), im Gebiet der Salasser den Kleinen St. Bernhard (Alpis Graia). Im zehnten nachchristlichen Jahrhundert erst wurde der Mons Jovis nach dem Hospizgründer, dem heiligen Bernhard von Aosta so genannt), im Land der Tauriner den Mont Cenis und einen in der Region der Räter, wahrscheinlich den Brenner[29], dessen Name vermutlich von den dort ansässigen Breunern stammt. Strabon weiß vom Großen St. Bernhard (Mons Columnae Jovis, Alpis Poenina) zu berichten, daß er gegenüber dem Kleinen St. Bernhard, der befahrbar war, zwar kürzer, aber schmal und dem Lastvieh unzugänglich sei.[30] Als älteste Römerstraße über die Alpen gilt der Mont Genèvre (Mons Matrona), der Briançon mit Susa verbindet. Als Übergang schon 388 v. Chr. von den Galliern benützt, legte Pompejus 77 v. Chr. den Weg an, der unter Augustus ausgebaut wurde.

Unter die Herrschaft dieses Kaisers, der persönlich die Verwaltung der eroberten Gebiete regelte, fällt die Vermessung des römischen Reiches. Der Leiter dieser Unternehmung, Agrippa, faßte das Resultat seiner Arbeiten in einem Kommentar (›Kosmographie‹) zusammen, nach dem eine Weltkarte entstand. Diese war in Rom beim Porticus Pollae auf dem Marsfeld für jedermann zu besichtigen. Kopien des Originals existierten wohl in jeder größeren Stadt; in verkleinerter Form dienten sie als

Römischer Silberdenar des L. Hostilius Saserna, um 46 v. Chr. Fundstück von der Septimer-Paßhöhe

Julierpaß mit Römersäulen. Aus: Johann Jakob Scheuchzer, Natur-Historie des Schweitzerlands, Zürich 1716 ▷

Handexemplar Offizieren und Verwaltungsbeamten. Ein solches, auf den Stand des 4. Jahrhunderts gebrachtes Exemplar ist uns in einer Nachzeichnung von 1264 durch einen Colmarer Mönch erhalten. Obwohl die sogenannte Tabula Peutingeriana bei etwa 35 Zentimetern Breite und 6,82 Metern Länge weder auf die Gestalt der Länder, Gebirge und Gewässer, noch auf die geographische Lage der Orte Rücksicht nimmt, sich vielmehr auf deren Bezeichnung und auf Distanzen konzentriert, gibt sie doch einen Überblick über die damals gebräuchlichen Alpenpässe. Eine andere Informationsquelle stellt das unter Diocletian (284–305) redigierte Itinerarium Antonini dar, ein Stations- und Distanzverzeichnis, das sich auf den Ausgangspunkt des gesamten römischen Straßennetzes, das Miliarium aureum auf dem römischen Markt, bezieht.

Wir dürfen davon ausgehen, daß folgende Pässe – von West nach Ost – den Römern bekannt, von ihnen meistens ausgebaut und benutzt waren:

– Mont Genèvre, zwischen Briançon und Susa; Übergang der Gallier 388 v. Chr., älteste Römerstraße über die Alpen, durch Pompejus 77 v. Chr. angelegt, unter Augustus ausgebaut
– Mont Cenis, zwischen Grenoble (Modane) und Turin (Susa)
– Kleiner St. Bernhard, zwischen Albertville (Moûtiers) und Aosta; von den Kelten begangen, wahrscheinlich Hannibals Übergang 218 v. Chr., unter Augustus ausgebaut
– Großer St. Bernhard, zwischen Martigny und Aosta; in der Bronzezeit benützt, von Augustus ausgebaut
– Simplon, zwischen Brig und Domodossola; zur römischen Kaiserzeit angelegt
– Lukmanier, zwischen Disentis und Biasca
– Splügen, zwischen Chur und Chiavenna; zur römischen Kaiserzeit angelegt
– Septimer, zwischen Bivio und Casaccia; Reste eines römischen Hospitium (Unterkunft für Reisende)
– Julier, zwischen Bivio und Silvaplana; zur römischen Kaiserzeit angelegt
– Reschen, zwischen Nauders und Mals; unter Claudius (41–54, »Via Claudia«) angelegt
– Fernpaß, zwischen Imst und Reutte; unter Claudius angelegt
– Brenner, zwischen Innsbruck und Sterzing (Bozen); von den Rätern und Kelten begangen, unter Septimius Severus (193–211) ausgebaut
– Seefelder Paß, zwischen Mittenwald und Zirl; zur römischen Kaiserzeit angelegt

Tab. V.

- Plöcken, zwischen Mauthen und Tolmezzo; zur römischen Kaiserzeit gebaut
- Radstätter Tauern, zwischen Radstadt und St. Michael; zur spätrömischen Kaiserzeit angelegt
- Katschberg, zwischen St. Michael und Spittal o. d. Drau; seit der Eisenzeit begangen, in spätrömischer Zeit ausgebaut
- Saifnitzer Sattel, zwischen Udine und Villach; zu Beginn der römischen Kaiserzeit angelegt
- Pyhrn, zwischen Windischgarsten und Liezen; Römerstraße
- Hohen Tauern, zwischen Liezen und Judenburg; frühgeschichtliche Salz- und Eisenstraße, in der römischen Kaiserzeit ausgebaut
- Prebichl, zwischen Hieflau und Leoben; frühgeschichtliche ›Eisenstraße‹
- Neumarkter Sattel, zwischen Murtal und Gurktal; zur römischen Kaiserzeit angelegt

Darüber hinaus wußten die Römer wahrscheinlich vom Col d'Argentière, Col du Lauteret, Col du Cabre, Col de la Seigne und du Bonhomme in den Westalpen und vom Arlberg-Paß in den Ostalpen. Strabon berichtet, daß die Übergänge über die Hochgebirge, deren es früher nur wenige und höchst beschwerliche gab, jetzt – er meint unter dem Pontifex maximus Augustus – zahlreicher seien und sich vor Überfällen leicht beschützen ließen, was durch Kunstbauten bewerkstelligt worden sei.[31]

Ausschnitt aus der Tabula Peutingeriana, der mittelalterlichen ▷ Kopie einer Straßenkarte des römischen Reiches in Rollenform. In verzerrter Projektion unten als grünes Band das Mittelmeer mit Sardinien links. Im breiten Mittelteil von links nach rechts die norditalienischen Städte Lucca, Pisa, darüber Como, Pavia, Mailand usw. Das obere Viertel verzeichnet u. a. Chur, Augsburg, Kempten, Matrei, Sterzing, Klausen, Regensburg, Salzburg, Wels und die Radstätter Tauern oberhalb von Aquileia, das als Festung an der Adria rechts erscheint

15

Pierre Portuis. Felsentor auf der Strecke von Basel nach Biel – ein Beispiel für den römischen Straßenbau in der Darstellung David Herrlibergers, Mitte 18. Jahrhundert

Zweirädriger Kurierwagen. Trier, spätrömisches Relief

Der Begriff Kunststraße bedeutet zunächst, daß die Römer strategisch vorgingen; ihr Ideal war die kürzestmögliche, gerade Verbindung. Die Bauingenieure richteten sich außerdem, genau die Verhältnisse beobachtend, nach den natürlichen Bedingungen, legten die Straßen an sonnenseitigen Hängen an und mieden Lawinen- und Steinschlag-Striche. Diese beiden Prinzipien sowie ein enormer Aufwand an Bautrupps – unter der Leitung der Heeresbauabteilung zum größten Teil bestehend aus unterjochten Ortsansässigen, Gefangenen und Sklaven – bewirkten eindrucksvolle Leistungen, die bis ins 19. Jahrhundert nicht ihresgleichen finden. Dazu trug auch die Entwicklung neuer technischer Methoden (z. B. Stützmauern) und Baumaterialien wie Mörtel und Beton bei. Während die römischen Überlandstraßen eine durchschnittliche Breite von vier bis fünf Metern aufwiesen, maßen Alpenstraßen normalerweise nur 1,25 bis 2,35 Meter. Auf Bergstrecken verlegte man, wo dies wegen der Ausschwemmung durch Regen und Schneeschmelze geboten war, 30 Zentimeter dicke Stämme, die ihrerseits mit Bohlen und einer Schotterschicht bedeckt waren. Vielfach wurden Trittstufen für die geplagten Zug- und Reittiere und Geleise in den Felsen gehauen, damit die

Fahrzeuge nicht seitlich abrutschten. Auf den dafür geeigneten Pässen fuhren vierrädrige Planwagen, die sich nur wohlhabende Reisende leisten konnten, zweirädrige Karren für den Warentransport und ebenfalls zweirädrige Eilwagen für Kuriere, die bis zu 180 Kilometer am Tag (!) hinter sich brachten. Dies war allerdings nur dank der ausgezeichneten verwaltungstechnischen Organisation des Straßennetzes möglich, das der lückenlosen Verbindung der einzelnen Provinzen mit Rom vor allem militärisch, aber auch handelspolitisch diente. Um darüber hinaus den umfangreichen Postverkehr zu sichern, schuf Augustus den *cursus publicus*: an allen Hauptstrecken konnten die staatlich-dienstlich Reisenden nun im Abstand von einem Tagesweg (23–28 Kilometer) Unterkünfte (*mansiones*) aufsuchen, wo sie über Nacht blieben und ein Bad sowie Verpflegung und Proviant für den nächsten Tag vorfanden. Auf Pferdewechselstationen, den *mutationes*, wurden durchschnittlich vierzig Pferde – in den Alpen auch Maultiere – bereitgehalten; dazu stand in größeren bzw. wichtigeren Stationen ein Tierarzt, ein Schmied, ein Wagenbauer und ein Schirrmeister zur Verfügung. Besonders die offi-

ziellen (Eil-)Kuriere, die entweder in der *birota*, einem leichten Reisewagen, fuhren oder beritten waren – dann führten sie ein Beipferd für Post, Lebensmittel und Futter mit –, mußten ihre Pferde ständig auswechseln. Die *praefecti vehiculorum* (Aufsichtsbeamten) kontrollierten die ihnen unterstehenden *mansiones* und *mutationes* regelmäßig, während als Wachtposten abkommandierte Legionssoldaten für die Sicherheit der Wege sorgten. Aufgabe der Anlieger war es, die mit Meilensteinen bestückten Straßen in gutem Zustand und schneefrei zu halten; bereits seit 22 v. Chr. legte ein Gesetz der *cura viarum* (Sorge für die Straßen) diese Fronpflicht fest. Nur wer über viel Geld verfügte, konnte sich von ihr freikaufen.

Nicht zuletzt das Verkehrswesen bewirkte schließlich eine Romanisierung der Alpenprovinzen, die damit erst-

mals in ein zusammenhängendes Staats- und Kulturleben eingegliedert wurden. Mit dem Untergang des römischen Imperiums nach einem langen Prozeß innerer Auflösung im 5. Jahrhundert verfielen auch die Einrichtungen und Denkmäler der Antike. »Mit dem Sturz Westroms und dem Eindringen germanischer Stämme in die römischen Provinzen und schließlich in das Stammland Italien zerbrach auch jenes unvergleichliche Macht- und Herrschaftsinstrument, das zentral geplante, finanziell und rechtlich gesicherte Straßennetz der Römer, das spinnwebartig über dem gesamten Imperium gelegen hatte.«[32] Das Reisen über die Alpen wurde noch mehr zu einem Wagnis mit unvorhersehbaren Risiken.

★

Bonus Eventus, der Beschützer der Reisenden. Römische Gemme aus dem späten 2. Jahrhundert n. Chr.

Petronius († 66 n. Chr.), der römische Satiriker am Hof Neros, über den ewigen Winter im Hochgebirge

In den hochragenden Alpen, wo die durch die göttliche Kraft des Herkules bezwungenen Felsen sich zu Tal senken und einen Zugang gewähren, ist eine Stelle, geheiligt durch die Altäre, die der Held dort errichtete; sie verschließt mit hartgefrorenem Schnee der Winter, und mit grauem Scheitel erhebt sie sich bis zu den Sternen: man möchte wähnen, des Himmels Gewölbe sei dort eingestürzt; denn nicht durch die Strahlen der hochstehenden Sonne wird hier der Frost gemildert, auch nicht durch den sanften Hauch des Frühlings, sondern alles starrt hier ewig in Eis und im Reife des Winters.

Der griechische Geograph Strabon (63 v. Chr.–19 n. Chr.) über die Gefahr der Lawinen

Gewaltige Eisschichten, die von den Bergen herabrollen, reißen oft ganze Reisegesellschaften mit sich fort und schleudern sie in die unten liegenden Täler. Denn es ruhen viele Schichten übereinander, indem eine Schneelage an die andere als Eis anfriert, weshalb sich dann die Schneemassen an der Oberfläche jederzeit leicht von den tiefer befindlichen ablösen, ehe sie ganz von der Sonne geschmolzen werden.

Der Übergang des Heermeisters Stilicho über den Splügenpaß, geschildert von dem römischen Dichter Claudius Claudianus (375–404)

Viele Krieger erstarrten vor Frost, als hätten sie das Antlitz der Gorgo geschaut, viele verschlang die Masse des tiefen Schnees, oft versank Wagen und Gespann wie ein schiffbrüchiges Fahrzeug in den Abgrund, bisweilen stürzte ein Berg durch einen

Konrad Geßner: Der Steinbock. Eine der frühesten Darstellungen des Alpentiers, Mitte 16. Jahrhundert

Eisrutsch zusammen, und der laue Föhn machte durch Unterhöhlung des Bodens den Tritt unsicher. Durch solche eisstarrende Gegenden zieht Stilicho. Nirgends gibt es einen Becher Wein als Labetrunk, selten Getreide. Zufrieden ist man, zusammengeraffte Nahrung, ohne die Waffen abzulegen, zu kosten, und belastet mit dem triefenden Mantel klopft der Reiter das frierende Pferd. Kein weiches Lager gibt es für den Müden; wenn die düstere Finsternis der Nacht hereinbricht, kriecht der Soldat in Höhlen, wo er wilde Tiere fürchten muß, oder er schläft in einer Hirtenhütte, das Haupt auf den Schild legend. Bleich steht der Hirte vor dem gewaltigen Fremdling, und die herrliche Erscheinung, die sie nicht kennt, zeigt die bäuerliche Mutter ihrem schmutzigen Jungen.

Ammianus Marcellinus (um 330–um 400): Erste Erwähnung von Wegeleitstangen in den Alpen

[Der Anblick] der überhängenden Felsen [ist] schreckhaft, in der Frühlingszeit, wenn die schmelzenden Eismassen Menschen und Fahrzeuge in die Tiefe reißen, und vollends im Winter, wo alles mit einer Eiskruste überzogen ist, wo der Fuß des Wanderers auf der spiegelglatten Fläche ausgleitet und tückische Spalten ihn zu verschlingen drohen, wahrhaft grauenerregend. Die Einheimischen befestigen an sicheren Stellen Stangen, damit ihre Reihe den Reisenden sicher geleite; doch werden auch diese Stangen zuweilen im Schnee begraben oder von den herabstürzenden Wildbächen fortgeschwemmt. Dann kann man nur mit Hilfe Ortskundiger als Führer vorwärts kommen, aber nur mit großer Mühe.

Polybios über den Steinbock

Polybios erzählt, in den Alpen gebe es ein eigentümliches Tier, der Gestalt nach einem Hirsch ähnlich, abgesehen vom Hals und dem Haarwuchs, der dem eines Ebers gleiche. Unter dem Kinn habe es einen Auswuchs von der Form etwa eines Fichtenzapfens, ungefähr eine Spanne lang, an der Spitze behaart und so dick wie der Schwanz eines Fohlens.

Strabon über das Gold der Salasser

Nachdem die Römer festen Fuß in diesem Lande gefaßt, verloren die Salasser zwar ihre Goldwäschereien samt ihrem Gebiet, allein sie behielten ihre Wohnsitze im Gebirge und verkauften das goldhaltige Wasser des Flusses an die, welche die Wäschereien vom Staate gepachtet; mit den Staatspächtern lebten sie in beständigem Streite wegen deren Habsucht. So fanden die römischen Statthalter, die in diese Gegend geschickt wurden, stets einen Vorwand, die Salasser zu bekriegen. Und bis auf die neueste Zeit blieben diese, mit den Römern bald im Kriege, bald im Frieden lebend, mächtig und taten denen, welche durch ihr Land über das Gebirge zogen, als geübte Räuber oft großen Schaden. So zwangen sie den Decimus Brutus auf seiner Flucht von Mutina, ihnen für jeden Mann seines Gefolges eine Drachme zu bezahlen. Messala, der in ihrer Nähe überwinterte, mußte das Brennholz sowie das Holz zu Wurfspießen von ihnen teuer kaufen. Auch plünderten sie Caesars Kasse und warfen Felsstücke auf die Legionen herab, unter dem Vorwand, daß sie Wege und Brücken anlegen wollten. Zuletzt besiegte sie Augustus gänzlich und verkaufte sie alle auf dem Sklavenmarkt zu Eporedia.

Die berühmteste aller Alpenüberquerungen: Hannibals Wagestück 218 v.Chr., berichtet von dem griechischen Geschichtsschreiber Polybios (201–120 v.Chr.) und dem römischen Historiker Titus Livius (59 v.Chr.–17 n.Chr.)

(Welchen Paß der Westalpen der Karthager auf seinem Kriegszug gegen die Römer überschritten hat, steht nicht eindeutig fest. Nach Polybios, der 151 v.Chr. die südlichen Alpengegenden bereist hat, um sich ein authentisches Bild von der möglichen Strecke zu machen, war es wahrscheinlich der Kleine St. Bernhard, Livius zufolge eher der Mont Genèvre.)

Polybios:
Nachdem die Elefanten übergesetzt waren, marschierte Hannibal mit den Tieren und den Reitern, mit denen er die Nachhut bildete, stromaufwärts vom Meere her in östlicher Richtung ins Binnenland Europas. Die Rhone hat ihre Quellen, die nach Westen gerichtet sind, oberhalb des Adriatischen Meerbusens am Nordabhang der Alpen, fließt gen Wintersonnenuntergang und mündet in das Sardinische Meer. Ihr Lauf geht eine weite Strecke durch ein enges Gebirgstal, nördlich von dem das keltische Volk der Ardyer wohnt, während seine ganze Südseite von den Nordabhängen der Alpen begrenzt wird. Die Ebenen um den Po aber, von denen ich schon ausführlich gesprochen habe, sind vom Rhonetal durch das erwähnte Hochgebirge getrennt, das bei Massalia anfängt und bis zum innersten Winkel der ganzen Adria reicht. Dieses Hochgebirge nun überstieg damals Hannibal vom Rhonetal her, um so in Italien einzufallen ...

Der römische Konsul Publius indessen gelangte drei Tage nach dem Aufbruch der Karthager an die Stelle des Flußüberganges und stellte fest, daß die Feinde bereits weitergezogen

Der Karthager Hannibal (247/46–182 v.Chr.), einer der größten Feldherrn des Altertums. Römische Marmorbüste

waren. Er war hierüber auf das stärkste betroffen, da er überzeugt gewesen war, sie würden wegen der Menge und Unzuverlässigkeit der barbarischen Bewohner des Landes niemals wagen, auf diesem Weg nach Italien zu ziehen.

Livius:
Als er aber merkte, daß die Bollwerke verlassen waren und daß er die weit vorgerückten Feinde nicht ohne weiteres einholen könne, kehrte er zu seinem Schiffslager am Meer zurück: Er wollte Hannibal um so sicherer und leichter begegnen, wenn er von den Alpen herabstieg.

Polybios:
Hannibal aber war nach viertägigem Marsch von der Übergangsstelle aus zu der sogenannten Insel gekommen, einem dicht besiedelten und fruchtbaren Land, das seinen Namen auf Grund der geographischen Gegebenheiten führt. Die Rhone hier, dort die Isère, die an ihren beiden Seiten hinfließen, bilden miteinander ein spitzwinkliges Dreieck, dessen Scheitel der Punkt darstellt, an dem sie sich vereinigen ...

Dort angekommen, fand er zwei Brüder miteinander im Streit um die Königsherrschaft, die mit ihren Heeren einander gegenüberlagen. Als der ältere ihn herbeirief und ihn bat, ihm beizustehen und ihm zur Herrschaft zu verhelfen, ging er auf diese Bitte ein, da der Vorteil, der ihm in seiner Lage daraus erwachsen mußte, nicht zu verkennen war. Er griff also ein, half den anderen vertreiben und erhielt nun von dem, der Sieger geblieben war, vielfältige Unterstützung. Denn er versorgte das Heer nicht nur reichlich mit Brotkorn und sonstigen Lebensmitteln, sondern tauschte auch sämtliche alten und schadhaft gewordenen Waffen aus und erneuerte in erwünschtester Weise die ganze Ausrüstung, stattete außerdem die meisten mit Klei-

Der Hannibalzug.
In einem Engpaß
wird den Karthagern
vom Feinde hart zu-
gesetzt. Lithographie
nach einer aquarel-
lierten Zeichnung
von Alfred Rethel

Hannibals Alpen-
überquerung. Elefanten
in einem Hohlweg

dung und dazu mit Schuhwerk aus und leistete damit eine wertvolle Hilfe für den Übergang über das Gebirge. Vor allem aber, da sie wegen des Marsches durch das Gebiet der keltischen Allobroger in Sorge waren, sicherte er ihren Durchzug, indem er mit seinem eigenen Heer die Nachhut bildete, bis sie sich dem Übergang über die Alpen genähert hatten.

Nachdem Hannibal in zehntägigem Marsch flußaufwärts achthundert Stadien zurückgelegt hatte, begann er mit dem Anstieg zu den Alpen.

Livius:

Die Höhe der Berge, die man jetzt aus der Nähe sah, die Schneemassen, die sich fast mit dem Himmel vereinigten, die elenden, auf Felsvorsprüngen gebauten Hütten, die Herdentiere und das Zugvieh, das vor Kälte verkümmert aussah, die ungeschorenen und verwilderten Menschen, die gesamte lebende und leblose Natur, vor Frost erstarrt, und alle übrigen Erscheinungen, die beim Anblick noch abscheulicher wirken als in der Schilderung, [ließen] den Schrecken jetzt wieder neu entstehen.

Polybios:

Hier warteten seiner die größten Gefahren. Solange er nämlich im Flachland war, wagten sich die Häuptlinge der einzelnen allobrogischen Clans nicht an ihn heran, aus Furcht teils vor der Reiterei, teils vor den ihn geleitenden Barbaren. Als jene aber nach Hause zurückgekehrt waren und für Hannibal die Geländeschwierigkeiten anfingen, da zogen die Häuptlinge der Allobroger eine ansehnliche Truppenmacht zusammen und besetzten im voraus die beherrschenden Punkte, zwischen denen Hannibal bei seinem Aufstieg notwendig durchziehen mußte. Hätten sie nun ihre Absichten verborgen gehalten, so würden sie das karthagische Heer vollständig aufgerieben haben. So aber zeigten sie sich offen und taten zwar auch dem Heere Hannibals großen Schaden, erlitten selbst aber nicht geringere Verluste. Als nämlich der Feldherr der Karthager erkannte, daß die Barbaren die beherrschenden Punkte vorweg besetzt hatten, schlug er selbst vor den Pässen sein Lager auf und wartete hier, von seinen gallischen Führern aber schickte er einige voraus, um die Absichten des Gegners und sein ganzes Verhalten zu erkunden. Diese meldeten dem Feldherrn, daß die Feinde tagsüber mit Eifer und in guter Disziplin ihren Wachtdienst versähen, nachts aber ihre

Stellung verließen und eine benachbarte Stadt aufsuchten. Diesem ihrem Verhalten paßte er seinen Plan an und tat folgendes. Er rückte mit seinem Heer vor den Augen der Feinde bis dicht an den Engpaß heran und schlug nicht weit von ihnen entfernt sein Lager auf. Bei Einbruch der Nacht befahl er die Wachtfeuer anzuzünden und ließ den größeren Teil seines Heeres dort zurück, während er mit den tüchtigsten Leuten ohne Gepäck in der Nacht durch den Engpaß hindurchzog und die Stellung der Feinde besetzte, da sich die Barbaren ihrer Gewohnheit gemäß in die Stadt begeben hatten.

Als die Barbaren bei Tagesanbruch merkten, was geschehen war, gaben sie zunächst ihre Angriffsabsichten auf; da sie dann aber sahen, daß die vielen Lasttiere und die Reiter sich nur mühsam und in langgestrecktem Zug durch die Enge hindurchwanden, ermutigte sie das, die Marschkolonne zu beunruhigen. Bei den an verschiedenen Stellen einsetzenden Angriffen erlitten die Karthager, nicht sowohl durch die Feinde selbst wie infolge der Geländeschwierigkeiten, große Verluste und zwar vor allem an Pferden und Lasttieren.

Livius:
Hauptsächlich die Pferde machten den Zug unsicher, weil sie durch das schreckliche Geschrei scheuten, das die Wälder und Täler mit ihrem Echo noch verstärkten. Sie liefen ängstlich hin und her; und wenn sie zufällig einen Stoß bekamen oder verwundet wurden, wurden sie derart wild, daß sie gleichzeitig Leute und alles mögliche Gepäck massenweise zu Boden rissen. Der Paß war auf beiden Seiten steil und abschüssig; so schleuderte das Gedränge auch viele in den unermeßlichen Abgrund, manche sogar samt Rüstung. Die Lasttiere aber rollten mit ihren Lasten fast wie bei einem Bergrutsch in die Tiefe. Obgleich dies schrecklich anzusehen war, blieb Hannibal doch für kurze Zeit stehen und hielt seine Leute zurück, um die schreckliche Panik nicht noch zu vergrößern.

Polybios:
Als Hannibal dies sah und bedachte, daß sie, auch wenn sie der Gefahr entrännen, verloren wären, falls der Troß vernichtet würde, eilte er mit denen, die in der Nacht die Paßhöhen besetzt hatten, den auf ihrem Marsch Emporklimmenden zu Hilfe. Hierdurch fanden viele Feinde den Untergang, weil Hannibal überhöhend angriff, aber auch nicht weniger eigene Leute. Denn die Verwirrung in der Marschkolonne wurde jetzt von beiden Seiten vermehrt, nämlich durch das Kampfgeschrei und das Handgemenge, das sich entwickelt hatte. Als er aber die meisten Allobroger getötet, die übrigen in die Flucht geschlagen und heimzukehren gezwungen hatte, da endlich konnte der übriggebliebene Teil der Lasttiere und Pferde mit Mühe und unter großen Anstrengungen den Engpaß überwinden; er selbst sammelte nach dem Kampf so viele Leute wie möglich ...

Livius:
... und eroberte ein Kastell, die Hauptbefestigung dieser Gegend, und einige umliegende kleine Dörfer und ernährte sein Heer drei Tage lang von dem erbeuteten Proviant und dem

Kleinvieh. Er wurde weder von den Bergbewohnern, denen der Schrecken noch in den Gliedern saß, noch durch das Gelände besonders aufgehalten, so daß er in diesen drei Tagen einen beträchtlichen Teil des Weges zurücklegte, ...

Polybios:
bis er – es war schon der vierte Tag – von neuem in große Gefahr geriet. Die Anwohner des Weges nämlich hatten sich zu einer hinterlistigen Täuschung gegen ihn zusammengetan und kamen ihm mit Zweigen und Kränzen entgegen, was bei fast allen Barbaren ein Zeichen friedlicher Gesinnung ist wie bei den Griechen der Heroldsstab.

Livius:
Die einzelnen Dorfältesten kamen als Unterhändler zu Hannibal und erklärten, sie seien durch das Unglück anderer zu ihrem eignen Nutzen belehrt worden und wollten daher lieber die Freundschaft als die Stärke der Punier herausfordern. So würden sie gehorsam alle Befehle ausführen. Er möge von ihnen Proviant, Wegführer und Geiseln als Gewähr für ihre Versprechen entgegennehmen. Hannibal glaubte, man dürfe ihnen nicht blindlings vertrauen, sie aber auch nicht abweisen, damit sie nicht, gekränkt, zu offenen Feinden würden. Er antwortete ihnen also freundlich und nahm dann die Geiseln, die sie ihm überstellten, in Empfang, auch ihren Proviant, den sie selbst bis an den Marschweg gebracht hatten. Dann folgte er ihren Wegführern in völlig geordnetem Zug, keineswegs wie durch Freundesland. Die erste Abteilung bildeten die Elefanten und Reiter. Er selbst zog mit der Kerntruppe des Heeres hinter ihnen her, hielt nach allen Seiten Ausschau und war auf der Hut. Schließlich kam man in einen Hohlweg, der auf der einen Seite unter einem drohenden Bergjoch dahinführte. Da brachen die Barbaren von allen Seiten aus dem Hinterhalt hervor, griffen vorn und im Rücken an und kämpften im Nahkampf und aus der Ferne. Sie wälzten große Felsen auf den Zug herab. Die größte Menschenmenge bedrängte den Schluß des Zuges.

Polybios:
Bei dieser Gelegenheit würden Hannibal und sein Heer den völligen Untergang gefunden haben, wenn er nicht, noch einigermaßen argwöhnisch und das Kommende voraussehend, den Troß und die Reiter in die Vorhut, die Schwerbewaffneten in die Nachhut genommen hätte. Dadurch, daß diese die Marschkolonne deckten, wurde noch größeres Unheil abgewandt, denn sie wehrten den Ansturm der Barbaren ab. Trotz dieses glücklichen Umstandes ging eine große Menge von Leuten, Lasttieren und Pferden zugrunde. Denn da die Feinde überhöhend standen und die Karthager seitlich an den Berghängen begleiteten, waren sie in der Lage, teils Felsblöcke auf sie herabzuwälzen, teils im Nahkampf mit Steinen auf sie einzuschlagen, und führten dadurch eine schwere Gefahr und Panik herbei, so daß sich Hannibal genötigt sah, mit der Hälfte seines Heeres auf den nackten Felsen einer steilen, unangreifbaren Höhe ohne die Pferde und Lasttiere zu nächtigen, um diese zu decken, bis sie

sich während der ganzen Nacht mit Mühe aus der Schlucht herausgewunden hatten.

Als am folgenden Morgen die Feinde abgezogen waren, eilte er den Reitern und Lasttieren nach und marschierte nun weiter bis zur Paßhöhe, ohne noch auf einen geschlossenen Verband von Barbaren zu treffen, immer aber noch hier und dort durch kleinere Überfälle von ihnen belästigt. Sie warfen sich bei günstiger Gelegenheit bald auf die Nachhut, bald auf die Spitze und führten immer einige Lasttiere davon. Den größten Dienst leisteten ihm dabei die Elefanten. Denn dort, wo diese sich in der Marschkolonne befanden, wagten sich die Feinde nicht nahe heran, aus Angst vor der ungewohnten Erscheinung dieser Tiere. Am neunten Tag endlich erreichte er den Scheitelpunkt. Hier schlug er ein Lager auf und verweilte zwei Tage, um die glücklich Davongekommenen sich erholen zu lassen, zugleich, um auf die Zurückgebliebenen zu warten. Und tatsächlich fanden sich während dieser Zeit viele Pferde, die durchgegangen waren, und viele Tragtiere, die ihre Lasten abgeworfen hatten, unerwartet wieder ein und erreichten, den Spuren folgend, das Lager.

Livius:
Zu allem Überdruß an so viel Unbill versetzte sie auch noch ein Schneetreiben – das Siebengestirn begann bereits zu sinken – in großen Schrecken. Das Heer brach beim Morgengrauen auf und zog verdrossen durch den Schnee, der alles bedeckte; Unlust und Verzweiflung sprach aus dem Blick aller Leute. Da ritt Hannibal an die Spitze des Zuges und ließ die Soldaten auf einem Felsvorsprung halten, von wo aus man eine gute und weite Fernsicht hatte. Er zeigte ihnen Italien und die Poebene am Fuße der Alpen und wies darauf hin, daß sie jetzt nicht nur die Mauern Italiens überstiegen, sondern auch die der Stadt Rom. Von jetzt an gehe es durch Ebenen, ja sogar bergab. Nach einem, höchstens zwei Kämpfen würden sie die Burg und die Hauptstadt Italiens in ihrer vollen Gewalt haben. Da setzte sich der Zug wieder in Bewegung. Feinde belästigten die Punier höchstens noch durch kleine und gelegentliche Raubüberfälle. Aber das Vordringen war viel schwieriger als beim Aufstieg, weil die Alpen auf italienischer Seite in der Regel zwar gedrängter, dafür aber um so steiler sind.

Polybios:
Da der Weg eng und steil hinabführte und der Schnee den Boden, auf den sie zu treten hatten, verdeckte, stürzte alles, was den Weg verfehlte und abglitt, in die Tiefe. Indessen ertrugen sie diese Strapazen, da sie schon an dergleichen Übel gewöhnt waren. Als sie aber an eine Stelle kamen, wo der Weg so eng war, daß weder die Elefanten noch die Lasttiere ihn passieren konnten, da schon von früher her ein anderthalb Stadien breiter Absturz bestand, erst kürzlich aber ein weiterer Bergrutsch stattgefunden hatte, da sank ihnen aufs neue der Mut, und die Menge begann zu verzagen. Anfangs nun versuchte der karthagische Feldherr, die unwegsame Stelle zu umgehen. Als jedoch ein frischer Schneefall diesen Marsch unmöglich machte, gab er sein Vorhaben auf.

Es war eine besondere und ungewöhnliche Lage, in der er sich befand.

Livius:
Denn solange der Neuschnee nicht zu hoch auf dem alten, noch nicht zertretenen Schnee lag, konnten sie in dem weichen und nicht sehr tiefen Schnee festen Fuß fassen. Nun aber war er durch den Zug so vieler Menschen und Tiere zusammengetreten, und sie zogen auf dem bloßen Eis darunter und im Matsch des fast aufgetauten Schnees dahin. Schreckliche Schwierigkeiten gab es durch das Glatteis, auf dem kein Tritt haftete; und dadurch, daß es steil bergab ging, glitt der Fuß noch leichter aus. Wollten sie sich mit Händen oder stützendem Knie aufrichten, so rutschten sie selbst damit aus und fielen von neuem hin. Es gab auch ringsum keine Baumstöcke oder Wurzeln, gegen die man sich mit dem Fuß oder der Hand hätte stemmen können. So schoben sie sich nun auf lauter Glatteis durch den Schneematsch vorwärts. Die Lasttiere traten oft durch, weil sie ohnehin schon auf der untersten Schneeschicht gingen. Und wenn sie mit den Hufen kräftiger aufschlugen, um nach einem Sturz wieder aufzustehen, brachen sie völlig ein, so daß sie vielfach in dem harten, tiefen Eis steckenblieben wie in einem Fangeisen.

Menschen und Tiere hatten sich vergeblich abgemüht, und endlich schlug man auf der Höhe des Bergrückens ein Lager.

Polybios:
Dann setzte er seine Leute dazu an, am Abhang entlang einen Weg zu mauern, eine überaus mühevolle Arbeit. Für die Lasttiere und Pferde gelang es ihm, an einem Tage eine hinreichend breite Straße zu bauen. Daher führte er diese sogleich hinüber, ließ sie unterhalb der Schneegrenze ein Lager beziehen und die Tiere auf die Weide treiben. Die Numider aber kommandierte er, mit Ablösung, zum Wegebau, und am dritten Tage endlich, nach schwerer Mühsal, vermochte er die Elefanten hinüberzuführen, die durch den Hunger arg mitgenommen waren. Denn die Gipfel der Alpen und die Umgebung der Pässe sind völlig baumlos und kahl, weil der Schnee ununterbrochen im Sommer wie im Winter liegenbleibt, die mittleren Höhenlagen dagegen tragen auf beiden Seiten Wald und Bäume und sind durchweg bewohnbar.

Als Hannibal seine sämtlichen Streitkräfte wieder beisammen hatte, stieg er abwärts und erreichte von jener unpassierbaren Stelle aus am dritten Tage das Flachland, nachdem er auf seinem ganzen Marsch viele Soldaten durch den Feind und die Flüsse verloren hatte, viele auch durch die Abgründe und Engpässe in den Alpen, nicht nur Menschen, sondern noch mehr Pferde und Lasttiere. Endlich, nachdem er seinen ganzen Weg von Neu-Karthago an in fünf Monaten zurückgelegt, den Alpenübergang in fünfzehn Tagen durchgeführt hatte, rückte er mutig in die Ebenen um den Po und das Gebiet der Insubrer ein. Von seinem Heer hatte er glücklich durchgebracht an Fußtruppen zwölftausend Libyer und gegen achttausend Iberer, Reiter aber im ganzen nicht mehr als sechstausend: dies bezeugt er selbst auf der Säule in Lacinium, die die Zahl seiner Truppen verzeichnet.

»Auf einem Bergvorsprung stehend zeigt Hannibal seinen Kriegern Italien.« Lithographie nach einer aquarellierten Zeichnung von Alfred Rethel

Livius:

So etwa gelangten sie nach Italien, vier Monate nach dem Aufbruch von Neu-Karthago, wie einige Schriftsteller berichten; die Alpen hatten sie in 14 Tagen überwunden. Wieviele Truppen Hannibal nach seinem Übergang nach Italien noch geblieben waren, darüber sind sich die Schriftsteller durchaus nicht einig. Nach der höchsten Angabe hatte er noch 100000 Mann und 20000 Berittene, nach der niedrigsten 20000 zu Fuß und 6000 Reiter. Mir würde Lucius Cincius Alimentus – er schreibt, er sei von Hannibal gefangen worden – als Gewährsmann am meisten entsprechen, wenn er nicht die Zahl völlig unklar machte, indem er Gallier und Ligurer dazuzählt: Mit diesen zusammen habe Hannibal 80000 Mann zu Fuß und 10000 Reiter mitgebracht. Es ist wahrscheinlicher, daß er in Italien

Zulauf bekam, was auch einige Schriftsteller bezeugen. Ferner habe er nach dem Rhôneübergang von Hannibal selbst gehört, er habe 36000 Menschen und sehr viele Pferde und andere Tiere verloren. Die halbgallischen Tauriner waren für Hannibal der nächste Volksstamm, als er nach Italien hinunterkam.

Sehr zum Vorteil für den Beginn des Unternehmens hatten die Tauriner, das angrenzende Volk, einen Krieg gegen die Insubrer begonnen. Aber Hannibal konnte sein Heer jetzt nicht zu den Waffen greifen lassen, um der einen oder andern Partei auszuhelfen; denn es merkte jetzt, während es sich erholte, so recht, wieviele Leiden es sich vorher zugezogen hatte. Die Ruhe nach der Anstrengung, der Überfluß nach den Entbehrungen, die Körperpflege nach Verschmutzung und Nässe wirkte auf die verwahrlosten, beinahe verwilderten Soldaten verschieden. Dies war für den Konsul Publius Cornelius Scipio ein Grund – er war mit seinen Schiffen nach Pisa gekommen –, mit dem Heer, das er von Manlius und Atilius übernommen hatte, schleunigst an den Po zu ziehen.

II. Pässe

Bis ins 19. Jahrhundert war die Überquerung der Alpen ein außergewöhnliches Erlebnis, für jedermann mit Mühsalen und Gefahren verbunden, die heute kaum mehr vorstellbar erscheinen. Alpenreisen trat man nach dem Untergang des römischen Imperiums – die Stürme der Völkerwanderungszeit, in denen der Gebirgszug ein von Langobarden, Alemannen, Goten, Awaren, Burgundern und Bajuwaren umkämpftes Gebiet war, hatten sich noch nicht gelegt – unter dem Zeichen des jungen christlichen Glaubens an. Pilger auf dem Weg nach Rom oder zu verehrten Grabstätten waren die ersten, die freiwillig ein solches Wagnis auf sich nahmen; seit 1096 stellten sich auch Kreuzfahrer, die sich in Mittelmeerhäfen nach dem Heiligen Land einschifften, den Bedrohungen ihres Lebens.

Jahrhundertelang konnte die Bewältigung der Pässe auch ein Ereignis sein, das den Gang der höchsten Politik beeinflußte oder entschied. Die Herrscher des fränkischen Großreichs – unter Karl dem Großen war der gesamte Alpenraum das erste und letzte Mal in nachrömi-

Samuel Bodmer: Der Gemmipaß (1701), »welcher von seiner Höhe und wilden Rauheit den Namen soll haben a gemitu, vom Seufzen, weil die ihn besteigen, oft wegen der Arbeit und Gefahr … zu seufzen Anlaß und Ursach haben. Denn dieser Berg führt von der Leuker- oder Walliserseite sehr gächstotzig … in die Höhe.« (Johann Jakob Scheuchzer)

scher Zeit in einer Hand – regierten nicht von festen Residenzen aus, sondern begleitet von Gefolge und Troß, im Reisen; meistens hielten sie sich nur sehr kurz in ihren Pfalzen, in Klöstern oder Städten auf.

Im 11. Jahrhundert – Zeugnisse darüber haben Seltenheitswert – nahm der Reiseverkehr allgemein zu, allmählich auch in den Alpen. Nach und nach kam der (Fern-)Handel in Bewegung. Nachrichtenübermittler, Handwerker auf der Suche nach Ausbildung und Arbeit (etwa Steinmetze und Bauleute der großen Kathedral-Bauhütten), Spielmänner und Vaganten (fahrende Scholaren, die in Domschulen und den ersten Universitäten in Parma, Bologna, Modena, Padua und Siena ihr Wissen zu erweitern suchten) machten sich auf den gefährlichen Weg über die Pässe. Auch Künstler gehörten zu den frühen Passanten über die Alpen. So verdanken wir zum Beispiel Albrecht Dürer erste Darstellungen von topographisch stimmigen Alpenlandschaften, denen er auf seinen beiden Venedig-Reisen über den Brenner begegnete.

Die meisten Reisenden des Mittelalters waren zu Fuß unterwegs. In seiner ›Vita Martini‹ (565), einem der ersten der erhaltenen Dokumente, berichtet Venantius Fortunatus, er habe auf seiner Wallfahrt von Ravenna zum Grab des hl. Martin in Tours die Flüsse in den Alpen durchschwimmen müssen. Der spätere Bischof von Poitiers

25

Im frühen Mittelalter stellten die Überfälle durch Sarazenen eine große Gefahr bei der Überquerung der Alpenpässe dar. Auf dieser Felszeichnung in der Bergregion oberhalb von Villar Focchiardo in der Valsusa (Piemont) hat ein berittener Sarazene einen Priester gefangengenommen

entschuldigte die Schwächen seiner literarischen Arbeit mit dem Argument, sie sei unter den übermenschlichen Strapazen der Reise entstanden, die ihn u. a. über den Plöcken, Brenner und Seefelder Sattel führte.

Nicht nur, daß es offenbar keine Brücken über größere Flüsse gab; auch die Straßen waren in einem fortschreitend erbärmlichen Zustand. Mit der Zeit verfielen die römischen Anlagen vor allem durch die Einwirkung von Wasser und Frost vollkommen. Eine Instanz, die sich des Verkehrswesens mit technischem Wissen und materiellen Möglichkeiten angenommen hätte, existierte nicht.

Die naturgegebenen Gefahren einer Alpenreise wie Schluchten, Wetterstürze, Steinschlag, Schnee und Lawinen wurden oft übertroffen von der Gefährdung durch Überfälle. Zum Beispiel machten spanische Sarazenen und ungarische Scharen, die zu Anfang des 10. Jahrhunderts in die Westalpen eingedrungen waren, die Wege unsicher. Sie plünderten, mißhandelten und töteten die Pilger, wo sie sie fanden; bevorzugte Stützpunkte für ihr Treiben waren die Pässe. So berichtet der Geschichtsschreiber und Domherr Flodoard von Reims 921 über den St. Bernhard, daß viele der Engländer, die nach Rom reisten, von den Sarazenen mit Steinen überschüttet wurden[1]. In einem anderen Zeugnis aus dieser Zeit, einem lateinischen Gedicht des Reichenauer Benediktinerabtes Walahfrid Strabo an einen Laienbruder, heißt es: »Wer wird je die zahllosen Strapazen aufzählen können, die du, mein Ruadbern, ertrugst, die zahllosen Gefahren, denen du dein Leben aussetztest? ... Ach, welche Hinterhalte bedrohten dich nicht mitten in den Alpen, wo die schlauen Truppen des Feindes die engen Pässe umzingelten! Wie oft packte dich die Angst, wenn du auf schmalem Steg die mächtig reißenden Flüsse überqueren mußtest! Wie oft mußtest du nicht ängstlichen Herzens im Versteck

ausharren ... Der Rückweg war für dich nicht minder qualvoll: erneutes Grauen brachte er dir, Hinterhalte und Nachstellungen auf jedem Pfad.«[2] Es ist ein Beweis für das Heilsbedürfnis der Menschen des Mittelalters, wenn sie sich trotzdem auf Pilgerschaft begaben.

Neben den Wallfahrern nahmen immer mehr Kleriker den Weg über die Alpenpässe auf sich, und zwar meistens in kirchenpolitischem Auftrag. Denn einerseits hatten die großen Orden ihre Zentralen in Rom, wo unter anderem die Fäden der Missionsarbeit zusammenliefen. Sowohl Ordenszentralen als auch die einzelnen Abteien und Klöster waren auf Boten- und Nachrichtendienste ihrer Mönche angewiesen, um die Verbindung untereinander aufrechtzuerhalten. Andererseits war der Vatikan mit Informationen zu versorgen; die in Rom gesammelten Nachrichten wurden dort koordiniert und entsprechend

Albrecht Dürer: Das große Glück (Nemesis). Kupferstich um 1503/05. Eine der ersten topographisch stimmigen Darstellungen einer Alpenlandschaft. Die Ansicht von Klausen im Eisacktal wird aus der Vogelschau zur Weltlandschaft, über die Nemesis, die griechische Schicksalsgöttin, gebietet

den jeweiligen Zielen der Päpste wieder in Umlauf gesetzt. Außerdem galt es, kirchliche Güter – darunter auch Reliquien – über die Alpen zu bringen.

Es ist daher nicht überraschend, daß die Kirche im wesentlichen die erste Instanz war, die sich um die Verbesserung der Reisebedingungen in den Alpen bemühte. Unterstützt von den reichspolitischen Interessen der deutschen Könige und Kaiser, sahen sich Bistümer und Klöster zunehmend in der Lage, wichtige Pässe unter ihre Kontrolle zu bringen. So stand beispielsweise der Julier, die Bernina und der Septimer unter der Paßwacht der mächtigen Bischöfe von Chur, und die im 8. Jahrhundert gegründete Benediktinerabtei Disentis schützte den Weg über den Lukmanier. Unterkunft und Verpflegung gewährten nicht nur die Klöster und Spitäler entlang der Pilgerwege, sondern auch die Hospize auf den Paßhöhen. Die erste dieser Zufluchtsstätten entstand zwischen 814 und 825 auf dem Mont Cenis, 962 wird das Hospiz auf dem Großen St. Bernhard urkundlich erwähnt, das der später kanonisierte Bernhard von Menthon auf den Ruinen eines römischen Jupitertempels gründete und das fast tausend Jahre bestehen sollte. Eine sehr frühe Anlage auf dem Septimer (wohl 831) erneuerte Bischof Wido von Chur durch eine Stiftung anfangs des 12. Jahrhunderts. Das im 11. Jahrhundert erbaute Hospiz auf dem Kleinen St. Bernhard wurde als Zweigstelle von den Augustinermönchen auf dem Großen St. Bernhard versorgt. St. Valentin auf dem Reschen-Scheideck ist für 1140 bezeugt. Im 13. Jahrhundert entstand die Herberge auf der Grimsel und wohl auch die auf dem St. Gotthard, die aber erst 1331 urkundlich erwähnt wird. Das Haus auf dem Simplon, ebenfalls eine Gründung aus dem 13. Jahrhundert, betreute der älteste geistliche Ritterorden der Johanniter, der um 1100 mit dem Ziel, kranke Pilger zu pflegen, in Jerusalem entstanden war. 1374 ließ der Abt von Disentis das Hospiz auf dem Lukmanier errichten. Auf der Salzstraße über den Arlberg ist St. Christoph für 1386 bezeugt, und die Reisenden über den Brenner konnten seit 1447 in einem Hospiz in Matrei einkehren.

Aufenthalt und Verköstigung waren in diesen gastlichen Häusern kostenlos; die Orden, denen sie unterstanden, zweigten einen nicht geringen Teil ihrer Einkünfte für den Unterhalt der Hospize ab. Zu ihrer Finanzierung mögen auch Spenden und Ablaßzahlungen beigetragen haben. Die Zahl der Gäste stieg im Lauf der Zeit – je nach Bedeutung des Passes – immer mehr an. Seit Mitte des 16. Jahrhunderts brachten etwa die Augustinermönche in ihrem ausgebauten Haus auf dem St. Bernhard bis zu 300 Reisende pro Tag unter. Man darf annehmen, daß das Nachtlager dementsprechend nicht gerade komfortabel und oft von unliebsamen Begleiterscheinungen gestört

Johann XXIII. auf der Reise zum Konzil von Konstanz 1414, wo er abgesetzt wurde: »Wie Papst Johannes auf dem Arlenberg in dem Schnee lag«. Holzschnitt aus dem Konstanzer Konzilienbuch, 1536

war. Jeder Reisende konnte jedoch damit rechnen, ausreichend verpflegt zu werden. Der Standard war mindestens Suppe, Gemüseeintopf und Getreidebrei, meistens kam auch Brot, Käse und Speck auf den Tisch, eventuell gab es Fleisch und Wein. Allerdings vermieden es die Mönche, ihren ganz unterschiedlichen sozialen Schichten angehörenden Gästen in gemeinsamen Räumen Logis zu bieten; zumindest der spätere »Fremdensalon« war Privilegierten vorbehalten.

Die Mönche, hauptsächlich Benediktiner, Augustiner und Kapuziner, boten nicht nur Gastfreiheit; sie hielten auch die Wege instand, markierten sie für den langen Winter mit Leitstangen und »Steinmännern« (nach einem gewissen System aufgeschichteten Steinhaufen) und gaben den Fremden Geleit, sobald sich die Verhältnisse unsicher zeigten. Darüber hinaus suchten sie nach Vermißten – die Augustiner auf dem Großen St. Bernhard in Begleitung ihrer weithin bekannt gewordenen Hunde – und bargen Verunglückte. Schaurig berühmt war jener Raum des St. Bernhard-Hospizes, in dem die Toten jahrelang aufgebahrt waren; die Gäste wurden dorthin geführt, um möglicherweise diese Opfer der Alpen identifizieren zu können. Wie anstrengend die hochschätzbaren Dienste der Ordensleute waren und wie sehr ihnen das harte Klima auf den Paßhöhen zusetzte, belegt die Tatsache, daß die Mönche bereits im Alter von nur etwa fünfunddreißig Jahren gesundheitlich zerrüttet ins Tal zurückkehren mußten.

Zug Heinrichs VII. mit seiner Gemahlin und einem deutsch-burgundischen Heer im Oktober 1310 über den Mont Cenis nach Italien, wo er 1311 zum lombardischen König, 1312 zum Kaiser gekrönt wurde. Kolorierte Federzeichnung aus dem Codex Balduineus, 1. Hälfte 14. Jahrhundert

Will man die überregionale Bedeutung der »großen« Pässe für die hohe Politik an den Alpenüberschreitungen der Herrscher messen, so bleibt ihre Zahl über die Jahrhunderte hinweg relativ beschränkt. In den Westalpen wäre zunächst der Mont Cenis zu nennen, den die Könige des fränkischen Reichs auf ihrem Weg in die Lombardei benützten – zuerst der Karolinger Pippin der Jüngere, den Papst Stephan VI. 754 gegen die Langobarden zu Hilfe gerufen hatte. Der Sohn Karls des Großen, Ludwig der Fromme, gründete das schon erwähnte Hospiz auf der Paßhöhe, das Benediktiner aus der Abtei von Novalese übernahmen. Karl II. der Kahle fand 877 auf dem Mont Cenis den Tod. Von dem dramatischen Übergang Heinrichs IV. mit seiner Familie und seinem Hofgefolge im

ungewöhnlich kalten Januar des Jahres 1077 (der Rhein und der Po waren zugefroren) berichtet Lambert von Hersfeld (siehe Dokumentation). Um der Vereinigung der deutschen Fürsten mit Papst Gregor VII. zuvorzukommen, eilte der im Streit um weltliche und geistliche Macht exkommunizierte König über den Mont Cenis nach Oberitalien, wo sein Erscheinen Bestürzung hervorrief und den Papst zum Rückzug auf die Burg Canossa der ihm ergebenen Mathilde von Tuszien veranlaßte. Dort trat Heinrich IV. im Büßerhemd auf, erreichte die Lösung des Banns und rettete damit seine Krone.

Weniger aus politischen Gründen bemerkenswert ist der Übergang der Schwester Ludwigs XI. von Frankreich, Yolande von Savoyen, im Februar 1476. Hilfesuchend auf dem Weg zu ihrem Verbündeten, dem Herzog von Burgund, überquerte sie den Paß mittels Rodelschlitten, geleitet von *marrons* (wie die einheimischen Führer nur im Gebiet des Mont Cenis und des Großen St. Bernhard hießen). Es ist dies die erste authentische Nachricht von der speziellen Beförderungsart, die nur auf diesem Paß praktiziert wurde. Wie das *ramassier* oder *glisser à la ramasse* vor sich ging, beschreibt Johann Georg Keyßler in seiner Reise über den Mont Cenis (s. Dokumentation): »daß einem der Odem ausbleibt« – zweifellos war es die schnellste Möglichkeit, einen Saumtierpfad zu überwinden, denn auch die »großen« Pässe blieben, von wenigen Ausnahmen abgesehen, bis ins 19. Jahrhundert hinein nicht befahrbar.

Die Wende zum Besseren ging vor allem von Napoleon aus, der aus strategischen Gründen die ersten modernen Straßen in den Alpen anlegen ließ, die technisch ausgereiftesten 1803–1810 über den Mont Cenis; über den Simplon, wegen der gefährlichen Gondo-Schlucht gefürchtet, 1801–1805. Der berühmteste Alpenübergang der Neuzeit ist der Napoleons über den Großen St. Bernhard, die wohl wichtigste Passage im Westen, als solche immer schon von Kaisern und Königen auf dem Weg nach Rom bevorzugt.

Im Mai 1800 führte der Erste Konsul der Französischen Republik ein Heer von 30 000 Mann und 150 Kanonen unter schweren Strapazen über den schneebedeckten Paß in die oberitalienische Ebene, wo er bei Marengo die Österreicher besiegte. Schon 1799 hatten napoleonische Soldaten unter Befehlshaber Lecourbe den San Bernardino (früher »Vogelberg«, erst seit Mitte des 15. Jahrhunderts nach St. Bernhard von Siena so genannt) überquert. Weitere 3700 Franzosen bezwangen im Winter 1800 unter General Macdonald dem Splügen. In den Zentralalpen stellten diese beiden Pässe jedoch nicht die wichtigsten dar. Historisch bedeutender waren der Lukmanier – den u. a. die deutschen Kaiser Otto I. der Große (965),

Eidgenössische Söldner ziehen über das Gebirge nach Hause. Kolorierte Bleistiftzeichnung von Diebold Schilling, Luzerner Bilderchronik, 1513

Heinrich II. (1004) und Friedrich I. Barbarossa (1164 und 1186) überschritten – und besonders der heute verödete Septimer, den, begleitet von »Gewieher und Drommeten-hall« (C. F. Meyer in seinem Gedicht ›Die alte Brücke‹) eine ganze Reihe von Herrschern überquerten.

Im gesamten Alpenraum war mindestens bis ins 12. Jahrhundert hinein neben dem Großen St. Bernhard und dem Septimer nur der Brenner für größere Trosse passierbar. Der Brenner, wichtigster Übergang in den Ostalpen, gilt als *der* Italienweg der mittelalterlichen Kaiser seit Karl dem Großen. Karolinger, Ottonen und Salier, Welfen und Staufer zogen über diesen Paß. Seit Otto I. der Große ihn 951 mit seinem Heer überschritten hatte, um die Reichsherrschaft über Italien zu erneuern, wuchs seine Bedeutung ständig.

Welch gewaltige Unternehmungen solche Heerzüge waren, zeigt Friedrich I. Barbarossa, der den Brenner mindestens fünfmal passierte, vor allem, um seine langjährigen Zwistigkeiten mit den oberitalienischen Städten auszutragen. 1158 machte sich Barbarossa auf, um Mailand zu besiegen – mit 100 000 Mann zu Fuß und 15 000 Reitern. Selbst auf seiner Reise im Jahr 1154 zur Krönung in Rom begleiteten 1800 Ritter Friedrich I. über den Brenner: Norddeutsche, Rheinländer, Sachsen und Franken, Schwaben, Baiern und Lothringer. Das bedeutet, daß sein Troß mindestens 4000 Mann umfaßte, denn ein Ritter verfügte über zwei bis drei Pferde und in den Alpen über ein Saumtier. An seiner Seite ging ein Knappe zu seiner persönlichen Bedienung, der Schilde und Waffen trug. Zum Gepäck eines Ritters gehörten auch Harnisch, Felle, Decken, luxuriöse Kleidung, ein Zelt; sein Dienstmann mußte eine Axt für die Einrichtung der Lager und eine Sichel mit sich führen, um Futter zu besorgen. Zum Gefolge Barbarossas gehörte eine Schar von Werkleuten, vor allem Schmiede, die sich um den Hufbeschlag und die Waffenreparaturen kümmerten; außerdem – für das Wanderkönigtum wichtig – reiste seine Kanzlei mit ihm, eine Gruppe von schreib- und rechtskundigen Klerikern. Für Proviant wurde unterwegs »gesorgt«, ein Umstand, der bei der Landbevölkerung oft schwere Not auslöste.

Bis zum Untergang des Imperiums war der Brenner mindestens neununddreißigmal Schauplatz deutscher Herrscherzüge – der letzte Staufer Konradin ritt 1267 über diesen Paß, seiner Hinrichtung auf dem Marktplatz von Neapel entgegen.

Die Bedeutung des Brenners läßt sich an der Tatsache ablesen, daß dieser Alpenübergang staatsbildend wirkte. Schon Konrad II., der auf seinem Krönungszug nach Rom vom bairischen Herzog belästigt worden war, belehnte daraufhin den Bischof von Brixen 1027 mit den Grafschaften im Eisack- und Inntal; auf der südlichen Seite hielt der Amtskollege in Trient die Paßwacht. Damit leitete der Salier die Geburt des Paßlandes Tirol ein; seit 1141 ist der Titel der Grafen von Tirol (als Lehensgrafen) belegt. Die Selbständigkeit des Territoriums bestätigte 1282 das Tiroler Landrecht Meinhards II., das sich bemerkenswert ›demokratisch‹ an »reich und arm, edel und unedel, Ritter und Bauer«[3] wendete und die Grundlage zu der einzigartigen Freiheitsstellung des Tiroler Bauernstandes bot.

»Alle Straßen und Übergänge von Deutschland und Italien sind nun in unserer Hand«[4], so umriß Herzog Rudolf IV. 1363 in einem Schreiben an den Dogen von Venedig die Übergabe der Grafschaft Tirol an das inzwischen mächtige Haus Habsburg. Es übernahm ein seit dem Ende des 13. Jahrhunderts vorzüglich verwaltetes Gebiet, dessen Pässe von uniformierten Landboten gesichert wurden.

Parallel zum Aufstieg Venedigs zur Welthandelsmacht, als die es vollends nach dem Sieg über Genua 1381 galt, wuchs die Bedeutung des Brenners als Handelsstraße. Die deutschen Kaufleute, die zu den wichtigsten Partnern der Rialto-Republik zählten, besaßen seit 1235 im »Fondaco dei Tedeschi« ein eigenes Handelshaus in der Lagunenstadt, wo sie mit den Venezianern und Kaufleuten aus allen Gegenden der Welt ihre Güter tauschen konnten. Aber auch in Bozen hatten sie ständige Warenlager in den »teutschen Gewölben«, ihre italienischen Kollegen in den »welschen Gewölben«. Bozen war mit seinen Jahrmärkten und Messen (spätestens seit dem 15. Jahrhundert) ein bedeutender internationaler Umschlagplatz. Nach dem ›Buch der Welthandelsbräuche‹ des Augsburger Kaufmanns Paumgartner (um 1500) gehörten hier Safran, »Baumöl vom Gartsee«, Wein und Kupfer aus den Tiroler Berg- und Schmelzwerken, besonders dem von Schwaz, zu den Hauptartikeln[5], ferner Seidenwaren, Tuche und Leder, die von »vielen behaglichen Kaufmannsgesichtern« wie noch Goethe in seiner ›Italienischen Reise‹ bemerkt, vertrieben wurden. Der Chronist Paumgartner gehörte neben den Augsburger Handelsleuten Mentinger, Hochstätter, Gossenbrot und Welser zu den Konkurrenten Jakob Fuggers. Doch der seinerzeit heimliche Lenker der europäischen Politik überragte sie alle. Seinen legendären Reichtum verdankte der Augsburger Kaufmann nicht zuletzt den alpenländischen Erzvorkommen, besonders in Tirol (wo er u. a. das Bergwerk Schwaz besaß) und Kärnten. Seine Korrespondenzschwerpunkte lagen neben Antwerpen und Lissabon in erster Linie in Venedig, Mailand und Rom, eine Tatsache, die den Brenner gegen Ende des 15. Jahrhunderts gewissermaßen zu einer Straße der Fugger werden ließ.

Nach italienischem Muster richtete Kaiser Maximilian I. 1490 einen ständigen Postverkehr u. a. von Innsbruck nach Mailand ein, mit dem er die aus Bergamo stammende Familie de Tassis (später von Taxis) betraute. Er stand seit Mitte des 16. Jahrhunderts nicht mehr nur Regierungsbeamten, sondern auch Privatpersonen zur Verfügung. Daneben unterhielt der Stadtrat von Augsburg für seine Kaufleute eine eigene Post nach Venedig.

Eng mit dem Handelsverkehr über den Brenner verknüpft war das Münz- und Geldwesen; die ältesten nördlich und südlich gelegenen Prägeanstalten unterhielten Augsburg, Regensburg, Verona, Venedig und Aquileia, das heißt die nächstliegenden Haupthandelsstädte. Der florierende Handel über diesen meistfrequentierten aller Alpenpässe forderte die Nachfrage nach Münzwechselgeschäften. Schon ab 1280, also in der Frühzeit des in der Lombardei entwickelten modernen Bankwesens (von *banca,* großen Tischen, auf denen die Münzsorten ausgebreitet waren), richteten Florentiner Kaufleute aufgrund landesfürstlicher Privilegien Leih- und Wechselbanken in Trient, Bozen, Meran, Brixen und Innsbruck ein.

Auch für das Dienstleistungsgewerbe entlang der Straße, für die Schuster, Schneider, Schmiede, Wagner und Kramer, war der Brenner die Grundlage eines gewissen Wohlstands; in Bozen allein gab es um 1550 siebzig Gast- und Wirtshäuser bei 5000 Einwohnern. Mauten und (Transit-)Zölle, nicht nur auf Güter, sondern auch auf Last- und Zugtiere und – mit Ausnahmen – auf Personen erhoben, ergaben stattliche Einnahmen. Im Warenverkehr galt spätestens seit dem 13. Jahrhundert der »Saum« oder »Sam« (lateinisch *sagma* oder *soma,* mittelhochdeutsch *soum*) als Gewichtseinheit; das war die Last, die ein Pferd oder Maultier trug, das heißt drei Zentner. Die Kosten richteten sich nach Warengattungen, wobei die Tarife zwischen zwei und zehn Prozent ihres Wertes lagen. Zum Beispiel erhob man auf Gewürze indischer Herkunft aus Venedig, wie Pfeffer, Ingwer, Muskat, etwa das Doppelte der Gebühr, die man für Felle, Farbstoffe oder Mineralien verlangte. Beamte, Gastwirte und Kaufleute waren verpflichtet, von

Maultiere – das unentbehrliche Verkehrsmittel über die Alpenpässe. Seit dem 13. Jahrhundert galt die Last, die sie tragen konnten – jeweils ein »Saum« (drei Zentner) – als Gewichtseinheit im Warenhandel. Radierung von Johann Adam Klein, 1820

ihnen beobachtete Zollhinterziehungen zu melden. Ertappte Contrabande (von italienisch *bando,* Gesetz), später im Volksmund Schmuggler genannt, wurden gepfändet, beziehungsweise vor »Gefällsgerichte« geführt.

Seit dem 14. Jahrhundert ist die Entwicklung spezialisierter Transportunternehmen zu verfolgen. Die »Rottleute«, meistens Bauern, übernahmen, von der Gesetzgebung unterstützt, anstelle der Kaufleute selbst die Beförderung der Waren, vor allem der Massengüter. Eine strenge Rottordnung legte die Kosten, Rechte und Pflichten fest. An den Rottstätten – zwischen Augsburg und Venedig, eine Strecke, für die die Rottzüge drei bis vier Monate brauchten, gab es achtzehn größere derartige Niederlassungen – wurden für die Einlagerung der Frachten über Nacht Magazine erbaut, die »Ballhäuser«, nach den Warenballen so genannt. (Im Bereich der Bündner und Schweizer Pässe hießen die Rottleute »Porten« und die Ballhäuser »Susten«.)

Um 1500 gingen ca. 34 000 Saum Last über den Brenner; um 1600 machten die Zölle, deren Hauptanteil im Bereich dieses Passes eingetrieben wurde, vierunddreißig Prozent der Einnahmen Tirols aus. In seinem Tiroler Landreim von 1558 umreißt Georg Rösch von Geroldsheim die verkehrspolitische Bedeutung des Brenners: »Zu großer Höch ein gewaltig Straß / Wird gebraucht ohn Unterlaß / Im Römischen Reich kein solcher Paß / Dazu ein gewerbig sichre Straß / Aus und in Welschland, wie ich sag / Als in Tyrol gefunden worden mag.«[6]

Eine gewaltige Straße war es nicht, die über den Brenner führte. Zwar lobte der Mönch Felix Faber auf seiner turbulenten Reise die Verbesserungen, die Herzog Sigismund der Münzreiche 1483 unter Verwendung von Schießpulver schaffen ließ (s. Dokumentation). Doch gab der 1314 von dem Bozener Bürger Heinrich Kunter angelegte Weg, bis dahin nur ein Saumpfad, auch danach noch reichlich Anlaß zu Klagen; so heißt es in einem Pilgerbuch von 1487: »Den Konterweg send sie gefahren, do ist ein wildes Gefert, der Weg ist hoch, die Tale sind tief, sie

Der Bergbau am Falkenstein. Kolorierte Federzeichnung aus dem Schwazer Berg-buch, 1556

Die Teufelsbrücke über die Reuß am St. Gotthard-Paß. Stich von Masquetier nach einer Zeichnung von Chatelet, um 1780

mußten stehen in Sorgen, daß Roß und Mann verfiel.«[7] Desgleichen rissen die Beschwerden der Rottleute nicht ab (s. Dokumentation) und von einem »bösen Weg« spricht 1524 der für die Straßenaufsicht verantwortliche Hofbaumeister Jörg Kölderer.[8] Die Verhältnisse besserten sich erst lange nach dem Dreißigjährigen Krieg, im Zeitalter des Merkantilismus, genauer in den 1770er Jahren der Regentschaft Kaiserin Maria Theresias. Noch vor dem Neubau der Brennerstraße 1840 gibt der Maler und

Zeichner Ludwig Richter ein sommerliches Bild der Strecke zwischen Innsbruck und Sterzing: »Zuerst kam ein Bauer, der mir freundlich einen abkürzenden Fußweg zeigte; Handwerksburschen hinkten schwer bepackt und still grüßend vorüber; ein paar vornehme Kavaliere, ihre Diener hinterdrein, überritten mich armen Fußgänger beinahe, obwohl ich wegen des Abgrunds zur Seite nicht ausweichen konnte, und die Reitgerte fuhr mir übers Gesicht, was der Gnädige nicht merkte. Vetturinis, mit Reisenden gefüllt und mit Koffern beladen, wurden eingeholt und überholt. Ein Kapuziner mit bleichem Gesicht, rotem Bart, einem langen Stab in der einen, einen Korb in der andern Hand, zog grüßend seines Wegs. Mittags endlich im Wirtshaus lärmten und tollten Soldaten, und die frischen, lustigen Kellnerinnen hatten nur für diese lustigen Vögel Augen und Ohren.«[9]

Zwanzig Jahre vor Adrian Ludwig Richters Künstlerreise über den Brenner nach Rom war 1804 am Hoftheater von Weimar Friedrich Schillers ›Wilhelm Tell‹ uraufgeführt worden. Das Drama behandelt den Freiheitskampf des Volks der Schweizer Urkantone am nördlichen Eingang des St. Gotthard-Passes gegen die willkürliche und grausame Fremdherrschaft Geßlers, des Vogts der Habsburger. Kernszene des Schauspiels ist der Schwur auf dem Rütli von 1291, der die Initialzündung zur Bildung des Schweizer Staates darstellt: »Laßt uns den Eid des neuen Bundes schwören / – Wir wollen sein ein einzig Volk von Brüdern« (II.2). Goethe, der mehrmals die Schweiz bereiste und Schiller, der die Alpen nicht kannte, beraten hatte, wollte ursprünglich selbst ein Stück über dieses Thema schreiben. Dabei stellte er sich die Titelfigur »als einen kolossal kräftigen Lastträger« vor, damit beschäftigt, »die rohen Tierfelle und sonstige Waren durchs Gebirg herüber und hinüber zu tragen ... und ohne sich weiter um Herrschaft noch Knechtschaft zu bekümmern, sein Gewerbe treibend und die unmittelbarsten persönlichen Übel abzuwehren fähig und entschlossen«[10]. Goethe verfolgte damit offenbar den weniger heroischen, aber praktisch einleuchtenden Gedanken, daß – vielleicht mehr noch als der Rütlischwur – die Existenz des St. Gotthard-Passes die Entstehung der Eidgenossenschaft entscheidend beeinflußt hat. Erst seit 1236 durch die Erwähnung des Abtes von Stade als »mons Elvelinus« authentisch bekannt, war dieser Übergang als kürzeste Verbindung zwischen Basel (Luzern) und Mailand schon bald – nach dem Brenner im Osten – zum wichtigsten Handelsweg über die Alpen geworden. Im 16. Jahrhundert schließlich bezeichnete man den St. Gotthard im Ausland einfach als »Straße durch die Schweiz«.

Säumergenossenschaften transportierten die aus den Niederlanden (Antwerpen), England und Deutschland kommenden Güter nach Italien, die aus Italien stammenden Waren (vor allem Reis) nach Norden. Ermöglicht wurde diese Route nur durch neue technische Erkenntnisse im Brückenbau, denn es galt, die tosende Reuß zu überwinden. Da das Gebiet damals zum Herrschaftsbereich der Zähringer Grafen gehörte, deren Stammsitz im Breisgau lag, und als Initiator der Erschließung dieses Passes Berthold V. von Zähringen in Frage kommt, steht zu vermuten, daß für den Bau der beiden berühmten Brücken, der »Stäubenden« und der »Teufelsbrücke«, Erkenntnisse über Statik und Verankerung von Bauteilen herangezogen wurden, die man bei den Dombauten von Basel (begonnen im 11. Jahrhundert) und Freiburg (begonnen um 1200) gewonnen hatte. Während sich die Stäubende Brücke, ein schmaler, an Ketten aufgehängter Balkensteg um einen Felsvorsprung oberhalb der Reuß entlang zog, war die Teufelsbrücke ein steingebauter Übergang über den wilden Fluß. Der Bau dieser Brücke schien den Zeitgenossen so unglaublich, daß sich schon bald jene Legenden um sie rankten, von denen sie ihren Namen hat. Sie lauteten etwa so: der Teufel habe sie gegen das Versprechen gebaut, daß der erste Passant ihm gehöre. Man trieb eine Ziege über die Brücke, die der überlistete Satan in tausend Stücke riß. In seiner Wut rollte er einen wuchtigen Felsblock herbei, um das Bauwerk zu zerschmettern. Ein frommer Mann, der zufällig des Weges kam, bedrohte ihn jedoch mit dem Kreuz, so daß der Satan von seinem Vorhaben abließ. »Wer diese Fabel nicht glauben will, dem zeiget man noch den Stein selbst auf dem Weg unter Gestinen«, versicherte noch Johann Jakob Scheuchzer.[11] Möglicherweise wollte man sich aus diesem Grund rückversichern und benannte den »mons Elvelinus« nach dem 1132 kanonisierten Bischof Godehard von Hildesheim um, dessen Name auch eine Mailänder Kirche, S. Gottardo in Corte, trägt. Jedenfalls erscheint der Name St. Gotthard zum erstenmal in einer Liste der habsburgischen Besitzungen des 14. Jahrhunderts. Das Hospiz wird 1331 erstmals erwähnt, 1431 mit einem neuen Gebäude, 1683 nochmals erweitert und von Kapuzinern betreut. Was der Hausherr Pater Lorenzo Goethe bei seinem Besuch von 1797 kredenzte, berichtet der Diener des Dichters, Geist:

»1. Eine gute Reissuppe, in welcher eine Knackwurst sich befand.
2. Folgte Pökelfleisch mit einer guten Sauce nebst Senf.
3. Fisch, sowohl in Semmel geröstet als mit Essig und Zitrone.
4. Gamsbraten.
5. Nachtisch, der in gutem Schweizerkäse und Most bestand.«[12]

Johann Wolfgang von Goethe: »Scheideblick nach Italien vom Gotthard, 22.6.1775«

Im selben Jahr, in dem Goethe zum ersten Mal über den Gotthard reiste (1775), passierte ihn der englische Mineraloge Greville, vermutlich aufgrund einer Wette, mit einer Kutsche. Dieses tollkühne Wagnis, von dem die Kunde durch das Reuß- und Livinental lief, kam Greville allerdings teuer zu stehen, denn es kostete ihn 18 Karolin (432 Goldfranken), die Kutsche auseinanderzunehmen, transportieren und wieder zusammensetzen zu lassen. Selbst ein unternehmungslustiger Engländer konnte »des Gotthards Schlünde« (Schiller, ›Wilhelm Tell‹, IV, 1) nur zu Fuß oder auf einem Saumtier überwinden. Obwohl der Ingenieur Pietro Moratini 1703 die Stäubende Brücke durch einen Tunnel, das »Urner Loch« ersetzte, blieb die Gotthard-Route ein Schreckensweg bis ins 19. Jahrhundert. 1820–1830 entstand eine befahrbare Straße mit einer neuen Passage über die Reuß (Ende des 19. Jahrhunderts wurde die alte Teufelsbrücke zerstört), die zu vielen posthornromantischen Schilderungen reizte. – Aber nur bei guter Witterung. Balzac berichtet, er sei im tiefen Schnee »mehrere Male beinah umgekommen« (s. Dokumentation).

1882 eröffnete die Gotthardbahn nicht nur eine neue Ära im Handelsverkehr über diesen Paß, sondern auch Touristenströmen den Weg nach Italien.

Der Mönch Lambert von Hersfeld schildert in seinem zeitgenössischen Geschichtswerk, den ›Annales‹, den Alpenübergang des vom Papst gebannten deutschen Königs Heinrich IV: der Gang nach Canossa im Winter 1077 führte über den Mont Cenis.

... und die Berge, über welche der Übergang stattfand ... starrten so von Schneemassen und eisigem Froste, daß man auf dem schlüpfrigen und steinigen Abhange weder zu Fuß noch zu Pferde hinaufsteigen konnte ... Deswegen mietete er [der Kaiser] um Lohn einige von den Eingeborenen, welche der Gegend kundig und an die schroffen Alpengipfel gewöhnt waren, um seiner Begleitung über die steilen Gebirgswände und Schneemassen voranzugehen und den Nachfolgenden mit allen Hilfsmitteln, deren sie kundig waren, die rauhen Pfade zu ebnen. Mit diesen Führern gelangten sie auch mit der größten Schwierigkeit bis auf den Scheitel des Gebirges; hier zeigte sich keine Möglichkeit weiterzukommen, weil der schroffe Abhang des Berges, wie gesagt, durch den eisigen Frost so schlüpfrig war, daß er jegliches Heruntersteigen gänzlich zu versagen schien. Hier mußten nun die Männer alle Gefahr mit ihren Kräften zu überwinden suchen; und bald auf Händen und Füßen kriechend, bald auf die Schultern ihrer Führer sich stützend, bisweilen auch, wenn der Fuß auf dem schlüpfrigen Pfade ausglitt, fallend und weiterrollend, langten sie endlich doch mit großer Lebensgefahr in der Ebene an. Die Königin und die anderen Frauen ... setzte man auf Ochsenhäute, und die zum Geleite vorangehenden Wegweiser zogen sie darauf abwärts. Von den Pferden ließen sie einige mit Hilfe beweglicher Vorrichtungen hinunter, andere schleiften sie mit zusammengebundenen Füßen hinab, von denen viele beim Ziehen umkamen.

Pero Tafur: Passage über den St. Gotthard 1438

Am folgenden Tage [Ende Juni 1438] reiste ich von dort [Lugano] ab und kam an den Fuß des Sankt Gotthardpasses, welcher auf der Höhe der Alpen von Deutschland liegt, und tags darauf, nachdem wir uns mit dem Nötigen versehen hatten, erstiegen wir den Paß auf folgende Weise. Die Jahreszeit, von der ich spreche, war Ende Juni, da der Schnee infolge der großen Wärme schmilzt und die allergrößte Gefahr eintritt. Die Leute

Passieren eines steilen Schneehanges auf Fellen. Holzschnitt aus Olaus Magnus, ›Historia‹, 1567

halten etliche Ochsen, welche den Weg gewohnt sind; der Ochse geht eine Seillänge voraus und hat hinter sich, an dem Seil angebunden, ein Gerät wie einen kastilianischen Dreschwagen, und auf dem Dreschwagen sitzt man und führt sein Pferd am Zügel nach sich. Auf diese Weise wird der Marsch gesichert, denn wenn etwas geschehen sollte, läuft das kleine Rind die Gefahr. Wenn die Leute an engen Stellen große Schneemassen antreffen, welche den Anschein haben, als könnten sie sich ablösen, schießen sie vorher einige Feuerrohre los; denn durch das Getöse wird der Schnee zum Stürzen gebracht, falls er zu stürzen bereit ist. Es ist nämlich schon vorgekommen, daß in dem Augenblick, als Leute vorbeigingen, der Schnee sich loslöste und sie zum Tode brachte. In dieser Jahreszeit wachsen die Wasserläufe und Bäche gewaltig in Folge der erwähnten Schneeschmelze. Die ganze Gebirgsgegend ist stark besiedelt, teils von Herbergen, teils von kleinen Dörfern. An jenem Tage stiegen wir auf die Höhe der Alpen zu einer Einsiedelei, welche Sankt Gotthard heißt. Sie ist recht nahe beim Himmel, und doch bemerkt man von da noch andere Berge, von welchen die Bewohner der Einsiedelei sagen, daß sie ihre Gipfel noch nie gesehen hätten wegen des Nebels, der sie bedeckt. Man sieht von da auch Italien, und wenn jemand genügend scharfe Augen hätte, könnte er es in seiner ganzen Ausdehnung überblicken, so groß ist die Höhe und so flach und tief das Land Italien.

Lawinenabsturz auf einen Alpenpaß. Holzschnitt aus ›Theuerdank‹, 1517

Auf der Pilgerreise ins Heilige Land: der gefährliche Weg des Ulmer Dominikanerpaters Felix Faber durch Tirol in den Jahren 1483 und 1484

Hinreise

Am 18. Tag stieg ich von Matrei höher ins Gebirge und kam über ein Bergjoch, das Brenner genannt wird, wo ich unter heftiger Kälte zu leiden hatte. Hier fehlt es selbst in der Sommerszeit nicht an Schnee, Reif und Eis. Von diesem Joche stieg ich auf der anderen Seite einen langen Weg hinab und gelangte in die Stadt Sterzing (Stertzingen), wo ich im Gasthause meine Herren mit anderen Adeligen und ihren Dienern antraf ...

In großer Eile durchritten wir die Stadt Brixen (Brixina), da den Herren gesagt wurde, daß hier die Pest wüte. Anderemale habe ich in dieser Stadt übernachtet ...

Nachdem wir Brixen den Rücken gekehrt, kamen wir zum Kuntersweg (ad viam Conteri), auf dem wir gute Weiterreise hatten. Der Herzog von Österreich hatte ihn so herrichten lassen, daß man mit Fuhrwerken auf demselben hinauf- und hinabfährt, und alle anderen Wege verlassen sind. Daher hat jetzt der genannte Herzog auf der Höhe dieses Weges ein sehr stattliches und wertvolles Haus erbauen lassen und dort einen Zöllner hingesetzt. Es ist noch nicht zwei Jahre her, da war dieser Weg noch so schlecht und gefährlich, daß man ihn nur mit großen Schwierigkeiten, das Pferd mit der Hand nach sich ziehend, begehen konnte. Ich erinnere mich, mit welchen Gefährlichkeiten ich auf meiner ersten Pilgerfahrt diesen Weg zurückgelegt habe. Da gähnten zur rechten Seite tiefe Abgründe unmittelbar am Wege, zur linken stiegen steile Felswände empor. Der Weg war in einem so elenden Zustande, daß man darüber öffentlich Spottlieder sang. Der Herzog hat jetzt aber, wie ich schon erwähnte, auf kunstvolle Weise durch Feuer und Schießpulver die Felsen sprengen, die Klippen abtragen und die großen Steine beseitigen lassen, so daß er mit vielen Kosten das Unwegsame zu offenen Wegen ebnete. Das hat er aber nicht bloß hier, sondern an mehreren Orten des in seinem Machtbereich liegenden Rätischen Gebirges ausführen lassen. Der genannte Weg ist zwei deutsche Meilen lang. An seinem Ende stiegen wir zur Stadt Bozen (Bozanum) nieder. Sie bot gerade, durch einen Brand fast ganz zerstört, einen erbärmlichen Anblick: noch war das Feuer nicht erloschen, wir sahen und rochen Feuer und Rauch aus den Ruinenhaufen. In dieser Stadt verweilten wir während der Nacht und sahen großes Elend. Denn viele blieben in den Ruinen ihrer Häuser, da sie keine Wohnung noch Unterkunft fanden und viele, die vor der Feuersbrunst wohlhabend gewesen waren, wanderten als Bettler fort ...

Wir ritten dann ununterbrochen weiter und kamen nach Neumarkt (Forum novum), einem großen Orte, wo wir der Pferde wegen eine Stunde im Gasthause blieben. Da kam vom gegenüberliegenden Hause ein unbekannter Knecht zu mir mit der Nachricht, er sei von einem Bruder des Prädikantenordens, der dort weile, geschickt und lasse mich fragen, wer ich sei und woher ich käme. Ich antwortete ihm: Wenn es jenen Bruder lockt, zu wissen, wer ich bin und woher ich gekommen, so möge er sich zu mir bemühen und ich werde ihm richtige

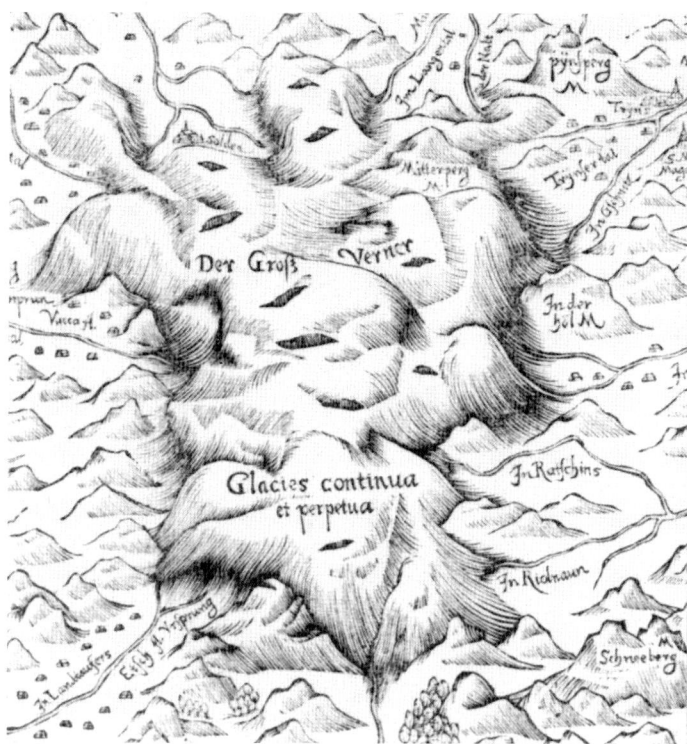

Ausschnitt aus der Tirol-Karte von Warmund Ygl (1604/05). Erstmals ist hier im Ötztaler Gebiet ein großer Gletscher (»Glacies continua et perpetua«) eingezeichnet mit der Benennung »Groß Verner«, womit allerdings der Brenner gemeint ist

Antwort geben; dir aber, als Knecht, sagte ich, werde ich nicht antworten. Das sagte ich deshalb, weil ich Verdacht hatte, daß er einer von unseren wilden, durch die Berge herumschweifenden Brüdern sei. Denn unbeständige und flüchtige Brüder unseres und anderer Orden begeben sich in diese Gegend und treiben sich in den Gebirgen, als den sichersten Orten, herum; und da hier alles reichlich vorhanden und um geringen Preis zu haben ist, können sie so ihr ungeregeltes Leben fristen. Sie laufen zu den Bauern und reden ihnen von dem Wert der Messen vor; diese hören sie an, bezahlen ihnen für sich und ihre Verstorbenen Messen, nicht ahnend, daß sie einen Simonisten vor sich haben. So geben sie Menschen für das Messelesen Geld, denen sie eher ein Almosen geben sollten, damit sie zur Ehre Gottes nie an einen Altar treten. Ich sah hier in den Gebirgen solche Unglückliche aus allen Orden herumschweifen, und Bischöfe und Presbyter dulden sie. Von Neumarkt ritten wir durch das Tal gegen Trient (Tridentum). Das gewöhnliche Volk erzählt, daß durch diese Talschlucht einst das Meer bis Meran (Meronam) gereicht habe, und daß die Etsch, wo sie über Meran aus den Bergen kommt, sich in das Meer ergossen habe. Als Beweis dafür finde man heute noch bei dem Bergfelsen bei Tirol (circa Tyrolim) eiserne Ringe, an welche man die Schiffe angebunden habe.

Auf der Rückreise

Vom hohlen Stein [Höhlenstein] reisten wir auf unlustigem, schlechtem Wege zu Tal und kamen an einen Ort, wo das Tal durch Wall und Graben von Berg zu Berg verschlossen war. In dem Jahr, bevor die Venezianer mit den Türken ein Bündnis schlossen, es ist nun sechs Jahre her, überkam Italien und die benachbarten Berggegenden ein solcher Schrecken, daß viele ihre Wohnsitze verließen und nach Schwaben flüchteten. Kein Wunder, denn die Türken hatten die südlichen Alpengegenden vielerorts so verwüstet, daß nichts als die Alpenhöhen verschont geblieben waren. In dieser Bedrängnis hatten sich die Bewohner zusammengetan und diese Talsperre erbaut, um einen unvorhergesehenen Türkeneinfall solange abzuwehren, bis sich die Christen gegen sie versammeln könnten.

Nachdem wir diese Verschanzung hinter uns hatten, kamen wir in ein sehr arges Gebiet, wo wir auf den Pferden bis zum Leibe in den Schnee einsanken, und wer abstieg, wurde bald bis zum Rücken voll Schnee. Denn der Schnee war nur auf der Oberfläche ein bißchen durch die Kälte erhärtet, so daß die Pferde bald mit dem einen, bald mit dem anderen, bald mit den vorderen, bald mit den hinteren Füßen einbrachen, daher kam es mit den Pferden zu einer solchen Schinderei, daß wir nicht mehr hofften, sie anders als krumm oder sonst unbrauchbar zu erhalten. Wir waren sicher in größter Gefahr und alles, was ich bis zu dieser Bedrängnis durchgemacht hatte, schien mir eine Kleinigkeit zu sein. Ich war wahrhaftig entsetzt, und die Geisteskräfte verließen mich, und gleich, als wäre nun meiner Reise ein unüberwindliches Hindernis gesetzt, sagte ich verzweifelnd zu mir: O armer F. F. F. [Frater Felix Faber], ich konnte den tiefsten Abgrund des Meeres befahren und bis zu den Sternen aufwallende Wogen mit kleinem Fahrzeug durcheilen, ich habe das weite Ufer des ganzen Mittelmeeres unter tausend Klippen und klingenden Felsen durchzogen, habe rauhe Berge bestiegen und gefährliche Täler durchwandert, dunkle Höhlen durchkrochen, die Aufenthaltsorte wilder Tiere durchsucht und die heimliche Dunkelheit der Wälder und Haine; habe Städte um Städte durchwandert, und was viel fürchterlicher ist, ich bin bis zu den Toten hinabgestiegen und in die schattige Wohnung der Unterwelt eingetreten, habe die Eingeweide der Erde mit meinen Augen gesehen, und jetzt, an der Grenze des ersehnten Heimatlandes stehend, bannen mich Schneemassen fest wie den tapferen Schwabenfürsten Brennus, der nach siegreicher Unterwerfung ferner Länder auf der beutereichen Rückkehr in den Schneemassen dieser Alpen mit all den Seinen zugrunde ging. Wie kann ich Unglücklicher mich im hohen Schwung von des Berges Höhe in jenes ersehnte Heimatland bringen? Wer rettet mich aus dem Windsturm? Welche Wolke leiht mir ihre oder ihres Schildknappen feste Flügel? Daß doch Dädalus von der Unterwelt käme, der den Menschen Flügel leihen, den Sterblichen neue Wege zeigen und den Bedrängten Hilfe leisten kann! Soll nicht irgendwoher Hilfe kommen nach all den erduldeten Mühen, allen bestandenen Schrecken und überwundenen Hindernissen! Ich darf in diesem dunklen Tale voll Schnee nicht ohne Vorwurf von Unbesonnenheit zurückbleiben!

Endlich kamen wir nach Überschreitung gefährlicher Wasserstürze in einen kleinen Ort, der Niederdorf (Niderdorf) heißt. Nach sehr großen Schwierigkeiten kamen wir an, die Pferde konnten hier nach den ungeheuren Anstrengungen verschnau-

fen, und wir auch. Als wir das Gasthaus betraten, trafen wir dort einige Kaufleute, welche den Weg, den wir gekommen waren, noch vor sich hatten. Aber sie warteten, bis einige den Weg durch den gefrorenen Schnee freimachten, sie selbst wagten es auf keinen Fall, und ich hätte es ihnen wegen der großen Gefahr für Tier und Mensch auch nicht geraten …

Auf der Weiterreise kamen wir zum herzoglichen Wachthaus, Im Lug genannt, wo schwerer Zoll für alle von Venedig nach Schwaben gehenden Waren entrichtet werden muß. Da befindet sich eine große Wage mit mächtigen Ketten, auf der die schwersten Fuhrwerke mit allen ihren Lasten gewogen werden. In diesem Gebirgsgebiete sind mächtig hohe Bergspitzen und im Winter, vor allem zur Zeit der Schneeschmelze, ist der Übergang sehr gefährlich, weil von den höheren Bergen die Schneemassen losbrechen und im Abstürzen zu ungeheuren Lawinen wachsen, die mit solcher Kraft und solchem Getöse zu Tal gehen, als würden die Berge mit Gewalt auseinandergerissen. Alles, was einer solchen Lawine in den Weg kommt, reißt sie mit fort; Felsen hebt sie aus ihrem Lager, entwurzelt Bäume, erfaßt Häuser, reißt sie mit sich, und überschüttet manchmal ganze Orte. Wegen ihrer Gefährlichkeit tragen diese Berge von altersher gemeiniglich den Namen Brenner, lateinisch heißen sie ›Alpes Brenni‹, nach einem deutschen oder schwäbischen Fürsten namens Brennus.

Beschwerde der Rottleute (Fuhrwerkerverbände) über die Vernachlässigung der Straße im Bereich des Hochstiftes Brixen, 1525

Im Brixner Kläusl ist ein Brückl lochrig, erbrochen und ganz übel versehen und sehr sorglich [besorgniserregend] darüber zu wandeln, zu geschweigen mit den schweren geladenen Wagen; soll das Brückl brechen, so wär Leib und Gut verdorben, denn es müßte so hoch wie der Stadtturm zu Innsbruck oder noch mehr hinabfallen. Die Straßen von Brixen bis gegen Klausen und weiter bis zum Kolmann sind überaus ungewahrlich [schlecht verwahrt] und sorgfältig [sorgenerregend], denn sie sind eng und schmal und die Wagengeleise hängen allweg gegen das Wasser des Eisack, so daß ein Knecht oder Anheber nicht wohl sicher neben dem Wagen gehen, zu geschweigen, daß er ihn halten oder anheben mag. Wenn uns armen Fuhrleuten in der Gebung der Zöll keine Gnad beschied, so ist auch dagegen billig, daß die Straßen vorgesehen und gemacht werden, damit männiglich sicher fahren und wandeln mag. Euer Gnaden [der Landesfürst von Tirol] wissen die Gelegenheit solcher böser ungewahrlicher Weg selbst gut, und so bitten wir aus gedrängter Not, Euer Gnaden wollen Ordnung geben, daß die Straßen der und andern Enden der Notdurft nach besichtigt und ohne Verzug gemacht werden. Das wollen wir zusammt der Belohnung, die Euer Gnaden von Gott darum empfangen wird, untertänig verdienen, denn, wer Weg und Steg bessert, nicht am wenigsten Almosen gibt und gegen Gott verdienstlich ist.

Säumerzug in den Alpen. Illustration des 19. Jahrhunderts

Im Tragsessel über den Mont Cenis. Holzschnitt aus Thomas Coryat, ›Crudities‹, 1611

Michel de Montaigne: Auf der Rückreise von Italien nach Frankreich über den Mont Cenis, 1581

Ich überstieg den Mont-Cenis halb im Sattel, halb im Stuhl, den vier Männer abwechselnd auf ihren Schultern trugen. Der Aufstieg dauert zwei Stunden, ist steinig und für Pferde, die ihn nicht gewohnt sind, ungeeignet, im übrigen aber ohne Gefahr und Schwierigkeit: da der Berg immer in seiner ganzen Breite vor einem aufwächst, sieht man keinen Abgrund, und die einzige Gefahr besteht darin, daß man strauchelt. Auf dem Berg liegt eine zwei Meilen breite Ebene mit einigen Häuschen, Seen und Brunnen und der Post: keine Bäume, aber viele Kräuter und Wiesen, die in der milden Jahreszeit genutzt werden. Von da ab ist alles mit Schnee bedeckt. Der Abstieg dauert eine Meile und ist gerade und steil. Ich ließ mich von meinen Leuten tragen und gab den acht Mann für ihre Bemühung zwei Taler. Obwohl es nur einen Teston (kleine Silbermünze im Wert von ungefähr 15 Sous) kostet. Es ist ein hübscher Scherz, ebenso gefahrlos wie langweilig.

Andreas Ryff, Gotthardreise im Jahr 1587

Von Gestinen zieht man dann die Schöllenen oder den Schöllenenberg vollends hinauf, wo an etlichen Orten gewölbte Brukken über die Reuß gehen, so daß man hinüber und wieder herüber muß. Da rauscht und tobt das Wasser so grausam, daß es einen, der solches nie gesehen, erschreckt, bis daß man schier gar auf die Schöllenen hinauf kommt ... Da kommt man stracks unversehens zu der Teufels Brucken, al Ponto Dilferno genannt. Das ist eine solche Brucken, die hoch über dem Wasser mit einem einzigen Bogen oder Gewölb von einem Felsen in den anderen gebaut ist. Zur rechten Hand rauscht und rumpelt das Wasser, die Reuß, einem hoch über die Felsen herab entgegen. Grad unter der Brucken fallt es wieder tief über einen Felsen hinab, und ist die Brucken über fünf oder sechs Schuh nit breit

... Keiner ist so mutig, der's nie gesehen, wenn er so eilends unversehens um das Eck des Felsens dazu kommt und über diese hohe, schmale Brucken muß, der nit erschrecke und sich darob nit etwas entsetze, sonderlich dieweil keine Geländer oder Nebenwänd daran sind.

Johannes Andreas von Sprecher: Abstieg vom Bernina-Paß, um 1620

So schnell als der üble Weg es gestattete, ging es jetzt vorwärts. Noch ehe der weiße See erreicht wurde, brauste der Malenker in gewaltigen Stößen herab. »Da haben wir die Bescherung«, aber auf die warmen Föhnwinde pflegen fast immer Schneestürme zu folgen, und dann gnade der Himmel den armen Reisenden, die draußen sind. »Br – wie das bläst!« rief Gruber, als ein neuer Stoß mit solcher Wucht daherfuhr, daß die Pferde erschrocken zur Seite sprangen. Bald standen sie am Joche und erblickten rechts die ungeheure Masse des Gletschers, der mit steilem Absturze, wie ein im Vorwärtsgleiten plötzlich erstarrter Strom bis in die Talmulde herabsteigt; gerade vor sich sahen sie den jähen Zickzackweg neben einem furchtbar tiefen Abgrunde sich in das Tal hinabschlängeln.

Hier stiegen sie von ihren Rossen, und während sie aus Grubers weitbauchiger Trinquetta sich mit Wein für den gefährlichen Abstieg stärkten, bemerkte Gruber: »Hier müssen wir hinab, da unten liegt Cavaglia, und schaut dort, wo des Sees Spiegel beginnt, liegt Puschlav. Wie schmal der Weg ist, seht Ihr selbst, und es ist schon gar mancher arme Säumer, aber auch

Bernina-Paß (Oberengadin). Stahlstich von C. Huber, um 1850

manch Fürnehmerer vom Malenker, zumal an den Kehren, erfaßt und in den Abgrund geschleudert worden. Mehr als einmal bin ich in solcher Gefahr gestanden, und seither, so ich das Brausen des Sturmes in der Höhe verspüre, werf ich mich in den Schnee gegen die Bergwand und klammere mich in ihm fest. Drum habt acht, wenn Ihr mich rufen hört ›Nieder‹, so tut wie ich! Es mag sein, daß wir uns in solcher Weise zu erretten vermögen.«

Die Pferde voran, die Reisenden zu Fuß folgend, begann man den Abstieg in beschleunigten Schritten, jedoch mit Vorsicht, da ein Ausgleiten im schlüpfrigen Schnee verhängnisvoll werden konnte. Zwei der Kehren waren bereits zurückgelegt, als Gruber, der den Zug schloß, plötzlich den Warnruf ergehen ließ, dem alle augenblicklich Folge leisteten. Wenige Sekunden später

Alte und neue Teufelsbrücke. Stahlstich von C. Reiss, nach 1830

brach ein furchtbarer Windstoß vom Gletscher herab mit solcher Gewalt, daß sich die Reisenden nur mit äußerster Anstrengung zu halten vermochten. Zum großen Glück war an dieser Stelle zwischen Fels und Abgrund der Raum breiter als oben. Schon wollten die Wanderer, als es ruhiger geworden zu sein schien, aufstehen, als Gruber »Liegenbleiben!« befahl. Ein neuer, ebenso heftiger Anprall erfolgte, und im gleichen Moment vernahmen sie einen Schrei, wie ihn, außer Gruber, noch keiner von ihnen gehört. Es war ein markerschütternder, gellender Schrei, aber nicht der eines Menschen.

»Oh, mein armes Roß!« klagte Gruber, »da zerschellt es unten in den Felsen.« Den dumpfen Ton des Aufschlagens eines schweren Körpers auf dem Gestein vernahmen alle. Aber auch jetzt dachte der wackere Mann nur an die Rettung seiner Gefährten und mahnte, noch immer festgestemmt liegenzubleiben. Erst als ein dritter Stoß, weniger heftig als die früheren, vorübergegangen war, richtete er sich selbst auf und verkündete, daß nun für eine Weile die Gefahr vorüber sei. In der Tat erreichten sie ohne weiteren Anfall die Talmulde und nach kurzer Zeit auch das Dörfchen Cavaglia.

41

Reisende Engländer in den Alpen. Lithographie, 1824

Lady Mary Montagu auf der Reise von Konstantinopel nach England über die Überschreitung des Mont Cenis. An Mrs. Thistlethwayte, Lion den 25. Sept. 1718

Am folgenden Tag fingen wir an, den Mont Cenis zu besteigen. Wir wurden auf kleinen Sesseln aus geflochtenen Weiden, die auf Stäben befestigt waren, von Männern auf den Schultern getragen. Unsere Wagen aber wurden auseinandergenommen und auf Maulesel gepackt.

Die gewaltige Aussicht auf ewig mit Schnee bedeckte Berge, Wolken, die unter unseren Füßen hängen, Wasserfälle, die sich von Felsen mit betäubendem Brüllen herabstürzen, würden für mich sehr unterhaltend gewesen sein, wenn ich weniger unter der heftigen Kälte, die hier herrscht, gelitten hätte, aber der neblige Regen, der beständig andauerte, durchdrang auch den dicksten Pelz, in den ich gewickelt war. Ich war halb tot, ehe wir den Fuß des Berges erreichten, und dies geschah erst zwei Stunden nach Einbruch der Dunkelheit.

Johann Georg Keyßler: Reise über den Mont Cenis 1740

Des Winters, wenn Schnee liegt, durchreist man die obere Ebene des Mont Cenis mit Schlitten, vor welche ein Pferd und ein Maulesel gespannt sind. Den Berg hinunter von la grande Croix bis Novalese muß man sich allezeit, auch des Winters, tragen lassen, weil die großen Steine, krumme, löcherige Wege und gefährliche Praecipitia den Gebrauch des Schlittens nicht erlauben. Ein anderes aber ist es, wenn man des Winters vom Mont Cenis hinunter nach Lanebourg will. Denn gleich an dem Platze, wo der Berg sich abwärts neigt, ist ein Haus, Ramasse genannt, woselbst man sich in einen Schlitten setzt und mit solcher Geschwindigkeit hinunterfährt, daß einem fast der Odem ausbleibt, und man innerhalb 7 oder 8 Minuten in Lanebourg ist. Auf einem solchen Schlitten sitzen nur zwo Personen, der Reisende und der Führer, welcher den vorderen Platz einnimmt, und mit einem Stocke den Lauf regiert. Auf jeder Seite hat er eine eiserne Kette, welche er als Anker fallen läßt, wenn der Schlitten langsamer gehen oder stillstehen soll. Dieses heißen sie sowohl als das Tragen auf Sesseln, *ramasser les gens, aller à ramasse.* Etliche Passagiers, sonderlich Engländer und Deutsche, wenn sie diesen letztgedachten Weg zurückgelegt haben, lassen sich mit Mauleseln von Lanebourg wieder hinaufbringen, um noch einmal der Lust dieser Schlittenfahrt zu genießen und *à la ramasse* zu passieren. Der Reitweg von Lanebourg auf den Berg geht immer schlangenweis; die Maultiere und Esel verfehlen ihn niemals, sie wissen die besten Gänge mit Vermeidung der Steine auszusuchen, und darf man sie nur sicher gehen lassen. Zu jetztgedachter Reise nimmt man meistens verschnittene Maulesel, weil die Hengste, wenn sie den Stuten in diesen engen Wegen begegneten, leicht Lärmen anfangen und daraus Unglücke für die Reitenden entstehen können. Ein guter Maulesel kostet hier 9 bis 13 Pistolen ...

Vor etlichen Jahren soll ein Engländer diese Reise getan haben, der 22 Rubs oder 550 Pfunde wog und 12 Träger brauchte. Einem jeden Porteur, der über die Taxe etwas erpressen will, ist ein Ecû d'or au soleil oder achthalb Livres Strafe gesetzt. Indessen betteln sie doch allezeit um Trinkgelder, und dieses oftmals auf grobe Manier. Am besten ist es, daß man den Vetturino für alles sorgen lasse und alle diese Unkosten in den schriftlichen Kontrakt, welchen man desfalls in Genève oder Turin aufsetzt, mit einrücke, weil es sonst immer Zank gibt, und ein solcher einheimischer Mensch es noch wohlfeiler, als im Reglement der Preis gesetzt ist, haben kann ...

Man sollte meinen, daß alle Mannspersonen von Novalese und Lanebourg die Schwindsucht haben müssen, wegen des mühsamen Tragens und Bergsteigens, so sie fast täglich verrichten müssen. In unseren deutschen Städten beschweren sich die Sänften-Träger, wenn sie eine starke Person nur etliche hundert Schritte weit tragen sollen. Hier aber nahmen wir unsere Träger aus Lanebourg mit, welche ohne schwerem Odem den hohen Berge stundenlang, ohne auszuruhen, geradezu als Katzen hinaufkletterten ... Um desto sicherer zu gehen, haben sie keine Absätze an den Schuhen, und die Sohlen mit Wachs und Harz geschmiert ...

Übrigens tragen diese Kerl sehr sanft, und weil wir einen hellen guten Tag hatten, so kam mir diese ganze Tagereise nicht anders als angenehm vor. Die Bagage gelangte eine Stunde später als die übrige Gesellschaft nach Novalese, und wurde gleich nach der Douane gebracht. Der Zöllner, der unsere Koffer an dem ersten savoyischen Zollhause bei Genève versiegelt hatte, war damit so schlecht umgegangen, daß schon am ersten Tage der dünne Bindfaden, welchen er zum Siegel und Plombieren gebracht hatte, entzwei war. Dieses zu verbergen waren allerlei Künste nötig, wozu die Nacht gute Dienste leistete, sonst hätten wir viele Ungelegenheiten und Verdruß darüber haben können, sonderlich da in Savoyen und Piemont alles aufs genaueste durchsucht wird und man nicht mit kleinen Geschenken abkommen kann wie in vielen andern Orten, sonderlich im Mailändischen, da das Visitieren in einer puren Bettelei besteht. Vornehmlich hat man sich in des Königs von Sardinien Landen vor der Einführung des Schnupftobaks und fremder neuer Waren wohl zu hüten.

J. G. R. Andreae: In der Schöllenenschlucht, 1763

Ich bin diesen Morgen um 8 Uhr von Wassen, oder Wasen, weg und durch den gestrigen ähnliche, das ist, fürchterliche merkwürdige Gegenden in anderthalb Stunden nach Gestinen, oder Göschenen, heraufgeritten. Die wenigen kleinen Gärten dieses Dorfes sind noch beschaffen wie die zu Wasen.

Von hier erhebt sich der Weg, bis in die Schöllenen, weit steiler herauf, einer Gegend, so etwa eine halbe Stunde von der berüchtigten Teufelsbrücke anfangt und bis zu ihr führt. Hier ist die Reise am allergefährlichsten, wie denn noch diesen Sommer hier etliche bepackte Maultiere und Pferde zu der Reuß hinabgestürzt sind. Im Winter aber ist sie noch weit gefährlicher, weil es dann erstaunlich starke Schneegestöber und herabrollende Schneeklumpen gibt, die die Schweizer Louinen, Lauwinen, Labinas, nennen, welche Herrliberger überaus schön in Kupfer vorgestellt, und, wie sie 1478 bis 1713 verschiedenen Schaden angerichtet haben, erzählt hat. Diese aber wickeln, bekanntermaßen, zuweilen Menschen und Tiere in sich, ohne Errettung übrigzulassen. Überdem reißen sowohl Schnee- als Felsenstürze oft große Stücke von der Straße mit sich fort, und ich habe dergleichen Stellen verschiedene angetroffen, wo man die entstandenen Lücken noch ganz kürzlich wieder zugemacht und Mauern aus der Tiefe aufzuziehen sich genötigt gesehen hatte. Ganze Strecken der Straße sind hier, zu beiden Seiten freiliegend, durchaus aufgemauert worden, so daß sie Brücken formieren, die den Übergang von einem Berge zum andern möglich machen, über welche mit so unglaublichen Kosten als Gefahr unternommene Anlegung und Ausbesserungen man sich nicht genug wundern kann. Und ebensosehr muß man die Unerschrockenheit bewundern, mit welcher die reitende italienische Post diese Gegend passiert. Denn alle Gefahr, selbst in dem strengsten Winter, kann ihren Lauf nicht aufhalten, und ist der Schnee noch so dick gefallen, so läßt sie einige Bauern vorangehen und durch diese sich eine Bahn öffnen, um, auch sogar des Nachts, ihren Weg fortzusetzen ...

Kurz, es hat hier die Natur beinahe wohl alles versammelt,

David Herrliberger: »Schnee-Lauwen ... wie sich dieselbigen ab gächstotzigen Gebirgen fast senkelrecht herunterstürzen«. Aus: ›Topographie der Eydgnoßschaft‹, 1756

43

was sie Erschreckendes hervorzubringen vermocht hat, und dessen höchster Stufe man nunmehr mit der Teufelsbrücke zugleich sich nähert. Denn hier, fürwahr, thront die Gottheit des Schreckens.

Karl Gottlob Küttner: Reise über den Nufenenpaß, 1778

Von Airolo weg sieht das Land anfangs noch so ziemlich menschlich aus, so wie es nämlich am Fuße des Gotthards aussehen kann ...

Wir rückten nun auf einem Fußwege fort, dem man es ansah, wie wenig er betreten wird; aber auch dieser hörte endlich auf, und wir mußten uns ganz auf die Kenntnis unserer Führer verlassen. Steile, unförmige, dunkelgraue Felsenmassen erheben sich auf allen Seiten und machen ein Bild des Trauerns und öder Ruhe. Was einzig in diesen nackten Felsen eine Abwechslung gibt, ist Schnee und hin und wieder ein kleiner Eisberg. – Unsere Führer wußten sehr wohl, nach welcher Gegend wir unsere Richtung nehmen mußten; allein da keine Spur von einem

Schöllenschlucht und Urner Loch am St. Gotthard-Paß. Aquatinta von A. Rothe, um 1800

Wege ist, führten sie uns oft über Steine und Felsen, in denen das Gehen äußerst beschwerlich war. Zwar hatten wir Pferde, die mit bewunderungswürdiger Geschicklichkeit sich überall durchwanden; allein an manchen Orten wollte es niemand wagen aufzusitzen.

Dennoch war die ganze Gesellschaft heiter, weil das Ungewöhnliche des Anblicks eines jeden Aufmerksamkeit gespannt hielt. Aber nun fiel ein Donnerwetter ein mit etwas Regen, und in kurzem waren wir alle von Kälte halb erstarrt. Da war nichts, wo wir Zuflucht suchen konnten, und überdies hatten wir keine Zeit zu verlieren, weil man auf diesen Weg eine vollkommene Tagesreise rechnen muß ... Nur hin und wieder sah ich einige Fußtritte. Es schneit hier so oft, selbst mitten im Sommer, und von den Bergspitzen lösen sich ohne Unterlaß so viele Felsen und Steine ab, daß die Tritte der wenigen, die hier gehen, gar bald wieder vertilgt werden.

Der eiskalte Regen hatte sich gelegt, und der Donner rollte nur langsam rings in den Felsenhallen umher. Der soeben noch

Kampf zwischen Russen und Franzosen auf der Teufelsbrücke am St. Gotthard-Paß, 1799. Gemälde von Johann Baptist Seele

verschleierte Himmel heiterte sich in unserer obern Region auf, und die grauen Regenwolken zogen tief unter uns an den Bergen herum. Die kalte Farbe des Himmels, der plumpe, kolossalische Bau und die schwarzgraue Farbe der Felsen machten, mit der toten Öde umher, ein Bild, das mir nie wieder aus dem Gedächtnisse schwinden wird ...

Jetzt stiegen wir auf der Walliserseite hinab, von einer Menge Bäche begleitet, die sich auf allen Seiten ins Tal stürzen. Der größte Teil unseres Weges war nun gemacht, aber noch immer keine Spur menschlicher Hand ...

Abends nach vier Uhr entdeckten wir, in einiger Entfernung von unserm Wege, eine Sennhütte in dickem Nebel. Es war ein Palast für uns, die wir seit zehn Stunden auf der Straße waren und keine eigentliche Mahlzeit gemacht hatten. Zwei Mannspersonen, die wir darin fanden, suchten Holz und Reiser zusammen, die sie mit vieler Mühe herauftrugen, und nie war mir ein Feuer willkommener.

Sie hatten kein Brot und auch sonst nichts, wonach wir fragten; sie boten aber mit vieler Gutherzigkeit alles an, was sie hatten, und das war ein fettes Murmeltier, das sie auf einem Brette ausgespannt zeigten und braten wollten. Uns allen schauerte vor dem Gedanken, ohne Brot von so einem Tiere zu essen, das fast ganz aus Fett bestand. Wir mußten also die Packpferde erwarten, die sich von den übrigen verirrt hatten. Und nun begann eine Mahlzeit, die mit immer so vielem Appetite gegessen wurde als die, welche Ulysses Schweinehirt seinem Herrn auftischte.

Napoleon: An den Bürger Talleyrand, Minister, 19. Mai 1800

Ich sende Ihnen, Bürger Minister, alle Papiere, die Sie mir zugestellt haben, unterzeichnet zurück.

Endlich tritt die Reservearmee in Aktion; der Sankt Bernhard hat uns einige Schwierigkeiten gemacht. Seit Karl dem Großen hat er kein so zahlreiches Heer mehr gesehen; besonders wollte er sich dem Durchzug unserer großen Feldstücke widersetzen; aber endlich ist die Hälfte unserer Artillerie in Aosta.

Bonaparte

In seinem autobiographischen Roman ›Das Leben des Henry Brulard‹ schildert Stendhal (d. i. Henry Beyle), wie er im Mai 1800 an der Seite des Rittmeisters Burelviller den St. Bernhard-Paß überquert, um sich dem 6. Dragonerregiment Napoleons anzuschließen.

[Ich] kam als vollendeter Hasenfuß am Sankt Bernhard an. Was wäre aus mir geworden, wenn ich Herrn Burelviller nicht begegnet wäre, wenn ich allein geritten wäre? Ich war mit Geld versehen und hatte nicht einmal daran gedacht, einen Diener mitzunehmen. Berauscht von meinen holden Träumereien, die auf Ariost und die ›Neue Heloïse‹ zurückgingen, ließ ich alle klugen Ratschläge an mir abgleiten; ich fand sie spießig, dumm und widerwärtig.

Alle weisen Warnungen der Schweizer Herbergswirte waren also an mir abgeglitten.

Auf einer gewissen Höhe wurde die Kälte schneidend. Ein beißend kalter Nebel hüllte uns ein. Seit langem bedeckte der Schnee die Straße. Diese Straße, ein schmaler Pfad zwischen zwei Mauern aus übereinandergeschichteten Steinen, war acht bis zehn Zoll hoch mit schmelzendem Schnee angefüllt, und darunter war rutschiges Geröll (wie in Claix, unregelmäßige Polygone mit abgeschliffenen Kanten).

Von Zeit zu Zeit bäumte sich mein Pferd vor einem Pferdekadaver; bald aber – was noch schlimmer war – tat es auch das nicht mehr. Es war eine elende Schindmähre.

Mit jedem Schritt wurde es schlimmer. Zum erstenmal lernte ich die Gefahr kennen …

Ich schämte mich nicht, mir Gerechtigkeit widerfahren zu lassen: ich war unausgesetzt guter Dinge. Wenn ich meinen Gedanken nachhing, so überlegte ich, wie J.-J. Rousseau wohl diese schneebedeckten jähen, hohen Berge geschildert haben könnte, die mit ihren unaufhörlich von großen, rasch dahinziehenden grauen Wolken verdunkelten Gipfeln bis in den Himmel hinaufragten.

Mein Pferd strauchelte. Der Rittmeister fluchte und blickte finster drein. Sein besonnener Diener, der sich mit mir angefreundet hatte, war totenbleich.

Ich war durch und durch naß. In einem fort wurden wir durch Gruppen von fünfzehn oder zwanzig bergauf steigender Soldaten behindert und sogar aufgehalten …

Oft fluchten sie über uns aus Zorn, daß wir beritten waren und sie zu Fuß gehen mußten. Es fehlte nicht viel, und sie hätten uns unsere Pferde weggenommen.

Diese Einsicht in den menschlichen Charakter verdroß mich, aber ich schob sie sofort beiseite und tröstete mich mit dem Gedanken: Ich erlebe also etwas Schwieriges! …

Endlich, nach einer ungeheuren Menge von Zickzackkehren, die mir eine endlose Distanz zu bilden schienen, erblickte ich in

Übergang der napoleonischen Einheiten über den Großen St. Bernhard am 20. Mai 1800. Kupferstich von Louvet nach Carle Vernet

Eröffnung der Straße über den Semmering 1842 durch Kaiser Ferdinand I. Kolorierte Federzeichnung von Ferdinand Russ

einer Talsohle zwischen zwei riesigen, spitzen Felsen zur Linken ein niedriges Haus, das von einer vorbeiziehenden Wolke fast verdeckt war.

Das Hospiz! Man gab uns dort wie der ganzen Armee ein halbes Glas Wein, der mir eiskalt und wie ein roter Absud schmeckte.

Ich kann mich nur noch an den Wein erinnern; bestimmt gab man uns auch Brot und Käse dazu.

Johann Gottfried Seume: Wanderung über den Semmering, 10. Januar 1802

Von Wien zog ich nun an den Bergen hin, die rechts immer größer wurden, dachte so wenig wie möglich und setzte gemächlich einen Fuß vor den anderen immer weiter fort ...

Hier fängt die Gegend an, die, wie ich mich erinnere, schon andere mit den schönsten in der Schweiz verglichen haben. Wie

wird es aber auf den steiermärkischen Wegen werden, vor denen mir schon in Wien selbst Eingeborene bange machen wollten? Es kann nun nichts helfen; nur Mut! damit kommt man auch in der Hölle durch. Zwischen Neustadt und Neunkirchen, einer langen, langen Ebene zwischen den Bergen, die sich hinter dem letzten Ort immer mehr zusammenschließen, begegnete mir ein starkes Kommando mit Gefangenen. Der letzteren waren wohl einige Dutzend; eben keine sehr gute Aussicht! Einige waren schwer geschlossen und klirrten trotzig mit den Ketten. Die meisten waren Leute, welche die Straßen unsicher gemacht hatten.

Aber desto besser, dachte ich; nun sind der Schurken weniger da, und diese werden gewiß nicht so bald wieder losgelassen. In Wien und hier auf dem Wege überall wurde erzählt, daß man die Preßburger Post angefallen, ausgeplündert und den Postil-

lion und den Schaffner erschlagen habe. Auch bei Pegau, nicht weit von Graz, war das nämliche geschehen. Das waren aber gewiß Leute, die vorher gehörig rekognosziert hatten, daß die Post beträchtliche Summen führte, die sich auch wirklich zusammen über 130000 Gulden belaufen haben sollen. Bei mir ist nicht viel zu rekognoszieren; mein Homer und meine Gummiflasche werden wenig Räuber in Versuchung bringen ...

Nun ging es bergan zwei Stunden, und nach und nach kamen einige Fuhrleute den Semmering herab und zeigten mir wenigstens, daß ich dorthin mußte, wo sie herkamen. Links und rechts waren hohe Berge, mit Schwarzwald bewachsen, der mit Schnee behangen war, und man konnte vor dem Gestöber kaum zwanzig Schritte sehen. Oben auf den Bergabsätzen begegneten mir einige Reisewagen, die in dem schlechten Wege nicht fort konnten. Der Frost hielt noch nicht, und überdies waren die Geleise entsetzlich ausgeleiert. Herren und Bediente waren abgestiegen und halfen fluchend dem Postillion das leere Fuhrwerk Schritt für Schritt weiter hinaufwinden. Ich wechselte die

Schluchten bergauf, bergab und trabte zum großen Neide der dick bepelzten Herren an den englischen Wagen fürbaß. Ein andermal rollten sie vor mir vorbei, wenn ich langsam fortzog. So geht's in der Welt; sie gingen schneller, ich ging sicherer.

Ludwig Emil Grimm: Reise über den Splügen, 1816

Ich zeichnete noch eine Aussicht vom Lago di Como, und nach dem Essen fuhren wir unmittelbar an den schönen Ufern des Sees her nach Chiavenna am Fuße der Alpen. Wir übernachteten da und fanden unsere fernere Reisegesellschaft. Diese bestand aus Hector de Salis-Soglio, aus Chur in Graubünden, ein interessanter Mann, Kapitän in englischen Diensten, er kam von Smyrna; dann J. B. Schürch von Luzern, wohnt in Livorno, Signore Vaccano vom Lago di Como, Antonio Bianchi auch vom Lago di Como und unser Führer Casimir Weis von Fussach am Bodensee.

Nun wurde sich früh zu Pferde gesetzt, und bei entsetzlichem Regen ging's bergauf; bald waren wir so in den ungeheuren Felsen, daß ich nichts mehr sah als Felsschluchten und jagende Nebelwolken. Es ging immer tiefer in die Berge, und der Weg war oft kaum so breit, daß ein Pferd Platz hatte, und neben dem schmalen Weg ging es in die Tiefe, wo man das wilde Wasser toben hörte. Die Wege waren oft so von Wasserfällen zerrissen und überschwemmt, daß deren Überschreitung aufhielt, ja oft mit Lebensgefahr verbunden war.

Prestel sah köstlich aus, von Haus aus ein schlechter Reiter, und dabei noch ängstlich und furchtsam! Er sah aus wie ein reisender Schneider; er hatte drei Röcke an, hinten auf dem Pferd seine viereckige Hutschachtel, worin all seine vielen Körperreinigungs- und Stärkungsgerätschaften lagen. Mit der einen Hand hielt er den Pferdezaum und Sattelknopf, mit der andern den verwitterten Regenschirm und rief beständig: »Lieber Weis, lieber Casimir! wird der Weg bald besser?« u. dgl. Salis und ich haben was Ehrliches lachen müssen. Einmal ging es aber dem Renommist doch schlimm: wir mußten auch wieder einen Wassersturz, der sich über den Weg wälzte, durchreiten, es war ein schlimmes, Vorsicht heischendes Reiten, weil so viele Felsstücke im Weg lagen; wir nahmen Prestel auf seinen Wunsch in die Mitte, aber das Wasser riß die Hinterläufe von seinem Pferde um, und das Tier saß mit Prestel zur Hälfte im Wasser, so daß die Hutschachtel und sein Allerwertester durch und durch naß wurden; wie er glücklich durch war, rief er: »Da schlag ein Dunnerwetter in den Splügen, ich hab doch mei Lebtag viel schlechte Wege gemacht, aber so e dunnerwetterischer is mer doch noch net vorkomme! Dunnerwetter, wie bin ich naß, und wie mag's in meiner Hutschachtel aussehn!«

Salis war ein sehr unterhaltender, angenehmer, gebildeter Mann, so in den vierziger Jahren. Wir beide hielten uns meist zusammen, und schon um deswillen war mir die Reise eine sehr interessante und angenehme. Es ist übrigens der Mühe wert, die Reise über den Splügen und durch Graubünden zu machen; denn es hat niemand von der Wildnis und Zerrissenheit der Natur einen Begriff, wie es da aussieht! Wir ritten in so tiefen Schluchten, daß oft förmlich Nacht war, und neben dem engen Weg waren ungeheure Tiefen; dann kam wieder ein sehr hoher schwarzer Fels oder Berg, der sah aus, als wenn er mit einem mächtigen Schwert von einem Riesen in der Mitte gespalten wäre; durch den Spalt ritten wir nun; waren wir durch, so sollte man glauben, es sei da ein fürchterliches Erdbeben gewesen: die größten Felsenbrocken lagen unregelmäßig durcheinandergeworfen da; oft ritten wir dahin, ohne nur eine Spur vom trüben Himmel sehen zu können; dann stürzte wieder ein großer Wasserfall über uns weg mit einem Getöse, daß man sich nicht verstand; überall flog ein feiner Regenstaub an, der kühl und frostig war. Die armen Pferde blieben zuweilen vor Müdigkeit oder Unbehagen stehen, und der arme, sonst so geschwätzige Prestel ritt zwischen uns schweigsam, in sich gebückt, wie ein toter Mann. Ich kann nicht sagen, wie malerisch und interessant der Weg für einen Maler ist: hier ist alles, was man Großartiges,

Abstieg vom Splügenpaß beim Pianazzofall auf der italienischen Seite. Stich von Sperli, 1830

Schauerliches und Furchtbares sehen kann! Es fehlten nur die Hexen, Kobolde, Drachen, Lindwürmer, Schlangen und Teufel; es war der Ort für Furien, Minotauren, Sphinxe, Vulkan, Pluto, Zeus den Donnerer! Wir bekamen mit zur Begleitung ein schreckliches Donnerwetter; der Sturm tobte und pfiff und dröhnte, die Blitze zuckten und schlugen an die Felsen, als wenn man tausend Kanonen und Tritonenhörner hörte, als wenn der Jüngste Tag anbrechen wollte! In meiner Phantasie entstand ein Bild nach dem andern. Wir hielten unter einem Felsen, die Pferde wollten bei dem entsetzlichen Regen nicht weiter, und mir war es auch recht. Man muß so etwas durchleben und durchempfinden; wenn ich an die Gegend von Neapel und den Klostergarten bei Genua dachte und jetzt! welch ein entsetzlicher Unterschied! Casimir Weis, unser blonder, freundlicher, junger Führer, machte bei diesem Wetter das gleichgültigste Gesicht von der Welt. Er sagte lächelnd: »Wie oft habe ich das erlebt

49

Steinerne Galerie auf der Südseite des Stilfser Jochs. Stahlstich von E. Finden, 1828

und muß ich das erleben, da ich im Jahre wohl dreißigmal den Weg mache!« Diesen Weg sollten alle machen, die zum Dichten begabt sind! Aus den Märchen von meinen Brüdern kam mir oft manches ins Gedächtnis bei der Reise, und hätte ich ein paar Wochen zu der Gebirgsreise verwenden können, vielleicht hätte ich Interessantes für sie gesammelt.

Joseph von Görres: Auf der Via mala, 1820

Wir gingen an einem Julimorgen von Thusis der Via mala zu, die ich, ob sie gleich im Schiefergesteine verläuft, doch um größeren, breiteren Eindrucks wegen der Teufelsbrücke im Urgestein weit vorziehe. Hohe, senkrecht abstürzende Felsenwände steigen an beiden Seiten auf, so daß stellenweise zwischen Sonnenaufgang und Untergang kaum einige Stunden liegen. Große Blöcke überragen anderwärts die Straße, die sich mit Mühe unter ihnen durchgebissen. Die Schutthalden, die die Ufer des Rheines bilden, sind mit dichten Wäldern zum Teil der allerältesten Tannen besetzt, die es in ihrer Höhe auf ein Nacheifern der Berge angelegt zu haben scheinen. Unten in der Tiefe hört man unsichtbar den Rhein brausen; dazu schlug aus den Schluchten abwärts von den Minen eine beständige durch das Echo verlängerte Kanonade, als würde da drinnen im engen Raume von unsichtbaren Heeren eine Schlacht geschlagen –

und dazwischen läuteten wieder friedlich die Glocken einer ganzen Karawane von Saumrossen, durch die man zur Zeit noch den Verkehr mit Italien führte. Um die beiden Brücken, besonders die höhere, ist der Brennpunkt des ganzen Wegs; an der einen ist es eigentlich nur ein enger Riß in den Felsen, der dem Rhein den Durchgang verstattet, doch vergibt er seiner Würde auch da nichts, sondern weiß mit großer Gesetztheit sich durchzudrängen.

Karl Friedrich Schinkel: Durch die Schluchten des Simplon

Den 31. Juli 1824. Das Wetter ist schön, und wir sind morgens um 4 Uhr auf der Straße des Simplon. Von dem Vergnügen, auf dem herrlichsten Wege das Wildeste und Größte in der Natur wie auf einem Spaziergang zu genießen, läßt sich keine Beschreibung machen. Die Straße ist bequem angelegt, daß man nirgend einen Hemmschuh braucht. Brandt, Waagen und ich gingen zu Fuß, Kerll, der sich nicht wohl befand, blieb lieber im Wagen. Zuerst schlängelt sich der Weg durch die Waldregionen an den Rändern der Bergschluchten hin; man übersieht bald das Valais [Wallis] auf etwa 3 Meilen, wo das Tal einen Winkel macht, und die jenseits aufsteigenden Gletscher, unter welchen der große Aletsch-Gletscher vorzüglich heraustritt. Dann geht der Weg hinein in die inneren Schluchten des Simplon, wo man in entsetzliche Wald- und Felstäler hinabsieht, durch welche stürzende Ströme sich durchwühlen. Die Straße hat die Barrieren fast ganz verloren, weil sie jetzt nicht so gut unterhalten wird, als dies herrliche Werk es verdient; es ist etwas schauerlich, in die tausendfüßigen Abgründe zu sehen. Kommen zwei Wagen einander entgegen, so muß der eine sehr nahe an dem Abgrund fahren ...

Von Zeit zu Zeit sind Häuser mit der Überschrift Refuge No. 1, 2, 3 ... angelegt für Verunglückte, oder wenn es den Reisenden zu spät wird, weiterzugehen; auch finden Fußreisende eine Ruhestätte hier, und ein Mann, der darin mit seiner Familie wohnt, schenkt Wein und gibt Käse und Brot dazu.

G. H. von Schubert: Mit der Postkutsche über das Stilfser Joch, 1833

Die Kunst des Menschen hätte nimmermehr durch diese Felsenmauern eine Bresche machen können, wäre nicht ein Teil der Zinnen, die einst das Kesseltal umgaben, anderen gewaltigen Kräften der Natur erlegen und von selber zusammengestürzt. Mitternachtwärts von dem eigentlichen Gipfel des Ortler, doch schon so weit von ihm abgelegen, daß seine Schatten, die fast beständig über dem Tal der Gletscher liegen, ihn nicht mehr treffen können, erhebt sich das Gehäufe der zusammengestürzten Felsen- und Steinmassen, welches an seiner Oberfläche von einem lockeren, feinen Gerölle bedeckt ist; über den südlichen

In der Gondo-Schlucht. Kolorierte Aquatinta von Gabriel Lory, Sohn, 1811

Abhang des Trümmerberges ist mit ungemeiner Kunst der Übergang ins Veltlin gebahnt ...

Der Schnee, der diese Anhöhen schon seit den letzten Tagen des August bedeckte und welcher gestern durch frisch gefallenen vermehrt war, wurde mit jeder neuen Wendung der Straße immer höher; doch ragte noch, wo die Sonne stärker aufzutreffen vermocht hatte, ein Gesträuch der Alpenrosen aus dem Schnee hervor. Zuletzt zeigten sich nur noch auf dem vom Schnee entblößten Gerölle die schönfarbigen, gewürzhaft duftenden, zierlichen Blumen der höchsten Alpen, klein vor dem Auge des vorüberziehenden Reisenden. Unser Postillion räumte von Zeit zu Zeit an kräuterreichen Stellen mit dem Stiel der Peitsche und mit der Hand den Schnee hinweg und reichte uns, wie er's eben traf, Gras und Kraut und Blumen zugleich mit dem Erdreich der Wurzeln in den Wagen hinein ...

Wir näherten uns jetzt jenen 14 hochgemauerten, mit dicken Balkendächern gedeckten Galerien, die hier zum Schutz der Straße und der auf ihr reisenden Menschen gegen die abrollenden Lawinen und Steinfälle errichtet sind. Da hallte vom Tal herauf der ferne Donner einer Lawine, welche neben einem der Gletscher herabgerollt war, bald darauf hörte man das Getöse von noch einer. Wir zogen jetzt im Schutz der bedeckten Galerien. Da, wo sich die Straße aus der einen bedeckten Wendung ins Freie hinauszog, um sich nach der nächsten höheren hinaufzukrümmen, hinderte ein Berg von Schnee das Weiterkommen. Wir stiegen aus, und der Postillion machte Anstalt, den leichten Wagen über den Schnee zu bringen ... Endlich hatten wir denn an der Grenze Graubündens und des Veltlins den höchsten Punkt des Passes, das Wormser- oder Stilfser Joch, erreicht. So hatten wir den unvergeßlich schönen Gebirgsweg über das höchste Joch in Europa zurückgelegt, über welches eine wirkliche, für Reisewagen gangbare Straße hinwegführt.

Honoré de Balzac: Schaudern auf dem Gotthard

Paris, 10.–15. Mai 1837

Indessen hatte ich eine schrecklich schöne Reise gemacht; es ist gut, daß ich sie hinter mir habe. Aber es war wie unser Rückzug aus Rußland: wohl dem, der die Beresina gesehen hat und noch heil auf seinen Füßen steht! Auf dem Gotthard lag der Schnee 15 Schuh hoch auf den Saumpfaden, die ich beschreiten mußte, weil sogar der Zug der Straße, den sonst hohe Pfähle andeuten, verschwunden war. Die Brücken über die Wildbäche waren ebenso verschwunden wie die Wildbäche selbst. Trotzdem ich 11 Führer hatte, wäre ich mehrere Male beinah umgekommen. Um 1 Uhr früh, bei wundervollem Mondlicht, begann der

Das Hospiz auf der Paßhöhe des Großen St. Bernhard.
Kupferstich von A. Rothe nach Jentsch, um 1790

Aufstieg auf den Gotthard; ich sah die Sonne über den Schneefeldern aufsteigen. Das muß man in seinem Leben gesehen haben.

Der Abstieg vollzog sich so rasch, daß ich in einer halben Stunde aus 25 Grad Kälte auf dem Gipfel in – ich weiß nicht wie viel – Wärmegrade im Reußtal kam. Die Teufelsbrücke erfüllte mich mit Schaudern.

In seinem gesellschaftskritischen Roman ›Klein Dorrit‹ (London 1855/57) beschreibt Charles Dickens den Übergang einer englischen Reisegesellschaft von Frankreich nach Italien über den Großen St. Bernhard-Paß und deren Aufenthalt im Hospiz der Augustiner-Mönche

Es war im Herbst des Jahres. Nacht und Dunkel krochen empor zu den höchsten Kämmen der Alpen.

Es war die Zeit der Weinlese in den Tälern auf der schweizerischen Seite des Passes über den Großen St. Bernhard und an den Gestaden des Genfer Sees ...

Die Luft war warm und durchsichtig gewesen den ganzen hellen Tag hindurch. Glänzende metallene Turmspitzen und Kirchendächer, fern und selten zu sehen, hatten im Landschaftsbild gefunkelt, und die schneeigen Berggipfel waren so klar gewesen, daß ungeschulte Augen, die Landstriche dazwischen vergessend und ihre zerklüftete Höhe für reine Fabel haltend,

hätten glauben können, sie seien in ein paar Stunden leicht zu erreichen. Bergspitzen von großer Berühmtheit in den Tälern, wo bisweilen monatelang keine Spur ihres Daseins sichtbar war, waren seit dem Morgen klar und deutlich am blauen Himmel zu sehen gewesen. Und jetzt, da es unten dunkel war, hoben sie sich, obwohl sie sich feierlich zurückzuziehen schienen wie Gespenster, die im Verschwinden begriffen sind, als die rote Färbung des Sonnenuntergangs aus ihnen wich und sie kalt und weiß zurückließ, in ihrer Einsamkeit deutlich von den Nebeln und Schatten ab.

Von diesen einsamen Höhen und vom Paß des Großen St. Bernhard aus gesehen, der eine von ihnen war, kam die aufsteigende Nacht den Berg herauf wie ein schwellendes Wasser. Als sie zuletzt bis zu den Mauern des Klosters des Großen St. Bernhard stieg, war es, als ob dieses wetterzernagte Gebäude eine zweite Arche wäre und auf den schattigen Wellen dahinschwömme.

Die Finsternis war, indem sie einige Besucher auf Maultieren überholte, auf diese Weise bis zu den rauhen Klostermauern emporgestiegen, als diese Reisenden noch den Berg hinaufklommen. Wie sich die Hitze des glühenden Tages, wenn sie angehalten hatten, um aus den Bächen geschmolzenen Eises und Schnees zu trinken, in die durchdringende Kälte der frostigen, dünnen Nachtluft, wie sie in großer Höhe herrscht, verwandelt hatte, so war die frische Schönheit der untern Landschaft der Unfruchtbarkeit und Öde gewichen. Ihr Weg war jetzt ein Felsenpfad, auf dem die Maultiere hintereinander hinaufkletterten und sich von Block zu Block wandten, als ob sie die trümmerhafte Treppe einer gigantischen Ruine erstiegen. Nirgends waren Bäume zu sehen, nirgends Pflanzenwuchs, ausgenommen ein armseliges, braunes, flockiges Moos, das in den Felsenritzen fror. Wettergeschwärzte Holzarme am Wegrand zeigten zum Kloster hinauf, als ob die Geister früherer Reisender, die vom Schnee verschüttet worden waren, auf dem Schauplatz ihrer Todesnot spukten. Mit Eiszapfen behangene Höhlen und Keller, als Zufluchtsorte bei plötzlichen Stürmen erbaut, wirkten wie flüsternde Stimmen, die vor den Gefahren des Ortes warnten; nimmer ruhende Nebelkränze und Dunstwolken schwebten herum, gejagt von einem stöhnenden Wind, und Schnee, die immer dräuende Gefahr des Gebirges, gegen die alle Verteidigungsmaßregeln gerichtet waren, wehte scharf von oben herab.

Die Reihe der Maultiere, müde von ihrem Tagewerk, drehte und wand sich langsam die steile Höhe hinauf, das erste geleitet von einem Führer zu Fuß mit seinem breitrandigen Hut und seiner runden Jacke, auf der Schulter ein paar Bergstöcke. Ein anderer Führer unterhielt sich mit ihm. In der Reihe der Reiter wurde nicht gesprochen. Die beißende Kälte, die Anstrengung der Reise und ein neues Gefühl gehemmten Atmens, teils als ob sie eben aus sehr klarem, hartem Wasser aufgetaucht wären, teils als ob sie geschluchzt hätten, ließen sie schweigen.

Endlich flimmerte auf dem Gipfel der Felsentreppe durch Schnee und Nebel ein Licht, die Führer riefen den Maultieren

Ankunft im Hospiz auf dem Großen St. Bernhard. Stahlstich des 19. Jahrhunderts

Johann Ulrich Fitzi: »Hospitium auf dem Gotthard, aufgen. morgens d. 13. Juni 1826«. Kolorierte Umrißradierung

zu, die Maultiere hoben die hängenden Köpfe, die Zungen der Reisenden lösten sich, und mit plötzlich einsetzendem Glitschen, Klettern, Klingeln, Trappeln und Schwatzen erreichten sie die Klosterpforte.

Andere Maultiere waren kurz vorher angelangt, einige, auf denen Bauern ritten, und einige mit Waren, und hatten den Schnee vor der Tür zu einem Kotpfuhl zusammengetreten. Reitsättel und Zügel, Packsättel und Schellengurte, Maultiere und Menschen, Laternen, Fackeln, Säcke, Lebensmittel, Fässer, Käse, Tonnen mit Honig und Butter, Strohbündel und Pakete von allen Gestalten lagen und standen wirr durcheinander in diesem aufgetauten Morast und um die Stufen. Hier oben in den Wolken wurde alles durch Wolken gesehen und schien sich in Wolken aufzulösen. Der Atem der Menschen war Wolke, der Atem der Maultiere war Wolke, die Lichter waren von

Wolkenkreisen umgeben, Leute, die dicht nebeneinander sprachen, waren wegen des Wolkendunstes nicht zu sehen, obwohl ihre Stimmen und alle anderen Töne überraschend klar waren. Von der wolkigen Reihe von Maultieren, die eilig an Ringe in der Mauer gebunden wurden, biß oder schlug gelegentlich eines das andere, und dann geriet die ganze Nebelmasse in Verwirrung. Leute tauchten hinein, und Geschrei von Menschen und Tieren kam heraus, und keiner, der dabeistand, erfuhr, was fehlte. Mitten darin strömte der große Stall des Klosters, der das Erdgeschoß einnimmt und durch die Erdgeschoßtür betreten wird, vor der all diese Verwirrung stattfand, seinen Beitrag von Wolkendunst aus, als ob das ganze rauhe Gebäude mit nichts anderem angefüllt wäre und zusammenbräche, sobald es sich entleert hätte, so daß der Schnee dann auf den kahlen Berggipfel fiele.

Während all dieses Gelärm und Gehetze unter den lebenden Reisenden umlief, befanden sich, schweigsam versammelt in einem vergitterten Haus, ein halbes Dutzend Schritte entfernt, eingehüllt von demselben Wolkendunst und angeweht von denselben Schneeflocken, die toten Reisenden, die auf dem Berg gefunden worden waren. Dort im Winkel stand mit ihrem Säugling an der Brust die Mutter, die sich vor vielen Wintern im Sturm verspätet hatte. Dort der Mann, der erfroren war, während er aus Angst oder Hunger den Arm zum Mund erhoben hatte, preßte ihn nach so vielen Jahren noch immer mit seinen vertrockneten Lippen zusammen. Eine grausige Gesellschaft, geheimnisvoll zusammengekommen! Ein finsteres Geschick, wenn jene Mutter es hätte voraussehen können: Umgeben von so vielen Gefährten, die ich nie sah und nie sehen werde, werden ich und mein Kind unzertrennlich auf dem Großen St. Bernhard wohnen, Geschlechter überdauernd, die uns zu sehen kommen und nie unseren Namen noch ein Wort unserer Lebensgeschichte bis auf das Ende erfahren werden.

Die lebenden Reisenden dachten in diesem Augenblicke wenig oder gar nicht an die Toten. Sie dachten vielmehr daran, vor der Klosterpforte abzusteigen und sich am Klosterfeuer zu wärmen. Sich losmachend aus dem Gewirr, das sich bereits beruhigte, da man begonnen hatte, die Maultiere in den Stall zu bringen, eilten sie vor Kälte zitternd die Stufen hinauf und in das Gebäude. Drinnen herrschte, aus dem Geschoß kommend, wo die Tiere angebunden standen, ein Geruch gleich dem einer Menagerie mit wilden Tieren. Es gab im Innern starke, gewölbte Galerien, gewaltige Steinpfeiler, große Treppen und dicke Mauern, durchbrochen von kleinen, tiefeingesenkten Fenstern – Befestigungen gegen die Gebirgsstürme, als ob sie menschliche Feinde wären. Es gab ferner drinnen düstere gewölbte Schlafzimmer, furchtbar kalt, aber reinlich und gastlich für Besucher eingerichtet. Endlich gab es eine Gaststube, in der die Besucher sitzen und speisen konnten und wo bereits eine Tafel gedeckt war und ein flackerndes Feuer mit rotem Schein hoch emporloderte.

In dieser Stube versammelten sich die Reisenden, bald nachdem ihnen ihre Nachtquartiere von zwei jungen Patres angewiesen worden waren, um den Herd. Sie bestanden aus drei Gesellschaften. Die erste war, als die zahlreichste und wichtigste, die langsamste und war beim Heraufkommen von einer der anderen eingeholt worden. Sie setzte sich zusammen aus einer ältlichen Dame, zwei grauköpfigen Herren, zwei jungen Damen und deren Bruder. Sie waren, abgesehen von vier Führern, von einem Reisemarschall, zwei Bedienten und zwei Kammermädchen begleitet, einem Haufen unbequemen Volks, das an anderer Stelle unter demselben Dach untergebracht war. Die Gesellschaft, die sie eingeholt und sich ihr angeschlossen hatte, bestand bloß aus drei Mitgliedern, einer Dame und zwei Herren. Die dritte, die von der italienischen Seite des Passes heraufgestiegen und zuerst eingetroffen war, war vier Mann stark: ein vollblütiger, hungriger, schweigsamer deutscher Hauslehrer mit Brille auf einer Reise mit drei jungen Leuten, seinen Zöglingen, die alle vollblütig, hungrig, schweigsam und mit Brillen bewaffnet waren.

Diese drei Gruppen saßen um das Feuer, sahen einander gleichgültig an und warteten auf das Abendessen. Nur einer unter ihnen, einer der Herren aus der dreiköpfigen Gesellschaft, machte Anstalten, eine Unterhaltung zu eröffnen. Indem er seine Angel nach der Hauptperson der wichtigen Gesellschaft auswarf, während er sich an seine eigenen Begleiter wandte, bemerkte er in einem Ton, der die ganze Gesellschaft einschloß, wenn sie sich einschließen lassen wollte, daß es ein langer Tag gewesen sei und daß ihm um die Damen bange sei. Er fürchte, eine der jungen Damen sei nicht kräftig oder reisegewohnt genug und sei schon vor zwei, drei Stunden übermüdet gewesen. Von seiner Stelle in der Nachhut aus habe er bemerkt, daß sie auf ihrem Maultier gesessen habe, als ob sie erschöpft wäre. Er habe sich dann zwei- oder dreimal die Ehre gegeben, sich bei einem der Führer, als dieser zurückblieb, zu erkundigen, wie es mit der jungen Dame stünde, und sei entzückt gewesen, zu erfahren, sie sei wieder gekräftigt und es sei nur ein vorübergehendes Unwohlsein gewesen. Er gebe sich der zuversichtlichen Erwartung hin – jetzt hatte er sich der Augen der Hauptperson versichert und redete sie an –, es möge ihm gestattet sein, seine Hoffnung auszusprechen, daß sie sich jetzt nicht übel befinde und es nicht bedaure, die Reise unternommen zu haben.

»Danke sehr, Sir«, erwiderte die Hauptperson, »meine Tochter hat sich völlig erholt und war aufgeschlossen für alles.«

»Wohl noch unbekannt mit den Bergen?« sagte der einschmeichelnde Reisende.

»Noch unbekannt mit – ha – mit den Bergen«, sagte die Hauptperson.

»Aber Sie sind vertraut mit ihnen, Sir?« spann der einschmeichelnde Reisende den Faden fort.

»Ich bin – hm – leidlich gut bekannt mit ihnen. Nicht in den letzten Jahren. Nicht in den letzten Jahren«, erwiderte die Hauptperson, die Hand schwenkend.

Der einschmeichelnde Reisende bedankte sich für die Schwenkung mit einer Neigung seines Kopfes und ging von der Hauptperson zu der zweiten jungen Dame über, die er bisher nur insofern erwähnt hatte, als sie eine der jungen Damen war, an deren Befinden er ein so lebhaftes Interesse zu nehmen erklärte.

Er sprach die Hoffnung aus, sie fühle sich durch die Anstrengung des Tages nicht beschwert.

»Beschwert sicherlich«, entgegnete die junge Dame, »aber nicht mitgenommen.«

Der einschmeichelnde Reisende machte ihr ein Kompliment über die Gerechtigkeit dieser Unterscheidung. Genau das habe er sagen wollen. Jede Dame müsse sich ohne Zweifel beschwert fühlen, wenn sie mit jenem sprichwörtlich starrköpfigen Tier, dem Maultier, zu tun habe.

»Wir haben natürlich«, sagte die junge Dame, die sehr zurückhaltend und vornehm tat, »die Kutschen und den Packwagen in Martigny zurücklassen müssen. Und die Möglichkeit, alles, was man braucht, zu diesem unerreichbaren Ort zu bringen, und die Notwendigkeit, alle Bequemlichkeit hinter sich zu lassen, ist nicht angenehm.«

»Ja, ein greulicher Ort«, bemerkte der einschmeichelnde Reisende.

Die ältliche Dame, die ein Muster an akkurater Kleidung war und deren Manieren, wenn man sie als Teil einer Maschine

ansah, vollkommen waren, warf hier mit leiser, sanfter Stimme
eine Bemerkung ein. »Aber wie andere unbequeme Orte«, bemerkte sie, »muß man ihn sehen. Als einen Ort, von dem viel
gesprochen wird, muß man ihn notwendig sehen.«

»Oh, ich habe nicht das mindeste dawider, ihn zu sehen, Mrs.
General«, erwiderte die andere leichthin.

»Sie, Madam«, sagte der einschmeichelnde Reisende, »haben
diesen Ort schon früher besucht?«

»Ja«, erwiderte Mrs. General. »Ich bin schon früher hier gewesen. Lassen Sie sich raten, Liebe«, sagte sie zu der vorher erwähnten jungen Dame, »das Gesicht gegen das heiße Holz abzuschir-
men, nachdem Sie es der Gebirgsluft und dem Schnee ausgesetzt
haben. Auch Sie, meine Liebe«, sagte sie zu der andern jungen
Dame, die unverweilt ihrem Rat folgte, während die früher

erwähnte nur sagte: »Danke, Mrs. General, mir ist ganz behag-
lich, und ich bleibe lieber, wie ich bin.«

Der Bruder, der seinen Stuhl verlassen hatte, um ein Piano
zu öffnen, das im Zimmer stand, hatte in dieses hineingegriffen
und es dann wieder geschlossen; jetzt kam er, sein Glas ins
Auge geklemmt, zum Feuer zurückgeschlendert. Er trug die
vollständigste und vollkommenste Reiseausrüstung. Die Welt
schien kaum groß genug, um ihm eine solche Menge Reisen zu
erlauben, wie sie seiner Ausstattung entsprochen hätte.

»Diese Kerle brauchen unermeßlich lang mit dem Abendessen«, sagte er mürrisch. »Möchte wissen, was sie uns vorsetzen
werden! Hat jemand irgendeine Ahnung?«

»Ich glaube, keinen Menschenbraten«, erwiderte die Stimme
des zweiten Herrn von der dreiköpfigen Gesellschaft ...

Das Haupt der großen Gruppe, das gnädig, aber nicht familiär
war, schien jetzt der Meinung zu sein, daß es sich mehr als genug
herabgelassen habe. Es sagte nichts mehr, und es herrschte etwa
eine Viertelstunde lang Schweigen, bis das Abendessen erschien.

Die berühmten Hunde vom Großen St. Bernhard, mit deren Hilfe die Augustinermönche Verirrte und Verunglückte suchten. Stich des 19. Jahrhunderts

Mit ihm kam einer der jungen Patres – alte Patres schien es nicht zu geben –, um bei Tafel den Vorsitz zu führen. Es war wie das Abendessen in einem gewöhnlichen Schweizer Hotel, und guter Rotwein, vom Kloster in milderer Luft gezogen, fehlte nicht. Der Künstler auf Reisen kam ruhig herunter und nahm, als sich die übrigen setzten, seinen Platz an der Tafel ein, ohne die geringste Nachwirkung seines letzten Scharmützels mit dem vollkommen ausgerüsteten Reisenden merken zu lassen.

»Bitte«, erkundigte er sich während der Suppe beim Wirt, »hat Ihr Kloster jetzt viele von seinen berühmten Hunden?«

»Monsieur, es hat deren drei.«

»Ich sah drei in der Galerie unten. Ohne Zweifel sind's diese drei.«

Der Wirt, ein schlanker, helläugiger, schwarzhaariger junger Mann von artigen Manieren, der in eine schwarze Kutte gekleidet war, über der sich weiße Streifen wie Hosenträger kreuzten, und mit dem herkömmlichen Schlag von St.-Bernhard-Mönchen nicht mehr Ähnlichkeit hatte als mit dem herkömmlichen Schlag von St.-Bernhard-Hunden, entgegnete, es seien unzweifelhaft diese drei.

»Und ich denke«, sagte der Künstler-Reisende, »ich habe einen davon schon gesehen.«

Das sei möglich. Es sei ein ziemlich bekannter Hund. Monsieur könne ihn leicht im Tal oder irgendwo am See gesehen haben, wohin er (der Hund) mit einem vom Orden gegangen sei, um Beiträge für das Kloster zu erbitten.

»Das geschieht zu regelmäßigen Zeiten im Jahr, nehme ich an?«

Monsieur habe recht.

»Und nie ohne den Hund. Der Hund ist sehr wichtig.«

Monsieur habe wieder recht. Der Hund sei sehr wichtig. Die Leute interessierten sich mit Recht für den Hund, da er, wie Mademoiselle bemerken werde, einer der überall berühmten Hunde sei.

Mademoiselle brauchte etwas lange, um es zu bemerken, wie wenn sie an die französische Zunge noch nicht recht gewöhnt wäre. Mrs. General bemerkte es indes für sie.

»Fragen Sie ihn mal, ob er vielen das Leben gerettet hat«, sagte in seinem heimatlichen Englisch der junge Mann, der vorher in Verlegenheit gesetzt worden war.

Der Wirt bedurfte keiner Übersetzung der Frage. Er antwortete sofort auf französisch: »Nein, dieser nicht.«

»Weshalb nicht?« fragte derselbe Herr.

»Verzeihung«, erwiderte gelassen der Wirt, »geben Sie ihm Gelegenheit, und er wird es ohne Zweifel tun. Zum Beispiel bin ich fest überzeugt«, sagte er, während er den Kalbsbraten aufschnitt, um ihn herumgehen zu lassen, mit ruhig lächelndem Blick auf den jungen Mann, der in Verlegenheit gesetzt worden war, »daß er, wenn Sie, Monsieur, ihm Gelegenheit geben wollten, sich mit großem Eifer beeilen würde, seine Pflicht zu erfüllen.«

Der Künstler-Reisende lachte. Der einschmeichelnde Reisende, der einen umsichtigen Eifer an den Tag legte, seinen vollen Anteil am Abendessen zu erhalten, mischte sich, indem er mit einem Stück Brot ein paar Tropfen Wein vom Schnurrbart wischte, in die Unterhaltung.

»Es wird spät im Jahr, Pater«, sagte er, »spät für Touristen, nicht wahr?«

»Ja, es ist spät. Noch zwei oder drei Wochen, und wir bleiben allein im Winterschnee.«

»Und dann«, sagte der einschmeichelnde Reisende, »geht es los mit dem Aufscharren der Hunde und den begrabenen Kindern, wie man es auf Gemälden sieht!«

»Verzeihung«, sagte der Wirt, der die Anspielung nicht recht begriff. »Wie meinen Sie das mit dem Aufscharren der Hunde und den begrabenen Kindern, wie man es auf Gemälden sehen soll?«

Der reisende Künstler mischte sich ein, ehe jemand antworten konnte.

»Wissen Sie denn nicht«, fragte er über den Tisch hinweg seinen Gefährten kalt, »daß außer Schmugglern im Winter niemand diesen Weg kommt oder auf diesem Weg irgendein Geschäft haben kann?«

»Donnerwetter, nein! Habe nie was davon gehört!«

»So ist es, glaube ich. Und da diese mit den Zeichen des Wetters leidlich vertraut sind, geben sie den Hunden nicht viel zu tun – die infolgedessen fast ausgestorben sind –, obschon

Der Große St. Bernhard: Paßhöhe (2469 m) und Hospiz (962 bereits urkundlich erwähnt). Stich von Rothe nach Jentsch, um 1790

dieses Wirtshaus sehr bequem für ihre eigenen Unternehmungen liegt. Ihre junge Familie, höre ich, lassen sie gewöhnlich daheim. Aber 's ist eine großartige Idee!« rief der reisende Künstler, indem er sich unerwartet zum Ton der Begeisterung erhob. »Es ist die schönste Idee von der Welt und treibt einem beim Jupiter Tränen in die Augen!« Er fuhr dann fort, mit großer Gelassenheit seinen Kalbsbraten zu verspeisen.

Auf dem Grund dieser Äußerung lag genug spöttische Unwahrscheinlichkeit, um sie ziemlich anstößig zu machen, obschon der Sprecher sie artig vortrug und angenehm aussah und obschon ihr spöttischer Teil so geschickt hingeworfen war, daß er für einen mit der englischen Sprache nicht vollkommen Vertrauten sehr schwer zu verstehen oder daß, selbst wenn man ihn verstand, die Beleidigung kaum herauszufühlen war: so einfach und leidenschaftslos war sein Ton. Nachdem er unter allgemeinem Schweigen seinen Kalbsbraten verzehrt hatte, wandte sich der Sprecher wieder an seinen Freund.

»Sehen Sie mal«, sagte er in seinem frühern Ton, »diesen Herrn, unseren Wirt, an, der noch nicht einmal die sogenannten besten Jahre erreicht hat und so elegant und mit so höfischer Gewandtheit und Bescheidenheit den Vorsitz bei uns führt. Manieren, die für eine Krone passen! Essen Sie beim Lord Mayor von London, wenn Sie eine Einladung bekommen können, und beobachten Sie den Kontrast. Dieser brave Bursche mit dem feinsten Gesichtsschnitt, den ich je gesehen habe, einem Gesicht von vollkommensten Linien, verläßt ein Leben der Arbeit und kommt hier herauf, ich weiß nicht, wie viele Fuß über dem Meeresspiegel, zu keinem andern Zweck auf Erden (außer hoffentlich dem, sich in einem vortrefflichen Refektorium gütlich zu tun), als ein Wirtshaus für Faulenzer und arme Teufel wie Sie und mich zu halten und die Zeche unserem Gewissen zu überlassen. Ei, ist das nicht ein wunderschönes Opfer? Was brauchen wir mehr, um gerührt zu sein? Weil sich hier nicht acht oder neun

Marronniers vom Großen St. Bernhard bergen einen vom Frost erstarrten Reisenden. Stich des 19. Jahrhunderts

Monate von zwölfen gerettete Leute von interessantem Äußern an den Hals der klügsten aller Hunde mit Holzflaschen klammern, sollten wir den Ort geringschätzen? Bewahre! Heil dem Ort! Es ist ein großer Ort, ein glorreicher Ort!«

Die Brust des grauköpfigen Herrn, der die Hauptperson der Hauptgesellschaft war, hatte sich gewölbt wie von einem Einspruch dagegen, daß er zu den armen Teufeln gezählt wurde. Kaum hatte der reisende Künstler aufgehört zu sprechen, als er selbst mit großer Würde sprach, als ob es ihm obläge, an den meisten Orten die Leitung des Gesprächs zu übernehmen, und er diese Pflicht nur ein Weilchen vernachlässigt hätte. Gewichtig teilte er ihrem Wirt seine Meinung mit, daß sein Leben hier im Winter sehr trübselig sein müsse.

Der Wirt gab Monsieur zu, daß es ein wenig einförmig sei. Die Luft lasse sich lange Zeit hintereinander schwer atmen. Die Kälte sei sehr streng. Man brauche Jugend und Stärke, um es zu ertragen. Aber wenn man sie und den Segen des Himmels habe –

Ja, das sei sehr gut. »Aber die Abgesperrtheit«, sagte der grauköpfige Herr.

Es gebe manche Tage, selbst bei schlechtem Wetter, an denen man draußen herumgehen könne. Es sei Brauch, ein wenig Schnee zu schaufeln und sich dabei Bewegung zu machen.

»Aber der Raum«, warf der grauköpfige Herr ein. »So klein. So – ha – so sehr beschränkt.«

Monsieur möge sich erinnern, daß die Zufluchtsorte besucht und auch dorthin Wege durch den Schnee geschaufelt werden müßten.

Monsieur machte gleichwohl dagegen geltend, daß der Raum so – ha – hm – so sehr eng bemessen sei. Mehr noch. Er sei stets derselbe, stets derselbe.

Mit abweisendem Lächeln zuckte der Wirt ein wenig die Achseln. Das sei wahr, bemerkte er, aber man möge ihm die Bemerkung erlauben, daß sich fast alle Dinge von verschiedenen Gesichtspunkten aus betrachten ließen. Monsieur und er selbst sähen dieses sein armseliges Leben eben nicht vom selben Standpunkt aus. Monsieur sei an Absperrung nicht gewöhnt.

»Ich – ha – jawohl, sehr wahr«, sagte der grauköpfige Herr. Dieser wuchtige Beweisgrund schien ihm förmlich einen Stoß zu geben.

Monsieur als ein englischer Reisender, versehen mit allen Mitteln, angenehm zu reisen, unzweifelhaft im Besitz von Vermögen, Wagen, Dienerschaft –

»Ganz recht, ganz recht. Ohne Zweifel«, sagte der Herr.

Monsieur könne sich nicht leicht an die Stelle eines Menschen denken, der nicht zu wählen habe: Ich will heute hierhin, morgen dorthin gehen; ich will diese Schranken überschreiten, will diese Grenzen erweitern. Monsieur könne sich vielleicht nicht vorstellen, wie sich die Seele in solchen Dingen der zwingenden Notwendigkeit anpasse.

»Das ist wahr«, versetzte Monsieur. »Wir wollen den – ha – den Gegenstand nicht weiterverfolgen. Sie haben – hm – vollständig recht, ich zweifle nicht daran. Wir wollen nichts weiter sagen.«

Da das Abendessen beendigt war, schob er noch im Sprechen seinen Stuhl weg und begab sich wieder an seinen früheren Platz am Feuer. Da es am größern Teil des Tisches sehr kalt war, nahmen auch die anderen Gäste ihre früheren Sitze am Feuer wieder ein mit dem Vorsatz, sich vor dem Schlafengehen recht tüchtig durchzuglühen. Der Wirt verbeugte sich, als sie vom Tisch aufstanden, vor allen, wünschte ihnen eine gute Nacht und zog sich zurück. Aber zuvor noch hatte ihn der einschmeichelnde Reisende gefragt, ob sie etwas Glühwein bekommen könnten, und als er es bejaht und ihn gleich darauf hereingeschickt hatte, war dieser Reisende, der in der Mitte der Gruppe und in der vollen Wärme des Feuers saß, bald damit beschäftigt, ihn an die übrigen auszuteilen ...

Die helle Morgensonne blendete die Augen, es hatte aufgehört zu schneien, die Nebel waren verschwunden, die Bergluft war so rein und leicht, daß man beim Einatmen das Gefühl hatte, als wäre man in ein neues Leben getreten. Um die Täuschung zu verstärken, schien der feste Boden gewichen, und der Berg, ein glänzendes Wirrsal unermeßlicher weißer Haufen und Mas-

Paßhöhe des Simplon mit Hospiz (gegründet im 13. Jahrhundert).
Kolorierter Stahlstich von L. Weber nach Winterlin, um 1850

sen, schien eine Region von Wolken zu sein, die zwischen dem blauen Himmel oben und der Erde tief unten schwebte.

Einige dunkle Flecken im Schnee, die am Klostertor begannen und sich in Abständen, die noch nicht überbrückt waren, den Abstieg entlang aufreihten wie Knoten an einem Faden, zeigten, wo die Brüder an verschiedenen Stellen mit Bahnmachen beschäftigt waren. Bereits hatte der Schnee um die Tür herum begonnen, unter den Füßen zu tauen. Maultiere wurden geschäftig herausgeführt, an die Ringe in der Mauer gebunden und beladen, Schellengurte wurden angeschnallt, Lasten zurechtgerückt, die Stimmen der Reiter und Treiber erschollen melodisch. Einige der am frühesten Aufgestandenen machten sich bereits wieder auf den Weg, und sowohl auf der ebenen Höhe am dunklen Wasser beim Kloster als auch den Weg hinab, den man gestern heraufgekommen war, bewegten sich winzige Gestalten von Menschen und Maultieren, durch die Riesenhaftigkeit der Umgebung zu Miniaturbildern verkleinert, mit lautem Schellengeklingel und angenehmem Zusammenklang der Stimmen.

Gustave Flaubert: Rückkehr aus Italien über den Simplon. Tagebucheintrag, 22. Mai 1844

Von Domodossola zum Simplon, ständiger Aufstieg, der immer strenger und wilder wird. Die Berge treten näher aneinander, das Tal wird enger, man kommt in Schneegefilde, der Gießbach donnert unaufhörlich. Das Leben hier, nur von diesem ewigen weißen Widerschein erhellt, ist traurig. Es gibt weder Bären noch Wölfe, das Land ist zu öde. – Wirtshaus. Am Morgen zwei Reisende, eine Dame und ein Herr ohne Nase; die beiden jungen Leute haben eine Polka getanzt. Es war am Fronleichnamstag. Altar des Allerheiligsten. Der Chausseewärter schlug die Trommel, und ein junger Kerl blies mit ernster Miene die Flöte dazu, eine Rose am Hut.

Abfahrt um 9 Uhr morgens. Schneefelder. Die Bäume wer-

Das alte Zollhaus auf der Splügen-Paßhöhe. Kolorierte Aquatinta nach Johann Jakob Meyer, 1825

den kleiner und hören bald ganz auf; aus dem Schnee ragen nur noch die Stümpfe von Stämmen, die von Lawinen geknickt oder von Holzhauern gefällt sind. Weite, weiße Wellenlinien von anmutigen Formen. Weg zwischen zwei Schneewänden durch, die Naben unseres Wagens streifen den Schnee. Chausseewärter mit grüner Brille, der vor uns ging, sein Werkzeug auf der Schulter. Zusammentreffen mit der Post. Auf ebener Fläche das Hospiz. Drei Galerien. Beim Abstieg wird die Aussicht prächtig; das Tal beginnt zu unsern Füßen und öffnet sich im ungeheuren Winkel nach dem Horizont zu mit Fichten und Schneefeldern auf den Hängen. Ein unbeschreiblicher Anblick, da muß man träumen und sich in die Erinnerung versenken.

Johann Georg Kohl: Am Splügenpaß, 1846

Der Hauptort des Hinterrheintals ist Splügen. Das Zurüsten zum bevorstehenden Alpenübergang, das Abschirren der ankommenden, das Anschirren der abgehenden Packpferde, die Beförderung, der Posten und Diligencen, das Schreien der Fuhr-

leute und Postillione, die Abfütterung der erfrorenen Passagiere, das Hin- und Herzerren des kleinen Häufleins von Warrenballen – das alles nimmt in einem solchen kleinen Alpenhandels- und Passageorte, wie es Splügen ist, gar kein Ende, und diese lebhafte Wirtschaft eines solchen Hochalpenhafens bildet einen merkwürdigen Kontrast zu der ernsten und wilden Natur des Tales … Alle die Berggehänge und Einschnitte und auch die Gipfel, die man hier sieht, können zu weiter nichts benutzt werden als hie und da zur Weide für die Schafe. Fast überall sind es hier die berühmten bergamasker Schafhirten, Leute aus der lombardischen Provinz Bergamo. Seit uralten Zeiten kommen sie mit ihren Herden von sehr großen Schafen mit langer grober Wolle und wandern im Frühling in den nach Graubünden führenden Tälern empor.

Johann Georg Kohl: Auf dem Grimselpaß, 1846

Die Grimsel ist einer der außerordentlichen Alpenpunkte; im ganzen kann man sie als den großen, aus Granit gebauten Riegel bezeichnen, der zwischen den Rhonegewässern im Süden und

*Der Anstieg zum Brennerpaß bei Gries.
Aquatinta von Jean Francois A. de Beaumont, 1786*

63

den Rheingewässern im Norden, sowie zwischen den Gebirgsmassen des Finsteraahorns im Westen und denen des hohen Galenstocks im Osten eingelenkt ist. Weit und breit bildet dieser Riegel das einzige Tor, durch das der Süden mit dem Norden verkehren kann. Nach Westen hin erstreckt sich auf 20 Stunden weit ein unübersteigliches Eisgebirge, und bis zum Gemmipaß gibt es keinen zweiten, der Grimsel ähnlichen Torweg. In der Mitte jenes Riegels – seiner Länge nach – ist ein tiefes Felstal eingesenkt, dessen Grund aber beinahe noch 6000 Fuß über dem Meere erhaben ist. Vom hohen Rücken des Passes steigt man in diesen Schlund wie in den offenen Raum eines leeren Seeschiffs hinab. Alle Felswände sind baumlos und kahl, nur hier und da mit weichen Moosen gepolstert. Stellenweise zieht sich ein Streifen grüner Weide an den Granitwänden hin, die von kleinen Ziegenherden benutzt wird. Im Hintergrund der Kluft sieht man einen dunklen, kleinen See liegen, den »Trübten-See«.

Am Ufer des Sees gewahrten wir das berühmte Hospiz,

und aus seinen Fenstern winkte mit freundlichem Gruße der Schimmer der trauten Flamme uns in dieser entsetzlich großartigen Wildnis nach unten. In der Finsternis der Nacht langten wir endlich bei ihm an und fanden das große, alte, steinerne Haus mit Schotten, Iren, Briten, Helvetiern, Borussen und Franken gefüllt. Wir mußten hier mit diesen Nationen drei Tage lang kampieren; denn das schlimme Wetter, das wir anfangs nur für eine vorübergehende Laune des Himmels gehalten hatten, währte solange mit ununterbrochenen Schnee- und Regenschauern fort. Tief hingen die dunklen Wolken bis auf die Schornsteine unseres Hospizes herab. Heulend tobte der kalte Wind an den Fenstern, und wir kauerten beständig bei des Herdes gesellige Flammen und brannten Talglichte am hellen Tag.

*Das Hospiz am Grimselpaß, gegründet im 13. Jahrhundert.
Gemälde von Joseph Anton Koch, 1813*

Max Dauthendey: Fahrt über den Brenner [Entwurf, vermutlich Frühjahr 1892]

In der Nacht durch die Alpen über den Brenner.

Der Zug stürzt durch das Dunkel. Ein Kläffen, weiße gellende Blitze – das wilde, rasende Eisen zersprengt die schwarze Nachtluft.

Der Zug stürzt vorwärts.

Mit ihm berstet rings knallend die Stille.

Granitatem!

Die Eisenbahnlinie über den Gotthard wurde 1882 eröffnet. Plakatentwurf von Daniele Buzzi, 1924

Eine steile hochgerichtete Kühle strahlt wie von starren, glasigen Eisflanken. Senkrechte, weiße Lichter, und zerspritzen von geschliffenem blauen Metall und stehen fletschend in dem blanken Dunkel ...

Der Zug hält, das wütende Eisen, und das Schmetternde, Gewaltsame zerrinnt. Und in der Ruhe, die sich weitet, dann draußen das steife, kalte Zischen der Wasserfälle. Und das senkrechte, stürzende Rauschen hoch und stürzt wie blendender Stahl scharf, und saust phosphorn nieder. Und gläserne Kiesel zersprengen und zerknattern. Es quillt gewälzter Rauch aus dem Dunkel ...

Grau, hart der Himmel, beklemmend getürmt, und Bergjoche und Bergsattel. Wie aus Posaunen wuchtig ein stummes, glotzendes Schwarz, und lagert in stieren Massen hoch, dumpf und breit in den Himmel. Schwerfällig und nahgedrängt. Und in dröhnenden Massen geballter Donner.

Bleiches Schweigen – es strömt mit dünner Kälte eine Duftleere, und eine kalte Weite und Einsamkeit zieht in grellen, frostigen Akkorden und gleitet über die Bergsattel und Joche. –

Oben ein kleines Licht und ein einsames kleines Haus, und kauert in Nacht und Kälte geduckt. Und der braune Lichtschein an die Mauern geschmiegt. Und rings die steinerne Nacht.

Hinunter dann. Und immer die grelle Kälte. Zischen draußen. Und die Nacht klärt sich und mattes Seufzen am blassen Himmel. Die Nacht klärt sich.

Der Zug stürzt vorwärts und stürzt. Und durch Tunnel um Tunnel. Und die Eisenwut schlägt und fällt gellend auf sich selbst und schlägt hart um sich. Und in zerfleischendem Gellen durchbricht der Zug die Berge.

Otto Julius Bierbaum, Eine empfindsame Reise im Automobil über den Gotthard, 14. Juli 1902

Der Gotthard war uns als der einzige Schweizer Gebirgspaß bezeichnet worden, dessen Überschreitung mit Motorwagen gestattet sei, und in Bellinzona bestätigte man uns dies mit dem Hinzufügen, diese Erlaubnis sei allerjüngsten Datums, übrigens aber nicht viel wert, weil es sich von selber verbiete. Wenigstens sei ein Herr, der es kürzlich versucht habe, unverrichteter Dinge zurückgekehrt. – Durch solche Erzählungen muß man sich nicht irremachen lassen. Immerhin waren wir, als wir abfuhren, nicht gerade felsenfest überzeugt, daß wir über die 2111 Meter hinübergelangen würden, und wir dachten schon daran, ob wir nicht wenigstens das schwere Gepäck mit der Bahn befördern lassen sollten. Aber die Zuversicht siegte, und der Adlerwagen hat sie nicht zuschanden werden lassen. Wir sind um zehn Uhr in Bellinzona abgefahren und um sieben in Brunnen angekommen, ohne daß uns der alte Sankt Gotthard auch nur ein einziges Mal Veranlassung gegeben hätte, kleinmütig zu werden; wir haben ihn »glatt genommen«. Allerdings nach der Melodie »Immer langsam voran« – sonst hätten wir zu 136,4 Kilometer nicht neun Stunden gebraucht. Aber es bleibt für einen einzylindrigen, achtpferdigen Motor eine sehr respektable Leistung, einen großen Wagen mit drei Personen und schwerem Gepäck, im ganzen eine Last von zweiundzwanzig Zentnern, über diesen Berg zu schleppen ...

[... Es] war uns auffällig, wie ganz anders sich diese schweizerischen Menschen, die Italiener sowohl wie die Deutschen, unserem Wagen gegenüber verhielten als alle übrigen Menschen bisher. Wo wir sonst hielten, um Wasser nachzufüllen oder aus sonst einem mit dem Wagen zusammenhängenden Grunde, kamen die Leute von allen Seiten herbei und trachteten, den Motor so nahe und so genau wie möglich anzusehen, wobei sie es nicht unterließen, Fragen an Meister Riegel zu richten, mehr oder weniger lebhaft, je nach dem Temperament. Hier, in der Schweiz, nichts von alledem, obwohl gerade in dieser Gegend Laufwagen noch so gut wie unbekannt sind. Vielleicht, daß sich ein paar ganz junge Leute in fünf, sechs Schritten Entfernung aufstellen und das Ding mit äußerster Befremdung betrachten; das ist aber auch alles. Die anderen gehen mit einem Ausdruck vorüber, als wollten sie sagen: Gottlob, daß wir Enkel des Tell davon entfernt sind, derlei Unfug mitzumachen. Und fährt man auch noch so langsam durch ein Dorf, stets finden sich einige, die mit Amtsmiene gebieten: Langsam fahren! Es scheint, als ob jeder einzelne sich des Umstandes bewußt wäre, daß es von seiner Stimmabgabe mit abhängt, ob künftig solche Maschinen auf diesem, ihrem Grund und Boden verkehren dürfen ...

[Ein Schweizer Gotthardsoldat,] der, wie es schien, dazu befohlen war, verfolgte uns wohl eine halbe Stunde lang, bald vor, bald hinter uns auftauchend, indem er Abkürzungswege benutzte. Im übrigen begegneten wir oben keiner menschlichen Seele, hatten dafür aber Gelegenheit, eine ganze Rindviehprozession über ein Schneefeld zu beobachten.

... So gelangten wir glücklich ... über die Teufelsbrücke und schließlich nach Göschenen. Hier aber ereilte uns unser Geschick. Es hatte die Gestalt eines überlebensgroßen Polizisten, der sich wie ein Turm breitbeinig vor uns aufpflanzte, indem er abwechselnd äußerst laut und mächtig rief. »Anhalte! Uschtiege!« – ... Meine Frau sah sich schon in Kerkersbanden, Riegel meinte, das Gescheiteste wäre, den Turm umzufahren, ich aber ... folgte ihm mutigen Schrittes in die Heimstätte der Urner Sicherheitsbehörde ...

Was mir dort eröffnet wurde, war dies: Die Polizei von Andermatt hat hierher telegraphiert: »Automobil hier durchgefahren; unmöglich, es aufzuhalten.« (Aha, dachte ich mir, die Andermatter haben keinen Riesen!) »Stellt es und verfügt nach dem Gesetze.« – »Wieso?« fragte ich; »ist es nicht erlaubt, über den Gotthard zu fahren?« – »Doch«, antwortete der Gewaltige, »das ist erlaubt, und es ist auch erlaubt, im Kanton Uri zu fahren.« – »Na also!« – »Ja, aber es ist nicht erlaubt, von Andermatt nach Göschenen zu fahren.« – Jetzt fängt der Riese an, Witze zu machen, dachte ich mir, denn das sah doch nicht anders als wie ein Witz aus: man darf zwar über den Gotthard fahren, muß aber in Andermatt wieder umkehren. Und ich entwickelte

Mit dem Automobil in den Bergen: Alpenfahrt um 1925

diesen Gedankengang ebenso logisch wie bescheiden. Aber weder meine Logik noch meine Bescheidenheit rührte den Mann des bewaffneten Gesetzes. Er sprach, und der Sinn seiner Rede war dies: »Das mögen Sie mit dem Kanton Tessin ausmachen, der es erlaubt hat, über den Gotthard zu fahren. Wir in Uri erlauben eben bloß, von Göschenen weiterzufahren.« – »Demnach hätte ich«, fuhr ich unter andauernder Logik und Bescheidenheit fort, »von Andermatt aus, da ja dort keine Eisenbahn ist, ein Ochsengespann mieten und meinen Wagen bis hierher durch die Tiere befördern lassen müssen, deren Kopf das Wappen dieses Freistaates ist?« – »Das hätten Sie allerdings müssen«, antwortete der Turm, der mich selbst sitzend weit überragte, »wenn Sie den Gesetzen hätten gehorsam sein wollen. Da Sie es aber nicht getan haben, müssen Sie nach dem Gesetze bestraft werden.« – »Wieviel kostet es?« fragte ich mit schnellem Verständnis. – »Zwanzig Fränkli«, antwortete prompt der Übermensch. – ... Ich empfing meine Quittung, überreichte ihm zur Einverleibung in das Archiv von Uri meine Visitenkarte, nahm Stellung, machte kehrt und begab mich in den Wagen, um, solange wir auf Urner Boden fuhren, Meister Riegel beharrlich zur Langsamkeit zu mahnen, denn diesen Rat hatte mir das riesige Organ der Sicherheit von Uri noch mit auf den Weg gegeben: Schritt fahren, oder in jedem Falle sechs Franken Buße.

Aus der Verordnung des Staatsrats des Kantons Wallis vom 14. Juli 1910, betreffend den Automobil- und Motorradverkehr auf der Simplonstraße

Art. 3. – Außer in Fällen höherer Gewalt ist der Verkehr zur Nachtzeit vollständig untersagt.

In den Monaten Juni, Juli und August darf nach 6 Uhr nachmittags und nach 4 Uhr während den Monaten September und Oktober von Brig oder Gondo aus kein Motorfahrzeug mehr abgehen.

Art. 4. – Ebenso ist das Befahren der Straße mit Motorwagen nur den Inhabern einer regelmäßigen Bewilligung gestattet (Art. 3 und 5 des Konkordates).

Art. 5. – Jeder Motorwagenführer, der den Simplon zu passieren beabsichtigt, hat sich zu diesem Behufe auf dem Landjägerposten in Brig und Gondo einschreiben zu lassen.

Diese Einschreibung enthält die Nummer des Motorwagens, Namen und Wohnort des Führers und der verantwortlichen Person, das Datum und die Stunde der Abfahrt.

Ein Doppel dieser Eintragung wird den Reisenden gegen Bezahlung einer Gebühr von Fr. 5 ausgehändigt und gilt als Passierschein.

Dieser Ausweisschein muß auf Verlangen jedem unterwegs getroffenen Polizeiagenten oder Straßenwärter vorgezeigt und bei der Ankunft in Brig und Gondo zum Zwecke der Kontrolle auf dem Landjägerposten vorgewiesen werden.

Art. 6. – Die Fahrgeschwindigkeit darf gemäß Art. 9 des eidgen. Konkordates vom 13. Juni 1904 zehn Kilometer in der Stunde nicht überschreiten.

Bei Straßenbiegungen darf die Fahrgeschwindigkeit nicht mehr als drei Kilometer in der Stunde betragen.

Beim Erreichen eines Straßenrankes haben die Motorfahrzeuge mittels des Horns Signale zu geben. Andere Signale sind verboten.

Art. 7. – Die Motorfahrzeuge haben immer, und insbesondere wenn ihnen Fußgänger, Vieh oder Fuhrwerke begegnen, die äußere Seite der Straße einzunehmen.

Wenn Viehherden oder Pferde Scheu zeigen, so hat der Automobilist sein Fahrzeug oder sogar seinen Motor anzuhalten.

Art. 8. – Die Bestimmungen des Konkordates vom 13. Juni 1904, die durch die gegenwärtige Verordnung nicht abgeändert werden, sind streng zu beobachten.

Art. 9. – Zuwiderhandlungen gegen die vorstehenden Bestimmungen werden mit einer, vorbehältlich des Rekurses an das Justiz- und Polizeidepartement, vom Regierungsstatthalter des Bezirks Brig auszusprechenden Buße von 20 bis 500 Fr. belegt.

Im Rückfalle kann die Strafe verdoppelt und die Verkehrserlaubnis verweigert werden.

Wie ein Automobil um 1910 ausgestattet sein muß, um damit Alpenpässe zu überqueren

Legt man besonderen Nachdruck auf die Untersuchung des Wagens vor der Fahrt, so wird der erfahrene Tourist gewiß antworten, daß er diese Maßnahme vor jeder Tour für selbstverständlich hält ... Es wäre überflüssig, sich hier über Nerven und Geschicklichkeit auszulassen, die braucht man, wenn man nur über den Kurfürstendamm nach Sankt Hubertus fährt! Was den Wagen selbst anbelangt, so wird sich wohl kein Mensch mit gesunden Sinnen in einen Wagen setzen, den er seines Vertrauens nicht für würdig hält ...

Zuerst taucht da die Frage des Steuerungseinschlages auf; neun von jeden zehn Wagen lassen sogar in gewöhnlichen Verhältnissen in diesem Punkte zu wünschen übrig, oder deutlicher ausgedrückt, der Durchmesser des kleinsten von ihnen beschriebenen Kreises ist zu groß, um allen Anforderungen gerecht zu werden, wie mir ja jeder beipflichten wird, der versucht hat, in einer engen Straße zu wenden. Das einzige Fahrzeug, das ich kenne, welches wirklich in diesem Punkte allen Anforderungen genügt, ist die Londoner Motordroschke, die laut den dortigen Polizeivorschriften sich innerhalb eines Kreises von 8 m drehen muß, bevor sie abgenommen wird. Bei den Berliner Autodroschken sind 10 m vorgeschrieben. An diese vorbildliche Leistung kann der Tourenwagen unmöglich heranreichen, er muß einen längeren Radstand als die Motordroschke haben, sonst würde er an glattem Fahren auf schlechter Straße und an Leichtigkeit im Lenken bei großer Geschwindigkeit einbüßen. Soweit es aber in Verbindung mit dem längeren Radstand möglich ist, sollte versucht werden, den Tourenwagen dieser Vollendung näherzubringen ...

Ich behaupte, daß der Tourist, der eine Alpenfahrt auf einem Wagen auszuführen gedenkt, der keinen guten Einschlag besitzt, ebensogut daheim bleiben könnte. Wenn er die erste Kehre nicht nehmen kann, ohne anzuhalten und den Rücklauf einzuschalten, so wird ihm dies bei jeder folgenden auch widerfahren. Davon wird es abhängen, ob ihm die Tour ein Vergnügen sein wird oder nicht. Auf dem Stilfser Joch-Paß gibt es achtzig Kehren, auf dem Pordoi sechzig ...

Dem Wagenlenker, der über einen guten Steuerungseinschlag verfügt, wird es eine außerordentliche Freude machen, ohne große Einbüßung an Tempo um die Kurven zu kommen, und dies bildet einen der Hauptreize des Automobilbergfahrens.

Im 10-km-Tempo über die Alpenpässe: »Hat ein Automobilist unterwegs auf größeren Höhen Vergaserstörungen, so sollte er dies unverzüglich der Fabrik mitteilen« (Automobilführer, 1911). Plakatentwurf von Johann Frank Kirchbach

Plakat für den Verkehrsverein Gstaad von Alex W. Diggelmann,
1934

Andererseits ist das Rückwärtsfahren an jeder Ecke, und zwar
oft nicht einmal, sondern zwei- bis dreimal, einfach eine Qual,
ja es kommt sogar vor, daß der Wagen so eingeklemmt wird,
daß er sich weder vor- noch rückwärts bewegen kann ...

Kaum weniger wichtig ist die Kühlung. Es ist sehr leicht
möglich, einen Wagen zu haben, der zu Hause seinem Besitzer
in bezug auf Warmlaufen auch nie die geringste Schwierigkeit
gemacht hat, ja der viel eher Besorgnis wegen Überkühlung
erregt hat, aber auf einer Alpenkletterpartie von 16–20 km
ändern sich oft die Meinungen ... Es könnte schon möglich
sein, daß die Kühlung auf den höchsten Pässen etwas zu wünschen übrig läßt, aber ein bißchen Kochen schadet nichts, und
man kann ja stets halten, damit der Motor sich abkühlt ...
Aber wenn man schon daheim unter gewöhnlichen Umständen
Kühlersorgen erlebt hat, so sollte man den Wagen nicht nach den
Alpen nehmen. Ganz abgesehen von den alpinen Erfordernissen
wird bei manchen Wagen sowieso diesem Punkte zu wenig
Beachtung geschenkt, und die fortwährenden Aufenthalte und
Ärgernisse, die mit dem steten Warmlaufen und Auffüllen des
Kühlers bei einem Wagen dieser Art auf den Hochstraßen ver-
bunden sind, werden nachhaltig auf die ganze Stimmung ein-
wirken ...

Es tritt aber noch eins hinzu, um das Motorfahren auf großen
Höhen zu erschweren, und zwar die Vergasung. Zwischen der
Zusammensetzung der Atmosphäre in der Ebene und in einer
Höhe von etwa 1800 m, wo dem Wagen noch ein Aufstieg von
300, oder, wie es gar beim Stilfser Joch-Paß der Fall ist, 900 m
bevorsteht, ist ein ganz gehöriger Unterschied, und es könnte
sein, daß der Vergaser diesem nicht gewachsen ist ... Hat ein
Automobilist unterwegs auf größeren Höhen Vergaserstörungen, so sollte er dies unverzüglich der Fabrik mitteilen, denn
der Vergaser ist dann nichts wert und die Fabrik sollte schnell-
stens für einen neuen Vergasertyp sorgen ...

Man ersieht also, daß die Motorkraft allein nicht alles aus-
macht; ebenso wichtig ist die Fähigkeit, eine längere Strecke
ohne Warmlaufen zurückzulegen. Wasserkühlung nützt, nach
meinen Erfahrungen, nur wenig, da vier oder fünf Liter Wasser
bald verdunsten. Eine große Hauptsache ist, daß die Bremsen
kräftig hergestellt und gut angebracht sind und daß es, wenn
möglich, drei anstatt der üblichen zwei am Wagen gibt; viele
der festländischen Wagen führen jetzt schon drei als Regel. Auf
langen Abstiegen könnte man von einer Bremse zur anderen
abwechseln, dabei aber immer die Handbremse vorziehen, vorausgesetzt natürlich, daß sie auf die Hinterräder wirkt. Übrigens
sollten die hinten sitzenden Passagiere auf diese aufpassen, damit
Rauch oder der Geruch von brennendem Öl als Zeichen des
Heißlaufens sofort bemerkt werden ...

Das Gewicht des Wagens, die Zahl der Passagiere und die
Menge des Gepäcks sind alles Faktoren, die bei langen Abstiegen
in Erwägung gezogen werden müssen; das Tempo sollte sich
danach richten, und zwar so, daß man sich für falsche Berech-
nungen Spielraum läßt. Reservebremsbacken mitzuführen wäre
empfehlenswert, ebenso Reservekabel (Drahtseil), falls keine
Stangen benutzt werden. Ist es schon nicht angenehm, langwie-
rige Pneumatikmontagen auf freier Strecke vorzunehmen, so
sind sie auf Pässen, namentlich vor langen Aufstiegen, wo man
20–30 km keine Ortschaft mehr hat, unangenehm, deshalb sind
z. B. die abnehmbaren Kronprinz-Räder, welche die Pneumon-
tage auf wenige Minuten beschränken, fast unentbehrlich. Für
Pneumatikersatz ist in den Alpen gesorgt, Stocks der bewährten
Fabrikate Excelsior, Michelin u. a. gibt es überall.

Von nicht zu unterschätzender Bedeutung ist die Anbringung
einer Benzinuhr, um rechtzeitig für Benzinersatz sorgen zu
können, denn es ist nicht angenehm, auf kilometerlanger Strecke
wegen Benzinmangels liegenzubleiben, und diese Gefahr liegt
nahe, da selten jemand an die Beurteilung des Benzinverbrau-
ches auf den langen Steigungen gewöhnt ist, und haben sich die
Maximall-Benzinuhren gut bewährt.

Zum Schluß wäre noch ein Auto-Tempometer, ein zuverläs-
siger Geschwindigkeitsmesser angebracht, da auf verschiedenen
Alpenpässen Geschwindigkeitsbeschränkungen bestehen, ferner
aber auch, um die Geschwindigkeit des Wagens auf den verschiedenen Steigungsgraden genau kontrollieren zu können. An
der Hand dieser bald gewonnenen Zahlen kann man vorher die
Zeit, die man eventuell für die Überwindung der verschiedenen
Pässe braucht, genau berechnen, ohne durch Trugschlüsse Ent-
täuschungen zu erleben.

Durch die Zuhilfenahme der Motorkompression kann man auf langen, regelmäßigen Abstiegen die Bremsen sehr entlasten, selbstverständlich muß dann die Ölzufuhr zu den Zylindern verringert werden, da sich sonst im Kompressionsraum viel Öl ansammelt, das nachher bei Wiedereinschalten der Zündung zu Ölkohle verbrennt.

Der Schriftsteller Eugen Diesel erprobt 1905 die Erfindung seines Vaters Rudolf Diesel auf dem Mont Cenis

Wir fuhren dem Städtchen Modane am Nordausgang des Mont-Cenis-Tunnels entgegen …. Wir genossen es, mit einem Motorwagen hoch über dem gewaltigen Bergstock hinzufahren, der tief unten von Tunnel und Bahnstrang durchzogen war. So überwölbten wir gleichsam das Ganze mit einer neuen Leistung der Technik …

In Modane füllten wir bei einem Drogisten unseren Benzinbehälter auf, der sich unter den vordersten Sitzen befand. Wir mußten das Sitzkissen abnehmen und durch einen Trichter das Benzin aus einer Menge von plombierten Kanistern einschütten. Mit einem Holzstab maßen wir den Benzinstand … Es war für mich eine schwere Enttäuschung, daß wir den ganzen Paß des Mont Cenis auf dem ersten Gang im Schneckentempo von zwölf Kilometern hinaufkriechen mußten. Einige Male versuchte Burgmaier (der Chauffeur), auf den zweiten Gang zu gehen. Sofort fing der Motor zu ruckeln und entsetzlich zu klopfen an, so daß Burgmaier schleunigst zurückschaltete und knirschte: »'s isch halt nix los mit dem Wage«.

In finsterer Resignation steuerte er Kurve um Kurve linksherum, rechtsherum, bis wir die wiesige gewellte Hochfläche mit ihren wundersam darübergestreuten Blöcken und Seelein in 2032 m Seehöhe erreichten, an der Scheide zwischen Frankreich und Italien, woselbst beim ersten erlösenden Schalten auf den zweiten Gang der Dampf heftig aus dem Kühlerverschluß abzublasen begann. Aber wir fuhren ohne das Wasser aufzufüllen weiter, denn alsbald senkte sich die Straße zum Tale der Dora Riparia. Ich sagte feierlich zu mir selbst: »Paß auf, hier betrittst du zum ersten Male in deinem Leben Italien!«

Der Alpenforscher Franz Josef Hugi und seine Begleiter im Berner Oberland. Gemälde von Martin Disteli, um 1830

III. Frühe Forscher

DIE ENTDECKUNG DER ALPEN DURCH
DIE NATURWISSENSCHAFT

Als Martin Luther in den Jahren 1510 und 1511 – damals noch in Ordensangelegenheiten der Erfurter Augustiner-Eremiten auf dem Weg nach Rom – durch die Schweiz reiste, war sie ihm einfach nur »ein dürr und bergig Land«[1]. Die Alpen hinterließen in ihm keinen Eindruck; sie erschienen – an dieser Einstellung hatte sich seit der Antike nichts geändert – noch als eine abweisende *terra incognita*. Nur einen gab es zu dieser Zeit, der sein forschendes Interesse auf die Alpen richtete: Leonardo da Vinci, die geniale, universale Künstlerpersönlichkeit der Renaissance. 1511 bestieg er einen Berg in den Westalpen, den er Monboso nannte (wahrscheinlich den südlich des Monte Rosa gelegenen, 2556 Meter hohen Monte Bô) und trug sich damit in die Annalen der ersten Alpenbesteigungen ein. Leonardo, der sich im Anschluß daran öfter in den Bergen (hauptsächlich in der Nähe des Comer Sees) aufhielt, wollte nicht nur als Maler die individuelle landschaftliche Atmosphäre, die Wechselwirkung der Elemente und des Lichts aus der Nähe studieren, sondern auch als Naturforscher Einblick in die Geologie des Gebirges und in physikalische Gesetzmäßigkeiten gewinnen. Dabei stellte er sich Fragen – z. B. zur Entstehung der Berge –, die auch 300 Jahre später aktuell gewesen wären. Doch es sollte noch eine Weile dauern, bis andere Forscher Leonardo folgten.

Abgesehen von den Paßübergängen hielt man die Alpenregionen oberhalb der Baumgrenze für eine den Menschen verschlossene Welt. Noch in der zweiten Hälfte des 18. Jahrhunderts konnte der Fürsprech beim Großen Rat in Bern und spätere Landschreiber von Landshut, Gottlieb Sigmund Gruner, in seiner Beschreibung der ›Eisgebirge des Schweizerlandes‹ behaupten: »Man kann zwar Sommer wie Winter über dieses Gebirge [den Großen St. Bernhard-Paß] reisen; von der obersten wandelbaren Höhe aber, wo das Kloster liegt, türmen sich noch viele erstaunlich hohe Schneefirsten …, die nicht bestiegen werden können.«[2] Die beiden Engländer Pococke und Windham, 1741 die ersten Fremden im Tal von Chamonix, vermuteten, daß weder Gemsen noch Steinböcke in den Hochregionen leben können. Auch die damals in den Alpen noch oft vorkommenden Bären und Wölfe hielt

Der Grindelwaldgletscher, »so wie er von Herrn Professor Altmann beschrieben worden«. Kolorierter Stich aus David Herrlibergers ›Topographie der Eydgnoßschaft‹, I, 1754

man für nicht einheimisch; zwar seien »verschiedene Exempel gesehen und getötet« worden, »allein dieses waren entloffene Tiere aus den angrenzenden Wildnissen hinter dem Leberberg, so das Burgund von der Schweiz abscheidet«, denn »diese wilden Gebirge sind zu kalt, als daß sie darin ihren gemächlichen Unterhalt finden könnten«.[3] Noch weniger, so glaubte man zu wissen, war der Mensch den feindseligen Elementargewalten des Hochgebirges gewachsen; schon in niedrigeren Regionen könne es vorkommen, »daß Gebirgsreisende, wenn sie in Losament [eine Behausung] kommen und die Nase schnauzen wollen, ihnen selbige mitsamt dem Unrat ins Schnupftuch fällt«[4]. Abgesehen von den anderen Gefahren, die in den Alpen auftraten, schätzte man den Einfluß der Kälte hoch ein und übertrug diese Anschauung sogar auf die Metallvorkommen; beispielsweise definierte Gruner die Unreinheit der Erze (die einen Schwefelanteil aufwiesen) als von ihrer kalten Erdgegend herrührende Unreife.[5] Der Bergkristall (wasserhelles Quarz) war für Altmann »als ein mineralisches Eis beständig«[6]. Gefürchtet war der ›kalte Berghunger‹ (der vermehrte Appetit), der den Menschen in höheren Regionen anfiel und dem man unter Umständen tödliche Folgen zuschrieb.

Die dämonischen Schrecken des Gebirgs. Detail aus Matthias Grünewalds Isenheimer Altar (Colmar), 1515

Nicht nur die mannigfachen tatsächlichen und vorgestellten Gefahren, nicht nur der weitgehende Mangel an materiellen Anreizen verhinderte lange die Erschließung der Alpen, sondern vor allem auch der profunde Aberglaube, der sich an sie knüpfte. So lagen in einer Zeit, in der die Erde bereits umsegelt war, selbst die nahen Gebirge noch unter dem dichten Schleier der Unkenntnis.

Nach altem Glauben waren besonders die höheren Alpenregionen bevölkert von Dämonen und Kobolden, Drachen und Riesen, von bösen, neckischen und guten Geistern. Hexen tanzten auf den Gletschern oder auf dürren Almplätzen; Zwerge, mitunter in ein »isiges chläidle« gewandet, lenkten die Ereignisse. Bergentrückte Helden schlummerten – so Kaiser Friedrich Barbarossa im Untersberg oder Tell im Axenberg, drei Telle gar im Seelisberg – dem Tag entgegen, an dem das Vaterland ihrer und ihrer Schätze bedurfte. Goldblonde salige Fräulein rächten unerbittlich ruchlose Frevel und belohnten diejenigen reich, die ihren schwierigen, aber gerechten Prüfungen standhielten. Wilde Männer und Frauen sorgten für

Gesundheit und Wohlstand; wurden sie beleidigt, ließen sie Kinder aus der Wiege fallen, oder sie schickten Lawinen. Letztere nahm der Volksglaube gerne für reisende Tiere. In einer Naturerscheinung wie dem Alpenglühen sah man den Zauber eines Dolomitenkönigs wirken, der die Schönheit der Rosen, die auf seinen Bergen blühten, bei Tag und Nacht unsichtbar machen wollte, jedoch die Dämmerung vergessen hatte. Besonders Riesen, deren »ganze Natur«, nach Jacob Grimm, »mit dem Steinreich zusammenhängt«, weil sie »entweder belebte Steinmassen oder versteinerte, früher lebendige Geschöpfe«[7] darstellen, sowie Drachen beschäftigten ausgiebig die abergläubische Phantasie. Von den gemütlicheren Gesellen unter den letzteren meinte man zu wissen, daß sie sich »von einem salzichten Saft, welcher durch die Ritzen der Felswände fließt«[8], ernähren. Gewöhnlich aber stellten die Alpendrachen das schlechthin Böse dar, eine Ansicht, die durch Bibelauslegungen (Genesis I, 3; Offenbarung Johannis XII, 3) noch unterstützt wurde. So rankte sich etwa um den Bau der sogenannten Wasserkirche in Zürich eine Sage von Karl dem Großen und einem überwundenen Lindwurm; dem heiligen Beat, dem Patron der Schweiz, wurde die Fähigkeit nachgesagt, giftig schnaubende Drachen durch sein Gebet getötet zu haben. Noch heute findet sich im Stadtwappen von Klagenfurt ein Lindwurm.

Nicht nur widmete Johann Jakob Wagner in seiner ›Historia naturalis Helvetiae curiosa‹ von 1680 diesen geflügelten oder flügellos auftretenden, mit Füßen ausgestatteten oder fußlosen Ungeheuern ein ganzes Kapitel (›De draconibus‹); auch durch die Schriften eines ernst zu nehmenden Naturforschers wie Johann Jakob Scheuchzer

Volkstümliche Vorstellung eines Gletschers (»Wilderwurm-Gletscher«). Stich des 19. Jahrhunderts

Drache, Holzschnitt aus Johannes Stumpffs ›Gemeiner loblicher Eydgnoschafft ... Chronick‹, 1548

geistern noch diese ungeschlachten Gebirgsbewohner, die als ›Beleg‹ zu Berichten von ›Gewährsleuten‹ auch abgebildet wurden. Scheuchzer, akkurater Vertreter seiner Zunft, befleißigt sich folgender Erklärung für die Häufigkeit der Drachenerscheinungen in den Alpen: das Gebirge, »welches über alle Länder erhaben, die Köpfe seiner Berge über die Wolken strecket«, sei »der rechte Schauplatz, da dergleichen Natur-Komödien und Tragödien nicht von ferne, wie in anderen Landen, sondern in der Nähe können gesehen werden«; überhaupt sei »das helvetische Gebirge eine fruchtbare Zeugmutter von allerhand Luftgeschichten«.[9]

Vielleicht noch häufiger als dergleichen Schreckensgestalten trieb nach altem Volksglauben der Satan selbst sein Unwesen in den Alpen; als eine seiner bevorzugten Tätigkeiten galt, Reisende abstürzen zu lassen. Folgerichtig verlegen einige Schweizer Sagen das Fegefeuer ins Hochgebirge; so schmachten die zu läuternden Seelen eingeschlossen im Aletschgletscher. »Kur«-Eigenschaften sagte man den Gletschern auch für Lebende nach. Einer

75

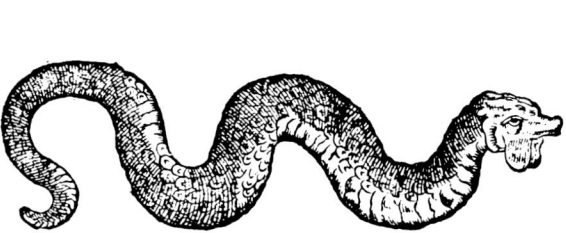

›Fernerkur‹ sollten sich diejenigen unterziehen, die an Gebrechen der unteren Extremitäten litten; halte man den Fuß in eine Spalte, so ziehe der Gletscher die Krankheit aus.

In der Entdeckungsgeschichte der Alpen spielten die zahlreichen Heilquellen eine bedeutende Rolle. Ein Gelehrter wie Paracelsus, 1493 im Kanton Schwyz geboren, 1526–28 Professor in Basel, Alchimist und als Arzt Bahnbrecher der modernen Medizin mit dem Glauben an die Selbsthilfe der Natur, empfahl sie nachdrücklich. Seine Empfehlungen wurden um so lieber aufgenommen, als sie sich in der Praxis mit lustbetontem Treiben in den Heilbädern kombinieren ließen. Der Basler Kaufmann Andreas Ryff berichtet in seiner ›Bäderfahrt von 1542‹, daß sie »mehr zu leiblicher Wollust, denn für Krankheiten«, für »zechen, schreien und spielen« dienen.[10] Der Stiftsarzt von Hall in Tirol, Hippolyt Guarinoni (1571–1654), ein Pionier auf dem Gebiet der Geomedizin bzw. der medizinischen Klimatologie – er verwies zum Beispiel erstmals auf die Föhnkrankheit –, erklärt sich die Beliebtheit der Alpenquellen ebenfalls nicht nur aus ihrer Heilkraft. »Viel weniger als die Gäns und Enten« könnten »die Weiber des Wassers geraten«, jede wisse eine Krankheit vorzuschützen, »damit sie im Bade lustig ihren Ehemännern eine wächserne Nase drehen«.[11] Sicherlich trugen solcherlei Umstände und entschieden weitergehende

Lustbarkeiten zur Fama einiger Bäder wie Bormio, Baden, St. Moritz, Gastein oder Leukerbad bei; doch überwogen wohl die gesundheitlichen Motive, die Quellen selbst auf einsamen und beschwerlich zu erreichenden Alpenhöhen aufzusuchen. Der Theologe und Kosmograph Sebastian Münster (1489–1552) gibt ein beeindruckendes Spektrum der Gebrechen, gegen die man im Badehaus von Pfäfers (seit 1242) ankämpfen zu können glaubte (siehe Dokumentation).

Sebastian Münster gehört neben dem Landamman von Glarus, Theologen und »Vater der schweizerischen Geschichtsschreibung« Ägidius (gen. Gilg) Tschudi (1505 bis 72) und dem Züricher Pfarrer Johannes Stumpff (1500–78) zu den ältesten Topographen der Alpen. Tschudi veröffentlichte als Anhang zu seiner ›Uralt wahrhafftig Alpisch Rheatia‹ (Basel 1538) die erste Schweizerkarte, die diesen Namen verdient; Hans Holbein d.J. schmückte ihre Randleiste mit Wappenzeichnungen. Wie Tschudi zählten Münster, dessen Karte der Schweiz 1544 datiert, und Stumpff, in dessen ›Chronik‹ (1546) sich Kar-

Nach altem Aberglauben waren die Alpen bevölkert von Drachen und Riesen, Dämonen und Kobolden. Drachendarstellungen von Konrad Geßner und aus Johann Jakob Scheuchzers »Beschreibung der Naturgeschichten des Schweitzerlandes«, 1707 (rechts)

ten der einzelnen Kantone finden, zu den ersten Alpen-
wanderern aus Studiengründen. Sie durchstreiften aber
kaum höhere Regionen; bei der Überquerung des Gem-
mipasses zitterte Sebastian Münster »bis in die Knochen
und das Herz vor Angst«[12]. Um 1600 kannte man im
gesamten Alpengebiet erst 35 – dokumentarisch erfaßte –
Namen von Gebirgsgipfeln.

Einen von ihnen – den sagenumwobenen Pilatus bei
Luzern – hatte 1555 Konrad Geßner bestiegen. In der
Beschreibung dieser Unternehmung (›Descriptio Montis
Fracti‹) und in einem Freundesbrief (›De admiratione
montium‹) bezeugte er – das war zu dieser Zeit etwas
völlig Neues – seine Begeisterung für die Schönheit der
Alpenwelt (siehe Kap. IV). In geradezu idealer Weise ver-
trat Geßner den Typus des Universalgelehrten, wie ihn
Renaissance und Humanismus hervorbrachten. Er war
Theologe, Mediziner, dessen Schriften über Heilmittel
und die menschlichen Sinnesorgane später in viele Sprachen übersetzt wurden; er unterrichtete Physik und versah
die Stelle des Züricher Stiftsarztes; berühmt wurde er als
Philologe, der neun Sprachen beherrschte, durch seine

›Bibliotheca universalis‹ (1545), ein biographisches Verzeichnis aller Schriftsteller und ihrer Werke von den ältesten Zeiten an. Die größte Bedeutung aber erreichte Konrad Geßner als Naturforscher auf dem Gebiet der Zoologie und Botanik, nicht nur, weil er die gesamten
einschlägigen Erkenntnisse vom Altertum bis auf seine
Zeit kritisch auswertete, sondern weil ihm als Maßstab
seine eigenen Beobachtungen dienten. So erforschte Geßner im Zusammenhang mit seinen umfangreichen Ge-
samtdarstellungen von Flora und Fauna auf etlichen Berg-
wanderungen die bis dahin wissenschaftlich weitgehend
unerfaßten Alpenpflanzen und -tiere, die er auch meistens
selbst wirklichkeitsnah zeichnete, sowie Fossilien. Seine
große Pflanzenkunde, die mit 260 Büchern mehrere Foli-
anten füllen sollte, konnte Geßner nicht abschließen; noch
nicht fünfzigjährig, ereilte ihn 1565 die Pest.

Während Geßners naturgeschichtliche Arbeiten den
Beginn moderner zoologischer und botanischer Forschung – nicht nur in den Alpen – markieren, wandte sich
sein Freund Josias Simler (1530–76) mit seinen Schriften
›Descriptio Valesiae‹ (›Beschreibung des Wallis‹) und ›De

*»So diese Tier miteinander spielen, so führen sie ein Geschrei wie
die Katzen: wo sie aber zornig, oder sonst Änderung des Wetters
anzeigen wollen, so haben sie ein scharf, laut Geschrei gleich der
Stimm einer kleinen, laut, hoch oder stark geblasenen Pfeifen,
welche Stimm dem Gehör der Menschen nicht wenig widrig ist:
von solcher scharf und laut tönenden Stimm werden sie von etlichen
Mistbellerlein genannt.« Konrad Geßner über das Murmeltier,
um 1550*

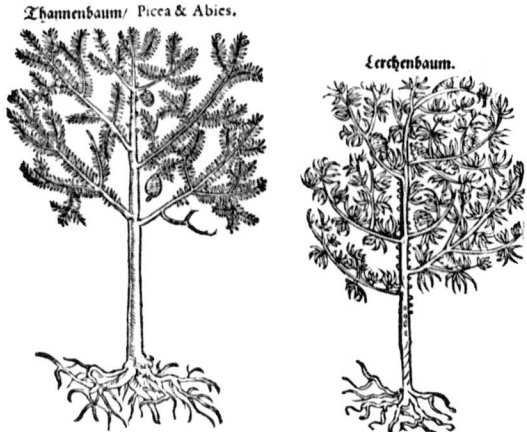

Der Humanist Konrad Geßner wandte als erster Naturforscher seine Aufmerksamkeit den Tieren der Alpen zu: Steinkauz, Adler, Gemse und Murmeltier, um 1550. – Rechts Tannenbaum und Lärche

Alpibus Commentarius‹ (›Die Alpen‹), die 1574 zusammen in einem dicken Band erschienen, als erster Gelehrter überhaupt ausschließlich den Alpen zu. Simler, reformierter Professor der Theologie am Carolinum in Zürich, der sich u. a. auch mit Mathematik und Astronomie befaßte, kannte die Berge nicht aus eigener Anschauung. Zunehmend von der Gicht ans Bett gefesselt, diktierte er, da seine Hände gelähmt waren, gerade diese beiden Spätwerke hauptsächlich aus dem Gedächtnis, gestützt auf seine staunenswerten Kenntnisse der antiken Literatur (die er kritisch auswertete) und auf Gewährsleute. Es ist daher leicht begreiflich, daß Simler der Gebirgswelt ästhetisch neutral gegenüberstand, seine Motivation rein wissenschaftlichem Interesse entsprang. Wie seine Zeitgenossen sah er die Alpen noch als Mauer, durch die nur die Pässe einen Durchgang gestatteten. In methodisch klarer Anordnung trug Simler jedoch in seinem ›Commentarius‹ alles zusammen, was damals über die Alpen und die Rolle, die sie in der Geschichte spielten, bekannt war. Diese erste alpine Enzyklopädie gibt eine für damalige Verhältnisse erschöpfende topographische Darstellung und Aufschluß

über die ehemalige Bevölkerung. Außerdem befaßte sich Simler mit der Meteorologie, Fauna und Flora; mit Kristallen und Metallen, Gletschern und Gewässern, schließlich auch mit den »Schwierigkeiten und Gefahren der Reisewege in den Alpen und wie man sie bewältigt«. – Erst im 20. Jahrhundert machten W. A. B. Coolidge (1904) und Alfred Steinitzer (1931) Simlers Standardwerk über die Alpen einer breiteren Öffentlichkeit zugänglich.

Bezeichnenderweise gehörten nicht nur Sebastian Münster und Johannes Stumpff, sondern besonders Konrad Geßner und Josias Simler dem Kreis jener Schweizer Theologen an, die von den Humanisten Erasmus von Rotterdam (seit 1521 Professor in Basel) und Ulrich von Hutten (gestorben 1523 auf der Ufenau im Zürichsee) sowie von der Reformation Ulrich Zwinglis geprägt waren. Nicht nur die Nähe des Gebirges also, sondern vor allem eine neue Geisteshaltung hatte diese Pioniere veranlaßt, ihr Interesse den Alpen zuzuwenden. Ihre Wissenschaft war nicht mehr eingegliedert in das mittelalterliche, jenseitsgerichtete Lehrgebäude einer aus vielerlei Gründen krisengeschüttelten katholischen Kirche, sondern erkannte in neuer Einstellung zum Diesseits die Natur als autonome Einheit.

Allerdings war es um die Wirkung der ersten Alpenforschung schlecht bestellt; bis zum Ende des 17. Jahrhunderts fanden Geßner und Simler keine Nachfolger. Die Gründe dafür sind wohl nicht nur in der natürlich nach wie vor bestehenden Furcht vor dem Gebirge, dem exzessiven Aberglauben und den politischen Wirren der Gegenreformation, der Bauernaufstände und des Dreißigjährigen Kriegs und seiner Folgeerscheinungen zu suchen, sondern auch in der Tatsache, daß das humanistische Erbe unter den zunehmenden Druck religiöser Orthodoxie geriet. Erst in der Zeit der Aufklärung, da man Rechtgläubigkeit mit Vernunft in Übereinstimmung zu bringen suchte, konnten die Widerstände gegen freie For-

79

Eine der ersten Karten der Schweiz, veröffentlicht 1544 in Sebastian Münsters ›Cosmographey‹

schung – von seiten des Protestantismus wie des Katholizismus – allmählich überwunden werden. Im Alpenraum bot das ökonomische Aufblühen der reformierten Schweizer Städte, das die geistige Emanzipation beschleunigte, schließlich eine unentbehrliche Grundlage wissenschaftlicher Leistungen. Neue Denkgebäude wurden zur Basis der Naturforschung. Besonders sind hier zu nennen: Francis Bacons Philosophie, nach der die Beobachtung der Wirklichkeit die Voraussetzung der Naturerkenntnis darstellt; René Descartes' von subjektivem Denken bestimmte mathematisch-mechanistische Naturauffassung und Isaac Newtons Erkenntnisse der theoretischen Physik, auf die sich die moderne Naturwissenschaft gründet. In

der Schweiz läuteten namentlich die Basler Mathematiker Jakob und Johann Bernoulli die Epoche der modernen Naturforschung ein. Anhänger der lange verbotenen kopernikanischen Lehre und Erfinder der Infinitesimalrechnung, bemühten sie sich auch, den Aberglauben der Zeitgenossen zu bekämpfen. Bereits in einer seiner ersten Schriften versuchte Jakob Bernoulli, den »alten Mütter-

Baumsteine (Bergkristall) Aus: Johann Jakob Scheuchzer, ›Beschreibung der Natur-Geschichten des Schweizerlandes‹, II, 1707

TAB. III.

Fig. XII.

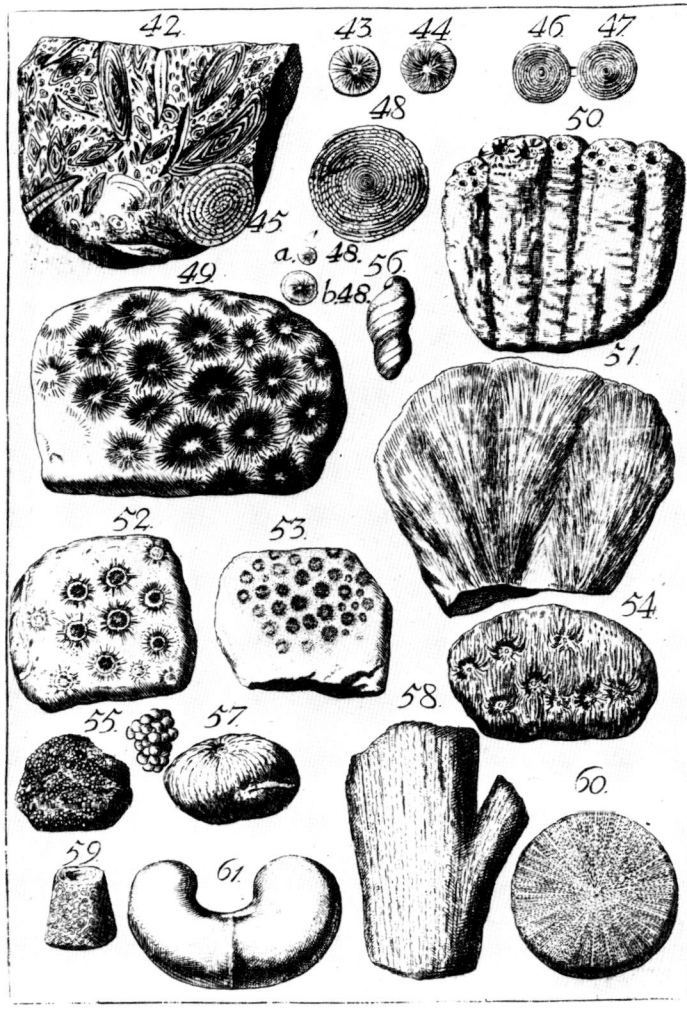

Versteinerungen aus den Schweizer Alpen. Aus: Johann Jakob Scheuchzer, ›Beschreibung der Natur-Geschichten des Schweitzerlandes‹, I, 1706

gen, Gernglaubigen und Laien« klarzumachen, daß ein Komet kein Mahnzeichen Gottes für die Sünden der Gegenwart sei, sondern eine wissenschaftlich erklärbare Erscheinung, deren Bahn sich sogar vorausberechnen lasse.[13]

Bald standen auch »die Alpen im Mittelpunkt paläontologischer, geologischer, botanischer, zoologischer, geographischer, klimatologischer Untersuchungen – wobei wirkliche Erkenntnisse oft mit phantastischen Einfällen, mit genialen Ahnungen einhergingen«[14]. Den zum Teil ausgesprochen enzyklopädisch gebildeten Forschern folgten zahlreiche Liebhaber in die Alpen; Offiziere, Geistliche, Kaufleute begnügten sich oft nicht damit zu dilettieren, sondern legten Sammlungen mit bemerkenswerten Fundstücken an und förderten den allgemeinen Stand der Kenntnisse. Allen gemeinsam war der neu erwachende Patriotismus.

Ein ebenso leidenschaftlicher Patriot wie begeisterter

Wissenschaftler war Johann Jakob Scheuchzer (1672 bis 1733), einer der bedeutendsten Universalgelehrten, den die Schweiz hervorgebracht hat. Gebürtig aus angesehener Züricher Familie, hatte sich Scheuchzer, der bereits als Zehnjähriger eine Diskussion in perfektem Latein zu führen wußte, eine umfassende, gediegene Bildung durch Studien im In- und Ausland erworben. 1712 bot Zar Peter der Große (auf Empfehlung von Gottfried Wilhelm von Leibniz) dem schlecht besoldeten Stadtarzt und Mathematikprofessor in Zürich die hochdotierte Stellung als Leibarzt an. Doch Scheuchzer zog es nicht nach Rußland; er steckte tief in einem ungeheuren Arbeitspensum, dessen wesentlicher Teil sich auf die Erforschung der Alpen konzentrierte. Veranlaßt vom Rektor der Leipziger Universität, August Quirinus Rivinus, der sein System der Botanik durch Alpenpflanzen zu erweitern wünschte, hatte Scheuchzer 1694 seine erste Gebirgsreise unternommen, der noch viele weitere folgen sollten. Über seine Beobachtungen der Pflanzen, Tiere, Metalle, Mineralien und Versteinerungen u. a. m. berichtete Scheuchzer in den ›Itinera alpina‹, die erste Veröffentlichung (›Itinera alpina tria‹) erschien in London unter der Schirmherrschaft der Royal Society, deren Präsident Isaac Newton persönlich 20 Pfund zur Drucklegung beisteuerte. Als erster Forscher in den Alpen ausgerüstet mit physikalischen Instrumenten, stellte Scheuchzer die ersten barometrischen (statt der unzuverlässigeren trigonometrischen) Höhenmessungen an und entwickelte sie zu einer praktischen Wissenschaft. Seine klimatologischen Forschungen, beispielsweise auf dem St. Gotthard, führten zur Einrichtung regelmäßiger Wetterberichte. Zusammen mit seinem Schüler Heinrich Hottinger und dem Luzerner Stadtphysikus Moritz Anton Kappeler begründete Scheuchzer anhand der Untersuchungen des Bergkristalls die Kristallographie. Ein besonderes Interesse Scheuchzers galt der noch jungen Paläontologie, deren Entwicklung er wesentlich förderte. Seine in den Alpen gesammelten Versteinerungen (heute im Paläontologischen Museum in Zürich ausgestellt) machte er teilweise im ›Herbarium Diluvianum‹ (1709) bekannt. Scheuchzer sah in den Fossilien nicht »Naturspiele« oder »Figurensteine«, sondern er erkannte sie als versteinerte Pflanzen und Tiere. Damit gab er der Biologie einen entscheidenden Impuls, wenngleich seine aus den Petrefakten abgeleiteten Überlegungen zur Entstehung und Entwicklung der Erdrinde – bibeltreu – von der Sintfluttheorie befangen waren.

1712 publizierte Scheuchzer als Ergebnis umfangreicher topographischer Forschungen die ›Novae Helvetiae

Titelbild zu Johann Jakob Scheuchzers ›Natur-Historie des Schweitzerlandes‹, 1716. Stich von Johann Melchior Süßlinus

Joh: Melch: Füßlinus, inv: et Sculp.

tabula geographica‹, die lange die ›gültige‹ Karte der Schweiz war. Auch diese arbeitsintensive Unternehmung war eine Vorarbeit zu seinem bekanntesten Werk, der ›Naturgeschichte des Schweizerlandes‹; sie wendete sich an ein möglichst breites Publikum und war deshalb in deutscher Sprache abgefaßt. Die erste wissenschaftliche Landeskunde der Schweiz war so weit und groß konzipiert, daß Scheuchzers Lebenszeit zu ihrer Vollendung nicht ausreichte; sie blieb Fragment. Die gedruckten Teile umfassen im wesentlichen geologische Beschreibungen,

»Gletscher im Berner Gebiet. A. Das Eis oder Gletschers so vom Boden aufwachset und alles von sich stößt, mit Ungestüm und vielem Krachen. B. Der Fluß Lütschinen, so unter dem Eis hervorquillet. C. Wohnungen, mit welchen man dem Gletscher hat weichen müssen. D. Hochgebirge, mit ewigem Schnee bedeckt«. Stahlstich aus David Herrlibergers ›Topographie der Eydgnoßschaft‹, I, 1754

»Der Rheinwaldgletscher im Paradies.« Stahlstich aus David Herrlibergers ›Topographie der Eydgnoßschaft‹, III, 1773

Untersuchungen der klimatischen und meteorologischen Verhältnisse, der Gewässer (besonders der Heilquellen), der Mineralien und Fossilien. In Scheuchzers riesigem Nachlaß finden sich umfangreiche, jedoch noch nicht abgeschlossene Arbeiten zur ›Naturgeschichte‹, betreffend die Tier- und Pflanzenwelt der Schweiz sowie die Ethnographie und Anthropologie ihrer Bewohner. Auf jeden Fall hat sich Johann Jakob Scheuchzer um die Entdeckung der Alpen als großes naturwissenschaftliches Forschungsgebiet verdient gemacht. Im In- und Ausland (besonders in England) war die Wirkung seiner ›Naturgeschichte des Schweizerlandes‹ bedeutend. Noch Friedrich Schiller benützte sie beispielsweise für seinen ›Wilhelm Tell‹ als unentbehrliches Nachschlagewerk.

Gletscherforscher untersuchen die Berührung zwischen Eis und Felsen. Kolorierte Radierung aus: James D. Forbes, ›Reisen in den Savoyer Alpen‹, (engl.) 1843

Nach Scheuchzer trug eine ganze Reihe von – bemerkenswerterweise ausschließlich Schweizer – Forschern dazu bei, das Interesse für die Alpen zu wecken. So beschrieb der schon erwähnte Luzerner Arzt Moritz Anton Kappeler (1685–1769) zwischen 1723 und 1729 in der ersten Monographie eines Berges, der ›Pilati monti historia‹ nicht nur die topographischen, geologischen, klimatologisch-hydrographischen Verhältnisse sowie Flora, Fauna und Alpwirtschaft des Pilatus, sondern er erwarb darüber hinaus durch seine grundlegenden physikalischen Untersuchungen des Bergkristalls internationales Ansehen. Sein ›Prodromus Crystallographiae‹ (1723) trug Kappeler die Mitgliedschaft der Königlichen Gesellschaft der Wissenschaften in London ein. Als deren Präsident, Sir John Sloane, 1730 einen Besuch in Luzern machte, schenkte ihm Kappeler die wertvollsten Kristalle, die er auf der Grimsel gefunden hatte. Diese Stücke wurden zur Basis der einzigartigen Sammlung alpiner Mineralien des Britischen Naturhistorischen Museums, das Sloane 1759 mitbegründete.

Einen kaum zu überschätzenden Beitrag zur Popularisierung der Alpen lieferte der Berner Albrecht von Haller (1708–77). Nach dem Studium der Medizin und Naturwissenschaften in Tübingen und Leiden sowie Studienaufenthalten in England und Frankreich unternahm Haller 1728 eine Alpenreise, die in seinem berühmten, die Einstellung seiner Zeitgenossen zur Gebirgsnatur nachhaltig prägenden Gedicht ›Die Alpen‹ ihren poetischen Ausdruck fand (siehe Kapitel V). Obwohl Haller als Anatom, Physiologe, Chirurg, Botaniker und als Gründer der Königlichen Gesellschaft der Wissenschaften in Göttingen europäischen Ruf genoß, zog ihn schließlich das Heimweh zurück nach Bern, wo man für ihn lediglich die untergeordnete Stelle eines Rathaus-Ammanns bereithielt. Hallers dreibändiges illustriertes Werk über die Flora der Schweiz, in dem er, systematisch eingeteilt, 2486 Pflanzen beschrieb, galt noch im 19. Jahrhundert als Standardwerk.

Ein Phänomen der Alpen, das eine besondere Anziehungskraft auf die Naturforscher ausübte, waren die Gletscher. Schon Scheuchzer hatte sich in seinen ›Itinera‹ damit befaßt, war aber nicht zu wissenschaftlich nennenswerten Ergebnissen gekommen. Relativ lange gaben die Gletscher Rätsel auf. So vertrat Mitte des 18. Jahrhunderts der Professor für Moral und Griechisch und spätere Pfarrer in Ins, Johann Georg Altmann, nach einer Reise ins Berner Oberland die phantastische Ansicht, daß die Berge von einem zusammenhängenden Eismeer – einem Meer mit darauf schwimmendem Eis – bedeckt seien; die Gletscher waren – nach Altmann – dessen Ausflüsse. Gottlieb Sigmund Gruner faßte in seinem dreibändigen Werk ›Die Eisgebirge des Schweizerlandes‹ (1760) hauptsächlich topographische Beschreibungen der Gletscher zusammen, trat jedoch Altmanns Behauptung, sie entstünden aus einem ausgedehnten Eismeer, entgegen und erkannte, daß sie sich talabwärts bewegen. Vor allem aber lag Gruner daran, die – im Volksglauben verrufenen – »Eisgebirge« als gottgewollt nützlich darzustellen (siehe Dokumentation). Der Uetikoner Pfarrer Johann Konrad Faesi, der in seinen Mußestunden eine ›Genaue und vollständige Staats- und Erdbeschreibung der ganzen helvetischen Eidgenossenschaft‹ (1765/68) verfaßte, bezeichnete die Gletscher einfach als »Eisgeburten, mit denen sich die Zwischenräume und Öffnungen zwischen den Eisbergen bedeckt finden, durch welche die Eisfelder und Eistäler ihren Überfluß in die niedrigen Täler ausleeren«[15]. Auch Marc Théodore Bourrit, Kantor der Kathedrale in Genf und gelernter Miniaturenmaler, der die Alpen gut aus eigener Anschauung kannte, ging es in seinen zwei Büchern über Gletschergebiete in der Schweiz und Savoyen (1773 und 1787) hauptsächlich um Beschreibungen der landschaftlichen

Gletschertisch auf dem Eismeer. Kolorierte Radierung aus James D. Forbes, ›Reisen in den Savoyer Alpen‹, (engl.) 1843

Szenerie. Damit wurde er international bekannt; Bourrit, der von der nobilitierenden Wirkung der grandiosen Alpenwelt auf den Betrachter überzeugt war, trug viel dazu bei, daß es Mode wurde, das Eismeer von Chamonix zu besichtigen.

Die ersten wirklichen Erkenntnisse über Bestand und Mechanik der Gletscher lieferte der bedeutendste Erforscher der Alpen in der zweiten Hälfte des 18. Jahrhunderts, der Genfer Horace-Bénédict de Saussure. Bereits als Zwanzigjähriger wandte er diesem Phänomen seine Aufmerksamkeit zu: »endlich ging ich im Jahre 1760 allein und zu Fuß in die Gletscher von Chamonix, die damals noch wenig besucht waren und zu denen der Zugang auch für schwer und gefährlich gehalten wurde.«[16] Saussure, der Deutsch lernte, um Gruners ›Eisgebirge des Schweizerlandes‹ lesen zu können, untersuchte den Durchmesser der Firnfelder (etwa am Glacier des Bois) und die Ursache der Spaltenbildung, unterschied Tal- und Hängegletscher, Gletschereis und Flußeis und widersprach André de Lucs falscher Auffassung, nach der die Gletscher ständig wachsen, allerdings auch der richtigen Ansicht des Genfer Pfarrers César Bordier, der Gletscher als zähflüssige Masse definierte (›Voyage pittoresque aux glacières de Savoie‹, 1773). Saussure erkannte jedoch den Einfluß der Erdwärme beim Schmelzvorgang und, über

das Studium der Moränen, die Gletscherschwankungen.

Die Frühzeit der Glaziologie, in der nach Saussure der Walliser Straßeninspektor Ignaz Venetz und der Direktor der Salinen von Bex, Jean de Charpentier, einen wichtigen Platz einnehmen konnten, schließt mit Louis Agassiz ab. Der Zoologe und Mediziner, für den u. a. auf Initiative Alexander von Humboldts an der Akademie von Neuchâtel ein Lehrstuhl für Naturwissenschaften eingerichtet wurde, folgte den Spuren Saussures und organisierte 1838–45 Expeditionen in die Gletschergebiete des Berner Oberlandes, des Chamonix-Tales und des Wallis. Vor allem auf dem Aaregletscher sammelte Agassiz mit seinem Hauptmitarbeiter Edouard Desor (der übrigens den Gletscherfloh entdeckte) Erkenntnisse über die innere Temperatur, Bewegung, Volumen- und Niveau-Veränderungen der Gletscher und legte vorbildliche kartographische Aufnahmen an; besonders entwickelte Agassiz die Theorie von den Eiszeiten. Carl Vogt und Celestine Nicolet erforschten indessen die Tier- und Pflanzenwelt der Hochregionen. Auf dem Unteraargletscher richtete die sechsköpfige Forschergruppe für ihre oft monatelangen Aufenthalte zwischen Felsblöcken eine Unterkunft ein. Dieses »Hôtel des Neuchâtelois« wurde zu einer Art Wallfahrtsort für Gelehrte des In- und Auslands, aber auch für neugierige Schweizreisende (siehe Dokumentation). Bereits

1843 war das »Hotel« nicht mehr bewohnbar; es hatte seine Lage stark verändert und hielt dem Druck des Eises nicht mehr stand – zur Freude von Agassiz, der dadurch seine Theorien bestätigt fand.

Später weitete Agassiz seine glaziologischen Forschungen nach Nordamerika aus, entdeckte dort Spuren früherer Gletscher und in Westkanada einen durch den Rückgang des Inlandeises in der Eiszeit entstandenen See, der nach ihm Lake Agassiz benannt wurde; außerdem gründete Agassiz 1860 das große Museum für vergleichende Zoologie in Cambridge (Massachusetts).

Hatte Saussure den entscheidenden Anstoß für die Entwicklung der Glaziologie gegeben, der Wissenschaft, die in den Alpen geboren wurde, so war er auch ein Pionier ihrer Geologie. Saussure legte nicht nur den Begriff *glacier* für Gletscher fest (in Unterscheidung zu dem seinerzeit oft verwendeten Ausdruck *glacière* – Eisgrube), er gab auch der Geologie ihren Namen: »Die Geologie ist die Wissenschaft, welche die Ursachen der Veränderungen darlegt, die die Erdkugel seit ihrer ersten Bildung bis auf unsere Tagen erlitten hat und die zur Voraussicht derer führt, die sie in Zukunft erleiden wird.«[17] Überzeugt da-

Gletschertische auf dem Aare-Gletscher. Kolorierte Radierung und Aquatinta von J. Hürlimann nach Gabriel Lory, Sohn, um 1810

von, daß vor allem die Hochregionen der Alpen über den Bau der Erde Aufschluß geben können, weil hier die Anordnung, Lage, Richtung, der Umfang und die Art der Gesteinsschichten offener zutage treten, unternahm Saussure zahlreiche Exkursionen, deren Ergebnisse er in seinen ›Voyages dans le Alpes‹ (1779 ff.) festhielt. Doch sind die ›Reisen durch die Alpen‹ keineswegs ein rein geologisches Werk, sondern eine Sammlung von Reiseschilderungen, wissenschaftlichen Experimenten, Beobachtungen und Erkenntnissen auch auf den Gebieten der Glaziologie, Meteorologie, Klimatologie, des Magnetismus, der Flora und Fauna. Saussure vereinigte in sich Unvoreingenommenheit, Einfallsreichtum – er erfand mehrere Instrumente –, gewissenhafte Detailbeobachtung, den Mut zum Abenteuer und die Leidenschaft für die Alpen. Und er war der Initiator des Alpinismus, als er, aus wissenschaftlichen Gründen, 1760 einen Preis für die Erstbesteigung des höchsten europäischen Berges, des Mont Blanc, aussetzte.

Leonardo da Vinci: Von den Gebirgsquellen, um 1510

Das Wasser, das sich in den höchsten Gebirgen befindet, ist nicht etwa dort, weil es durch die Wärme der Sonne dorthin gezogen wird; denn diese Wärme dringt kaum in die Tiefe, wie man am Vernia-Felsen sieht. Da vermag die Sonne das Eis auch während der größten Sommerhitze nicht zu schmelzen; im Gegenteil, es bleibt in seinen Höhlen, in denen es seit dem Ende des Winters liegt. Und auf der Nordseite der Alpen, wohin die Sonne nicht scheint, schmilzt das Eis nie, weil die Sonne mit ihrer Wärme nicht einmal die geringe Dicke der Berge durchdringen kann. Also wird der sehr große Raum, der zwischen den Gipfeln der hohen Berge und den Tiefen der Wassersphäre liegt, durch diese Sonnenwärme noch weniger durchdrungen werden, denn sie müßte dabei bis unter die Grundlagen eines solchen Gebirges dringen.

Und wenn du behaupten würdest, daß die Sonne, wie schon gesagt, die Gewässer von den Grundfesten der Berge bis zu ihren Gipfeln saugt und zieht, dann müßte die stärkere Wärme, da die Wärme die Feuchtigkeit anzieht, eine größere Wassermenge anziehen als die schwächere. Folglich müßten im Sommer, bei glühender Hitze, die Wasseradern reichlicher sprudeln als im Winter; aber wir sehen, daß es umgekehrt ist, da die Flüsse im Sommer einen großen Teil ihrer Gewässer verlieren.

Josias Simler: Der Name »Alpen«, 1574

Es ist anzunehmen, daß man jenem hohen Gebirge, das Italien von Gallien und Germanien scheidet, den Namen Alpen wegen der blendenden Weiße gegeben hat, die der ewige Schnee ihren Zinnen verleiht. Tatsächlich gebrauchten die Sabiner, wie Festus Pompejus berichtet, den Ausdruck Alpum, den die Römer später in Album (weiß) wandelten, daher die Bezeichnung Alpen ...

Isidoros hingegen behauptet, daß der Name Alpen keltischen Ursprungs sei: »Die eigentlichen Alpen«, berichtet er, »sind die Berge Galliens; Virgilius nennt sie ›Aerias Alpes‹, und wenn er sagt ›aerias‹, so hat er das Wort buchstäblich übersetzt; denn Alpes bedeutet im keltischen hohe Berge und es sind damit diejenigen gemeint, die den Schutzwall Italiens bilden.«

Josias Simler: Wo die Namen der Alpengruppen herkommen, 1574

In den Alpen selbst haben die einzelnen Gruppen verschiedenartige Namen erhalten: mehrere, wie die Berge des Jupiter und Mars, tragen den Namen des Gottes, dem sie geweiht sind; auch der Pennin ist, wie Livius sagt, nach dem Gotte Penninus benannt; auch heutzutage bezeichnet man den Gr. und Kl. St. Bernhard, den St. Bernhardin, den St. Dionysius, St. Gotthard, St. Barnabas, den St. Braulius usw. mit den Namen von Heiligen. Denn wie wir schon eingangs erwähnten, hat jedes Volk ebenso wie Wälder und Haine, auch Berge seinen Göttern geweiht; mit der Verkündung und Ausbreitung des Christen-

Lombardische Alpenlandschaft. Bleistiftzeichnung von Leonardo da Vinci, um 1510

tums bemühten sich die frommen Männer, die Erinnerungen an den heidnischen Aberglauben auszutilgen, und weihten die Denkstätten und Heiligtümer denjenigen Heiligen, die sie bei ihrer Bekehrungstätigkeit vielleicht berührt hatten. So gaben sie den Bergen neue Namen, sicherlich in guter Absicht: ob sich dies mit den heiligen Dogmen vertrug? Ob es der Kirche zuträglich war? Diese Fragen mögen andere entscheiden.

Nicht wenige Gebirgsgruppen wurden nach Heerführern oder berühmten Männern benannt, die zufällig ihre Heere durch diese Gegenden geführt haben. So sind unserer Meinung nach die Julischen Alpen in Venetien wie auch der Julier in den Rätischen Alpen nach Julius Cäsar benannt; die Penninischen oder Punischen Alpen haben einer weitverbreiteten Meinung nach den ihren vom Punier Hannibal; der Lukmanier den seinen von dem Etrusker Lucumon; der Rätikon von Rhetus, nach dem auch das Volk der Rätier benannt ist. So sollen auch die Berge Sempronius, oder Scipio (Simplon) und der Mons Sylvius (Theodul Paß) im Wallis nach römischen Feldherrn, die Grajischen Alpen, wie man sagt, nach dem griechischen Herkules, der sie überschritten hat, benannt sein ...

Sebastian Münster: Das Bad von Pfäfers im 16. Jahrhundert

Ich wollt dir gern dies Bad mit einer Figur vor Augen stellen, wenn es möglich wäre. Es ist so gar zwischen den grausamen hohen Felsen beschlossen, daß man seine Gelegenheit nicht anzeigen kann. Es ist eine treffliche, weite Spelunke, von zwei hohen Felsen erwachsen, unter welchen der eine ganz gebogen ist wie ein Gewölbe und neigt sich gegen den andern; und lassen oben in der Höhe gegen Mittag eine Öffnung, daß die Sonne sommerszeiten zu Mittag eine Stunde ungefähr darein scheinen mag. Denn es stehen unten, gleich über dem fließenden Gletscherwasser, drei oder vier Häuslein, darin man kocht und kleine Stüblin hat. Am andern Felsen sind große und tiefe Löcher

gehauen, starke Hölzer darein gelegt und zu einer Brucken geordnet, daß man jetzt mit Pferden hinabkommen mag bis zum Bad. Dies Wasser ist ziemlich warm, aber nicht heiß, dringt hervor durch einen Spalt des Felses und ist sommerszeit ein Fluß, so stark, daß es Wasser gnug hätte für 2000 badender Menschen, wenn sein Quell auf einer Weite wäre. Nun aber ist der Kasten (auch in Felsen gehauen) so eng, daß nicht viel über 100 Menschen darin sitzen mögen, die sich dennoch ganz eng und nahe zusammenschmucken müssen und sitzen da in der Dunkelheit wie die Seelen in S. Patricii Fegfeuer. Eh die Bruck oder Steg durch gemeldeten Herrn Abt ist gemacht worden, sind viel Menschen Schwindels halb wieder ungebadet hinweggezogen, da sie gesehen haben die gähe Tiefe, so man hinab hat steigen müssen zum Bad. Es ist das Wasser ganz lauter, enthält Gold und Kupfer und hat gar keinen Geschmack. Es geht an im Frühling und endet sich im Winter, es wächst mit den Kräutern und stirbt mit ihnen. Es ist ein starkes Bad. Etliche Krankheiten enden sich in 9 oder 10 Tagen, etliche in 12 oder 15, [je] nach Härte der Komplexion, Fleiß und Unfleiß des Bads. Es nimmt hinweg eine jegliche Kontraktur oder Krümmen und verfallene Glieder oder Lähme, so von Zorn oder Wein entspringt, ... alt verjährte Fieber, die Süchte, so sich auf die Seele neigen, den Gries und reißenden Stein, Gebreste der Nieren und Blattern, alle verborgenen Krankheiten, so zwischen Haut und Fleisch verborgen oder offen liegen, als Räude, Schuppen, Krätze und alle dergleichen Unflätigkeiten. Item alle offnen Schäden, so unter den Knien an Schenkeln entspringen, den Krebs, Fisteln, samt den Brustgeschwüren. Alle Wunden, so geheilt worden zu früh, alle übelgeheilten Beinbrüche, die verrenkten Glieder, so mit Foltern verderbt sind, alle angeheilten Stiche und Schüsse, alles gestandene und versessene Blut von Fällen, Stößen oder Schlägen, alle erfrorenen Glieder. Item dies Bad ist gut zu vertreiben Schmerzen des Haupts, stärkt das Gedächtnis, das Gesicht und Gehör, eröffnet die Verstopfung des Hirns und der Nerven, als da sind die fallende Sucht, der Schlag, der Krampf.

Johann Jakob Scheuchzer: Über die besondere Beschaffenheit der Schweizer Luft, 1716

Das sogenannte Heimweh, eine seltsame und gefährliche Krankheit, welche die Schweizer in fremden Landen ausstehen müssen, [habe ich] vornehmlich von der Beschaffenheit der schweizerischen Luft und deroselben Abänderung hergeleitet. Es muß gewißlich D. Georg Detharding in seiner Disp. ›Von der gesunden Luft zu Rostock‹ unser Schweizerland kaum durch ein Fernglas gesehen haben, wenn er pag. 32 das Heimweh der Schweizer herleitet von unserer langen Gewohnheit an eine unreine, in den Bergen eingeschlossene Luft. Wohl könnte diese Ursache Platz finden bei einem Rostocker oder Holländer, wenn

Das Bad von Pfäfers in der Nordschweiz. Stich von Matthäus Merian, um 1650

Gebirgsquellen und »die reinste Luft von ganz Europa« gehörten schon für Johann Jakob Scheuchzer zu den Vorzügen der Schweizer Alpen. Idealisierte Darstellung des Gotthardpasses aus Scheuchzers ›Beschreibung der Natur-Geschichten des Schweitzerlandes‹, II, 1707

der aus seiner dichten unreinen Seeluft sich würde begeben in unsere schweizerischen Gebirge und da unsere ohne Zweifel reinste Luft von ganz Europa in sich schlucken ... Es sind die Schweizer diesfalls unglücklich, daß ihr allzu reine und subtile Luft (welche einer gröberen, höheren, dichteren, stärker drückenden, sonderlich niederländischen Meerluft nicht widerstehen

92

kann) sie in höchstgefährliche Fieber stürzt; und alle tiefer lie-genden Nationen glücklicher, welche in der Schweiz reisen können ohne Gefahr des Heimweh: Wir müssen bei ihnen ausstehen eine allzu starke Zusammendrückung sonderlich der kleinsten Blutgefäße und darauffolgende Hinderung in dem Kreislauf der Säfte; dahergegen die Holländer, Franzosen, Deut-sche und Italiener in unsere Land mit sich bringen eine zusam-mengepreßte Luft, welche sich in unserer subtilen Luftsphäre in allen Äderlein ausdehnt, wodurch aber die Bewegung aller Säfte mehr befördert als verhindert wird.

Johann Jakob Scheuchzer: Theorie über die Entstehung der Alpen, 1716

Die eigentliche Zeit, in welcher unsere jetzigen schweizerischen und alle andern Gebirge entstanden, ist die Sündflut. Zu diesen Gedanken führt mich nicht eine eingebildete Hirn-Grundlehr oder ein in der Natur unbegründetes System, sondern die Natur selbst: die Gestalt der Berge, Abteilung in gewisse gebrochene Strata oder Lager und in diesen Lagern, ja in den härtesten Felsen eingeschlossen liegende undisputierliche Überbleibsel der Sündflut: Schnecken, Muscheln, Fische, Kräuter etc. ...

Nachdem aber auf Gottes Befehl gegen dem Ende der Sünd-flut die oberen Erdlager, gleich als ob es Eierschalen wären gewesen, gebrochen und emporgehoben worden, sind die Berge entstanden und die Täler. Es hat die Erde unzählig viel Spalten bekommen, und sind die Wasser wiederum wie ehemals in der Schöpfung »gesammelt worden an ein Ort« (Gen. I. 9.), nämlich in die Meere und den Abgrund, »daß es trocken ward« und also die Erde in einen bewohnbaren Stand gesetzt worden.

Johann Jakob Scheuchzer: Von der Kälte, welche den Bergreisenden beschwer- und schädlich ist

Wer in solchen Bergreisen, oder sonst kalter Luft, seinen eigenen oder anderer Gefährten Leib gesund erhalten will, der muß vor allem dahin bedacht sein, daß er um den Leib her seine ausdämpfende Wärme behalte, damit sie nicht zerfliege, und zu dem Ende alle Glieder des Leibs mit dicken Kleidern und Pelzwerk wohl verwahren, insbesondere die Brust mit Papier und Pergament oder Leder einfassen ... Und es berichtet Hor-

Kristallsucher in den Alpen. Darstellung des 19. Jahrhunderts

93

nius Arca Mos. p. 174. daß [es] den Reisenden gut [sei], wenn sie in grimmiger Kälte das männliche Glied in vielfaches Papier einwickeln, und also vor der Erfrierung, welche dort mehrmalen anfangen soll, bewahren.

Gottlieb Sigmund Gruner: Rechtfertigung der Berge aus der Darlegung ihres Nutzens, 1775

Betrachten wir die Eisgebirge überhaupt und in Absicht auf ihre Schneedecken allein, so ist die Klage über ihr Dasein höchst ungerecht und ganz gewiß, daß diese beschneiten Firsten dem Lande ungleich nützlicher sind, als sie sein würden, wenn sie hingegen mit den fettesten Weiden bekleidet wären. Nicht nur reinigen sie uns die Luft, nicht nur unterhalten sie den Lauf der Flüsse und spenden uns durch dieselben so unzählige Wohltaten aus, sondern sie schützen uns zugleich vor vielem Verderben, dem wir sonst gewiß und sehr oft ausgesetzt sein würden. Würde die Menge des Schnees, der Sommer und Winter auf dieselben fällt, sich in Gestalt des Regens daselbst einfinden, so würde derselbe unfehlbar in großer Menge von den Bergen herunterströmen und wegen ihrem steilen Abhang durch die allzusehr aufgeschwellten Flüsse und Bäche beständige und gefährliche Überschwemmungen verursachen und nicht nur den Anwohnern, sondern dem ganzen Lande unaufhörlichen Schaden zustrômen. In den heißen und trocknen Jahrszeiten hingegen würden, zu unglaublichen Nachteile des Landes, alle Flüsse vertrocknen, wenn nicht diese großen Schneehaufen ihnen beständig Unterhalt verschaffen würden.

Belsazar Hacquet: Welche Eigenschaften ein Naturforscher besitzen muß, um 1800

Der physische Bau des reisenden Naturforschers und Bergsteigers muß vollkommen wohl gebildet sein, und ohne Leibesgebrechen. Von 5 bis 5 ½ Schuhen ist die beste Größe, denn höhere Menschen taugen nicht so gut dazu, und das aus folgenden Gründen. Ein allzu großer Mensch hat selten stärkere Muskeln als ein kurz untersetzter, folglich nicht mehr Kräfte, und doch wegen der Höhe seines Körpers mehr zu tragen als der letztere; ferner, je höher ein Körper ist, desto eher kommt er aus dem Gleichgewicht und desto häufiger ist er in Gefahr niederzustürzen, und je länger seine Knochen sind, desto leichter können sie brechen. Dies hat mir die Erfahrung sattsam erwiesen; denn diejenigen, die mit mir Berge bestiegen hatten und von ansehnlicher Höhe waren, dauerten das nicht aus, was ein kurz Untersetzter zu leisten imstande war …

Das Gesicht muß gut und weit tragend sein, denn ein Myops [Kurzsichtiger] steht alle Augenblicke in Gefahr, sich zu beschädigen oder gar den Hals zu brechen. Die Lunge muß ohne allen Defekt sein, und die Füße kraftvoll und dauerhaft. Letzteres erhält man in der Jugend durch vieles Gehen, und in der Folge durch häufiges kaltes Baden jenes. Nichts ist den Füßen so

nachteilig wie warmes Wasser, indem die dicke Oberhaut an den Sohlen nie weggebracht werden darf, daher ist es gut, zu allen Zeiten Stiefel zu tragen, weil diese sie hervorbringen …

Ein Naturforscher muß, oder sollte, folgende drei Haupteigenschaften haben: gutes Gedächtnis und Überlegungskraft, ausdauernde Geduld im Nachforschen und Vermögen; Sprachkunde muß ihm nie fehlen, wenigstens nicht von den Ländern, die er zu bereisen hat. Ebenso notwendig ist ihm das Zeichnen, sei es auch nur, um Umrisse entwerfen zu können, die er zu nehmen hat. Ferner muß ein Reisender nie beweibt sein, denn liebt er seine Gattin, wie es der Stand erfordert, so verliert er bei der Trennung viel von seinem Mute … Da nun der reisende Naturforscher auf dieses angenehme Band der Liebe Verzicht tun soll, ebenso soll er auch allen übrigen nicht unumgänglichen Bedürfnissen entsagen, wie Tabak, Wein, warmen Getränken, weichem Bette, usw.

Franz Josef Hugi: Was ein Geologe in den Alpen 1830 mit sich führte

Mit gleicher Sorgfalt wurde auch der übrigen Instrumente bedacht, der Hygrometer, Areometer, Tubus, vorzüglich der trigonometrischen, des Klino- und Kronometers, bis auf Fußeisen, Alpstöcke, Hämmer, Schneebeil, Meißel, Hacken, Stricken, spanische Weinsäcke, Weingeistblasen usw. Diesen ganzen wissen- und unwissenschaftlichen Hausrat nahm eine große, lederne Hutte in verschiedene Kammern auf. In einer der zwei großen Abteilungen war ein Pelzmantel und eine wollene Decke, in der andern der übrige Kleidungsvorrat; unten in einer Seitentasche der ganze Kochapparat mit chemischem Feuerzeug und Zubehör. Gegenüber eine blecherne Weingeistflasche. In einer obern Seitentasche befanden sich Tubus, Sextant, Bussole, alle Thermometer, Hygrometer, Areometer, farbige Gläser, blaue Brillen, Schleier usw.; gegenüber Meißel, Bohrer, Feilen, Schrauben, Hacken, Nägel, Fußeisen, Draht; ferner eine kleine Reiseapotheke, Heft- und Mutterpflaster, Augenbalsam, Bleiextrakt, Hoffmannstropfen, Fußsalbe aus verbranntem Alkohol und Seife mit Kölnerwasser, Schuhschmiere aus Fischtran und Fett, Säuren; ferner Binden, Leinwand, Schnüre, Nähzeug usw. Etwa 500 Fuß aus feinstem Garne bereitete Stricke, Schneebeil, die Weinschläuche usw. wurden gewöhnlich einem eigenen Träger zuteil. Auch das obige mußte oft verteilt werden.

Franz Josef Hugi: Dramatische Momente einer Forschungsreise auf das Finsteraarhorn, 1830

Während ich mehrseitig beobachtete und aufzeichnete, waren drei meiner Begleiter weit nach oben gedrungen; die übrigen standen unter mir. Der Sturm aber wütete von Westen her mit

»Der Rhone- oder Furka-Gletscher.« Radierung von F. Meyer nach einer Zeichnung von Adrian Zingg, 1758

Alpenforscher im Hochgebirge.
Kupferstich von Martin Disteli,
1830

beispielloser Orkanwut in horizontaler Richtung, weniger aus den Abgründen heraufdringend. Östlich dagegen hob er senkrecht an den Wänden des Finsteraarhorns aus dem Finsteraargletscher sich empor. Gerade auf der Firnkante, wo wir standen, vereinten sich beide, und wirbelten, mit grausem Geheule sich einend, in diagonaler Richtung aufwärts. Kopfbedeckung und Schleier, dem Lauener weggerissen, flog, so weit das Auge reichen konnte, himmelwärts. Momentanes Schneegestöber von Westen her und aus dem östlichen Abgrunde drehte ob uns sich in Säulen und stäubte dann zum Himmel empor. So durfte keiner von uns frei stehen ohne Gefahr, weggerissen zu werden. Ich lehnte mich an den Felsblock, während andere an den Firn sich klammerten. Bei allem Ungestüm entschloß ich mich doch, mit vier der Rüstigsten die Ersteigung der Spitze zu versuchen, während die übrigen zum Rückwege bessere Tritte in den Firn einhauen sollten. Daher gebot ich Vorwärts. Arnold Dändler war gerade vor mir mit einer langen Stange, die er gegen Osten über die Kante hinausstreckte. Indem er so am Abhange schief emporzog, glitschte er aus. Da packte ich mit einem Sprunge das andere Ende der Stange; allein der Firn unter mir brach durch. Kaum 2 Fuß dick hatte er nämlich 5–6 Fuß breit vom Winde über die unsichtbare Felskante hinaus sich angebaut. Ich hing so ganz frei mehr als 4000 Fuß hoch an der Stange fast senkrecht ob dem Finsteraargletscher, während Dändler andererseits über die Firnwand hinabhing. Wenn dieser schwache Wagebalke gebrochen, wäre Dändler unaufhaltsam auf das westliche Vieschermeer über den Firn hinabgeflogen, und ich an den Felswänden östlich auf das Aarmeer gestürzt. Wir hingen beide an der Stange still. Die Öffnung, in der ich hing, erweiterte sich, so daß ich die in die freie Luft hinausgewölbte Decke des Schnees untersuchen und durch das Loch den Finsteraargletscher sehen konnte. Schnell eilten die Gefährten von oben herab und unten herauf zu Hilfe. Zuerst war Dändler auf festen Fuß gestellt. Mir war es gefährlich beizukommen, denn leicht wäre die ganze Decke eingebrochen und alles in den Abgrund gestürzt. Sie suchten den Strick mir umzuwerfen, und befestigten die Stange. Bald hatte ich wieder einen Fuß auf dem Firne empor, und Lauener, von den übrigen gehalten, packte mich mit nerviger Rechte. Wir ruhten einige Augenblicke von der Anstrengung aus; allein die Kälte nahm so zu, daß keiner mehr die Finger zum Emporklettern brauchen konnte. Mir gefror das hervorgequollene Blut an den Fingern zu Eis. Die über das Wallis gelagerten Wolken wogten nun wild durch die Viescher- und Aletschschlünde herauf und machten das Eismeer zum empörten Wolkenmeere ...

Die heutige Tagereise gehört wohl zu den mühevollsten und weitesten, die je gemacht wurden, aber auch zu den genußreichsten und ergiebigsten für wissenschaftliches Forschen. Kaum wird man irgendwo Gelegenheit finden, die Natur, wie hier, in ihrer Riesengröße und unnennbaren Mannigfaltigkeit ihrer Formen auftreten zu sehen. Einerseits öffnen sich dem Forscher schöne Blicke in die Tiefe und das ewige Tun der Natur, anderseits erheben sich Gefühle, die beseligend aufwärts leiten zur Einheit.

Franz Josef Hugi und seine Begleiter beim Bau einer Unterkunftshütte im Hochgebirge. Titelkupfer von Martin Disteli

Edouard Desor:
Über das Forscherleben auf dem Aaregletscher, um 1840

Ich habe oben gesagt, daß derselbe Block, der uns im vorigen Jahr gedeckt hatte, auch in diesem als Dach diente. Man hatte durch Erweiterung der Mauer den Raum vergrößert; die Küche stieß an das Schlafgemach und diente als Vorzimmer. Es war der bequemste Raum; man konnte darin aufrecht stehen, und ihr Herd von Eis erregte stets die Bewunderung der Fremden; es war in der Tat auffallend, den Topf auf einem mit Steinen bedeckten Vorsprung von Eis kochen zu sehen ...

Louis Agassiz und seine Begleiter auf dem Unteraargletscher im
Berner Oberland. Im Hintergrund v. l. n. r.: Finsteraarhorn, Lau-
teraarhörner, Schreckhorn. Mitte: Große Gufferlinie zwischen
Finsteraar- und Lauteraargletscher. Vorne rechts: die »Hugi-Hütte«
(nicht das »Hôtel des Neuchâtelois«). Lithographie von Joseph
Bettannier, 1839

Keine Rose indes ohne Dornen, und auch wir sollten bald
erfahren, daß dieser bewegliche Boden nicht zu Menschenwoh-
nungen bestimmt sei. Wir gingen jeden Abend schlafen mit der
festen Überzeugung, in der Nacht unmerklich vorzurücken; da
aber diese Bewegung nicht immer vollkommen gleichförmig
war, so senkte sich die Mauer oft und ließ Öffnungen, durch
welche der Wind blies. Eine noch größere Unannehmlichkeit
bestand darin, daß der Block, trotz seiner Dicke von 20 Fuß,
nach allen Seiten hin zerspalten war, so daß bei längerem Regen
das Wasser einsickerte, durchdrang und in den Schlafraum
tropfte. Sobald diese Tropfen eine Rauhigkeit antrafen, sammel-
ten sie sich zu einem kleinen Rinsel, das die unten Liegenden
unerbittlich weckte. Man sah bald den einen, bald den anderen
sich erheben, das Licht nehmen und dem Rinsel, welches den
einen oder den andern Nachbar weckte, indem es ihm aufs
Ohr oder die Nase tropfte, eine andere Richtung geben. Der
Unglückliche erhob sich dann, und führte seinem Nachbar den
unleidlichen Bach zu. Ich erinnere mich einer Nacht, wo es
von allen Seiten so reichlich tropfte, daß alle Verbesserung
unmöglich wurde, und da wir kein Auge schließen konnten, so
belustigten wir uns mit unsern Wasserfällen, indem wir sie nach

allen Seiten lenkten. Statt zu schlafen machten wir hydrographi-
sche Studien.

Die einzige Gefahr, der wir ausgesetzt sein konnten, lag in
diesen Spalten begründet. Das Wasser hätte sich darin ansam-
meln, gefrieren und den Block sprengen können, denn nichts
wirkt so zerstörend als Frost. Die Einzäunungsmauer hätte ein
solches Gewicht nicht tragen können, und unsere Zerquet-
schung wäre die unausbleibliche Folge einer solchen Sprengung
gewesen, und es soll mich nicht wundern, den Block einst in
mehrere Stücke zerfallen zu sehen. Im ersten Augenblick schien
es auch, als könnte eine heftige Bewegung, die Erschütterung
eines Spaltenwurfes z. B. den Block überkippen machen; und
obgleich der Block fest aufzuliegen schien, so will ich doch

98

nicht verbergen, daß ich zuweilen eine heimliche Unruhe in mir fühlte und, wie der Furchtsame, der vor dem Schlafengehen unter sein Bett guckt, mich nicht niederlegte, bevor ich um den Block herumgegangen war. Täusche ich mich nicht, so teilte jedermann mehr oder minder diese Unruhe ...

Die Besuche fehlten nicht im Hotel. Wenn das Wetter nicht zu häßlich war, so sah man meist gegen Mittag einen oder mehrere Züge Touristen anlangen, die ungewohnte Eindrücke suchten, denn Zybach wie die Führer ermangelten nicht, ihre Einbildungskraft aufs höchste zu reizen. Einige Mal auch kamen Reisende von Grindelwald aus über die Strahleck; wir empfin-

gen sie mit besonderer Teilnahme. Andererseits lockte der epigrammatische Name *Hôtel,* den unsere Hütte trug, uns einige unbeliebige Gäste herzu, die sich einbildeten, sie fänden da alles Nötige, Zimmer und Betten. Zybach schwor umsonst, es sei nur eine kleine Hütte, die kaum Raum für uns habe; man glaubte ihm nicht, sondern nahm an, er wolle die Reisenden einen Tag länger auf der Grimsel halten. Grausame Enttäuschung, die oben der Ungläubigen harrte! Mehrere Male mußten diese späten Gäste, die wir aus Mangel an Platz nicht aufnehmen konnten, in der Nacht zurückkehren oder in der Hütte der Führer übernachten.

Erste Darstellung ▷
des Kletterns
mit dem Seil
(Mitte, oben).
Jagd im Gebirge,
Rötelzeichnung des
Tiroler Künstlers
Jörg Kölderer
(oder Werkstatt
Kölderer),
Anfang des
16. Jahrhunderts

Eine der ersten
Darstellungen des
Bergsteigens in
den Alpen: Kaiser
Maximilian I.,
der »letzte Ritter«,
auf Gemsenjagd und
Fischfang am Achen-
see. Miniaturmalerei,
wahrscheinlich von
Jörg Kölderer,
um 1500

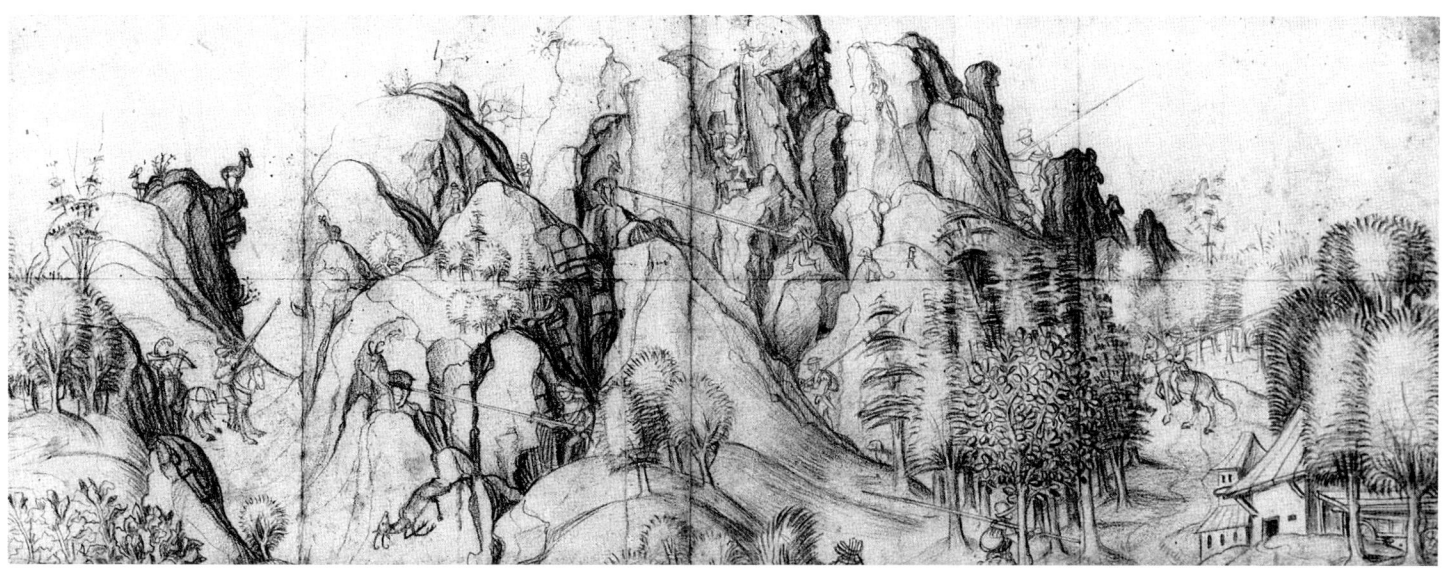

IV. Besteigungen

VON DEN ANFÄNGEN BIS ZUR »GOLDENEN ZEIT«
DES ALPINISMUS

Die Geschichte der Pioniere auf Alpengipfeln beginnt mit einem Dichter. Am 26. April 1336 stand Francesco Petrarca zusammen mit seinem jüngeren Bruder auf dem Gipfel des Mont Ventoux, dem »höchsten Berg unserer Gegend«, ergriffen »von dem freien Schauspiel« der Natur. Zwar ist der Mont Ventoux ein relativ harmloser Voralpenberg in der Provence, doch in einer Zeit, in der das Bild von den Alpen ausschließlich von Aberglaube, Furcht und Verständnislosigkeit geprägt war, mußte die um ihrer selbst willen unternommene Ersteigung eines Gipfels als etwas ganz Außerordentliches erscheinen. Petrarca selbst maß der Wanderung auf den Mont Ventoux eine Bedeutung zu, die sich nicht allein aus seiner Bemerkung erklärt, er habe »lediglich« das »ungestüme Verlangen« gehabt, »die namhafte Höhe des Ortes kennenzulernen«. Sein lateinisch abgefaßter Bericht, adressiert an seinen Dienstherren Giovanni Colonna, einen einflußreichen Kardinal am päpstlichen Hof in Avignon, enthält ein intellektuelles Programm beziehungsweise eine Selbstdarstellung Petrarcas. Hier geht es dem ersten Dichter des Humanismus um ein neuartiges Erlebnis der Natur; aber mehr noch gilt ihm der Weg zum

Gipfel schließlich – weltflüchtig und kontemplativ – als Gleichnis des Lebensweges und der Selbstfindung in Gott. In dem Bestreben nach geistiger Erneuerung wendet sich Petrarca von den irdischen Dingen ab und einem mitgeführten kleinen Buch zu, den ›Bekenntnissen‹ des Kirchenvaters Augustinus: eine Eloge an Colonna, der ihm die ›Bekenntnisse‹ geschenkt hatte und damit als Bewahrer des wahren Glaubens angesprochen wird. Der erste Bericht über eine Besteigung kann also nur auf den ersten Blick als Dokument des Alpinismus betrachtet werden. Über Jahrhunderte bleiben die Nachrichten über Besuche auf Alpengipfeln vereinzelt.

Die erste Ersteigung eines schneebedeckten Gipfels fällt in das Jahr 1388. Ein Ritter namens Bonifacio Rotario aus Asti brachte – offenbar in Erfüllung eines Gelübdes – ein kupfernes Votivtriptychon (das heute noch in der Kathedrale von Susa zu sehen ist) auf den vermeintlich höchsten Berg der Alpen, die Rocciamelone (3537 m). Aus dem 14. Jahrhundert ist sonst nur noch die Besteigung des Pilatus (1920 m) durch sechs Luzerner Geistliche bekannt. Bemerkenswert, daß sie dafür eingekerkert wurden, denn sie hatten einem behördlichen Verbot zuwider-

Frühe Darstellung des Kletterns mit Steigeisen. Holzschnitt aus: Kaiser Maximilian, ›Die Ehr und mannliche Thaten ... des Streitbaren Ritters und Edlen Helden Thewerdanck‹, 1517

gehandelt. Der Pilatus, dessen Name man später von *pilleatus* (mit einem Hut bedeckt) ableiten sollte, galt nämlich damals noch als verhext. In einem kleinen See auf der Höhe sollte der aus der Bibel bekannte römische Landpfleger hausen; man glaubte, mit schrecklichen Unwettern rechnen zu müssen, wenn man Pilatus dort oben in seiner Ruhe störe.

Erst für 1492 ist wieder eine alpinistische Tour zu verzeichnen. Im selben Jahr, in dem Kolumbus Amerika entdeckte, erkletterte der Söldnerführer Antoine de Ville auf Befehl König Karls VIII. von Frankreich eines der »sieben Wunder der Dauphiné«, den Mons Inascensibilis, den Unerreichbaren, wie man ihn damals nannte. Bei der Eroberung des Mont Aiguille (2097 m) verwendeten Antoine de Ville und seine Begleiter (der Kammerherr Julien de Beaupré, zwei Priester und fünf Gefährten) erstmals Hilfsmittel wie Leitern und Seile. Drei Tage blieb die Gruppe auf dem Gipfel, baute dort eine kleine Hütte und errichtete drei Kreuze; die Geistlichen hielten Messen, und man sang das Tedeum. De Ville ließ sich seinen Erfolg mehrfach bestätigen, schrieb auch selbst ein Protokoll, das oft als »Magna charta des Alpinismus« bezeichnet wird; neben der Aufzählung von Schwierigkeiten findet

sich darin jedoch keine Spur von Begeisterung für die Berge.

Wenige Jahre nach Leonardo da Vincis »Monboso«-Besteigung wandte sich ein Mann von großem Ruf wieder dem »fabelwerch« um Pontius Pilatus zu. Mit einer Sondererlaubnis der Luzerner Stadtverordneten und in Begleitung von drei Gelehrten erstieg der Reformator, Geschichtsschreiber, Bürgermeister und Stadtarzt von St. Gallen, Joachim von Watt (genannt Vadianus), den Westgipfel des Pilatus, den Gnepfstein. Doch konnte auch diese Unternehmung die abergläubischen Vorstellungen noch nicht erschüttern.

Das Stockhorn (2192 m) am Thunersee wurde erstmals 1536 von dem Magister Johannes Müller von Rhellikon (genannt Rhellicanus) betreten, der zusammen mit dem Erlenbacher Pfarrer Peter Kunz, dem Chorherrn Christoph Danmaker und dem Lehrer Johannes Telorus auf der Suche nach Alpenpflanzen war. Rhellicanus faßte sein Erlebnis ausführlich in lateinische Hexameter; die ›Stockhorniade‹ machte seinen Zeitgenossen aber keinen Eindruck – sie ist auch langweilig genug. Nicht nur eine Erstersteigung, sondern sogar die erste »Damenseilschaft« ist für 1552 festzuhalten. Die Tirolerinnen Katharina Botsch und Regina von Brandis erreichten in diesem Jahr die Laugenspitze (2433 m). Leider sind die näheren Umstände dieser Tour unbekannt. Doch endeten die beiden nicht auf dem Scheiterhaufen – im Gegensatz zu jenem Mädchen, von dem eine Bündner Sage des Mittelalters berichtet; angezogen von der Schönheit der Berge hatte es das Tinzenhorn bei Bergün erstiegen und dafür das Leben lassen müssen.

Das erste Zeugnis einer »Bergfahrt«, in deren Mittelpunkt die Freude an der Alpenwelt steht, verdanken wir dem schon erwähnten Humanisten Konrad Geßner. In der (lateinischen) ›Beschreibung des Frakmont oder Pilatus‹ schildert er anschaulich seine Ersteigung des sagenumwobenen Berges am 20. August 1555, wobei er sich auch entschieden gegen den Aberglauben wendet. Schon 1541 hatte der große Wissenschaftler eine Epistel über die ›Bewunderung der Berge‹ verfaßt (siehe Kap. V). Nicht nur, um die Alpenflora zu untersuchen, sondern darüber hinaus, um »den Körper auf eine ehrenwerte Weise zu üben und den Geist zu ergötzen«, wollte Geßner »jedes Jahr« einige Gipfel ersteigen. Diese Auffassung sollte jedoch erst im 18. Jahrhundert Anhänger finden – abgesehen von wenigen Ausnahmen. Etwa nannte Geßners Freund Benedikt Marti 1566 jene Menschen, die keinen Spaß an »Bergreisen« hatten, schlicht »Dummköpfe, Tölpel und träge Schildkröten«[1]. Ebenfalls wies der Tiroler Arzt Hippolyt Guarinoni, der 1609 erstmals über die Mölserscharte ins Wattental gegangen war, auf die gesundheitsfördernde

Wirkung des Bergsteigens hin; ihm waren die Alpen »ein edler, ansehnlicher, herrlicher, verwunderlicher und kostbarer Teil dieser unteren Welt«, dazu eine »rechte Lauf- und Springschul«[2].

Wenn Josias Simler 1574 in seinem vorher genannten Buch über die Alpen praktische Ratschläge für Reisende im Gebirge oberhalb der Schneegrenze geben und als erforderliche Ausrüstung Seile, Alpenstöcke, Steigeisen und Schneereifen nennen konnte, setzt dies natürlich deren Kenntnis und Gebrauch bei den Einheimischen voraus. Doch wir dürfen davon ausgehen, daß Hirten, Gemsjäger und Strahler (Bergkristallsucher) über ihre berufliche Tätigkeit hinaus damals weder Interesse hatten noch Anlaß sahen, wider ihre abergläubischen Vorstellungen Gipfel um ihrer selbst willen zu erklimmen. Wenn auch hier Ausnahmen die Regel bestätigt haben sollten, so sind sie nicht überliefert.

Um 1600 waren nicht einmal ein Dutzend der Alpengipfel erstiegen; ein Berg wie das später berühmte Matterhorn wird beispielsweise erst 1682 unter diesem Namen erstmals erwähnt. Für das ganze 17. Jahrhundert gibt es keine Nachricht von einer bemerkenswerten Erstbesteigung, und für den Anfang des achtzehnten sind nur drei Besteigungen zu melden – die des Piz Beverin (3000 m) durch Rudolf von Rosenroll, der Scesaplana (2972 m)

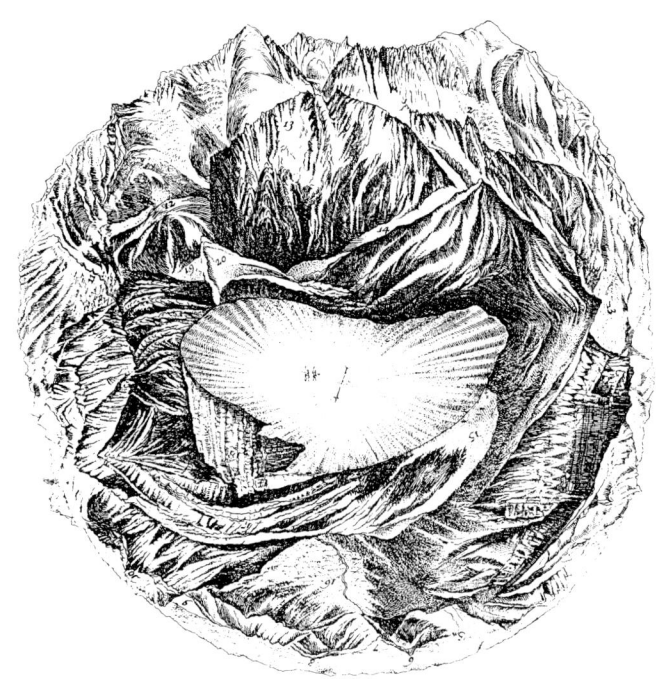

Jean André de Luc und Marc Théodore Bourrit: Gipfelpanorama des Buet in den Savoyer Alpen, 1779

Der besondere Gebrauch von Alpenstangen auf der Gemsenjagd. Holzschnitt aus: Kaiser Maximilian, ›Die Ehr und mannliche Thaten ... des Streitbaren Ritters und Edlen Helden Thewerdanck‹, 1517

durch Nicolaus Sererhard und des Titlis (3239 m) durch Mönche des Klosters Engelberg.

Die Geburtsstunde des eigentlichen Alpinismus fällt in die 2. Hälfte des 18. Jahrhunderts, und die Naturforscher – im allgemeinen und im besonderen – waren es, die sie vorbereiteten. Der Anstoß ging von Johann Jakob Scheuchzer aus, der sich auf Geßners Vorbild berief; seine Gebirgsreisen waren, auch wenn sie nicht auf Gipfel führten, Entdeckungsgänge in unbekannte Gegenden der Alpen. Sein Beispiel machte Schule. Albrecht von Haller etwa überwachte die Arbeit seiner Pflanzensammler bis in die obersten Regionen. Die Brüder Jean André und Guillaume Antoine de Luc, deren Spezialität es war, auf verschiedenen Höhen den atmosphärischen Druck und die Temperatur zu messen, bei der das Wasser kochte, waren nach mehreren Anläufen 1770 die Pioniere auf dem Buet (3109 m). Botanische Studien führten den Prior vom Hospiz auf dem Großen St. Bernhard, Joseph Lorenz Murith, 1779 auf den Mont Vélan (3765 m), Abbé Clément von Champéry 1784 auf den Dent du Midi (3260 m). Der französische Arzt, Botaniker, Mineraloge und Geologe Belsazar Hacquet galt – nachdem er ein abenteuerliches internationales Wanderleben geführt, sich in Bessarabien die Pest geholt hatte und davon genesen war – schließlich als der erfahrenste Bergsteiger des 18. Jahrhunderts in den Ostalpen. In einer Anleitung, wie das Gebirge am zweckmäßigsten zu »bereisen« sei, faßte

Hacquet seine fast vierzigjährige alpine Erfahrung zusammen, die er auf seinen Wanderungen und Gipfelersteigungen sammeln konnte. Joseph Walcher drang erstmals in die Hochregionen der Ötztaler vor, um anschließend mit den ›Nachrichten von den Eisbergen in Tirol‹ (1773) das erste topographische Werk vorzulegen, das die Ostalpen betraf.

Doch das Zentrum der Alpenforschung war in der zweiten Hälfte des 18. Jahrhunderts Genf, die Heimat Horace-Bénédict de Saussures, aber auch Jean-Jacques Rousseaus, der die europäische Kulturwelt für ein neues, enthusiastisches Naturempfinden sensibilisierte und auf die wildromantische Schönheit der Alpenwelt aufmerksam machte (siehe Kap. V). Auf seine Weise trug Rousseau letztlich nicht wenig zu jener Atmosphäre bei, aus der die erste alpinistische Großtat erwuchs.

Ihr Initiator war, wie gesagt, Saussure. Als er 1760 das erste Mal das Tal von Chamonix besuchte, war er gleich vom höchsten Berg Europas gebannt. Er stellte sich zur Aufgabe, den Mont Blanc zu erobern. Durch Heirat einer der wohlhabendsten Bürger von Genf, fiel es ihm leicht, eine stattliche Summe demjenigen auszusetzen, der eine Route zum Gipfel finden würde. Doch Saussures Angebot fand zunächst keineswegs begeisterte Aufnahme. Erst 1775 – in dem Jahr, in dem Goethe zum ersten Mal die Schweiz bereiste – wagten sich vier Einheimische bis zu den Grands Mulets (3050 m) vor; auch ein zweiter Versuch 1783 endete nicht ergebnisreicher. Marc Théodore Bourrit, als Enthusiast bekannt, verzeichnete in den 1780er Jahren mehrere mißglückte Versuche, schlug aber 1784 einen neuen Weg ein, wobei zwei seiner Leute, François Gervais und Jean Marie Couttet, über den Dôme du Goûter bis zum Fuß der Bosses du Dromedaire (4525 m) vordrangen. Im selben Jahr unternahm der Arzt von Chamonix, Michel Gabriel Paccard, der den Mont Blanc über Jahre hinweg durch ein Teleskop beobachtet hatte, neue Erkundungsvorstöße, unter anderen mit Pierre Balmat. 1785 ließen Saussure und Bourrit im Gletschergebiet bei der Pierre Ronde eine einfache Hütte aus roh übereinandergeschichteten Steinen bauen – die erste

hochalpine Schutzhütte in den Alpen. Von diesem Stützpunkt aus wagten sie unter Führung von Pierre Balmat und Jean Marie Couttet den fünften Angriff auf den Mont Blanc, erreichten jedoch nur den Grat der Aiguille du Goûter. Im Jahr darauf gelangten sechs Einheimische, darunter Jacques Balmat, in einem sechsten Versuch wieder bis zu den Bosses du Dromedaire, wagten sie aber nicht zu überschreiten.

Der siebte Angriff auf den Mont Blanc brachte den ersehnten Erfolg. Am 8. August 1786 standen Dr. Paccard und Jacques Balmat auf seinem Gipfel. Später verlieh der König von Sardinien dem Bauernsohn Balmat den Titel »de Montblanc«, offenbar der von Bourrit geschürten Propaganda für Balmat Rechnung tragend. Noch heute ist der Streit darum, ob Balmat oder Paccard als erster Mensch den Fuß auf den Gipfel des umkämpften Berges gesetzt hat, nicht endgültig entschieden. In Anbetracht der Leistung beider Pioniere kann er nur als Kleinkrämerei bewertet werden.

Im Sommer des folgenden Jahres gelang es Saussure, die Besteigung des Mont Blanc zu wiederholen. Die Route war zwar jetzt bekannt, doch waren die Umstände weiterhin beschwerlich: im langschößigen Rock und in Stulpenstiefeln schritt Saussure mutig hinauf zu wissenschaftlichen Taten, begleitet von einem Diener und 18 »Führern«, die seine physikalische Ausrüstung schleppten. Vier Stunden verbrachte er in der dünnen Luft des Gipfels

In der Pionierzeit waren Besteigungen oft verbunden mit dem Interesse der Naturerforschung. Der Wiener Professor Joseph Walcher war der erste, der in die Hochregionen der Ötztaler Berge vordrang. Er verfaßte das erste topographische Werk über die Ostalpen: ›Nachrichten von den Eisbergen in Tirol‹, 1773

mit Experimenten, deren Ergebnisse ihn brennend interessierten: er stellte barometrisch die Höhe fest, prüfte den Schall von Schüssen und die Temperatur, bei der das Wasser zu sieden begann; er maß die Feuchtigkeit und Elektrizität der Luft, die magnetischen Einflüsse und die Geschwindigkeit des Pulses; er machte sich Gedanken über die Gestalt des Gipfels, untersuchte den Schnee und verglich mit Hilfe von blauem Papier, das in 16 Stufen abgetönt war, die Farben des Himmels.

Die Besteigung des Mont Blanc durch den weithin bekannten Gelehrten – von ihm selbst geschildert (siehe Dokumentation) – erregte viel Aufsehen und machte diesen Berg mit einem Schlag berühmt. Saussure, dessen Porträt heute den Schweizer Zwanzigfrankenschein ziert, hat dank seiner Beharrlichkeit den Grundstein zum modernen Alpinismus gelegt und indirekt auch den Schweizer Fremdenverkehr gefördert. Zum Beispiel erreichte nur wenige Tage nach Saussure Colonel Mark Beaufoy den Gipfel des Mont Blanc; er war nach dem Schotten Thomas Blaikie, der 1784 beinahe die Aiguille du Goûter bezwungen hatte, der zweite Engländer in den Hochalpen.

Kurz nach den Erfolgen am Mont Blanc begann 1789 die Französische Revolution; seit 1798 überrollte eine Welle kriegerischer Ereignisse die Alpen, die ihre weitere Erschließung zwar verlangsamte, aber nicht aufhalten konnte. Vor allem ein Benediktinerpater, gut vertraut mit den Schriften Hallers, de Lucs und Saussures, zog seiner Wege auf die Gipfel. Placidus a Spescha wurde 1782 ins Hospiz St. Johann am Lukmanierpaß versetzt und begann von dort aus mit seinen alpinen Forschungen. Die Kristallsammlung, die er im Lauf der Jahre aufbaute, gehörte zu den hervorragenden Sehenswürdigkeiten seines Mutterklosters Disentis; daß er auch eine Geschichte der rätoromanischen Sprache geschrieben hat, ist dagegen weniger bekannt. Eine Berühmtheit war Placidus a Spescha, der zunehmend als geistlicher Nomade lebte, als Bergsteiger, um den sich viele Anekdoten rankten. Die außergewöhnliche Liste seiner Erstbesteigungen zwischen 1788 und 1824 wird nur durch die politischen Wirren der Jahrhundertwende unterbrochen; als Sympathisant der Französischen Revolution jahrelang als gottloser Jakobiner verschrien, war er zeitweise in Innsbruck inhaftiert.

Zu dieser Zeit – kurz vor 1800 – bereitete der Fürstbischof von Gurk bei Klagenfurt, Graf Franz Xaver von Salm-Reifferscheid, den Angriff auf den Großglockner (3799 m) vor, der damals als höchster Berg Österreichs galt. Die Anregung ging von Domdechant Sigismund von Hohenwart aus, der 1791 die Region des Glockner botanisierend durchstreift hatte. Beratend traten die Naturforscher Franz Xaver von Wulfen, Michael Vierthaler

und Karl Ehrenbert von Moll zur Seite. Orientiert an Saussures Erfolg am Mont Blanc, wollte man dem »Glogger« (so 1583 erstmals urkundlich erwähnt) den Ruf der Unersteigbarkeit nehmen.

1799, noch während der kriegerischen Auseinandersetzung der Habsburger Kaiserlichen mit der zweiten französischen Koalition in den Alpen, ließ Salm-Reifferscheid die nach ihm benannte Unterkunftshütte – die erste in den Ostalpen – am Glockner bauen. Von diesem Stützpunkt aus beobachtete er, wie Hohenwart mit einigen Einheimischen den vermeintlich höchsten Gipfel, den

Fürstbischof von Salm-Reifferscheid nähert sich mit seinen Begleitern dem Großglockner, dessen Erstbesteigung im Juli 1800 er veranlaßte. Gemälde von Josef Pögl

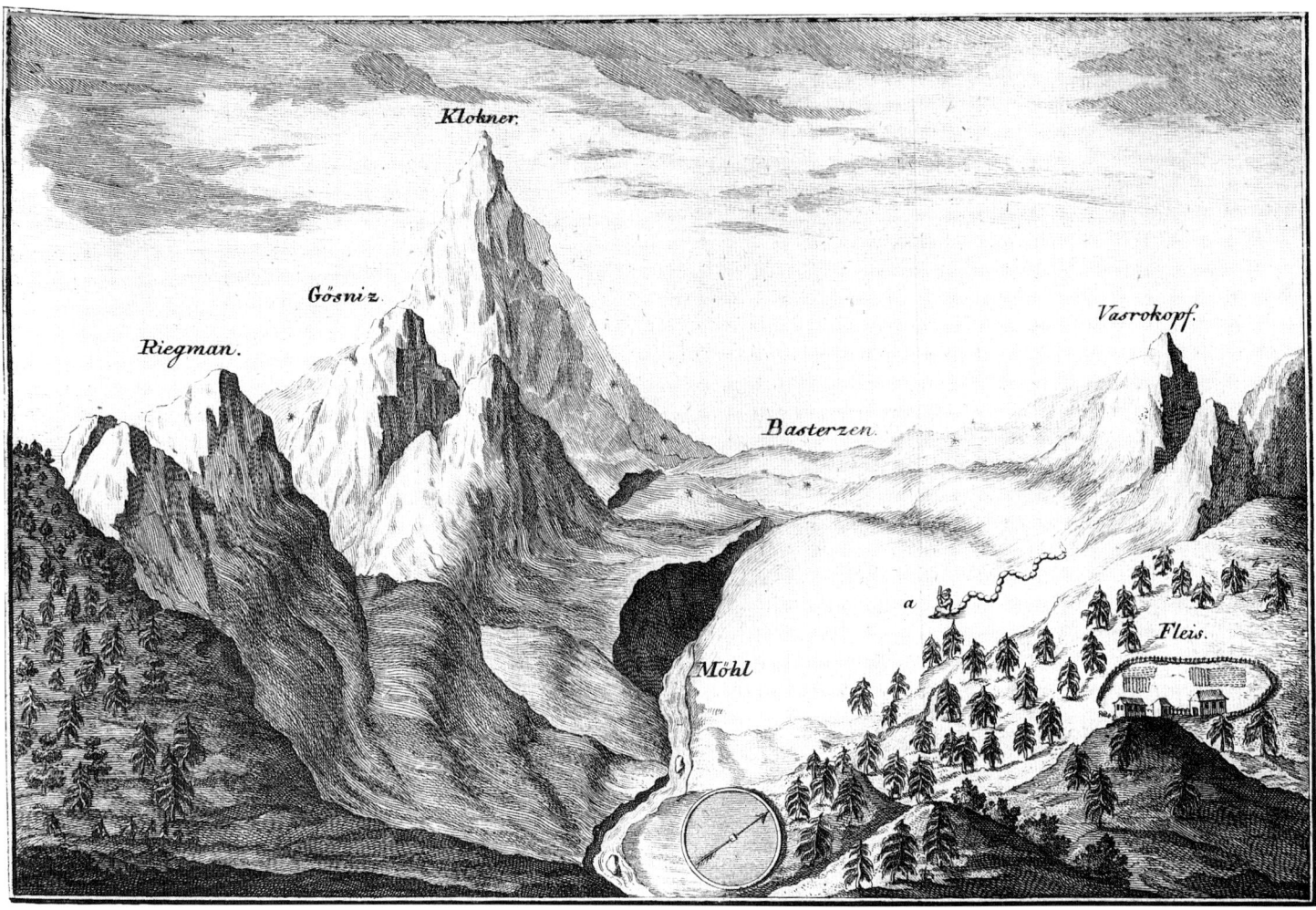

Die erste Darstellung des Großglockner. Aus: Belsazar Hacquet, ›Mineralogisch-botanische Lustreise von dem Berg Terglou in Krain zu dem Berg Glokner in Tyrol im Jahr 1779 und 1781‹

Kleinglockner, bezwang. Im Jahr darauf unternahm der Fürstbischof eine neue Expedition mit 62 Begleitern, darunter Hohenwart, Wulfen und Vierthaler. Am 29. Juli 1800 stand Pfarrer Horrasch von Döllach mit vier Einheimischen auf dem Hauptgipfel des Glockner, wo ein Kreuz errichtet und verschiedene Meßinstrumente deponiert wurden. Es war ein Ereignis, das viel Aufsehen erregte.

Noch im selben Jahr beauftragte der junge Erzherzog Johann von Österreich – der bis zu seinem Tod 1859 das blieb, was man heute einen wahren »Bergfex« nennen würde – den Genieoffizier Dr. Gebhard mit der Erforschung des Ortlers (3899 m). Durch eine genaue barometrische Höhenmessung wollte Erzherzog Johann seine Meinung bestätigt wissen, daß der Ortler – nach der Karte Peter Anichs von 1774 höchster Berg der Ostalpen – sich mit dem Hochgebirge der Schweiz messen kann.

Nach einer Reihe von Versuchen gelang es schließlich 1804 dem Passeirer Gemsjäger Joseph Pichler mit zwei Begleitern aus dem Zillertal, über die »Hinteren Wandln« den Gipfel zu erreichen, ohne Seil und Eisbeil, nur mit Steigeisen und Bergstock ausgerüstet. Besonders nach den Napoleonischen Kriegen trug der Erzherzog selbst durch zahlreiche Alpenreisen vom Semmering bis zur Schweizer Grenze und (Erst-)Besteigungen beträchtlich zur Popularisierung des Alpinismus bei. 1828 unternahm er sogar einen kühnen Ansturm auf den noch unbezwungenen Großvenediger über dessen steile Nordwestflanke, der aber 200 Meter unterhalb des Gipfels endete und beinahe den Absturz aller sechzehn Teilnehmer zur Folge gehabt hätte.

Die Eroberung des Großvenedigers (3660 m) – nun zu einer »pinzgauerischen Nationalangelegenheit« erklärt – fand erst 1841 durch Ignaz von Kürsinger und Anton von Ruthner mit 22 Begleitern statt. Zwei Jahre später bereits ließ der Geologe Friedrich Simony, der sich die Erforschung des Dachsteinmassivs zur Lebensaufgabe gesetzt

HAUS OESTERREICH LEBE HOCH.

Die Erstbesteigung des Groß-Venedigers am 3. September 1841

hatte, den ersten versicherten hochalpinen Weg anlegen: der Gipfel des Dachsteins konnte jetzt über Eisentritte entlang eines fixen Seils erreicht werden.

Belsazar Hacquet, Salm-Reifferscheid, Erzherzog Johann, aber auch der Geistliche Valentin Stanig, der Orientalistik-Professor Karl Thurwieser, der Vermessungsingenieur Joseph Naus, Anton von Ruthner und die geologisch-geographisch interessierten Brüder Schlagintweit waren die in erster Linie zu nennenden Pioniere, die ausgangs des 18. bis zur Mitte des 19. Jahrhunderts das Geschehen in den Ostalpen prägten. Dagegen sind für die Westalpen – abgesehen von den Unternehmungen Placidus a Speschas – für etliche Jahre keine alpinistisch bemerkenswerten Taten zu verzeichnen. Erst im zweiten Jahr-

zehnt des 19. Jahrhunderts erstiegen die Brüder Johann Rudolf und Hieronymus Meyer – deren Vater, ein vermögender Kaufmann aus Aarau, ein Relief und einen »Atlas der Schweiz« in Auftrag gegeben und finanziert hatte – die Jungfrau (4158 m) im Berner Oberland. Ein Jahr später (1812) wurde wahrscheinlich das Finsteraarhorn (4225 m) bezwungen. Nachdem 1801 der Arzt und Botaniker Pietro Giordani einen frühen Teilerfolg auf der Punta Giordani zu verzeichnen hatte, bildeten die verschiedenen Gipfel des Monte Rosa seit den 1820er Jahren den Mittelpunkt des Interesses mutiger Bergsteiger. 1819 erreichte Johann Niclaus Vincent, der Besitzer des Gold-

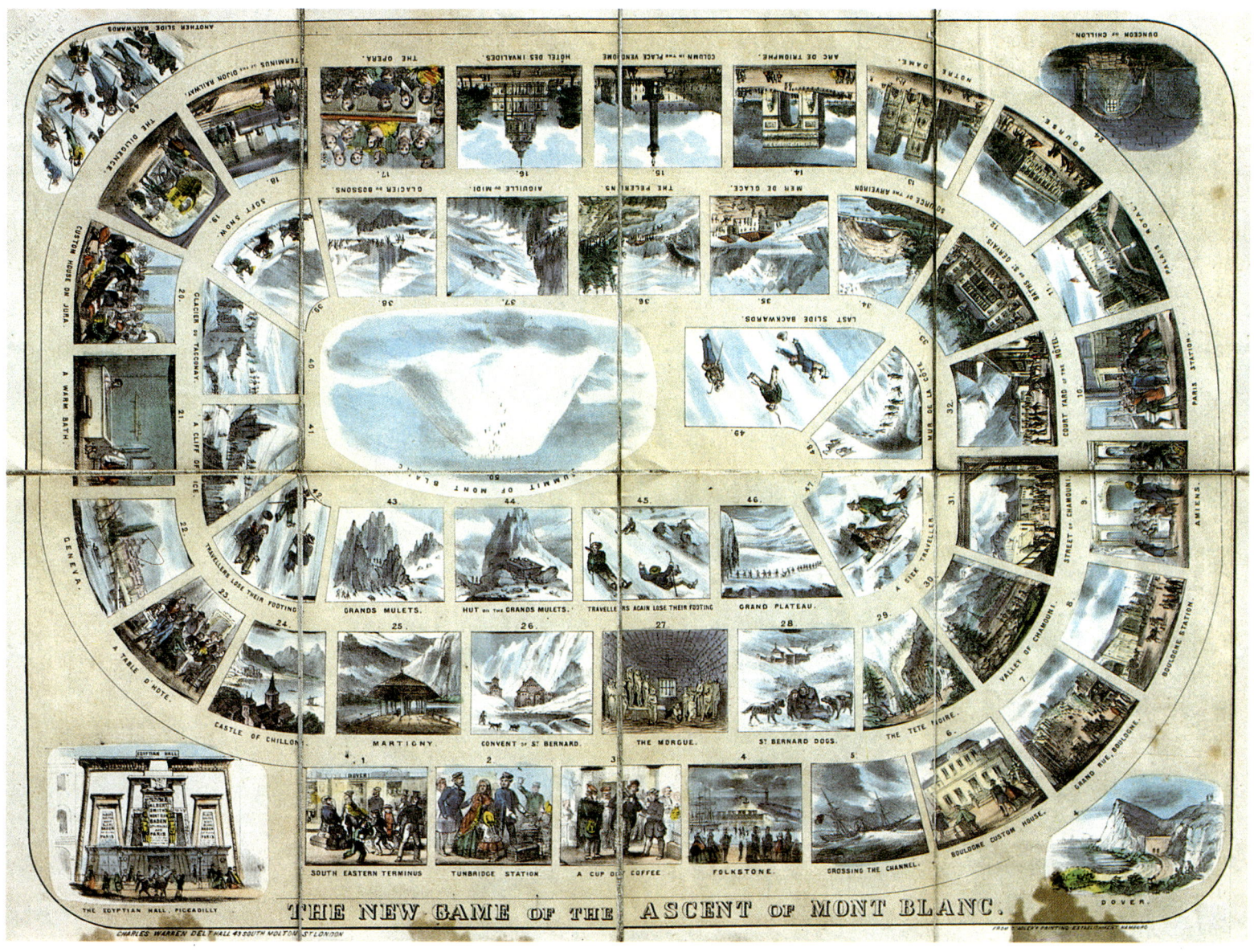

THE NEW GAME of the ASCENT of MONT BLANC.

bergwerks von Alagna, von der obersten, 3000 Meter hoch gelegenen Erzhütte ausgehend, mit zwei Bergknappen und einem Gemsjäger die Vincentpyramide (4215 m). Im Jahr darauf bestieg er mit Joseph Zumstein und einem Ingenieur namens Molinatti die Zumsteinspitze (4573 m). Erst 1861 war dann das gesamte Monte Rosa-Massiv erobert.

Ein Jahr nach dem sechsten Versuch des zweiundsiebzigjährigen Placidus a Spescha auf den Tödi (3623 m) betrat 1825 der Berner Gottlieb Studer die Bildfläche. Er war ein geradezu besessener Geograph und, vor seinem häufigen Begleiter Melchior Ulrich, der berühmteste westalpine Pionier in der ersten Hälfte des 19. Jahrhunderts. Studer zeichnete in dem Zeitraum bis 1891 ca. 700

Die Besteigung des Mont Blanc. Albert Smiths Würfelspiel beginnt bei der Egyptian Hall am Londoner Piccadilly Circus und endet auf dem Gipfel des höchsten europäischen Berges

Alpenpanoramen, die er selbst aufnahm – eine Tatsache, die auf seine enorme Liste von Bergreisen und (Erst-) Begehungen verweist.

Die Topographen spielten damals eine wichtige Rolle in der alpinen Hochtouristik. In der Schweiz sandte der eidgenössische Quartiermeister General Dufour seit 1836 seine Leute aus, um die Materialien für die nach ihm benannte Karte (erschienen 1864) zu sammeln, und in den italienischen und französischen Alpen waren es nahezu ausschließlich Vermessungsbeamte, die ihr Interesse den

»Der Gipfel des Hohen Dachsteins, aufgenommen nach meiner ersten Übernachtung auf dem Gipfel 17. September 1843. Friedrich Simony«

von 1852 an vor begeistertem Publikum (zu dem auch einmal Königin Victoria gehörte) seine Besteigung dieses Berges schilderte; die Revue war sechs Jahre lang ausverkauft. Wetteifrig und abenteuerlustig begannen die Briten – zumal sich auch die Verkehrsverbindungen zum Kontinent gebessert hatten –, die Alpen als ihren »playground of Europe« (Leslie Stephen) zu entdecken. Wenn sich auch das Gewicht zunehmend auf den rein sportlichen Aspekt ihrer alpinistischen Eroberungen verlagerte, so spielte doch auch der traditionelle Forschertrieb der Engländer, die in der Royal Geographical Society ein einschlägiges Institut von höchstem Ansehen besaßen, eine nicht unwesentliche Rolle. Beispielsweise reiste John Tyndall, dem der erste Alleingang auf die Dufourspitze gelang, öfter im Auftrag dieser Gesellschaft; so verfaßte er u.a. ein glaziologisches Werk (›The Glaciers of the Alps‹, 1860). Im übrigen waren viele der britischen Pioniere des »goldenen Zeitalters« Hochschullehrer.

Als Hauptstützpunkt erkoren sich die Engländer zunächst Chamonix. Der Mont Blanc wurde von 1787 bis 1850 dreiunddreißigmal erstiegen; allein in den fünf Jahren zwischen 1852 und 1857 erreichten vierundsechzig Partien den Gipfel, davon sechzig angelsächsische. Als

Gipfeln zuwandten. Ähnlich gingen auch von der Gletscherforschung wesentliche Anstöße aus, namentlich von Franz Josef Hugi, der u.a. die ersten Winterexpeditionen durchführte, von Louis Agassiz, Carl Vogt, Arnold Escher von der Linth und Edouard Desor, die nennenswerte Gipfel (erst-)erstiegen. Der Glaziologe und Geologe James David Forbes und der Topograph und Botaniker John Ball waren die ersten britischen Bergsteiger, die sich jahrelang in den Alpen aufhielten. Beide waren weniger an Gipfeln als an Erkundungsreisen in abgelegene Täler und über unbekannte Pässe interessiert. Zäh und ausdauernd überwanden sie hier große Distanzen. Während der Schotte Forbes seine Erlebnisse und Erfahrungen in seinen bald populären Büchern ›Travels through the Alps‹ (1844) und ›Tour of Mont Blanc‹ (1855) schilderte, gab der Ire Ball 1863 – zu dieser Zeit hatte er achtundvierzigmal die Hauptkette der Alpen überschritten – den ersten Band seines ausgezeichneten ›Alpine Guide‹ heraus.

Forbes und Ball waren die Vorboten der großen Zeit der Engländer in den Alpen. In London kam der Mont Blanc »in Mode«, seit Albert Smith in der Egyptian Hall

Albert Smith begeisterte mit dem Bericht seiner Mont Blanc-Besteigung jahrelang das Publikum in der Londoner Egyptian Hall. Stich um 1852

Mitglieder des 1857 in London gegründeten ›Alpine Club‹ mit einheimischen Führern in Zermatt 1864. Stich von Edward Whymper

ein Markstein des Alpinismus gilt die erste führerlose Bezwingung des Mont Blanc 1855 durch die Brüder Christopher und Grenville Smyth, Charles Hudson und Edward S. Kennedy. Letztere veröffentlichten darüber einen Bericht unter dem bezeichnenden Titel ›Where there's a Will, there's a Way‹, der sich bei ihren Landsleuten wärmsten Zuspruchs erfreute.

Neben Chamonix bevorzugten die Briten Grindelwald und Zermatt (das noch für das ganze Jahr 1838 nicht mehr als zwölf Besucher zu verzeichnen hatte) als »Basislager«. Systematisch bezwangen sie zuerst die bereits erstiegenen Hauptgipfel der Berner und Walliser Alpen, um sich anschließend noch uneroberten Gipfeln zuzuwenden. Gewöhnlich gingen sie mit einheimischen Führern und förderten dadurch entscheidend die Entwicklung dieses Berufsstandes; 1856 erließ der Kanton Bern ein Reglement für Bergführer und Träger – das erste Gesetz seiner Art; im selben Jahr schlossen sich die Führer Grindelwalds, 1858 ihre Zermatter Kollegen zu einem Verein zusam-

men. Einige Führer standen in außerordentlichem Ruf, etwa Christian Almer, Johann Joseph Bennen, Ulrich Lauener, Melchior und Jakob Anderegg, die Taugwalder und Andermatten. Keine Regeln gab es für die Technik des Bergsteigens, die immer noch in den Kinderschuhen steckte. Die Sicherung durch Seile wurde zunächst kaum praktiziert, und die Diskussion beschränkte sich vorläufig noch hauptsächlich auf die Frage, ob Alpenstöcke oder Eisbeile (oft noch wahre Streitäxte) die nützlicheren Aufstiegshilfen darstellten.

Um so erstaunlicher waren die Erfolge der Wills, Smyth, Hudson, Kennedy, Tuckett, Stephen, Tyndall, Moore, George, Macdonald, Mathews, Walker und Whymper (um nur einige herausragende Namen zu nennen) –, sie können hier nicht einmal angedeutet werden. Jedenfalls verdreißigfachte sich die Geschwindigkeit der alpinen Entwicklung – gemessen an der Zahl der Erstbesteigungen gegenüber den vorangegangenen siebzig Jahren – in der »goldenen Zeit« der englischen Pioniere in den Alpen. An ihrem offiziellen Beginn stand die Gründung des ›Alpine Club‹ gegen Ende des Jahres 1857 in London. Es war dies nicht nur der erste Alpenclub überhaupt, sondern er blieb auch der exklusivste; ein Kandidat

Henriette d'Angeville, die zweite Frau auf dem Mont Blanc, 1838

Fragen fördern –, eine ganze Reihe von Mitgliedern gehörte auch der Royal Geographical Society an. Wie sehr der Club unter seinem ersten Präsidenten John Ball einem Bedürfnis entgegenkam, zeigte die Zahl der Mitglieder bereits nach Jahresfrist: es waren fast hundert. 1859 erschien dann die erste Veröffentlichung des Alpine Club, eine Sammlung von Tourenschilderungen: ›Peaks, Passes and Glaciers‹. Das Beispiel der Londoner Gründung machte Schule – allerdings verfolgte weder der Österreichische Alpenverein (seit 1862), noch der Schweizer Alpenclub (seit 1863), noch der Deutsche Alpenverein (seit 1869) rein hochtouristische Ziele, sondern in erster Linie die Entwicklung und Pflege des Alpinismus auf breiter Basis sowie die detaillierte wissenschaftliche Erforschung des Gebirges.

Die »goldene Zeit« der Briten fand ihren Abschluß in der Bezwingung des letzten, seit 1860 heiß umkämpften Hochgipfels durch Edward Whymper und seine Partie. War die Besteigung des Matterhorns 1865 durch den Wettlauf mit den italienischen Konkurrenten (Gorett, Giordano, Carell) selbst dramatisch gekennzeichnet, so wurde der englische Erfolg schließlich tragisch überschattet (siehe Dokumentation).

Nichtsdestotrotz stand bereits 1871 die erste Frau, Lucy Walker, auf dem Gipfel des Matterhorns: eine viktorianische Dame in langem, bedrucktem Baumwollkleid, den Hut mit Schleiern festgebunden. Noch im selben Jahr folgte ihr Margaret Claudia Brevoort, die 1870 schon den höchsten Berg der französischen Alpen, den schwierigen Pic Central de la Meiji in der Dauphiné, erklettert hatte. Lucy Walker und »Meta« Brevoort waren – nach den Mont Blanc-Besteigerinnen Marie Paradis (1808) und Henriette d'Angeville (1838) – zusammen mit Mrs. Hamilton, Anne und Ellen Pigeon und Mary Isabella Straton nicht nur die ersten Angelsächsinnen, sondern die ersten wagemutigen Alpinistinnen im Hochgebirge. Sie wurden von ihren männlichen Kollegen bewundert – doch freilich nicht in den Alpine Club aufgenommen. Der ›Ladies Alpine Club‹ formierte sich erst 1907.

konnte erst dann Mitglied werden, wenn er mindestens einen Berg über 13 000 Fuß (ca. 4000 m) Höhe erstiegen hatte. Die Vereinigung wollte den gegenseitigen Austausch von Erfahrungen und Anregungen zu neuen Unternehmungen, daneben die Lösung wissenschaftlicher

Francesco Petrarca an Kardinal Colonna über die Besteigung des Mont Ventoux, 1336

Den höchsten Berg unserer Gegend, der nicht unverdienterweise der windige *(ventosus)* genannt wird, habe ich gestern bestiegen, lediglich aus Verlangen, die namhafte Höhe des Ortes kennenzulernen ...

In den Schluchten des Gebirgs trafen wir einen alten Hirten, der versuchte, mit vielen Worten uns von der Besteigung abzubringen und sagte, er sei vor schier fünfzig Jahren in demselben Drang jugendlichen Feuers auf die höchste Höhe emporgestiegen, habe aber nichts mit zurückgebracht als Reue und Mühsal, Leib und Gewand zerrissen von Steinen und Gedörn, und es sei niemals weder vorher noch nachher erhört worden, daß einer ähnliches gewagt. Während er aber also plauderte, wuchs bei uns – wie ja der Jugend Sinn stets ungläubig ist für Warnungen – aus der Schwierigkeit das Verlangen. Da nun der Alte merkte, daß er nichts bei uns ausrichte, ging er ein Stück weit mit und bezeichnete uns mit dem Finger einen zwischen Felsen emporziehenden steilen Fußpfad, indem er uns noch vielfach ermahnte und vieles, nachdem wir uns schon getrennt hatten, noch von rückwärts nachrief.

Bei jenem ließen wir zurück, was uns an Gewändern und Gerät lästig war; gürteten und schürzten uns nun lediglich für die Bergbesteigung und stiegen wohlgemut und hitzig empor. Aber, wie es zu gehen pflegt – auf mächtige Anstrengung folgt plötzliche Ermüdung. Wir machten also nicht weit von da auf einem Felsen halt; von dort rückten wir wiederum vorwärts, aber langsamer, und ich insbesondere fing schon an, den Gebirgspfad mit bescheidenerem Schritt zu beschreiten. Mein Bruder strebte auf einem abschüssigen Pfad mitten über die Joche des Berges zur Höhe empor; ich, als weicherer Steiger, wandte mich mehr den Schluchten zu. Da er mir nun zurief und den Weg richtiger bezeichnete, erwiderte ich ihm, ich hoffe, von der andern Seite leichter emporzukommen, und scheue mich nicht vor dem Umweg, wenn er mich ebener führe. Dieser Vorwand sollte die Entschuldigung meiner Trägheit sein; aber während die andern schon hoch auf der Höhe stunden, irrte ich noch durch die Täler, ohne daß irgendwo ein sanfterer Aufweg sich auftat; nur mein Weg ward verlängert und die unnötige Arbeit erschwert. Indessen, da ich mißmutig mich meines Irrtums ärgerte, beschloß ich, geradewegs die Höhe zu erstreben, erreichte auch wirklich müd und mit zitternden Knien meinen Bruder, der sich mit langem Ausruhen erquickt hatte, und wir gingen ein Stück weit gleichen Schrittes. Kaum aber hatten wir jene Höhe verlassen, so vergaß ich meine frühere Erfahrung und kam wieder mehr zur Tiefe hinab – und indem ich etliche Täler durchwandelt und die leichten langen Wege einhielt, bereitete ich mir selber große Schwierigkeit, denn ich schob die Mühsal des Emporsteigens zwar hinaus, aber durch des Menschen Ingenium wird die Natur der Dinge nicht verändert, und niemals wird es möglich werden, daß einer durch Abwärtssteigen in die Höhe gelange.

Die Geschichte der Pioniere auf Alpengipfeln beginnt mit dem italienischen Dichter Francesco Petrarca, der 1336 den Mont Ventoux in der Provence bestieg. Gemälde von Justus von Gent

Gabriel Walser: Von den Alp-Reisen, und was man dabei beachten soll, um 1740

Wer die hohen Alpen besteigen will, der trete im Namen Gottes seine Reise an, befehle sein Leib und Seel seinem Gott.

Demnach lasse er sich ein paar Schuhe mit dicken Sohlen zurichten und die Absätze und Sohlen mit Schirm-Nägel-Köpfen dichte aneinander beschlagen, gleich als ob er mitten im Winter über glattes Eis reisen wollte. Wer dieses nicht beobachtet, der geht unsicher; denn wenn man an einem hohen Berg über das nasse Gras oder weichen Schnee tritt, so werden die Schuhsohlen weich und schlüpfrig ...

Man kann sich auch mit Fußeisen, deren die Gemsjäger sich bedienen, versehen; man nehme ferner einen starken, mit Eisen beschlagenen spitzigen Stock, um denselbigen in den Schnee und in das Eis zu stecken, sonderbar wo man über die Gletscher geht, um zu sehen, ob keine Spalten unter dem Schnee sich finden, in die man fallen könnte.

Geht man durch gefährliche Risse, da allemal der Tritt unter den Füßen weicht, so springe man geschwind davon und ergreife bei Leib nicht etwa eine Staude, um sich daran festzuhalten, denn sie reißen samt der Wurzel aus der Erde und halten nicht.

Indem man über hohe Praecipitia [Abgründe] geht, soll man immer nur vor sich auf den Weg und ja nicht etwa in die Tiefe hinabsehen, denn solches verursacht den Schwindel. Wird man aber von dem Schwindel befallen, so soll man sich auf den Bauch zur Erde niederlegen.

Wer die hohen Bergspitzen, wo das Gras nicht mehr wachst, besteigen will, hüte sich vor allzu fetten Speisen; die Luft ist zu dünn, und der Magen mag es nicht ertragen.

Horace-Bénédict de Saussure: Die Besteigung des Mont Blanc im August 1787

Verschiedene periodische Schriften haben bekanntgemacht, daß zwei Einwohner von Chamonix, Hr. Paccard, Doktor der Heilkunde, und der Wegweiser, Jakob Balmat, im August des vorigen Jahres bis auf den Gipfel des Mont Blanc gekommen sind, den man bis dahin für unzugänglich gehalten hatte.

Ich wußte es gleich den andern Tag und machte mich von der Stelle auf, um zu versuchen, ob ich ihre Spur verfolgen könnte. Es fielen aber Regen und Schnee, die mich zwangen, es für das Jahr aufzugeben. Ich ließ dem Jakob Balmat den Auftrag, mit dem Anfange des Junius das Gebirge zu besuchen, und mir den Augenblick zu melden, wenn der Winterschnee sich senkte und den Ort zugänglich machte ...

Er kam endlich, dieser so lang gewünschte Augenblick, und ich begab mich den ersten August, in Begleitung eines Bedienten und 18 Führer, die meine physikalischen Werkzeuge und alles nötige Gerät trugen, auf den Weg ...

Ob es gleich von der Priorei zu Chamonix bis auf den Gipfel des Mont Blanc in gerader Linie nur zwei und ein viertel Stunden ist, so haben wir doch immer wenigstens 18 Stunden unterwegs zugebracht, weil es übel zu gehen ist, viele Umwege zu machen sind und man ungefähr 1920 Klafter zu steigen hat.

Um in der Wahl der Örter, wo ich die Nacht zubringen könnte, völlig frei zu sein, ließ ich ein Zelt mitnehmen und schlief darunter die erste Nacht oben auf dem Berge La Cote, welcher der Priorei gegen Mittag, und 779 Klafter über dem Dorfe liegt. Der Weg dahin ist ohne Mühe und Gefahr; man steigt immer auf Rasen oder auf Gestein und macht ihn leicht in 5 oder 6 Stunden. Aber von da bis auf den Gipfel geht man bloß über Eis und Schnee.

Die zweite Tagereise ist nicht die leichteste. Man muß erst über den Gletscher von La Côte, um den Fuß einer kleinen Kette von Felsen zu gewinnen, die in dem Schnee des Mont Blanc eingeschlossen sind. Dieser Gletscher ist mühsam und gefährlich: er ist von breiten, tiefen und unregelmäßigen Schründen durchschnitten, und oft kann man nicht anders als

auf Brücken von Schnee hinüber, die manchmal sehr dünne sind und über Abgründen schweben. Einer von meinen Führern wäre bald darin umgekommen. Er war den Tag vorher mit zwei andern hingegangen, den Übergang zu untersuchen: glücklicherweise hatten sie die Vorsicht gehabt, sich mit Stricken aneinanderzubinden; mitten in einem breiten und tiefen Schrunde brach der Schnee unter ihm, und er blieb zwischen seinen beiden Gefährten hängen. Wir gingen dicht bei dem Loche vorbei, das er gemacht hatte, und mich schauderte, als ich die Gefahr sah, in der er gewesen war. Der Weg über diesen Gletscher ist so beschwerlich und uneben, daß wir drei Stunden zubringen mußten, um oben von La Cote an die ersten Felsen der freiliegenden Kette zu kommen, ob es gleich in gerader Linie nicht mehr als eine Viertelstunde ist.

Wenn man diese Felsen erreicht hat, so entfernt man sich sogleich von ihnen und steigt in einem geschlängelten, mit Schnee angefüllten Tale, das von Mitternacht nach Mittag geht, bis an den Fuß des höchsten Gipfels. Der Schnee wird von Zeit zu Zeit von ungeheuern und prächtigen Schründen durchschnitten. Ihre scharfe und glatte Wand zeigt den Schnee in waagrechten Lagen, und jede von diesen Lagen ist von einem Jahr. Wenn die Schründe auch noch so breit waren, so konnten wir doch nirgends ihren Grund absehen ...

Um 4 Uhr nachmittags erreichten wir das zweite von den drei großen Schneetälern, über die wir gehen mußten. Daselbst hielten wir Nachtlager, 1455 Klafter hoch über der Priorei, 1995 Klafter über dem Meer, und 90 Klafter höher als der Gipfel des Berges auf Teneriffa. Wir gingen nicht bis zum letzten Schneetal, weil man daselbst den Lawinen ausgesetzt ist. Das erste Schneetal, durch das wir gekommen waren, ist ebenfalls nicht frei davon. Wir waren über zwei von den Lawinen gegangen, die seit der letzten Reise des Balmat gefallen waren und deren Trümmer das Tal in seiner ganzen Breite bedeckten.

Meine Führer machten sich sogleich daran, den Platz auszuhöhlen, wo wir die Nacht zubringen wollten; sie fühlten aber bald die Wirkung der dünnen Luft (das Barometer stand nur auf 17 Zoll 10,09 Linien). Diese starken Leute, denen ein Gang von 7 oder 8 Stunden, die wir gemacht hatten, völlig wie nichts war, hatten kaum 5 oder 6 Schaufeln mit Schnee ausgeworfen, als sie es unmöglich fanden fortzufahren; sie mußten sich alle Augenblicke ablösen ...

Die Unpäßlichkeit davon verursachte uns einen brennenden Durst, und wir konnten uns nicht anders als durch Schneeschmelzen Wasser verschaffen: denn das Wasser, das wir im Heraufsteigen gesehen hatten, war, als man wieder hinging, gefroren, und die kleine Kohlenpfanne, die ich hatte mitnehmen lassen, tat nur einen sehr langsamen Dienst für 20 durstige Leute.

Aus der Mitte dieses Schneetals, das von dem äußersten Gipfel des Mont Blanc gegen Mittag, von desselben hohen Absätzen gegen Morgen, und vom Dôme du Goûter gegen Abend eingeschlossen ist, sieht man fast nichts als Schnee; er ist rein, von einer blendenden Weiße und sticht auf den obern Gipfel von dem in diesen hohen Gegenden fast schwarzen Himmel gar sonderlich ab. Man sieht hier kein lebendes Wesen, keine Spur von Gewächsen; hier ist die Wohnung des Erstarrens und der

Horace-Bénédict de Saussures Besteigung des Mont Blanc im August 1787. Kolorierte Radierung von Christian Mechel, 1790

Stille. Als ich mir den Doktor Paccard und Jakob Balmat vorstellte, wie sie zuerst gegen Ende des Tages in diese Wüste kommen, kein Dach, keine Hilfe, nicht einmal Gewißheit haben, ob an den Örtern, wo sie hindenken, Menschen leben können, und doch unerschrocken auf ihrer Bahn fortwandern – da bewunderte ich die Stärke ihres Geistes und ihren Mut.

Meine Führer, noch immer von Furcht vor der Kälte eingenommen, verstopften alle Fugen des Gezeltes so genau, daß ich von der Hitze und der von unserm Atem verdorbenen Luft sehr viel litt. Ich war in der Nacht genötigt hinauszugehen, und frische Luft zu schöpfen ... Wir fingen endlich an einzuschlafen, als wir von dem Getöse einer großen Lawine aufgeweckt wurden, welche einen Teil des Abhanges bedeckte, den wir am folgenden Tage zu ersteigen hatten. Bei Anbruch des Tages war das Thermometer drei Grade unter dem Gefrierpunkt.

Wir gingen erst spät ab, weil wir noch Schnee zum Frühstück und auf die Reise schmelzen mußten; er war immer, so wie ge-

schmolzen, auch getrunken: und eben die Leute, die den Wein, den ich hatte herauftragen lassen, so heilig bewahrten, stahlen mir beständig das Wasser weg, das ich für mich behalten wollte.

Wir fingen an, zum dritten und letzten Schneetale hinaufzusteigen, und schlugen uns hernach zur Linken, um auf den höchsten Fels an der Morgenseite des Gipfels zu kommen. Er ist außerordentlich steil, an einigen Stellen von 39 Grad; allenthalben stößt er an Abgründe, und die Oberfläche des Schnees war so hart, daß die Vorangehenden keinen sichern Tritt hatten, ohne erst mit der Axt einzuhauen. Wir brauchten zwei Stunden, eine Höhe von ungefähr 250 Klaftern hinan zu klimmen. Als wir auf dem letzten Felsen waren, schlugen wir uns wieder rechts nach Westen, um den letzten Abhang zu erklettern, dessen senkrechte Höhe beinahe 150 Klafter ist. Dieser Abhang hat nur eine Neigung von 28 bis 29 Graden und ist gar nicht gefährlich; aber die Luft daselbst ist so dünne, daß die Kräfte den Augenblick erschöpft sind: am Gipfel konnte ich kaum 15 oder 16 Schritte tun, ohne nach Luft zu schnappen; ich fühlte sogar von Zeit zu Zeit eine angehende Ohnmacht, die mich zwang, mich zu setzen. So wie ich indes wieder zum Atem kam, stellten sich

die Kräfte wieder ein; und wenn ich mich auf die Beine machte, glaubte ich in einem fort bis oben auf den Berg gehen zu können. Alle meine Begleiter befanden sich, nach Verhältnis ihrer Kräfte, in ebendem Zustande. Wir brauchten zwei Stunden um von dem letzten Felsen bis zum Gipfel zu gelangen, und es war 11 Uhr, als wir hinaufkamen.

Mein erster Blick war nach Chamonix, wo ich wußte, daß meine Frau und ihre beiden Schwestern, die Augen unverwandt durchs Fernrohr gerichtet, alle meine Schritte mit einer vielleicht zu großen, aber darum nicht minder heftigen Unruhe verfolgten: ich fühlte eine sanfte und trostvolle Bewegung, als ich die Fahne wehen sah, welche sie mir in dem Augenblicke aufzustecken versprochen hatten, wenn sie mich auf dem Gipfel sähen und ihre Besorgnisse wenigstens unterbrochen wären.

Ich konnte also ohne Kummer das große Schauspiel genießen, das ich vor Augen hatte. Ein leichter Dunst, der in den niedern Gegenden der Luft schwebte, raubte mir zwar den Anblick der niedrigsten und entferntesten Gegenstände, als die Ebenen von Frankreich und der Lombardei; ich bedauerte aber diesen Verlust nicht sehr; was ich gesehen hatte, und mit der größten Klarheit sah, war das Ganze aller dieser hohen Gipfel, wovon ich den Bau schon so lange zu kennen wünschte. Ich glaubte meinen Augen nicht, hielt es für einen Traum, als ich die majestätischen Gipfel, die fürchterlichen Hörner, den Midi, die Argentière, den Géant, zu deren Fuß der Zugang mir ehemals so mühsam und gefährlich gewesen war, jetzt unter meinen Füßen sah.

Pater Placidus a Spescha:
Die Besteigung des Piz Urlaun, 1788

Ich habe diesen Berg zwei Mal bestiegen; das erste Mal allein und das zweite Mal mit dem Herrn Johann Lucius Baron Salis von Haldenstein, der von seinen Lehrern des Seminariums, Herrn Karl Witte und Glaubitz aus Sachsen begleitet war.

Das erste Mal ging ich Vorwitz halber in das wilde Seitental Russein mit Namen Glims, um die abwechselnden Gebirgsarten zu untersuchen. Als ich an den Fuß dieses Bergs gekommen war, kam mich die Lust an zu versuchen, ob er ersteigbar wäre. Demnach stieg ich über eine stotzige Schneeseite am Ende des Gletschers nordöstlich hinauf; je mehr ich stieg, desto atemloser wurde ich; endlich schien es mir übel zu werden. Ich hatte unter anderen Lebensmitteln auch Schokolade bei mir; aber auch diese wollte mir keine Erleichterung verschaffen. Da erinnerte ich mich, daß die Gemsen, wenn sie in starkem Laufe sind, öfters in den Schnee beißen und ihn verschlucken. Ich ahmte sie nach und ward gleich wieder hergestellt. Ich erstieg also beherzt die Vorstufe des Bergs und sah, daß dessen Giebel ersteigbar wäre.

Als ich seitwärts über den Berg wieder herabstieg, traf ich einen beträchtlichen Vorrat von artig gewachsenen Kristallen an.

Ein Pionier auf Alpengipfeln: Placidus a Spescha als Vierundsechzigjähriger beim Abstieg aus der Hochregion des Rheinwaldgletschers. Aquatinta von Ludwig Bleuler, der 1818 den landeskundigen Benediktinerpater auf seinen Touren begleitete.

Friedrich Matthisson:
Angst auf der Tour de Mayenne, 1790

Da die Zugänge zu diesem Gipfel von den Hirten als leicht und gefahrlos beschrieben wurden, so beschloß ich, am folgenden Morgen hinaufzuklimmen. Glücklich wurde das Ziel meiner Wanderung erreicht.

Anstatt nun auf dem nämlichen Wege wieder zurückzukehren, gab mir ein Dämon ein, die mir gänzlich unbekannte Ostseite des Berges zu umgehen und auf einem andern Pfade wieder zur Sennhütte hinabzusteigen. Gewiß wäre dieses unterblieben, wenn ich schon damals gewußt hätte, daß die Reihe von Felsenzacken, worüber ich hinweg mußte, auf der westlichen Seite, senkrecht abgeschnitten, einen furchtbaren Abgrund bildete. Nach einem halbstündigen Wege, der mich zuerst in ein Tal und dann wieder bergan führte, befand ich mich vor einer Felswand von ansehnlicher Höhe, welche mit Hilfe der aus den Ritzen hervorgewachsenen Gesträuche ohne weitere Gefahr erklettert wurde. Nun folgte eine sanfte Abdachung, die mit dem niedlichen Silene acaulis [stengelloses Leimkraut] wie mit einem Purpurteppich überdeckt war und wo ich eine Zeitlang ausruhte. Es war gerade Mittag. Nach einer erquickenden Mahlzeit von Wein und Brot erstieg ich die Abdachung und richtete, weil jede Menschenspur verschwunden war, meinen Lauf nach der Sonne und der Felsenkuppe von Mayenne, welche der Sennhütte, wo die Reisegesellschaft sich befand, gegen Osten lag. Selten ward ich unfreundlicher überrascht als durch die Wandlungen der Szene, welche mir jetzt bevorstand. Kaum war der Gipfel der Höhe mir im Rücken, als eine Wüste sich auftat, wo nur Schneeflächen, bald durch Schlünde, bald durch Felsenhörner unterbrochen, unabsehbar hingelagert waren, und wo alles vegetierende Leben wie an den Grenzen eines Chaos zu ersterben schien. Da ich mit ganz frischen Kräften es kaum gewagt haben würde, durch diese schauderhaften Regionen des Winters zu dringen, so war ich jetzt, da ich schon zu ermatten anfing, um so mehr darauf bedacht, unverzüglich umzukehren und den alten Weg wieder aufzusuchen. Zurückgetrieben an die Felswand, ward ich mit Schaudern die unüberwindlichen Schwierigkeiten des Hinunterkletterns und einen Abgrund gewahr, der mir beim Hinansteigen kaum halb so beträchtlich vorkam.

Es ist auf Bergreisen, wie jeder Alpengänger weiß, häufig der Fall, daß man von einer Felswand, die mit Leichtigkeit erklommen wurde, nicht wieder herabsteigen kann, ohne sein Leben in die augenscheinlichste Gefahr zu setzen. Hier stellte sich die Unmöglichkeit ohne Verhüllung dar. Um nicht in den Abgrund zu stürzen, mußten die hervorspringenden Steine und Sträucher, die mir emporhalfen, genau wieder getroffen werden, und hierauf war anders nicht zu rechnen als mit Augen in den Fußsohlen.

Zur Rechten und Linken versagten fürchterliche Klüfte mir jeden Ausgang; es blieb folglich kein anderes Rettungsmittel übrig als die Schneewüste; sie allein mußte mein Schicksal entscheiden. Zum zweiten Male ward also die Anhöhe mit dem Purpurteppich erstiegen, und nun die daran grenzende Winteröde betreten, wo der lockere Schnee das weitere Vordringen äußerst beschwerlich machte. Die Mühseligkeiten, mit denen ich von dort an zu kämpfen hatte, waren so groß, daß ein schwächerer Körper als der meinige unfehlbar darunter erlegen wäre. Öfters zwang die Notwendigkeit mich, in tiefe, halb mit Schnee angefüllte Schluchten hinabzugleiten, um auf der Gegenseite mit unsäglicher Mühe wieder emporzuklimmen, und dann waren nach langer und ununterbrochener Anstrengung manchmal kaum fünf bis sechs Schritte für den Rückweg gewonnen. Die Schienbeine waren mir, durch wiederholtes Fallen zwischen den locker liegenden und scharfkantigen Steintrümmern, zuletzt geschunden und die Hände blutrünstig von beständigem Anklammern. Bald ließ die abspannende Lähmung aller Muskeln mich keinen Schritt weiter vorwärts tun. Es war halb vier Uhr.

Bis dahin hatte die Hoffnung, endlich einen Ausgang zu entdecken, mich noch treu begleitet; jetzt aber, da meine Kräfte mit jedem Atemzuge schwächer wurden und die Wüste noch ebenso weit verbreitet sich vor mir hindehnte, als da ich sie zuerst betrat, fing ich an, den Tod als den einzigen Befreier aus diesem Labyrinth zu betrachten. Ich trank den kleinen, sorgfältig aufgesparten Rest Wein und aß das einzige noch vorhandene Stück Brot, ebenso fest überzeugt, meine letzte Mahlzeit gehalten zu haben, wie die Heldenschar bei Thermopylä. Fast im nämlichen Momente, worin ich den Felsen, der mir zum Tische gedient hatte, zum Lager wählte, sank ich in einen tiefen Schlummer.

Nun hing das Leben des verirrten Wanderers nur noch an einem zarten Faden. Die Fortdauer meines Schlafes bis nach Sonnenuntergang war, bei einer solchen Entkräftung, mehr als wahrscheinlich, und in diesem Falle ward ich unvermeidlich ein Opfer der Nachtfröste, die den kleinen See dieser Höhen am letzten Tage des Junius noch dick übereisten. Auf eine Menschenhand, mich der Erstarrung zu entreißen, war hier ebensowenig zu rechnen als in den Wildnissen einer unbewohnten Insel. Ich werde daher das Ereignis, dem ich meine Rettung danke, immer als eins der außerordentlichsten und providentiellsten meines Lebens betrachten. Dem ungefähren Vorbeiflug eines Raubvogels war es vorbehalten, mich den Freunden und der menschlichen Gesellschaft wiederzugeben. Dieser streifte mit lautem Geschrei so dicht an mir hin, daß ich, trotz meines Totenschlummers, davon erwachte. Seiner Stimme nach, die mir noch ins Ohr drang, als er schon weit entfernt war, hielt ich ihn für einen Adler, und dieses gewann durch die Versicherung mehrerer Gemsjäger, daß der Steinadler häufig in jenen Felseinöden horste, nachher noch mehr Wahrscheinlichkeit. Mein traumähnlicher Zustand beim Erwachen war jeder genauern Beobachtung ungünstig, und als ich mir selbst wiedergegeben wurde, schwebte der Vogel schon in verkleinernder Ferne.

Es war sechs Uhr, als ich erwachte. Durch den Schlummer neu gestärkt, beschloß ich nun, die Entdeckung eines Ausganges noch einmal zu versuchen. Etwa nach einstündigem Fortarbeiten durch Schnee und Klüfte erschien mir plötzlich, am Bette eines Waldstroms, das noch wasserleer und in den Vertiefungen mit Schnee gefüllt war, der Genius des Gebirgs und rief mir zu:

Betritt mit freudiger Zuversicht die Bahn, welche das Wasser aus der Wildnis in die Ebene leitet. Sie wird auch dich hinabführen.

Diese Stimme erhob meinen immer tiefer sinkenden Mut auf einmal wieder so mächtig, daß ich mit dem heiligsten Vertrauen die vorgeschriebene Bahn betrat und mich langsam zwischen aufgetürmten Felsenblöcken die bald sanfter, bald schroffer sich neigenden Krümmungen des Strombettes hinunterwand. Nun vernahm ich das Geläute der Herdenglocken und den Gesang der Hirten wieder. Nie drang eine süßere Musik in meine Seele als diese rauhen Töne, mit welchen der letzte Zweifel an meiner Rückkehr zu den Lebendigen daraus verschwand. Der hinter einem Fichtenwalde aufsteigende Rauch leitete nun meine Schritte, und gegen acht Uhr kam ich bei einer Sennhütte an, die zwei Stunden von dem Standquartier meiner Gesellschaft entfernt lag. Die Hirten schlossen einen Kreis um die Totenerscheinung und drückten über die entstellten Züge meines blassen Gesichts ihr Entsetzen aus. Vierzehn Stunden hatte diese gefahrvolle Wanderung gedauert, und während dieser ganzen Periode der physischen Anstrengung und der moralischen Ermattung genoß ich nichts als ein wenig Brot und Wein. Die braven Älpler befriedigten mit wahrhaft patriarchalischem Entgegenkommen jede Forderung meines hilfsbedürftigen Zustandes und schlugen mit edlem Unwillen mein dargebotenes Geldgeschenk aus. Bei der Bezeichnung des Weges, der mich zu ihnen herabführte, gerieten sie in ein lebhaftes Erstaunen und versicherten, daß die Gegend da oben, wegen ihrer gefährlichen Abgründe, weit berüchtigt sei und gewöhnlich erst im August, wiewohl nur selten, von den Gemsjägern durchstreift werde.

Franz Ludwig Pfyffer von Wyher: Unterricht für Bergsteiger auf dem Pilatus, 1796

Man gibt auf dem Pilatus-Berge Unterricht im Gehen, wie anderswo im Tanzen. Denn an gefährlichen Stellen ist es äußerst wichtig, zu wissen: ob man den rechten oder linken Fuß zuerst vorsetzen, der rechten oder linken Hand sich zuerst bedienen soll. Geht man über zugespitzte Felsenrücken, so muß man wieder wissen, wo man auf die Spitze des Fußes und wo man auf die Fersen treten darf. Wer alles dieses nicht weiß, ist der Gefahr ausgesetzt, entweder zu fallen oder in eine so zwangvolle Lage zu kommen, in welcher er weder vorwärts noch rückwärts kann. Auch findet man Stellen, wo man mit den Händen, ja oft so gar selbst an einem einzelnen Finger sich anhängen muß, und es scheint, die Natur habe selbst zu diesem Zwecke Löcher in den Felsen gegraben.

Josef Naus: Besteigung der Zugspitze, 1820

Am 27. August 1820, früh 4 Uhr wurde von der Angerhütte aufgebrochen und über das Platt und den Schneeferner bis an die Grenze hinter dem Zugspitz, von wo aus man nach Ehrwald, Lermoos etc. hinabsieht, vorgedrungen; hier wurde ein erster Versuch gemacht, den Zugspitz zu besteigen, der aber mißlang

»General Pfyffer in seinem Alpen-Costum«. Stich aus H. A. O. Reichard, ›Malerische Reise durch einen großen Theil der Schweiz vor und nach der Revolution‹, 1805

... Wie sie hier die nackten Spitzen fast pfeilgerade in die Höhe ragen sahen, sank allen der Mut ... Heftiger schneidender Wind, der unsere Glieder erstarren machte, und eine Eiskluft von einigen tausend Fuß Tiefe, welche den Ferner von der Wand schied, suchten uns von unserem Vorhaben zurückzuschrecken ... Hauptmann von Jeetze und Lieutenant Anlitscheck traten alsbald den Rückweg an, ich aber wagte einen abermaligen Versuch, der endlich nach mehrfachen Lebensgefahren und außerordentlichen Mühen gelang. Nach 1¾ Stunden erreichten wir – ich, mein Bedienter und unser Führer Deuschl – um ¾12 Uhr die höchste Spitze des noch von keinem Menschen bestiegenen, so verschrieenen Zugspitzes.

Mangel an Zeit und Material verhinderten uns, eine Pyramide zu errichten, nur ein kurzer Bergstock mit einem daran befestigten Sacktuch diente zum Beweise, daß wir dagewesen. Schon nach fünf Minuten wurden wir von einem Donnerwetter mit Schauer und Schneegestöber begrüßt und mußten unter größten Gefahren die Höhen verlassen; gerade soviel Ausblick gestatteten die einfallenden Wolken, daß ich mich überzeugen konnte, die höchste Spitze erreicht zu haben ...

Endlich mußten wir am südlichen Fuße des Zugspitzes, am Anfange des Schneeferners, noch eine der gefährlichsten Passagen machen: Eine Art von Schneebrücke, die – einen Fuß dick, einen breit und mehrere lang – über die Schlucht zwischen Wand und Ferner führte.

Kein anderer Ausweg war übrig, als sich diesem schwachen Gewölbe anzuvertrauen, und glücklich ging der Übergang vonstatten ...

Um so angenehmer war das Wiedersehen [mit den Freunden], als ich mehrmals daran gezweifelt hatte, mein Leben erhalten zu können.

John Tyndall: Rettung aus einer Gletscherspalte in der Nähe des Faulhorns, um 1860

Wir sahen in das Loch, dessen dunkle Tiefe am einen Ende dem Auge unergründlich schien, während es dicht unter der gebrochenen Brücke mit Schnee und zerbröckelten Eiszapfen verstopft war. Wir sahen nichts mehr. Mit gespannter Aufmerksamkeit lauschten wir, und aus der Tiefe des Gletschers drang ein dumpfes Stöhnen an unser Ohr. Als es sich wiederholte, waren wir überzeugt, daß wir uns nicht getäuscht hatten – der Mann lebte noch.

Wir hatten ein vortreffliches Seil mit, es war aber unglücklicherweise bei dem Mann in der Spalte. Röcke, Westen und Hosenträger wurden sogleich ausgezogen und aneinandergeknüpft. Ich beobachtete Bennen bei dieser Arbeit; seine Hände zitterten vor Aufregung, und seine Knoten waren augenscheinlich nicht zuverlässig. Als der letzte geknüpft war, rief er: »Jetzt laßt mich hinunter!« »Nicht eher, als bis jeder dieser Knoten untersucht worden ist; keinen Zentimeter weit!« Zwei gaben nach, und auch Lubbocks Weste zeigte sich zu schwach, um eine schwere Last zu tragen. Die Trümmer lagen ungefähr zwölf Meter unter der Oberfläche des Gletschers; doch gaben zwei dazwischenliegende Vorsprünge eine Art von Stützpunkt. Bennen wurde auf den einen von ihnen hinuntergelassen; ich folgte, von Lubbock und dem anderen Träger gehalten. Bennen ging dann bis zur Tiefe hinunter, und ich folgte ihm. Mehr konnten nicht Platz finden.

Die Form und Gestalt der Höhlung erzeugte so viele Schallreflexe, daß es sehr schwer war, genau den Ort zu bestimmen, von wo der Ton kam; das Stöhnen dauerte fort, wurde aber immer schwächer.

Wir mußten das zertrümmerte Eis sehr vorsichtig wegräumen, aus Furcht, den Mann zu verwunden; das Eis gab einen eigentümlichen Ton, als es in den nebenliegenden Abgrund stürzte. So räumten wir eine ein bis einundeinhalb Meter tiefe Schicht fort, und endlich kam aus der gefrorenen Masse eine einzelne menschliche Hand heraus, so blutlos, daß sie weiß aussah, wie der sie umschließende Schnee. Die Finger bewegten sich. Um sie herum arbeiteten wir jetzt, befreiten den Arm und kamen auf den Sack, den wir abschnitten. Wir fanden auch unser Seil. Dann wurde der Kopf des Mannes freigelegt, und gleich war meine Branntweinflasche an seinen Lippen. Er versuchte zu sprechen, aber seine Worte wurden ein dumpfes Stöhnen. Zeitweise gewannen Bennens gute Eigenschaften die Herrschaft über ihn; er arbeitete wie ein Held, aber zeitweise bedurfte er der Leitung und strenger Unterweisung. Die Arme waren frei, wir zogen das Seil unter ihnen hindurch und versuchten den Mann herauszuziehen. Aber die Eistrümmer um ihn waren wieder zusammengefroren, so daß sie eine feste Masse bildeten. Dreimal versuchten wir es, ihn herauszuziehen, dreimal mißlang es uns; er mußte vollständig aus dem Eise herausgehauen werden, und erst als sein letzter Fuß herausgelöst war, konnten wir ihn heben. Durch Ziehen von oben und durch Stoßen von unten wurde der Mann endlich an die Oberfläche des Gletschers geschafft.

Wir waren eine Stunde in Hemdsärmeln in der Spalte gewesen – der Träger zwei Stunden – und das tröpfelnde Eis hatte uns ganz durchnäßt. Bennen hatte außerdem mit der Kraft eines Wahnsinnigen gearbeitet, und nun kam der Rückschlag. Er bebte, als ob er in Stücke springen wollte; etwas Branntwein und trockene Kleider brachten ihn wieder zu sich. Der gerettete Mann war hilflos, er konnte weder stehen noch einen verständigen Satz sprechen. Bennen schlug vor, ihn den Gletscher hinunter nach Hause zu tragen. Hätten wir das versucht, so wäre der Mann sicher auf dem Eise gestorben. Bennen dachte, er könne ihn zwei Stunden tragen; aber der Führer unterschätzte seine eigene Erschöpfung und überschätzte die Lebenskraft des Trägers. »Daran ist nicht zu denken«, sagte ich, »zur Höhle des Faulberges, wo wir ihn pflegen wollen, so gut wir können.« Wir brachten ihn an den Rand des Gletschers, wo ihn Bennen auf seinen Rücken nahm; nach zehn Minuten sank er unter seiner Last zusammen. Jetzt war es an mir, und so nahm ich den Mann auf meinen Rücken und ging mit ihm vorwärts, so weit ich konnte. So halfen wir einander abwechselnd, bis wir die Berghöhle erreichten.

Die Sonne war untergegangen und die Spitze der Jungfrau in gelbes Licht getaucht. Da ich hoffte, vor Dunkelheit den Märjelen-See erreichen zu können, erklärte ich mich bereit, dorthin nach Hilfe zu gehen. Bennen widersetzte sich meinem Alleingehen, und mir schien, als würden Lubbocks Augen feucht. Bei einer solchen Gelegenheit offenbaren sich die Gefühle eines Menschen, wenn er überhaupt Gefühl hat. Ich gab beiden meinen Segen und machte mich nach dem Gletscher auf. Meine Angst aber, rasch über die Spalten fortzukommen, vereitelte meine Absicht. Dreimal war ich in schwierigen Lagen, und das Licht entschwand schnell. Die Überzeugung gewann die Oberhand, daß Ausdauer hier Wahnsinn sei, und es gab wohl kaum einen traurigeren erschütternden Augenblick meines Lebens als den, wo ich am Rande einer tiefen Spalte stand und Berge und Himmel anstarrte. Die Klarheit war vollkommen – keine Wolke, kein Lufthauch, kein Ton, während die letzten Farben des Sonnenunterganges sich über den feierlichen Westen zogen.

Ich kehrte um; wir gaben unserem Kranken warmen Wein und wickelten ihn in alle unsere trockenen Kleider. Flaschen mit heißem Wasser wurden an seine Füße gelegt und sein Rücken tüchtig gerieben. Eine Zeitlang stöhnte er noch; doch endlich hörte dieses und das Zittern auf. Bennen bewachte ihn sorglich und murmelte zuletzt in entsetzlicher Angst: »Herr, er ist tot!« Ich beugte mich über den Mann und hörte, wie er leise atmete; ich fühlte seinen Puls – er schlug ruhig. »Nicht tot, lieber alter Bennen; er kann morgen früh mit uns nach Hause kriechen.« Die Prophezeiung erfüllte sich, und wir sahen ihn zwei Tage später in Laax, wenngleich ihm ein Stückchen seines Ohrs fehlte und er eine Schmarre über der Stirn und einige auf der Hand hatte. Er hatte aber kein Glied gebrochen und keine ernstliche Verletzung erlitten.

Das selbstverleugnende Betragen des zweiten Trägers ließ uns seine Dummheit vergessen – es konnte auch Betäubung aus Entsetzen sein. Wie ich so naß dalag, die langen, langen Stunden dieser trostlosen Nacht hindurch, gelobte ich mir, nie wieder einen Gletscher zu betreten. Aber wie die Kräfte der Natur, so verändern sich auch die menschlichen Regungen mit der Entfernung von ihrem Ursprung, und ein Jahr darauf war ich wieder auf dem Eise.

Edward Whymper: Die Führer von Zermatt in den 1860er Jahren

An der Mauer vor dem Monte-Rosa-Hotel sitzen gewöhnlich zwei Dutzend Führer, gute, schlechte und mittelmäßige, Franzosen, Schweizer und Italiener. Sie rechnen auf Verwendung und schauen nach Touristen aus, warten auf neue Ankömmlinge und berechnen die Zahl von Franken, die sich ihnen aus der Tasche locken läßt. Die Messieurs, die zuweilen seltsam und wunderbar gekleidet sind, stehen in Gruppen umher oder dehnen sich in Sesseln, oder lungern auf den Bänken vor der Tür. Sie tragen merkwürdige Stiefel und noch auffallendere Hüte. Ihre abgeschälten, mit Blasen bedeckten und geschwollenen Gesichter sind des Studiums wert. Einigen ist es durch Wachsamkeit und besondere Sorgfalt gelungen, sich eine Gesichtsfarbe zu verschaffen, die an schönes Töpfergeschirr ohne Glasur erinnert. Die meisten sind nicht so glücklich gewesen. Sie sind auf Felsen abgebrüht und auf Gletschern geröstet worden. Ihre Backen, die zuerst anschwollen und dann aufsprangen, haben eine terpentinartige Flüssigkeit ausgeschwitzt, die ihnen am Gesicht heruntergelaufen und in kleinen Klumpen, wie das Harz an den Fichtenstämmen, eingetrocknet ist. Sie haben sie entfernt und große Streifen ihrer Haut mit abgerissen. Es ist schlimmer und schlimmer mit ihnen geworden, ihr Fall hat sich hoffnungslos gestaltet, Rasierzeug und Messer sind zu Hilfe gerufen worden, mit sanften und zarten Mitteln haben sie auf ihren Backen eine übereinstimmende Farbe zu erzeugen versucht. Es hat sich nicht tun lassen, aber wie verhext haben sie fortgearbeitet und ihre unglücklichen Gesichter endlich in einen Zustand vollständigen und hoffnungslosen Ruins versetzt. Ihre Lippen sind aufgesprungen, ihre Backen geschwollen, ihre Augen mit Blut unterlaufen, ihre Nasen abgeschält und nicht zu beschreiben.

Das sind die Freuden des Gebirgsreisenden! Mit Spott und Verachtung vergleicht der Neuling diesen Anblick mit seinem glatten Gesicht und seinen schmalen Händen, ohne zu ahnen, daß er selbst vielleicht in kurzer Zeit ebenso aussehen wird wie diejenigen, welche er jetzt auslacht.

Idealisierte Darstellung einer gefährlichen Besteigung. Englische Illustration, um 1840

Edward Whymper: Über die Benutzung des Seils

Der Widerwille gegen den Gebrauch des Seils, den geborene Älpler nicht selten aussprechen, entsteht bei erfahrenen Männern aus dem Bewußtsein, daß sie selbst wenig Gefahr laufen, bei untergeordneten Leuten aus der Furcht, lächerlich zu werden, und aus dem Nachäffen besserer Leute, drittens aber auch aus einer Unwissenheit oder Nachlässigkeit. Gleichviel, welche dieser Ursachen vorhanden ist, muß ich mich gegen die Vernachlässigung einer so einfachen und nützlichen Vorsicht erklären. Nach meiner Ansicht hat man auf Gletscherreisen nichts nötiger als gute Seile in Menge.

Im Jahre 1864 wurde vom englischen Alpenclub ein Ausschuß ernannt, der die passendsten Seile für Alpenreisen ausfindig machen sollte und zwei Arten empfahl, wie sie sich besser nicht finden werden. Das eine Seil wird aus Manila-, das andere aus italienischem Hanf gemacht. Das erste ist das schwerste und wiegt im laufenden Fuß etwas über eine Unze (103 Unzen auf 100 Fuß). Das letztere wiegt 70 Unzen auf 100 Fuß, aber ich ziehe das Manilaseil vor, weil es sich leichter handhaben läßt. Beide Seile halten 168 Pfund aus, die 10 Fuß tief fallen, oder 196 Pfund die 8 Fuß fallen, und reißen erst bei einem toten Gewicht von zwei Tonnen. Im Jahre 1865 hatten wir 200 Fuß Manilaseil bei uns und ließen uns die Unbequemlichkeit, die sein Gewicht hervorrief, gern gefallen, weil es uns so große Sicherheit gewährte. Mehrmals war es uns nützlicher als ein zweiter Führer.

Nun zu dem Gebrauch des Seils. Es gibt eine richtige und eine falsche Benutzung desselben. In Gletscherpässen begegne ich häufig elegant gekleideten Personen, die offenbar nicht in ihrem Element sind, und denen ein Führer vorausgeht, der sich um sein unschuldiges Gefolge nicht kümmert. Der Form wegen sind sie aneinandergebunden, haben aber augenscheinlich keine Idee, weshalb das geschieht, denn sie gehen neben oder dicht hintereinander und lassen das Seil auf dem Schnee schleppen. Fällt einer in eine Spalte, so sehen die andern sich an und sagen: »Nun, was macht denn Schulze da?« bis sie vielleicht alle hinterherfallen. Das ist die falsche Benutzung, der Mißbrauch des Seils.

Edward Whymper: »Hinabsteigen vom westlichen Grat der Pointe des Ecrins«, um 1864

Edward Whymper: Über Eisbeile und ihren Gebrauch

Bergsteiger [sollten] stets mit Eisbeilen, und zwar mit guten bewaffnet sein. Die Form ist wichtiger, als man vielleicht glaubt. Wer als bloßer Liebhaber reist und andere arbeiten läßt, um in ihre Fußstapfen zu treten, der kann jedes beliebige Eisbeil führen, vorausgesetzt, daß der Kopf nicht abfliegt, oder sich sonst einfältig benimmt. Für das Einhauen von Stufen in Eis gibt es kein besseres Werkzeug als die gewöhnliche Spitzhaue, und ihre Form pflegen die Eisbeile der besten Führer zu haben. Mein eigenes Beil ist nach dem von Melchior Anderegg gebaut, es besteht aus Schmiedeeisen und ist an der Spitze und am Rande verstählt. Sein Gewicht, den mit Nägeln beschlagenen Handgriff eingerechnet, beträgt vier Pfund. Beim Einhauen von Stufen in Eis benutzt man das spitze Ende ausschließlich, das breite wird zum Ebnen derselben, hauptsächlich aber zum Einschlagen in harten Schnee benutzt. Vortrefflich wie dieses Werkzeug zum Einhauen ist, muß es als Anker unschätzbar genannt werden. Auf der Reise ist es natürlich unbequem und ruft auf belebten Bahnhöfen manche unangenehme Bemerkung hervor, wenn man den Kopf nicht in ein ledernes Gehäuse steckt.

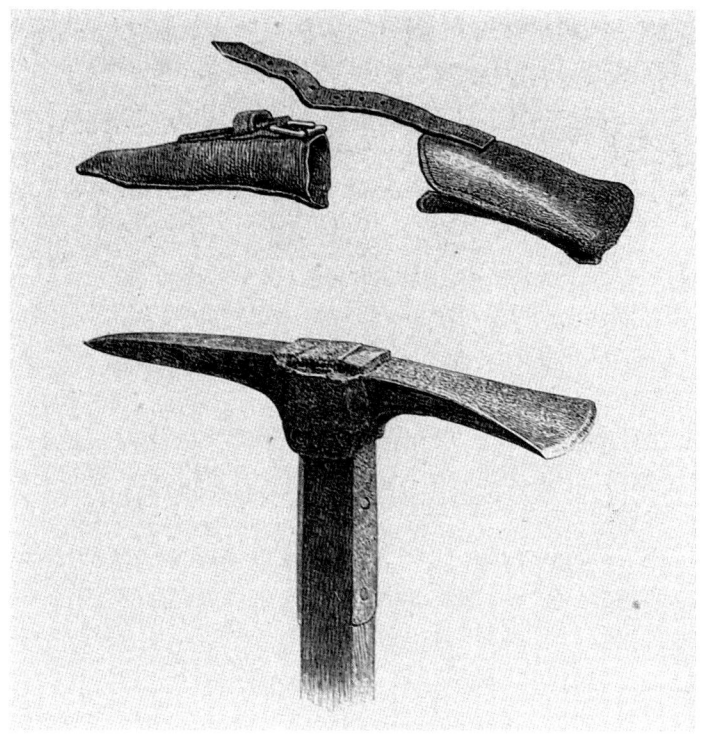

Edward Whympers Eisbeil

Edward Whymper: Das Gleiten

Das Gleiten ist eine sehr angenehme Beschäftigung, wenn es glücklich ausläuft, und ich habe nie eine Stelle gesehen, wo man sich diesen Genuß mit größerer Sicherheit gestatten kann, als das Schneetal am rechten Rande des Talèfre-Gletschers. In meinen Träumen ist ein solches Gleiten köstlich, aber in der Wirklichkeit finde ich, daß der Schnee sich irgendwo schlecht benimmt und mein Alpenstock mir durchaus zwischen die Beine geraten will. Dann befinden sich meine Füße unversehens da, wo mein Kopf sein sollte, und ich sehe den Himmel in ein rasches Kreisen geraten. Der Schnee wirbelt auf und geißelt mich, und wenn ich ihn, der davonläuft, überholt habe, so macht er plötzlich halt, und wir kommen in Kollision. Meine Begleiter behaupten dann, daß ich kopfüber geschossen bin, und in ihren Worten liegt vielleicht etwas Wahres.

Edward Whymper: Der Wettlauf auf das Matterhorn und dramatischer Abstieg, Juli 1865

Wir müssen uns jetzt in Gedanken zu den sieben Italienern zurückversetzen, die am 11. Juli von Breil aufbrachen. Seit ihrer Abreise waren vier Tage verstrichen, und wir wurden von der Angst gequält, daß sie den Gipfel vor uns erreichen könnten. Auf dem ganzen Wege hatten wir von ihnen gesprochen und mehrmals Menschen auf der höchsten Spitze zu sehen geglaubt. Je höher wir stiegen, um so größer wurde unsere Aufregung. Wie leicht konnten wir noch im letzten Augenblicke geschlagen werden. Die Steigung nahm ab, wir konnten uns endlich losbinden, und Croz und ich stellten Kopf an Kopf ein Wettrennen an. Um drei Viertel auf zwei Uhr lag die Welt zu unsern Füßen und das Matterhorn war besiegt. Hurra! nicht ein Fußstapfen unserer italienischen Nebenbuhler war zu sehen.

Es war noch immer nicht gewiß, daß wir nicht geschlagen worden seien. Der Gipfel des Matterhorns besteht aus einem unebenen Grat von etwa 350 Fuß Länge, und die Italiener konnten auf dem entgegengesetzten Endpunkte gewesen sein. Ich eilte dorthin und blickte rechts und links über den Schnee, hurra, er war nicht betreten worden. »Wo waren die Leute!« Halb in Zweifel, halb in Erwartung bog ich mich über die Klippe. Sofort sah ich sie, aber als bloße Punkte auf dem Grat und ungeheuer weit unten. Meine Arme und mein Hut flogen in die Höhe. »Croz, kommen Sie hierher!« – »Wo sind sie?« – »Dort, sehen Sie sie nicht, dort unten.« – »Ah, das ist ja hübsch weit unten.« – »Croz, die Leute müssen uns hören.« Wir schrien, bis wir heiser waren. Die Italiener schienen uns anzusehen, doch war die Sache nicht gewiß. »Croz, sie müssen und sollen uns hören.« Ich rollte einen Felsblock hinunter und beschwor meinen Gefährten im Namen unserer Freundschaft, dasselbe zu tun. Wir trieben unsere Stöcke in Risse, und bald polterte ein Strom von Steinen die Klippe hinunter. Diesmal waren wir unserer Sache gewiß. Die Italiener machten kehrt und flohen ...

Die andern waren jetzt angekommen, und wir gingen zum nördlichen Ende des Grats zurück. Croz ergriff nun die Zelt-

Edward Whymper: Auf dem Gipfel des Matterhorns, Juli 1865

stange und pflanzte sie in den höchsten Schnee. »Die Fahnenstange ist da, aber wo ist die Fahne?« sagten wir. »Hier ist sie«, sagte er, zog sein Staubhemd aus und band es an den Stab. Es war eine armselige Fahne, und kein Wind blähte sie auf, aber man sah sie doch ringsumher.

Wir verweilten auf dem Gipfel eine Stunde, die uns die herrlichsten Genüsse bot. Sie ging nur zu rasch vorüber, und wir begannen uns nun auf den Rückweg vorzubereiten.

Der Abstieg

Während die Gesellschaft sich in der oben angegebenen Weise ordnete, nahm ich eine Skizze des Gipfels auf. Meine Gefährten waren eben fertig und warteten darauf, daß ich mich an das Seil binden lasse, als jemand sich erinnerte, daß wir vergessen hätten, unsere Namen aufzuschreiben und in eine Flasche zu stecken. Ich besorgte das auf ihre Bitten, und sie gingen inzwischen weiter.

Einige Minuten später band ich mich am jungen Peter an, lief den andern nach und erreichte sie, als sie eben das Hinabsteigen der schwierigen Stelle begannen. Es wurde die größte Vorsicht gebraucht. Immer bewegte sich bloß einer, und erst wenn

er festen Fuß gefaßt hatte, folgte der nächste. Ein Seil war nicht um die Felsen geschlungen worden, und niemand sprach davon. Ich hatte den Vorschlag nicht um meinetwillen gemacht und weiß nicht, ob er mir jetzt wieder in den Sinn kam. Wir beiden folgten den übrigen in geringer Entfernung und waren von ihnen getrennt, bis Lord Douglas mich etwa um drei Uhr nachmittags bat, daß ich mich an den alten Peter anbinden möchte. Er fürchtete nämlich, wie er sagte, daß Taugwalder, wenn ein Ausgleiten vorkomme, nicht fest auf den Füßen bleiben werde …

Michel Croz hatte sein Beil beiseite gelegt und beschäftigte sich mit Herrn Hadow, um demselben größere Sicherheit zu geben. Er hatte ihn an die Beine gefaßt und brachte seine Füße, einen nach dem andern, in richtige Lage. Soviel ich weiß, war keiner im eigentlichen Hinabsteigen begriffen. Mit Gewißheit kann ich nicht sprechen, weil ich die beiden Vordersten wegen einer dazwischenliegenden Felsmasse zum Teil nicht sehen konnte, aber aus den Bewegungen ihrer Schultern mußte ich schließen, daß Croz, nachdem er das eben Erwähnte getan hatte, sich umdrehen wollte, um einen oder zwei Schritte weiterzugehen, als Herr Hadow ausglitt, gegen ihn fiel und ihn umwarf. Ich hörte von Croz einen Ausruf des Schreckens und sah ihn und Hadow niederwärtsfliegen. Im nächsten Moment wurden Hudson und unmittelbar darauf auch Lord Douglas die Füße unter dem Leibe weggerissen. Dies alles war das Werk eines Augenblicks. Sowie wir Croz aufschreien hörten, pflanzten der alte Peter und ich uns so fest auf, als das Gestein uns gestattete. Das Seil war zwischen uns straff angezogen, und der Ruck traf uns, als wenn wir bloß einer wären. Wir erhielten uns, aber zwischen Taugwalder und Lord Douglas riß das Seil. Einige Sekunden lang sahen wir unsere unglücklichen Gefährten auf den Rücken niedergleiten und mit ausgestreckten Händen nach einem Halt suchen. Noch unverletzt kamen sie uns aus dem Gesicht, verschwanden einer nach dem andern und stürzten von Felswand zu Felswand auf den Matterhorn-Gletscher oder in eine Tiefe von beinahe viertausend Fuß hinunter. Von dem Augenblicke, wo das Seil riß, war ihnen nicht mehr zu helfen.

So starben unsere Gefährten! Wohl eine halbe Stunde lang blieben wir an Ort und Stelle, ohne einen einzigen Schritt zu tun. Die beiden Führer, vom Schreck gelähmt, weinten wie Kinder und zitterten so, daß uns das Schicksal der andern drohte. Der alte Peter erschütterte die Luft mit seinen Ausrufungen: »Chamonix, was wird Chamonix sagen?« Er meinte damit: »Wer wird glauben, daß Croz fallen kann?« Der junge Peter schrie und schluchzte fortwährend: »Wir sind verloren, wir sind verloren!« Zwischen den beiden eingeklemmt, konnte ich weder vorwärts noch rückwärts. Ich bat den jungen Peter herunterzusteigen, aber er wagte es nicht. Ehe er das nicht tat, kamen wir nicht vorwärts. Der alte Peter wurde sich der Gefahr bewußt und stimmte in das Geschrei ein: »Wir sind verloren, wir sind verloren!« Die Furcht des Vaters war natürlich – er zitterte für seinen Sohn, der junge Mann benahm sich feig – er dachte bloß

Zermatt und Matterhorn. Aquatintaradierung von C. Huber, um 1860

Der tragische Unfall bei der Erstbesteigung des Matterhorns im Juli 1865 in der Darstellung Edward Whympers

an sich. Endlich faßte der alte Peter Mut und ging zu einem Felsen, an den er das Seil befestigen konnte. Nun stieg der junge Mann herab, und wir standen alle nebeneinander. Ich ließ mir jetzt das zerrissene Seil geben und fand zu meinem Staunen, ja zu meinem Entsetzen, daß es das schwächste der drei Seile war. Zu dem Zweck, dem es gedient hatte, war es nicht bestimmt und hätte auch nie dazu verwendet werden sollen. Es war ein altes und im Verhältnis zu den andern schwaches Seil. Ich hatte es bloß für den Fall mitgenommen, daß wir viel Seil um die Felsen schlingen und zurücklassen müßten. Ich sagte mir sogleich, daß hier eine ernste Frage vorliege, und ließ mir das Ende geben. Es war mitten in der Luft zerrissen und schien vorher keine Beschädigung erlitten zu haben.

In den nächsten zwei Stunden glaubte ich stets, daß der nächste Augenblick mein letzter sein werde, denn die Taugwalder hatten allen Mut verloren und konnten mir nicht bloß keine Hilfe leisten, sondern befanden sich auch in einem solchen

Gespenstisches Nebel-
bild beim Abstieg
vom Matterhorn.
Darstellung von
Edward Whymper

Zustande, daß sich jeden Augenblick ein Ausgleiten von ihnen erwarten ließ. Nach einiger Zeit konnten wir tun, was von Anfang an hätte geschehen sollen, und schlangen Seile um feste Felsblöcke, während wir zugleich aneinandergebunden blieben. Diese Seile wurden von Zeit zu Zeit abgeschnitten und zurückgelassen. Trotz dieser Vorsichtsmaßregel gingen meine Führer mit großer Furcht vorwärts, und mehrmals wendete sich der alte Peter mit aschfahlem Gesicht und zitternden Gliedern zu mir um und sagte mit schrecklichem Nachdruck: »Ich kann nicht!«

Um sechs Uhr abends standen wir auf dem Schnee des nach Zermatt hinunterführenden Grats und hatten alle Gefahren überwunden. Häufig und immer vergebens spähten wir nach Spuren unserer unglücklichen Gefährten. Wir bogen uns über den Grat und riefen, aber kein Ton kam zurück. Endlich kamen wir zu der Überzeugung, daß sie außerhalb der Gesichts- und Hörweite seien, und stellten unsere nutzlosen Bemühungen ein. Zum Sprechen zu niedergeschlagen, nahmen wir stillschweigend unsere Sachen und die kleinen Effekten der Verschwundenen auf, um unsern Rückweg fortzusetzen. Da zeigte sich ein mächtiger Regenbogen, der über dem Lyskamm hoch in die Luft aufstieg. Bleich, farblos und geräuschlos, aber mit Ausnahme der Stelle, wo die Wolken sich eindrängten, vollständig scharf und abgegrenzt, schien diese überirdische Erscheinung ein Bote aus einer andern Welt zu sein. Wir erschraken fast, als zu beiden Seiten zwei ungeheure Kreuze hervortraten, deren allmähliche Entwicklung wir mit Staunen beobachteten. Wenn die Taugwalders sie nicht zuerst gesehen hätten, so würde ich

meinen Sinnen nicht getraut haben. Sie glaubten, daß die Kreuze in einer gewissen Beziehung zu dem Unfall ständen, ich kam aber nach einiger Zeit zu der Ansicht, daß wir auf sie einwirkten. Unsere Bewegungen äußerten aber gar keinen Einfluß auf die Nebelformen, welche unverändert blieben. Es war ein furchtbarer und wunderbarer Anblick, den ich noch nie gehabt hatte und der in einem solchen Moment etwas Erschütterndes hatte.

Leslie Stephen: Gipfelerlebnis auf dem Schreckhorn, 1871

Der Gipfel eines hohen Berges ist fast immer eindrucksvoll schon durch die schwindelerregenden Abgründe ringsum ... An jenem vollkommen schönen Tage auf dem Schreckhorn war aber nirgends unter dem weiten Himmelsrund auch nur die Andeutung eines Nebelschleiers; eine lässige und köstliche Ruhe war bei mir die entsprechende Seelenstimmung. Man konnte sich vorstellen, daß auf einem dieser einsamen Felsgipfel ein unsterbliches Wesen – das eben der Muße sich hingab – säße und die schattenerfüllten Runzeln der alten Erde sich betrachte, dieser Runzeln, die in Wahrheit Bergketten waren, und daß es ihr Werden und Vergehen im langsamen Ablauf erdgeschichtlicher Zeiten verfolge. Kein Begleiter störte meine Träumerei, kein falscher Ton die Harmonie dieser Stunde. Die Minuten vergingen wie Sekunden ... Noch aber standen uns allerlei Schwierigkeiten bevor, und es war nicht ratsam, länger zu verweilen. Ich legte noch ein paar Blöcke auf unseren Steinmann, und dann hieß es absteigen.

V. Der schöne Schauer

DIE ENTDECKUNG DER ALPEN ALS WIRKLICHKEIT

UND INNERES ERLEBNIS

Indem sie zu drei verschiedenen Seiten in größter Ruhe abgehen, fällt das Orchester mit einem prachtvollen Schwung ein, die leere Szene bleibt noch eine Zeitlang offen und zeigt das Schauspiel der aufgehenden Sonne über den Eisgebirgen.« Mit dieser Regieanweisung endet die Rütli-Schwurszene in ›Wilhelm Tell‹. Sie entspringt keineswegs nur Schillers Sinn für steigernde Bühneneffekte; ganz gezielt wird der Naturvorgang symbolisch auf die Eroberung der physisch-persönlichen und moralischen Freiheit bezogen. Die Natur, die Alpen als ein Reich der Freiheit – es dauerte lange, bis sich eine solche Auffassung durchsetzen konnte.

Der Humanist Konrad Geßner war der erste Autor, der den Alpen um ihrer selbst willen ausdrücklich ästhetischen Wert abgewinnen konnte; 1541 gab er seiner »Bewunderung der Berge« lebhaften Ausdruck – zu einer Zeit, da Furcht, Grauen, Verachtung und Aberglaube die allgemeine Einstellung gegenüber dem Gebirge bestimmte; göttlicher Zorn über die sündige Menschheit, so glaubte man, hatte die chaotischen Bergesmassen aufgetürmt. Noch über hundert Jahre später notierte der englische Schriftsteller John Evelyn, ein umfassend gebildeter und auch weitgereister Mann, nach der Überschreitung des Simplonpasses in sein Tagebuch: »Die Alpen sind nicht nur eine unerfreuliche Schranke zwischen den wonnevollen Gärten Frankreichs« und den »Paradiesen Italiens«, sondern »überhaupt der Unratshaufen der ganzen Erde, den die Natur hier zusammengekehrt« hat.[1] In Frankreich regierte seit 1643 Ludwig XIV. Während seiner langen Herrschaft verstand es der ›Sonnenkönig‹, die Blicke Europas auf Paris und Versailles zu lenken, wo die Herren in Allonge-, die Damen in Fontange-Perücken Menuett tanzend dem Geist der Zeit huldigten. In dieser Epoche des graziösen Geschmacks und repräsentativen Pomps, der modischen Maskerade und streng reglementierten Etikette wurde selbst die Natur nicht dem Zufall überlassen. André Lenôtre schuf den französischen Gartenstil, überwachte das Wachstum der geometrischen Anlagen mit Zirkel und Lineal.

Die Natur wurde nur dort als schön empfunden, wo man sie gezähmt und dem extremen Kultus der Form, den Gesetzen der Harmonie angepaßt hatte bzw. wo sie sich als lieblich-idyllische Landschaft zeigte. In ihrer wilden Ursprünglichkeit dagegen – wie in den Alpen – galt sie als Inbegriff verwirrender Unordnung.

Wie schon dargestellt, waren vor allem wissenschaftliche Neugierde und Erkenntnistrieb das auslösende Moment für die Entdeckung der Alpen, die im wesentlichen parallel zur Entwicklung der modernen Naturwissenschaft verlief. Deren Bahnbrecher waren, neben Descartes, Francis Bacon und Isaac Newton. Auch die ersten Spuren der ästhetischen Entdeckung der Alpen verweisen – abgesehen von Konrad Geßner – nach England. Denn hier besonders wurde der geistige Nährboden eines neuen Naturverständnisses bereitet, und zwar im Zusammenhang mit einer sich wandelnden Auffassung der Möglichkeit menschlicher Erkenntnis. Wollte Francis Bacon (1561–1626), der Begründer des Empirismus, durch die systematische Befragung der Natur selbst menschliche Irrtümer ausschließen, so legte John Locke in seinem berühmten ›Versuch über den menschlichen Verstand‹ (1690) die Ansicht dar, daß das menschliche Bewußtsein ohne Erfahrung ein »white paper« sei. Locke leitete alle Erkenntnis aus sinnlicher Erfahrung (experience) ab; durch Beobachten wird nach Locke die Seele mit Erfahrungen erfüllt, Empfindungen (sensations) werden hervorgerufen und Vorstellungen erweckt, an denen sich der Geist (reflection) orientiert. (Später, 1819, wird Arthur Schopenhauer sein Hauptwerk mit dem Satz einleiten: »Die Welt ist meine Vorstellung.«[2]) Der Weg führte von der ›objektiven‹ zur ›subjektiven‹ Wahrnehmung und Erfahrung, von der Betrachtung der Natur als Unterpfand wissenschaftlich-rationaler Erkenntnis zum subjektiv-gefühlsbetonten Erleben der Natur. Der Entdeckung der menschlichen Individualität folgte die Entdeckung der unberührten Natur. Der Antrieb zur Bewegung des Individualismus war die Auflehnung gegen die Übersteigerung künstlicher Formen in Staat und Gesellschaft, Kunst und Literatur. Der neue Individualismus wurde bestimmt durch die Richtung auf das Natürliche.

Der englische Dichter Joseph Addison gehörte zu jenen Pionieren, die in der Ungeordnetheit und Regellosigkeit

Alpenlandschaft: Der Watzmann. Gemälde von Caspar David Friedrich, um 1824/25

der unberührten Bergnatur eine besondere Art von Schönheit erkannten. Vom Garten des Kartäuserklosters von Ripaille aus sah er die Savoyer Alpen als »most irregular mis-shapen Scenes« (überaus unregelmäßige und ungestaltete Szenerie) unmittelbar vor sich aufragen, und sie erfüllte ihn »with an agreeable kind of Horror«[3] (einer angenehmen Art von Schauder). Mit neuem Blick erfaßte Addison die Alpenlandschaft. Bislang war der Begriff der Schönheit in der Natur unzertrennlich an das harmonisch Geordnete geknüpft; unregelmäßig war synonym mit häßlich. Doch Addison gewann dem Anblick der ›unregelmäßigen‹, grandiosen Berge ästhetischen Genuß ab.

»Wer«, so fragte Schiller 1801 in seinem bedeutsamen Aufsatz ›Über das Erhabene‹, »verweilt nicht lieber bei der geistreichen Unordnung einer natürlichen Landschaft, als bei der geistlosen Regelmäßigkeit eines französischen Gartens?«[4] Diese Frage hatte man sich schon hundert Jahre früher in England gestellt und sie mit der Entwicklung des englischen Landschaftsgartens beantwortet. Addison verlangte vom Landschaftsgarten, der nach dem Prinzip der vielfältigen Abwechslung angelegt war und in seiner Ästhetik der Unregelmäßigkeit die Kritik am Rationalismus der Barockzeit, den Gegensatz zu den Lebensformen der höfischen Gesellschaft ausdrückte, daß er übergehe »in die schöne natürliche Wildnis«[5]. Anthony A. C. Shaftesbury, Zeitgenosse Addisons und der geistige Vater des kunstreich natürlich angelegten Landschaftsgartens, sah in der belassenen, »glorious Nature« die göttliche Ordnung und Vollkommenheit schlechthin offenbart. Sie erschien ihm »a nobler spectacle than all which ever Art presented«[6] (ein edleres Schauspiel als je die Kunst hervorzubringen vermochte). In der Natur vereinte sich für Shaftesbury das Schöne und Gute schlechthin; sie war ihm gewissermaßen als beste aller Welten das Korrelat für freie Lebensentfaltung.

Dem in Bern geborenen Dichter, Naturwissenschaftler und Arzt Albrecht von Haller gelang es, erstmals ein breiteres Interesse für die Natur der Alpenwelt zu wecken. 1728 unternahm er von Basel aus eine ausgedehnte Wanderung in die Schweizer Berge. In einem sehr umfangreichen Gedicht in zehnzeiligen Alexandrinern, in dem die Lehren Shaftesburys durchleuchten, faßte er seine Eindrücke unter dem Titel ›Die Alpen‹ zusammen. Zivilisationskritisch feierte Haller die Schönheit der Hochgebirgslandschaft, die reinen Sitten und die edle Einfalt der bäuerlichen Hirten als Idealbild einer ursprünglichen Menschheit, das ihm im Gegensatz stand zur Verderbtheit der Fürstenhöfe und Städte. In den individuellen, kontrastreichen Erscheinungsformen der unberührten Natur sah Haller die Entsprechung zu den freiheitlichen, in einem natürlichen Sinn vernünftigen Lebensformen; schützend gleich Mauern umgaben die Berge dieses Arkadien. Das idyllische Sittengemälde, eingerahmt von der großartigen Kulisse der Alpen, wurde schon bald in viele Sprachen übersetzt und in den Salons des Rokoko herumgereicht; das Gedicht, dem in seiner Idealisierung des

Das Engelbergtal in der Zentralschweiz. Aquarellierte Zeichnung von Samuel Hieronymus Grimm, um 1775

glücklich lebenden, keinem Fürsten unterstehenden Schweizervolks der politisch-patriotische Zug nicht fehlte, erreichte zu Hallers Lebzeiten dreißig Auflagen: ein Beweis dafür, wie sehr es die im Wandel begriffene Stimmung der Zeit traf.

Einen Markstein für die Entwicklung des neuen Naturgefühls setzte der Brite Edmund Burke mit seiner Abhandlung ›Philosophical Enquiry into the Origin of our Ideas of the Sublime and the Beautiful‹ (1757, deutsch 1773: ›Philosophische Untersuchung über den Ursprung unserer Ideen vom Erhabenen und Schönen‹). In diesem ›klassischen‹ Text empiristisch-sensualistischer Ästhetik bestimmte Burke das ›Erhabene‹ und ›Schöne‹ erstmals als gleichwertige dualistische Kategorien, als physische Sinneseindrücke, die psychisch Gefühle auslösen. Es bot sich an, besonders Naturerscheinungen unter diesen Aspekten aufzufassen. Das ›Erhabene‹ – nach Burke das Große, Wilde, Dämonische und Unendliche – reißt, vor aller Überlegung, »mit unwiderstehlicher Kraft«[7] hin und löst schreck- oder lustvolles Erstaunen, Erschauern (*astonishment*) aus. Das ›Schöne‹ dagegen zieht wohlig an, lädt den Betrachter zur Verbindung ein. Burke erklärte das ›Erhabene‹ und ›Schöne‹ rein sinnlich-subjektiv, be-

Die Entdeckung der Alpen in der niederländischen Malerei: Die Martinswand bei Zirl. Zeichnung von Pieter Breughel d. Ä., um 1560

freite die Emotion aus dem Korsett des Intellekts. Seine Gedanken stießen besonders in Deutschland auf nachhaltiges Interesse, zum Beispiel bei Immanuel Kant. Er bestimmte das ›Schöne‹ und ›Erhabene‹ ebenfalls als sinnlich-subjektive Empfindungen, die jedoch durch die Membrane des Verstandes gefiltert werden. Wer wollte, so fragte Kant, »ungestalte Gebirgsmassen in wilder Unordnung übereinandergetürmt, mit ihren Eispyramiden, oder die düster tosende See … erhaben nennen? Aber das Gemüt fühlt sich in seiner eigenen Beurteilung gehoben, wenn es sich in der Betrachtung derselben … der Einbildungskraft überläßt.« Erhabenheit ist nach Kant nicht in der Natur selbst, »sondern nur in unserem Gemüt enthalten«[8].

Erklärte Kant die Wahrnehmung des ›Erhabenen‹ und ›Schönen‹ sinnlich-rational, so beurteilte sie Friedrich Schiller sinnlich-objektiv. In seiner Abhandlung ›Über das Erhabene‹ heißt es: »Bei dem Schönen stimmen Vernunft und Sinnlichkeit überein, und nur um dieser Zusammenstimmung willen hat es Reiz für uns … Beim Erhabenen hingegen stimmen Vernunft und Sinnlichkeit *nicht* zusammen, und eben in diesem Widerspruch zwischen beiden liegt der Zauber, womit es unser Gemüt ergreift … Das Schöne macht sich bloß verdient um den *Menschen*, das Erhabene um den *reinen Dämon* in ihm … das Erhabene [muß] zu dem Schönen hinzukommen, um die *ästhetische Erziehung* des Menschen zu einem vollständigen Ganzen zu machen und die Empfindungsfähigkeit des menschlichen Herzens … auch über die Sinnenwelt hinaus zu erweitern.« Nach Schiller sollte die Wahrnehmung des ›Erhabenen‹ und ›Schönen‹ »dem Gemüt einen Schwung geben«[9]. Nirgendwo begegnete man dem ›Er-

Der Staubbach im Lauterbrunnental mit Regenbogen. Stich aus: David Herrliberger, ›Topographie der Eydgnoßschaft‹, III, 1773

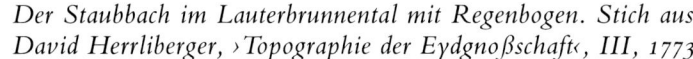

habenen‹ (in der Abstufung von majestätisch, kosmisch-groß bis schrecklich und dämonisch) und ›Schönen‹ in reinerem Zustand als in den Alpen. Die ästhetische Entdeckung der Alpennatur als Wirklichkeit und inneres Erlebnis war eine konsequente Folge des zivilisatorischen und kulturellen Wandlungsprozesses im 18. Jahrhundert.

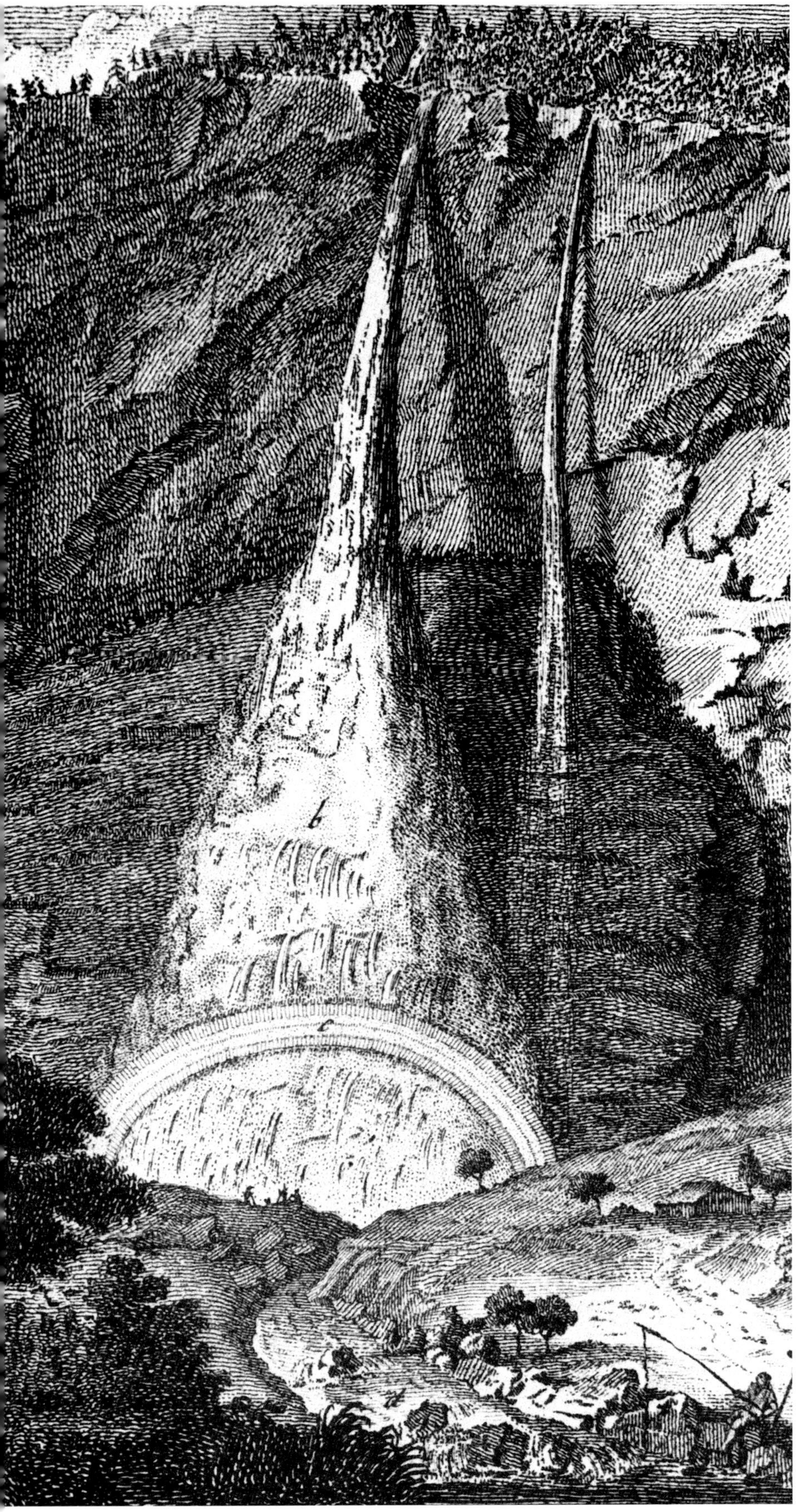

Dieser Wandlungsprozeß rief zugleich und in zunehmendem Maß die Reiselust hervor und rechtfertigte sie. Hatte man sich bisher aus theologischen (Pilgerfahrten), politischen und militärischen Gründen, um des ökonomischen und wissenschaftlichen Nutzens willen auf Reisen begeben, so tat man es jetzt auch, um persönliche Erfahrungen zu gewinnen. Dazu kam, daß sich auch die religiöse Einstellung geändert hatte. Erinnern wir uns an Petrarca: auf dem Gipfel des Mont Ventoux schlug er – nur vorgeblich zufällig – das 10. Buch der ›Bekenntnisse‹ des Augustinus auf, in dem der Kirchenvater das Interesse an der Außenwelt mit den Begriffen der bloßen Augenlust und Neugier diskreditierte, weil sie – als menschliche Laster – von Gott ablenkten. Nach dieser Lektüre wandte sich Petrarca mit *mea culpa*-Geste von der Schönheit der Berglandschaft ab und der Kontemplation in Gott zu. In krassem Unterschied dazu betrachtete man jetzt Mobilität (ein Element modernen Bewußtseins, das sich damals herausbildete) als etwas Positives; die Welt kennenzulernen, lenkte nicht mehr von Gott ab, sondern führte zu ihm hin, da er sich in ihr offenbarte; besonders glaubte man, sein Wirken in der großen, reinen, unverdorbenen Natur zu erkennen. So sah etwa der englische Dichter Thomas Gray anläßlich seiner ›Grand Tour‹ 1739–1741, bei einem Besuch der Grande Chartreuse, die Alpen vor sich als »beauties savage and horrid« (in ihrer wilden und erschreckenden Schönheit), und begeistert fühlte er, wie seine Seele sich läuterte und erhob.[10] Der Mont Blanc veranlaßte Samuel Taylor Coleridge zu diesen Versen: »O erhabener und stiller Berg! Ich blickte dich an, / bis du, immer noch den Sinnen gegenwärtig, / aus meinem Denken schwandest. In Andacht entrückt / betete ich den Unsichtbaren allein an.«[11] Noch Mitte des 18. Jahrhunderts vertrat der zivilisationskritische Schriftsteller John Ruskin (der längere Zeit in der Schweiz gelebt hatte) die Ansicht, daß die Berge vielerlei Ausdrucksformen des menschlichen Lebens beeinflussen, so auch – ein allerdings ungewöhnlicher Gedanke – die bildende Kunst, die »these

Gebirgslandschaft am See. Gemälde von Josef Anton Koch, um 1795 ▷

*Alpenreisende auf dem Stockhorn in den Berner Voralpen. Feder-/
Pinselzeichnung von Karl Adolf Otth, 1834*

great cathedrals of the earth«[12] in ihren gotischen Domen
nachgebildet habe.

Zurück zur Natur, heraus aus der Zivilisation, die den
ursprünglich frei und gut geborenen Menschen pervertiert: das war die entscheidende Devise Jean-Jacques Rousseaus. Dem Uhrmachersohn, der stets seine republikanische Herkunft als »citoyen de Genève«, als Bürger Genfs
betonte, der die europäische Geistesgeschichte überragend
beeinflußte und die Französische Revolution gedanklich
mit vorbereitete, gelang es, das neue Naturgefühl am
nachhaltigsten zu propagieren. Niemand hat je erfolgreicher für die Schweizer Alpenwelt geworben, als – mehr
oder weniger unversehens – Rousseau, und zwar bereits
mit seinem ersten Roman ›Julie ou la Nouvelle Héloïse«,
der 1761 zunächst unter dem Titel »Lettres de deux amants
habitants d'une petite ville au pied des Alpes« (Briefe
zweier Liebender aus einer kleinen Stadt am Fuße der
Alpen) erschien. Dessen erste Hälfte besteht fast ausschließlich im Austausch empfindsamer Briefe zwischen
den Hauptfiguren Julie d'Etanges und St. Preux, deren
Vereinigung gesellschaftliche Schranken verhindern.
Selbstbewußt und dynamisch, mit sicherem Gespür auch
für das Sensationelle machte sich Rousseau zum Anwalt
des unbedingten Gefühls, das er in Gegensatz sah zu den
Zwängen und Unterdrückungsmechanismen der aufklärerischen, trügerischen Verstandeskultur, die nach Anpassung verlangte. Spiegel der individuellen Gefühle, der
seelischen Höhen und Tiefen war die Natur, die Landschaft um den Genfer See und der Walliser Berge. Denn
nach Rousseau fanden alle reinen, auch exzessiven Empfindungen gerade in wilder, kontrastreicher, unberührter
Natur ihren sympathetischen Ausdruck. Unter einer
»schönen Landschaft« verstand er »Gießbäche, Felsen, Tannen, dunkle Wälder, Berge, bergauf und bergab holpernde Wege, Abgründe neben mir, daß ich Angst bekomme«. Der Ungebundenheit, der Lösung von Verpflichtungen entsprach die Mobilität, das Reisen als
einsamer Wanderer: »die Entfernung von allem, was mich
meine Abhängigkeit fühlen läßt, von allem, was mich an
meine Lage erinnert – all das befreit meine Seele, gibt mir
eine größere Kühnheit der Gedanken, schleudert mich
gewissermaßen hinein in die unendliche Mannigfaltigkeit
der Wesen, mit der Kraft, sie zu verbinden, sie auszuwählen, sie mir nach Gefallen, ohne Scheu und Furcht anzueignen. Ich verfüge als Herr über die ganze Natur; mein
Herz, von Gegenstand zu Gegenstand gaukelnd, verbindet sich, verschmilzt mit denen, die ihm zusagen, umgibt
sich mit reizenden Bildern, berauscht sich an seligen
Empfindungen.«[13]

Auf der Suche nach seligen, düster-melancholischen
und anderen intensiven Empfindungen à la Rousseau,
auf den Spuren der sentimentalen Naturerlebnisse seines
Helden St. Preux, die man nachvollziehen wollte, wallfahrtete jener Teil der riesigen und begeisterten Leserschaft, der es sich leisten konnte, zu den Schauplätzen
der ›Neuen Héloïse‹. Zu ihm gehörte zum Beispiel der
russische Schriftsteller Nikolaj Karamsin, der 1789 nach
Petersburg meldete: »Heute früh um 5 Uhr verließ ich
Lausanne in der heitersten Stimmung und – Rousseaus
›Neue Héloïse‹ in der Hand. Ihr erratet nun schon das
Ziel meiner Reise! Ja, meine Freunde, ich ging, um die
herrlichen Gegenden mit eigenen Augen zu sehen, in die
der unsterbliche Rousseau seine schwärmerischen Liebenden versetzte … Da es Euch bekannt ist … wie ich Rousseau liebe und mit welchem Entzücken ich seine ›Héloïse‹
mit Euch las, könnt Ihr Euch vorstellen, mit welchen
Empfindungen ich alle diese Gegenstände betrachtete …
Die Schönheit der hiesigen Gegend muß die lebhaftesten
Eindrücke auf Rousseaus Seele gemacht haben … Mir
schien es, als sähe ich den Felsen, der soviel Anziehendes
für St. Preux hatte und wo er an Julie schrieb.«[14] Selbst
Johann Wolfgang Goethe, der 1774 seinen Roman ›Die
Leiden des jungen Werthers‹ veröffentlicht hatte, konnte
sich auf seiner zweiten Schweizreise 1779 »der Tränen
nicht enthalten, wenn ich nach Meillerie hinüber sah und
den Dent de Jaman und die ganzen Plätze vor mir hatte,
die der ewig einsame Rousseau mit empfindenden Wesen
bevölkerte«[15].

*Der Schmadribachfall im oberen Lauterbrunnental. Gemälde von
Joseph Anton Koch, 1821/22*

Das Eismeer von Chamonix. Kolorierte Umrißradierung von Carl Hackert, 1781

Gelegentlich wurde der Rousseau-Kult auch durch eine ironische Brille gesehen; so heißt es in einem Brief des Historikers Justus Möser an Thomas Abbt: »Wenn Sie nun nach der Schweiz kommen, so bringen Sie mir doch etwas mit: einige Überbleibsel von der Sündflut oder sonst ein Stück von den berühmten Alpen, woraus soviel Wesens gemacht wird ... Sollten Sie auch dort am Fuße der Alpen eine Julie oder Sophie finden, so lassen Sie sich von ihnen einen Salat mit den Fingern umkehren und verwahren mir davon ein recht grünes Blättchen.«[16] Jedenfalls folgten bis zur Jahrhundertwende Tausende – insbesondere Engländer – den Spuren Rousseaus und besuchten, das Buch in der Hand, »die heiligen Örter der Héloïse«[17]. Zu diesem Zweck hielten sich die Fremden wochenlang am Genfer See auf, um von dort aus die entsprechenden Ausflüge zu unternehmen.

Das Interesse für die Alpen erfaßte bald auch und besonders das Tal von Chamonix; von Genf aus brauchte man 40–45 Reise-Stunden, um an den Fuß des Mont Blanc zu gelangen. Für die Empfehlung, die beeindruckenden Gletscher oberhalb von Chamonix zu besuchen, mag in vielen Fällen Marc Théodore Bourrit verantwortlich gewesen sein. Offiziell hauptberuflich Kantor der reformierten Kathedrale von Genf, war er der vielgelesene und -übersetzte erste Autor, der sich ausschließlich den Alpen zugewandt und unter anderem die Gletscherwelt in diesem Gebiet 1773 aus eigener Anschauung be-

schrieben hatte; Bourrit war eine Art Genfer Unikum, dem alle Welt Aufwartung machte und der dafür bekannt war, daß er mit den Damen charmierte.

Die ersten ›Touristen‹ in Chamonix waren 1741 – wer hätte es anders erwartet – zwei abenteuerlustige Engländer: William Windham, der schon seit einigen Jahren in Genf wohnte, und Richard Pococke, der, gerade von einer Reise durch Ägypten und Vorderasien zurückgekehrt, sich hier einfand. In Genf rief der damals kühne Plan, sich in dieses Gebiet vorzuwagen, allgemeines Kopfschütteln hervor, denn man hielt die Einheimischen dort – aus Unkenntnis – für grausam und räuberisch. Die Expedition bestand aus acht Herren, sechs bis an die Zähne bewaffneten Dienern und zwei Pferden, bepackt mit einem Zelt, mathematischen Instrumenten und Proviant. Pococke, der arabische Kleidung trug und vor dem Zelt zwei Bediente mit blanken Schwertern Wache halten ließ, wurde als orientalischer Fürst bestaunt. In Begleitung einiger mutiger Einheimischer erklomm die Karawane den Montenvers-Gletscher und kehrte begeistert von diesem Erlebnis nach Chamonix zurück – zur Verwunderung der Einwohner, die das Unternehmen für sehr gefährlich gehalten hatten, denn nach ihrer Meinung waren die Eisgebirge die Tanzplätze der Hexen.

Nach dieser Pioniertat Windhams und Pocockes reisten schon ein Jahr später mehrere Gelehrte nach Chamonix, um barometrische und trigonometrische Höhenmessungen vorzunehmen, die Talbewohner, Alpentiere und Gletscher zu studieren. 1760 kam dann Horace-Bénédict de Saussure das erste Mal nach Chamonix und begann seinen langen Kampf um den Mont Blanc. Noch bevor Saussures Beschreibung seiner Besteigung des höchsten europäischen Berges 1787 international Furore machte, stellte Goethe anläßlich seiner zweiten Schweizreise 1779 fest, daß es »immer mehr Mode« werde, die Savoyer Gletscher, besonders das Mer de Glace, zu sehen.[18] Persönlich beraten von Saussure, folgte auch er selbst dieser Mode und unternahm noch im November« zusammen mit Herzog Karl August von Weimar einen Ausflug nach Chamonix, um »den größten und sonderbarsten Anblick, den man sich vorstellen kann«[19], zu genießen. Allmählich bildete sich ein Kanon von Sehenswürdigkeiten heraus, die zum Programm einer Schweizreise gehörten, etwa die Kaskaden im Lauterbrunnental, die Gletscher und Berge von Grindelwald, der Weg über den St. Gotthardpaß durch die Schlucht der Reuß mit ihrem beliebten Schauer-Requisit, der Teufelsbrücke, und der Rigi bei Luzern. Während die Ost-Alpen noch ihrer Entdeckung harrten, galt die Schweiz um 1790 als *das* Reiseland Europas – eine Tatsache, die sich in der Entwicklung der modernen Reisehandbücher und -führer niederschlug.

Konrad Geßner: Bewunderung der Berge, 1541

Ich habe mir vorgenommen ... fortan, solange mir Gott das Leben gibt, jährlich mehrere, oder wenigstens *einen* Berg zu besteigen, wenn die Pflanzen in Blüte sind, teils um diese kennenzulernen, teils um den Körper auf eine ehrenwerte Weise zu üben und den Geist zu ergötzen. Denn welche Lust ist es, und, nicht wahr, welches Vergnügen für den ergriffenen Geist, die gewaltige Masse der Gebirge wie ein Schauspiel zu bewundern und das Haupt gleichsam in die Wolken zu erheben. Ich weiß nicht, wie es zugeht, daß durch diese unbegreiflichen Höhen das Gemüt erschüttert und hingerissen wird zur Betrachtung des erhabenen Baumeisters. Die stumpfen Geistes sind, wundern sich über nichts, sie brüten in ihren Stuben und sehen nicht das große Schauspiel des Weltalls; in ihren Winkel verkrochen wie die Siebenschläfer im Winter, denken sie nicht daran, daß das menschliche Geschlecht auf der Welt ist, damit es aus ihren Wundern etwas Höheres, ja das höchste Wesen selbst begreife. Soweit geht ihr Stumpfsinn, daß sie gleich den Säuen immer in den Boden hineinsehen und niemals mit erhobenem Antlitz gen Himmel schauen, niemals ihre Augen aufheben zu den Sternen. Mögen sie sich wälzen im Schlamm, mögen sie kriechen, verblendet von Gewinn und knechtischer Streberei! Die nach Weisheit streben werden fortfahren, mit den Augen des Leibes und der Seele die Erscheinungen dieses irdischen Paradieses zu be-

Alpenlandschaft. Gemälde von Albrecht Altdorfer. Ausschnitt aus: Die Alexanderschlacht, 1529

trachten, unter welchen nicht die geringsten sind die hohen und steilen Firste der Berge, ihre unersteiglichen Wände, die mit ihren wilden Flanken zum Himmel aufstreben, die rauhen Felsen und die schattigen Wälder ...

Ich behaupte daher, daß ein Feind der Natur sei, wer die erhabenen Berge nicht einer eingehenden Betrachtung würdig erachtet.

Albrecht von Haller: Die Alpen, 1729

XXXIII.

Wenn Titans erster Strahl der Gipfel Schnee vergüldet,
Und sein verklärter Blick die Nebel unterdrückt,
So wird, was die Natur am prächtigsten gebildet,
Mit immer neuer Lust von einem Berg erblickt;
Durch den zerfahrnen Dunst von einer dünnen Wolke,
Eröffnet sich zugleich der Schauplatz einer Welt,
Ein weiter Aufenthalt von mehr als einem Volke,
Zeigt alles auf einmal, was sein Bezirk enthält:
Ein sanfter Schwindel schließt die allzuschwachen Augen,
Die den zu breiten Kreis nicht durchzustrahlen taugen.

XXXVII.

Doch wer den edlern Sinn, den Kunst und Weisheit schärfen,
Durchs weite Reich der Welt, empor zur Wahrheit schwingt;
Der wird an keinen Ort gelehrte Blicke werfen,
Wo nicht ein Wunder ihn zum stehn und forschen zwingt.
Macht durch der Weisheit Licht, die Gruft der Erde heiter,
Die Silber-Blumen trägt, und Gold den Bächen schenkt;
Durchsucht den holden Bau der buntgeschmückten Kräuter,
Die ein verliebter West mit frühen Perlen tränkt;
Ihr werdet alles schön, und doch verschieden finden,
Und den zu reichen Schatz stets graben, nie ergründen.

Julie und St. Preux. Kupferstich von Gottlieb Leberecht Crusius nach Hubert François Gravelot zur Erstausgabe von Rousseaus ›Neuer Héloïse‹, 1761

Jean-Jacques Rousseau: Die Alpen als inneres Erlebnis, 1761

Ich weiß nicht, wie ich mich ausdrücken soll, aber es macht auf mich den Eindruck, als ob die Gedanken einen Anflug von Größe und Erhabenheit annähmen, mit den Gegenständen, über die unser Blick schweift, in Einklang stünden, als ob sie eine gewisse ruhige Freude atmen, die sich von jeder Leidenschaft und allem Sinnlichen frei zu erhalten weiß. Es scheint, als ob man, sobald man sich über die Wohnstätten der Sterblichen erhebt, alle niederen irdischen Gefühle zurückläßt, und als ob die Seele, je mehr man sich den ätherischen Regionen nähert, etwas von deren sich stets gleichbleibender Reinheit annimmt. Es bemächtigt sich unsrer eine ernste Stimmung, ohne daß sie in Wehmut ausartet; ein Gefühl des Friedens, das jedoch von jeder weichlichen Schlaffheit frei ist, überkommt uns, wir sind unseres Daseins froh, froh zu denken und zu fühlen. Die Heftigkeit der Begierden nimmt ab; sie verlieren den scharfen Stachel, der sie so schmerzhaft macht, und lassen im Herzen nur eine leichte und angenehme Erregung zurück. Auf diese Weise macht ein glückliches Klima die Leidenschaften, die den Menschen sonst zur Pein gereichen, zu Schöpfern seiner Glückseligkeit.

William Coxe: Auf den Spuren Rousseaus, 1779

Vevey ist die Hauptstadt der Landvogtei gleichen Namens. Sie ist sauber und wohl gebaut, liegt am Fuß eines Bergs auf dem Rand des Wassers, und ist eine von den wenigen Städten im Kanton Bern, die eine ansehnliche Handlung treiben. Die Ufer dieses Teils des Sees sind abstechender, wilder und malerischer als auf der Seite von Genf: Die savoyischen Alpen hängen kühn über das Wasser her und machen einen Halbzirkel von Bergen, die den See einkerkern; ausgenommen wo sie von der Rhone durchschnitten werden, die einige Meilen von Vevey sich in jenen ergießt. Nahe bei Vevey liegt Clarens, und gerade hinüber Meillerie, die Szenen von Rousseaus Heloïse. Ich nahm deswegen aus Lausanne diesen Roman aus einer Lehnbibliothek mit und verglich die Landschaft, wie ich sie fand, mit den Gemälden dieses berühmten Schriftstellers. Kleinigkeiten kann man prächtig ausstaffieren; aber kein Pinsel, soviel Seele er auch hat, wird die wunderbaren und hohen Werke der Natur erreichen; und auch Rousseaus warme Farben unterliegen der Schönheit dieser Landschaft. Ich las mit Aufmerksamkeit die vornehmsten Stellen dieses außerordentlichen Werks; und nun, da ich das Theater ganz vor meinen Augen sah, stiegen im Durchlesen Empfindungen in mir auf, die ich zuvor nie gefühlt hatte. Mit unendlicher Wohllust hing ich vorzüglich an dem schönen Brief, worin St. Preux von seiner Fahrt über den See nach Meillerie Nachricht gibt. Ich halte ihn für das beste des ganzen Werks; wo Liebe und Verzweiflung bis zur Raserei getrieben sind. Ich sah die dunkle, melancholische Felsen von Meillerie, und bin überzeugt aus dem Anblick des jenseitigen Ufers, daß ich, wenn ich auf der andern Seite würde gewesen sein, die Stelle selbst entdeckt hätte, wohin St. Preux seine Julie führte und die er so bezaubernd beschreibt. Denn ob man schon in der Gegend hier keine Spuren einer Geschichte hat, die der Julie ähnlich sieht, so ist

Das Tal von Chamonix mit dem Mont Blanc. Gemälde von Ludwig Schnorr von Carolsfeld, 1848

doch das Lokale genau angegeben; und mir ist es sehr lieb, daß jeder Fleck, dessen in den Briefen gedacht wird, wirklich in diesem romantischen Lande existiert.

Friedrich Leopold Graf Stolberg: Erinnerung an die Schweizerreise mit Goethe 1775

Große schweizerische Bilder steigen mir auf vor meiner Phantasie, ich durchreise noch einmal dieses Land der großen Natur und der reinen Menschheit. Ich höre den Gotthard rauschen mit hundert Katarakten, sehe vom Gipfel des Rigi noch einmal die Sonne untergehn über dreizehn Seen, sehe den grünlichen von Felsen eingeschlossenen Wallenstädter See, in welchen sich über eichenbuschbehangene Klippen silberne Ströme stürzen mit lautem Getöse, sehe die unbestiegnen, von ewigem Schnee bedeckten Alpen, besuche die Schlachtfelder, wo eine Hand voll Helden ganze Heere vertilgte, höre in fruchtbaren Tälern das Geläute der Herden, von welchen sich nähren die glücklichsten und besten Menschen, Menschen frei wie die Adler Gottes und einfältig wie die Tauben.

Johann Wolfgang Goethe in Chamonix, November 1779

Es wurde dunkler, wir kamen dem Tale Chamonix näher und endlich darein. Nur die großen Massen waren uns sichtbar. Die Sterne gingen nacheinander auf und wir bemerkten über den Gipfeln der Berge, rechts vor uns, ein Licht, das wir nicht erklären konnten. Hell, ohne Glanz wie die Milchstraße, doch dichter, fast wie die Plejaden, nur größer, unterhielt es lange unsere Aufmerksamkeit, bis es endlich, da wir unsern Standpunkt änderten, wie eine Pyramide, von einem innern geheimnisvollen Lichte durchzogen, das dem Schein eines Johanniswurms am besten verglichen werden kann, über den Gipfeln aller Berge hervorragte und uns gewiß machte, daß es der Gipfel des Montblanc war. Es war die Schönheit dieses Anblicks ganz außerordentlich; denn, da er mit den Sternen, die um ihn herumstanden, zwar nicht in gleich raschem Licht, doch in einer breitern zusammenhängendern Masse leuchtete, so schien er den Augen zu einer höhern Sphäre zu gehören und man hatte Müh', in Gedanken seine Wurzeln wieder an die Erde zu befestigen. Vor ihm sahen wir eine Reihe von Schneegebirgen dämmernder auf den Rücken von schwarzen Fichtenbergen liegen und ungeheure Gletscher zwischen den schwarzen Wäldern herunter ins Tal steigen.

Wilhelm Heinse: Auf dem St. Gotthard, 1. September 1780, morgens 4 Uhr

Aus dem grauen Altertume der Welt, aus den Ruinen der Schöpfung schreibe ich Ihnen, geliebter Vater Gleim, wogegen die Ruinen von Griechenland und Rom zerstörte Kartenhäuserchen kleiner Kinder, und nicht einmal das sind.

Bester Freund, hier ist wirklich das Ende der Welt. Der Gotthard ist ein wahres Gebeinhaus der Natur. Statt der Totenknochen liegen ungeheure Reihen von öden Steingebürgen, und in den tiefen Tälern aufeinandergehäufte Felsentrümmer da – Die Mitternacht weicht von hinnen. Ich komme wieder draußen aus der Kälte herein. Das Wollustauge des Himmels, der Morgenstern, blickt am Gebürg herauf. Schauer wie ein Erdbeben gingen durch mein Wesen. Ich trat auf und ab leicht wie in Wolken an den Seen, woraus der Ticino rieselt; und nach einem brausenden Wirbelwind, der mir mein losgegangnes Haar um den Kopf herumschlug, ward alles still, bis auf das Geräusch ferner Katarakte, und mich wehte heilig leis in der Dunkelheit zwischen feuchten Felsen eine Stimme wie von einem Geist an –

Sophie La Roche, »die erste teutsche Frau zu Chamouni und bey dem Eis«, 1784

Morgens 5 Uhr stunden wir auf, tranken Tee, aßen weißen Honig mit etwas Butter dazu, und indessen wurden zwei Tragbütten mit Brot, Wein, Käs und kaltem Braten für uns durch zwei Führer und sechs Träger gefüllt, und um 6 Uhr setzte ich mich in den kleinen hölzernen Lehnstuhl. Zwei starke muntre Savoyarden hingen jeder zwei dicke Stränge grobes hänfenes Garn kreuzweis über ihre Schultern, machten die Enden an den Stangen des Stuhls [fest] und breiteten das Garn auf den Achseln aus, wodurch sie viel leichter tragen konnten als mit den gewöhnlichen Riemen, welche immer auf einer Seite einschneiden. Die sechs Leute wechselten im Tragen ab und gingen so leichten Schrittes wie die übrigen, erst zwischen den Hanf- und Haberfeldern durch das Tal, und dann bergan ...

Je höher wir stiegen, je mehr jammerten mich meine Träger, und meine Brust litt mit ihnen, wenn ich sie keuchen hörte. Auf einmal sah ich einen hundert Schritt breiten Platz, ohne Baum, ohne Strauch, beinah einer geraden Felswand ähnlich, an deren Rand der Weg nur zwo Hände breit mit lauter lockern Steinen belegt war. Die Träger mußten etwas abwärts gehen, so daß das ganze Gewicht meines Körpers auch vorwärts hing; die Füße mußte ich, um nicht auf den Steinen anzustoßen, ausstrecken; aber da stieß ich an die Füße des vordern Trägers, und konnte ihn dadurch fallen machen, wo er mich mit seinem Kameraden in den Abgrund gezogen hätte. Diese neben dem Blick auf den Weg entstandnen Gedanken erschöpften auf einmal allen meinen Mut; ich war einer Ohnmacht nahe, und nur durch die Idee bei Sinnen geblieben: Wenn du ohnmächtig wirst, so stürzest du ohne Hilfe aus dem Stuhl ...

Endlich kamen wir nach einer Wendung zwischen großen, mit schönem Moos und kleinen Blümchen bedeckten Steinen auf die Höhe, hatten den mit ewigem Eis bedeckten Mont Blanc vor uns, die nackte Felsenspitze des Dru zu einer, und die Aiguille du Midi zur andern Seite. Einige Schritte weiter zu unsern Füßen das Eismeer in dem ziemlich breiten Tal zwischen diesen Bergen hingezogen; wirklich in Gestalt hoher Wellen, die sich aus der Höhe herabwälzen, und Granitblöcke mit sich führen, die so groß wie mein halbes Zimmer sind. Zwischen ihnen Pyramiden von glänzendem Eis, wie von Kristall, und der Einschnitt, welcher eine weiße Welle von der andern absondert, mit himmelblauem Eis besetzt. Man lernt an Allmacht glauben, wenn man hier steht und die Felsen sieht. Wie klein, wie niedrig scheint aller Stolz der Welt, alles, wovon wir eine große Idee hatten.

Nikolaj Karamsin: Die Gletscher von Grindelwald, 1789

Diese Gletscher sind der Magnet, der die Reisenden nach Grindelwald zieht. Ich besuchte den untern, der mir der nächste war. Zwischen zwei Bergen erheben sich große Eismassen oder Pyramiden von Eis, in denen ich zwar nicht, wie ein französischer Reisebeschreiber, Ähnlichkeit mit kristallenen Zauberschlössern fand, die aber bei alledem einen prächtigen Anblick gewähren. Ich weiß nicht, wer zuerst die Gletscher mit einem stürmischen Meere verglichen hat, dessen Wogen durch einen ungeheuren Frost in einem Augenblick zu Eis erstarrt wären aber der Gedanke ist herrlich, ausdrucksvoll und wahrhaftig dichterisch. Nachdem ich den Gletscher von der Stelle betrachtet hatte, wo das trübe Wasser der Lütschine fürchterlich rauschend aus einer seiner Höhlungen hervorstürzt und wo sie große Steine in ihrem Laufe mit fortwälzt, beschloß ich, höher zu steigen. Zum Unglück war meinem Führer der bequemste Weg auf die Höhe unbekannt. Dies konnte mich aber nicht von meinem Vorsatze abhalten, und ich stieg neben dem Eise bergan. Da ich aber auf lauter kleine Steine trat, die mir unter den Füßen wegrutschten, so stolperte ich unaufhörlich und mußte fast auf allen vieren kriechen, indem ich mich mit den Händen an die größeren Steine anhielt. Mein Wegweiser schrie mir nach, er überlasse mich meinem Schicksale; ich blickte mit Verachtung auf ihn, und ohne ein Wort zu antworten, klomm ich höher und höher, bis ich endlich alle Hindernisse überwunden hatte. Ich konnte nun fast das ganze Eismeer überschauen, das mit hohen Pyramiden gleichsam übersät ist. In der Ferne werden diese immer kleiner und verschwinden endlich ganz. Ich lag hier über eine Stunde auf einem Steine, der über dem Abgrunde hängt; dann trat ich den Rückweg nach Grindelwald an, wo ich zwar nicht ganz ohne Füße, aber wenigstens ohne Schuhe ankam. Zum Glück hatte ich für den Notfall noch ein Paar mitgenommen.

Der Rhonegletscher im Oberwallis.
Gemälde von Johann Heinrich Wüst,
1795

Friedrich Hölderlin: Die Alpen als Sinnbild, um 1800

Nah ist
Und schwer zu fassen der Gott.
Wo aber Gefahr ist, wächst
Das Rettende auch.
Im Finstern wohnen
Die Adler und furchtlos gehn
Die Söhne der Alpen über den Abgrund weg
Auf leichtgebaueten Brücken.
Drum, da gehäuft sind rings
Die Gipfel der Zeit, und die Liebsten
Nah wohnen, ermattend auf
Getrenntesten Bergen,
So gib unschuldig Wasser,
O Fittige gib uns, treuesten Sinns
Hinüberzugehn und wiederzukehren.

Friedrich Schlegel: Heimweh nach der Schweiz, 1802

Der Eintritt in die friedliche Schweiz, wo die Berge sich allmählich immer höher und höher aufeinander türmen, der erste Anblick eines so seltenen Landbaues, der Anblick der Sennenhütten und der sonnenglänzenden Schneeberge gewährt ein Vergnügen, das mit dem Gefühl von Ruhe verbunden ist; der stille Wunsch nach einer solchen Heimat verliert sich in die Befriedigung über den unerwarteten Anblick. Dies ist ein Land, welches man liebgewinnen muß, so wie man es sieht, und schon beim ersten Eintritt begreift man das Heimweh seiner Bewohner.

Johanna Schopenhauer: Von kristallenen Feenschlössern, 1804

Nie werde ich des zauberhaften Anblickes vergessen, als wir nun aus den Tannen hervortraten. Unzählige größere und kleinere Pyramiden vom reinsten Eise, am Fuße eines Schneegebirges, mit dessen wundersam geformten Spitzen und Zacken sie sich vermischten, türmten sich vor uns auf, bis zu einer unglaublichen Höhe. Die Höhlen und Spalten des klaren Eises schimmerten im reinen Saphierblau. Was wir je von kristallenen Feenschlössern gehört und geträumt hatten, schien sich hier zur Wirklichkeit gestalten zu wollen; denn große Tafeln vom reinsten, durchsichtigsten Eise lagen zwischen den Pyramiden aufgeschichtet über- und nebeneinander, als erwarteten sie nur das Zauberwort des Magiers, um zu Hallen und Säulen eines strahlenden Palastes sich zu ordnen.

Arthur Schopenhauer: Das Eismeer von Chamonix, 1804

Das Eismeer soll seinen Namen davon erhalten haben, weil es die Gestalt eines von Wellen bewegten Meeres hat: die vielen unregelmäßigen Spitzen, [die] überall hervorragen, geben ihm wirklich dieses Ansehn: zwischen denselben sind schreckliche

Schlünde und Brüche im Eis, die den, der sich ihrem gefährlichen Rande naht, in dem blauen Abgrund zu vernichten drohen. In den Eisritzen laufen brausende Bäche, vom geschmolzenen Schnee und Eis. Auch hört man von Zeit zu Zeit ein hohles Getöse wie der stärkste Donner, welches von den gewaltigen Eisschollen verursacht wird, die sich losreißen und auf der Oberfläche des Gletschers, oder in den untern Eishallen des Meeres fallen, sich zerschellen, andre Stücke mit fortreißen und die anhaltenden Donnerschläge bewirken, welche vom Echo wiederholt und verstärkt werden. Dieses Schauspiel, der Anblick der ungeheuren Eismassen, die schallenden Schläge, die brausenden Bäche, die Felsen ringsum, mit den Wasserfällen, oben die schwebenden Spitzen und Schneeberge, alles trägt ein unbeschreiblich wunderbares Gepräge, man sieht das Ungeheure der Natur, sie ist hier nicht mehr alltäglich, sie ist aus ihren Schranken herausgegangen, man glaubt ihr näher zu sein. Ist es nicht unbegreiflich, wie hier mitten zwischen grünen Wiesen und Wäldern das ewige Eis liegt, und wie es da, wo man das Eis berührt, nicht kalt ist. Und auffallend kontrastiert gegen diesen erhabenen großen Anblick das lachende Tal in der Tiefe! –

Fürst Hermann von Pückler-Muskau: Erhaben und einzig war der Anblick ..., 1808

Nahe unter dem Gletscher, wo die Rhone, aus der Erde hervorsprudelnd, entspringt, nahmen wir unser Frühstück den hohen Eismassen gegenüber ein und fingen dann langsam an, die Maienwand zu ersteigen ...

Im Anfange ging es noch ziemlich gut, zwar beschwerlich, doch ohne Gefahr, bald aber bedeckten sich die steilen Felsen mit unabsehbarem Schnee, auf dem man mit unsicheren Tritten weiterklimmen mußte; ein einziges Mal Ausgleiten, eine einzige Anwandlung von Schwindel konnte das Leben kosten. Als wir fast oben waren, wich an einer losen Stelle der Schnee unter mir, und ich sank bis an den Leib hinein; zum Glück faßte ich eine hervorstehende Felsenspitze mit der Hand und kam so mit dem leichten Schreck davon ...

Erhaben und einzig war der Anblick, der uns oben erwartete; so weit das Auge reichte, entdeckte man nichts mehr als ungeheure Schneegipfel, die wie hohe Wellen des erzürnten Meeres übereinander hinzuwogen schienen. Ein weißes Gewand war über die ganze Natur gebreitet und das Blau des Himmels die einzige Abwechslung. Man glaubte, eine neue Welt zu sehen, und die verstummende Sprache suchte vergebens nach Ausdrükken für ihr bis jetzt fremde Empfindungen; kaum würde die schaffende Phantasie etwas so majestätisch schauderhaft Großes erreichen, als hier die Natur in ihrer einsamen Werkstatt, von ewigem Schweigen umgeben, aufgestellt hat; kein lebendes Wesen, kein Baum, keine Pflanze zeigt sich mehr dem erstarrten Blick, kein Laut unterbricht die totenähnliche Stille, nichts bewegt sich, als die geheimnisvoll vorüberziehenden Wolken.

Percy Bysshe Shelley: Mont Blanc, 1816

Dort oben glänzt Mont Blanc: die Kraft, sie ruht,
Die stille hehre Kraft, die manches Bild
Und manchen Laut hat in sich aufgesogen.
In Nächten ohne Mond und dunkel-mild,
Im grellen Licht des Tages fällt der Schnee
Auf diesen Berg. Und niemand sieht die Glut
Der Flocken, wenn die Abendsonne sinkt,
Auch nicht den Pfeil des Sternstrahls durch den Schnee.
Die Winde kommen stumm herbeigeflogen,
Mit starkem Atem Schnee zu häufen. Dort
Verweilt der stumme Blitz in Einsamkeit
Und Unschuld, und er überlagert weit
Wie Dunst den Schnee. Geheime Kraft der Dinge
Wohnt ganz in dir, sie wirkt im Denken fort,
Und ihr Gesetz beherrscht den Himmel fern.
Was wärst du, was wär Erde, Meer und Stern,
Wenn nicht des Menschen Phantasie empfinge
Die Einsamkeit, des Schweigens Kern.

George Gordon Lord Byron: Tagebuch aus den Alpen, 1816

19ter Septr.

Um 5 Uhr aufgestanden – die Kutsche herumgeschickt. – Überquerten die Berge bis Montbovon zu Pferd – und auf Maultieren – und durch die Kletterei auch zu Fuß, – die ganze Strecke schön wie ein *Traum*, und jetzt für mich fast ebenso verschwommen, – ich bin so müde – denn, obgleich gesund, habe ich nicht die Kraft, die ich noch vor wenigen Jahren besaß. – In Mont Davant frühstückten wir – nachher, an einem steilen Anstieg – abgesessen – gestürzt & einen Finger aufgerissen – das Gepäck löste sich ebenfalls und fiel in eine Schlucht, bis ein großer Baum es aufhielt – fluchte – barg das Gepäck – Pferd müde & tropfnaß – stieg auf ein Maultier – in der Nähe vom Gipfel des Dent Jaman – mit H. & der ganzen Gesellschaft wieder abgestiegen. – Kamen an einen See, genau in der Brustwarze der Brust des Berges. – Ließen unsere Vierbeiner bei einem Schäfer & stiegen weiter auf – kamen zu etlichen Stellen mit Schnee – auf den der Schweiß von meiner Stirn fiel wie Regen und ihn durchlöcherte wie ein Sieb – die Kälte des Windes & des Schnees machten mich schwindelig – doch ich kletterte weiter & höher hinauf – H. ging bis auf die höchste *Zinne* – ich nicht – sondern rastete einige Yards unterhalb (an der Öffnung der Felsenspalte) – beim

143

Absteigen stürzte der Führer dreimal – ich mußte lachen &
stürzte auch – der Abhang glücklicherweise weich, wenn auch
steil & schlüpfrig – auch H. fiel – doch niemand verletzt. Der
Berg als Ganzes prächtig – der Hirte auf einem hohen & steilen
Felsen spielte auf seiner *Flöte* – sehr verschieden von *Arkadien* –
(wo ich die Schäfer mit langen Musketen statt Stäben gesehen
habe – und Pistolen in ihren Gürteln) – das Flötenspiel unseres
Schweizer Hirten war süß –

George Gordon Lord Byron: ›Manfred‹, 1817
(Dramatisches Gedicht, 1. Akt, 2. Auftritt)

[Der von einer geheimnisvollen Schuld gepeinigte, in magi-
schen Künsten erfahrene und den Menschen entfremdete Titel-
held, der ein mittelalterlich düsteres Alpenschloß bewohnt, ist
zur Ruhelosigkeit verdammt. Auf dem Gipfel der Jungfrau
vergleicht der romantisch innerlich Zerrissene das majestätische
Gebirge mit der düsteren, öden Landschaft seiner Seele. Als er
sich in die Tiefe stürzen will, hält ihn ein Gemsjäger im letzten
Moment zurück.]

MANFRED: Die Nebel dampfen um die Gletscher her,
  Weiß, schweflig wälzt die Wolke unter mir
  Wie Schaum aus wildem Höllenkessel sich,

»Erinnerung von der Gemmi, dem Doldenhorn, Altels u. Rinder-
horn, Interlaken d. 17. Aug. 1843«. Bleistiftzeichnung von Felix
Mendelssohn-Bartholdy

  Der an lebend'gem Strand die Wellen bricht,
  An den Verdammten, diesem Sand am Meer!
  Mir schwindelt schon!
GEMSJÄGER: Ich muß behutsam nahn;
  Sonst könnte ihn ein rascher Schritt erschrecken.
  Er schwankt bereits.
MANFRED: Gebirge sind gestürzt
  Und ließen in den Wolken einen Schlund
  Und rüttelten im Sturz die Brüder auf
  Und füllten mit Zerstörung alle Täler
  Und warfen Dämme in der Flüsse Bett,
  Daß ihr Gewässer sich in Schaum verspritzte
  Und ihre Quellen neue Wege suchten.
  So war's in alten Zeiten mit dem Rosenberg.
  Warum stand ich nicht unter ihm?
GEMSJÄGER: Nehmt Euch
  In acht, mein Freund! Noch einen Schritt, und ihr
  Seid hin! Um dessen willen, der Euch schuf,
  Geht von dem Abgrund weg.

MANFRED *hört ihn nicht:*   Ein passend Grab
  Wär das für mich gewesen. Mein Gebein
  Wär ruhig dann in seinem Schlund gelegen.
  Es ward dann nicht auf diesem Felsenmeer
  Zum Zeitvertreib des Windes ausgestreut,
  Wie nun es werden wird – mit einem Sprung!
  Lebe wohl, du offner Himmel! Blicke nicht
  So vorwurfsvoll auf mich! Du warst mir nicht
  Bestimmt. Nimm Erde, die Atome wieder!
    Als Manfred vom Felsen springen will, greift der
    Gemsjäger rasch nach ihm und hält ihn zurück.
GEMSJÄGER: Halt ein, du Tollkopf! Bist du lebensmüde,
  So schwärze nicht mit deinem schuldgen Blut
  Das reine Tal. Komm! fort! Ich laß dich nicht.

Manfred auf dem Gipfel der Jungfrau. Szene aus Lord Byrons gleichnamigem Drama. Stahlstich von W. Taylor nach H. W. Bartlett, 1832

Felix Mendelssohn-Bartholdy: Das Lebensgefühl in den Alpen, August 1831

Es ist in den Alpen alles viel freier, schärfer, ungeschlachter wenn Ihr wollt, aber mir wird noch wohler und gesünder drin zumut. Ich wollte, ich könnte beschreiben, wie frisch mir wurde, als ich seit der Schweizer Reise zum erstenmal wieder die tolle Gletscherwirtschaft und die Zacken sah, man kommt sich da sehr winzig vor. Und nun habe ich das Chamonixtal noch vor mir.

James Fenimore Cooper: Betrachtung der Jungfrau, um 1830

Als ich am Fenster des Wirtshauses stand und diese schwarze Säule, deren Gipfel in Nebel gehüllt war, betrachtete, entschwebte letzterer, und da lag die wohlbekannte Spitze der Jungfrau dicht hinter und über dem Berge und glänzte im

Das erste Gasthaus auf dem Rigi-Kulm, eröffnet 1816. Kolorierte Lithographie von G. Matter, um 1825

Sonnenlichte! Die Höhe und Nähe des näheren Felsens erweckte uns eine noch erhabenere Idee von jener köstlichen Gletscherspitze, als irgendeine andere Ansicht derselben in uns hatte erwecken können.

Beiläufig werde hier bemerkt, daß der hochverdiente Name der »Jungfrau« Gefahr läuft verlorenzugehen; denn mehr als jemals scheint man jetzt zu beabsichtigen, den kalten und bisher unerreichten Gipfel derselben zu ersteigen. Mehrere Gesellschaften engländischer Naturliebhaber versuchten das Hinanklimmen, doch tun sie nicht vielmehr, als dahin zu folgen, wohin die Führer sie leiten; hinterher geben sie dann kostbare Bücher darüber heraus.

Annette von Droste-Hülshoff: Vom Alpenglühen

Eppishausen, 9. November 1836

Ich habe auf diesem Gute Berg, eben wie hier, die meiste Zeit am Fenster zugebracht, man sieht die Alpen wie auf unserm Rebhügel. Dort sah ich zuerst das Alpenglühen, nämlich dieses

Brennen im dunklen Rosenrot beim Sonnen-Auf- und Untergange, was sie glühendem Eisen gleich macht, und, so häufig die Dichter damit um sich werfen, doch nur bei der selten zutreffenden Vereinigung gewisser Wolkenlagen und Beschaffenheit der Luft stattfindet. Eine dunkel lagernde Wolkenmasse, in der sich die Sonnenstrahlen brechen, gehört allemal mit dazu, aber noch sonst vieles. Nun hören Sie, ich sah, daß eine tüchtige Regenbank in Nordwest stand, und behielt desto unverrückter meine lieben Alpen im Auge, die noch zum Greifen hell vor mir lagen; die Sonne, zum Untergang bereit, stand dem Gewölk nahe und gab eine seltsam gebrochene, aber reizende Beleuchtung. Ich sah nach den Bergen, die recht hell glänzten, aber weiß wie gewöhnlich, als wenn die Sonne sonst auf den Schnee scheint – hatte kein Arg aus einer allmählich lebhafteren, gelblichen, dann rötlichen Färbung, bis sie mit einem Male anfing sich zu steigern, rosenrot, dunkelrot, blaurot, immer schneller, immer tiefer, ich war außer mir, ich hätte in die Knie sinken mögen, ich war allein und mochte niemand rufen aus Furcht, etwas zu versäumen. Nun zogen die Wolken an das Gebirge, die feurigen Inseln schwammen in einem schwarzen Meere, jetzt stieg das Gewölk, alles ward finster, – ich machte mein Fenster zu, steckte den Kopf in die Sofapolster und mochte vorläufig nichts anderes sehen, noch hören ...

Victor Hugo: Wogen von Granit, 1839

Nach einer Stunde auf dem Rigi-Kulm wird man zur Statue, schlägt an irgendeinem Punkt des Gipfels Wurzeln. Der Eindruck ist ungeheuer. Denn die Erinnerung ist nicht weniger gefangengenommen als der Blick, das Denken nicht weniger als die Erinnerung. Nicht nur ein Stück des Erdkreises bietet sich dem Auge dar, auch ein Stück Geschichte. Der Tourist sucht hier einen Aussichtspunkt, der Denker findet ein gewaltiges Buch, in dem jeder Felsen ein Buchstabe ist, jeder See ein Satz, jedes Dorf ein Akzent, und aus dem durcheinandergewirbelt 2000 Jahre Erinnerung wie ein Rauch aufsteigen ...

Liebe Freundin, in einem meiner ersten Briefe schrieb ich: »diese Granitwellen, die man die Alpen nennt«. Ich wußte nicht, wie wahr ich gesprochen hatte. Das Bild, das mir in den Sinn gekommen war, ist mir in seiner vollen Realität auf dem Gipfel des Rigi erschienen, nach Sonnenuntergang. Diese Berge sind wirklich Wellen, Riesenwellen. Sie zeigen alle Formen des Meeres: hohe See, grün und dunkel sind die mit Tannen bestandenen Bergkämme; gelbe und erdfarbene Wogen die von Flechten vergoldeten Granitabhänge, und auf den obersten Wogenkämmen bricht sich der Schnee und fällt in Zacken in schwarze Schluchten, wie Meeresschaum. Man meint einen ungeheuerlichen Ozean zu sehen, erstarrt mitten in einem Sturm durch den Hauch Jehovas.

Ein schrecklicher Traum: der Gedanke, was aus dem Horizont und dem Geist des Menschen würde, setzten diese gewaltigen Wogen sich plötzlich in Bewegung.

Felix Mendelssohn-Bartholdy: Abschied, 1831

Wenn man so aus den Bergen kommt und dann noch den Rigi sieht, das ist als käme am Ende der Oper die Ouvertüre und andere Stücke wieder; alle die Stellen, wo man so Himmlisches sah, die Wengernalp, die Wetterhörner, das Engelbergertal, sieht man hier noch einmal nebeneinanderliegen und kann Abschied nehmen.

Touristen beim Abstieg vom Gemmipaß. Kolorierte Lithographie von G. Banard, 1823

*Überfall auf eine Postkutsche.
Kolorierte Lithographie nach einer
Zeichnung von J. Bellangé, 1827*

VI. Aus der Frühzeit des Alpentourismus

DIE ERSTEN REISEFÜHRER

Meine Seele war innigst gerührt, in meinen Augen schwamm eine Träne der süßesten Wehmut und mein Blick ... starrte der langersehnten Schweizer Grenze zu.« Es war ein »unvergeßlicher Morgen der süßen Ahnung und des stillen Naturgenusses«[1]. So schwärmerisch gab man gegen Ende des 18. Jahrhunderts oft der Sehnsucht nach diesem Land und der immer intensiveren Alpenbegeisterung Ausdruck. Das Naturerlebnis war zum wichtigsten Reisegrund, die Schweiz das »vor allen übrigen Ländern in Europa am meisten von Fremden besuchte Land« geworden. In Chamonix hatte die Flut der Gletscher-Besucher in den 1780er Jahren bereits den »Einwohnern eine so industrieuse Dienstfertigkeit eingeflößt, daß sie den Reisenden äußerst zur Last«[2] wurde. Diese Feststellung des Göttinger Philosophieprofessors Christoph Meiners, eines anerkannt Landeskundigen, deutet den massenhaften und epidemischen Charakter an, den die Reiselust in die Schweizer Alpen allmählich

Einband zu Ludwig Pfyffer von Wyhers ›Zirkel-Aussicht vom Rigi Berg‹ (1830)

anzunehmen begann. Der Genuß wildromantischer und idyllischer Szenen, der heroischen Landschaft mit ihren majestätisch-unnahbaren Gipfeln, grausigen Abstürzen und schwindligen Stegen über schaurig-schöne Schluchten, mit tosenden Wasserfällen und gleißenden Gletschern, aber auch friedlichen, von freundlichen Sennen bewirtschafteten Almen, in deren Umgebung gesunde Kühe unter traulichem Schellengeläute fette Kräuter grasten, kam mehr und mehr in Mode. Initiiert durch eine Flut einschlägiger Reisebeschreibungen gegen Ende des Jahrhunderts, konzentrierten sich die Vorstellungen immer deutlicher auf sentimentalisierte Klischees, die durchaus zur Popularisierung der Schweizerreisen beitrugen. Literarisch vorgeprägt, bildete sich ein Kanon von feststehenden Natur-Szenarios und Sehenswürdigkeiten heraus, den eine ständig wachsende Zahl von Touristen kennenlernen wollte.

Ob sich die Erwartungen der Schweiz-Besucher erfüllen konnten, hing nicht zuletzt von der ideellen und praktischen Vorbereitung und Organisation der Reise ab. Die Entwicklung von Handbüchern und Ratgebern, durch die »gleichsam die Kanäle gegraben wurden, in welchen ... der Fremdenstrom durch die Schweiz fluten sollte«[3], und die zugleich Sehanleitungen boten, erwies sich als praktische Notwendigkeit. Denn, wie Heinrich Heidegger, Verfasser einer der ersten Anleitungen »für Ausländer, welche ... einige der merkwürdigsten Alpgegenden bereisen wollen«, bemerkt, mangelte es »ungeachtet der vielen Tagebücher und Reisebeschreibungen ... doch am kurzen Unterricht: wie ... eine zum Empfinden wohlgestimmte Seele ... mit Zeit – und vielem Geldersparnis vieles sehen könnte, und wie man sich einen zweckmäßigen Reiseplan machen sollte«.[4] Wandten sich neben Heidegger zunächst erst wenige Autoren dieser Aufklärungsarbeit zu – hier wären etwa der Berner Pfarrer Samuel Wyttenbach, der Gothaer Schriftsteller H. A. O. Reichard und Robert Glutz-Blotzheim zu nennen –, so unterzog sich seit 1790 eine ganze Reihe von Vorläufern Karl Baedekers der Aufgabe, die Reisenden durch die Schweiz zu leiten. Am gründlichsten nahm sich ihr der preußische Arzt und Naturforscher J. G. Ebel an, der mit seiner ›Anleitung auf die nützlichste und genußvollste Art die Schweiz zu bereisen‹ (zuerst 1793) die Ära der modernen Reiseführer einläutete. Ebels Hauptanliegen war, »dem Fremden ... den reichsten, vollsten Genuß der Natur in allen ihren Gestalten zu verschaffen«[5]. Er bot Informationen über Reisearten, -zeiten, -routen, -geschwindigkeit, -ausrüstung und -kosten, gab Aufschluß über Fahrpläne, Distanzen und Devisen, Zollbestimmungen, Unterkunftsmöglichkeiten, Gesundheitsregeln und Badekuren und beschrieb alle Örtlichkeiten, wobei er auf historische, kulturelle, naturkundliche und andere Gegebenheiten hinwies.

Das Reisen war um diese Zeit immer noch eine recht abenteuerliche und umständliche Angelegenheit, dazu eine kostspielige. Schon die Reise bis an die Schweizer Grenze verschlang für die Engländer, die neben den Deutschen das Hauptkontingent der Touristen bildeten, eine bedeutende Summe. Bevor es die Eisenbahn gab, brauchte man für die Strecke London–Genf im günstigsten Fall 12 Tage; die Mindestkosten dafür beliefen sich etwa für ein Ehepaar mit einem Bedienten auf ca. 5000 Franken, wobei der erheblich höhere Wert dieser Währung damals in Betracht zu ziehen ist. Bis man in Genf anlangte, hatte man während einer womöglich stürmi-

Engländer nach dem Dinner vor einem Grindelwalder Hotel,
um 1900

schen Überquerung des Ärmelkanals auf einem Segelschiff die Seekrankheit überwinden, die berüchtigt willkürlichen Zollbeamten in Dover, Calais bzw. anderen Stationen bestechen, zahlreiche Wegegebühren entrichten, aufsässige und habgierige Kutscher über Gebühr bezahlen und schmutzige, überfüllte Gasthöfe ertragen müssen. Ferner wurde man unterwegs nicht nur ständig von Bettlern belästigt, sondern mußte auch mit bewaffneten Überfällen rechnen. Abgesehen davon waren die holprigen Fahrten in einer Karosse, Coche oder einer der öffentlichen großen Postkutschen, der Diligence, über nicht oder mit unebenen Steinen gepflasterte Straßen äußerst anstrengend und sogar schmerzhaft. In Genf dann fanden sich die Briten nur selten von Reiseberichten enttäuscht, die die freiheitlich gesinnten Schweizer als gutmütiges, fleißiges und gastfreundliches Volk schilderten. Meistens nahmen sie hier bzw. in Lausanne oder Montreux längeren Aufenthalt in Pensionen, die nach dem Muster der

Bahnstation und Grand Hotel Rochers de Naye über Montreux, beliebter Aufenthaltsort für wohlhabende Touristen. Plakat von A. Reckziegel

englischen boarding-houses eingerichtet waren. »In der einen Pension war der Pariser Salonton maßgebend, in der anderen der englische Methodismus; die Russen, Amerikaner, die Deutschen hatten alle ihre Lieblingspensionen, und auch der ungleichen Leistungsfähigkeit der Börsen fand man Rechnung getragen.«[6] Trotzdem erschien es etlichen Reisenden »gewiß, daß die vielen reichen Engländer, welche die Schweiz durchstreifen, die Wirte verderben und zu der Teuerung vieles beitragen«[7].

Zwar galten die Schweizer Gasthöfe, die sich im 18. Jahrhundert noch meistens als sehr primitive Unterkünfte mit weniger als zehn Betten darboten, bereits in der ersten Hälfte des 19. Jahrhunderts als die besten der Welt; doch rissen auch die Klagen der Reisenden über hohe Ausgaben, über Nepp und Prellerei nicht ab. Bezeichnenderweise finden sich in der Reiseliteratur immer wieder Empfehlungen, wie dem zu begegnen sei; beispielsweise solle man gegebenenfalls bei längeren Aufenthalten Rechnungen täglich begleichen, um die Wirte zur Ordnung zu zwingen.

Andererseits erwies es sich nicht selten als schwierig, in den Sommermonaten an den Stationen der ›grand tour‹ durch die Alpen Logis zu finden. In Chamonix, wo 1765 die Witwe Couttet den ersten Gasthof eröffnet hatte, war der Ansturm auf die Hotels d'Angleterre, de Londres, de l'Union und Krone oft so groß, daß man sich glücklich preisen konnte, ein Bett zu finden. Vom Rigi berichtet etwa der amerikanische Schriftsteller James Fenimore Cooper, das Wirtshaus auf der Kulm sei so überfüllt gewesen, daß er sich mit einem Schlafplatz im allgemeinen Speisesaal begnügen mußte.

In gehobenen Kreisen gehörte es zum guten Ton, einige Wochen am Fuß der Jungfrau zu verbringen; schon in den 1820er Jahren hatte Interlaken seinen schweizerischen Dorfcharakter so vollständig eingebüßt, daß es mehr einer englischen Kolonie glich. Hier im Berner Oberland, über das bald etliche Monographien erschienen, gehörte der Besuch des Lauterbrunnen- und Haslitals, des Staub- und Gießbachs, der Großen und Kleinen Scheidegg, der Wengernalp und der Grindelwalder Gletscherregion ebenso zum Repertoire wie Wanderungen auf das Brienzer Rothorn und das Faulhorn, wo man in Gasthäusern übernachten konnte. Bald zeigten sich allerdings selbst auf den Almen die Schattenseiten des Reisebetriebs. Mitte des 19. Jahrhunderts stellte Baedekers Schweiz-Führer fest: »Geduld und kleine Münze sind im Berner Oberland ganz unentbehrlich. Unter allen Gestalten und Vorwänden werden Anläufe auf den Geldbeutel der Reisenden genommen. Hier werden Beeren, Blumen und Kristalle angeboten, dort Gemsen und Murmeltiere gezeigt … Die eine Hütte entsendet bettelnde Kinder, die andere

Abstieg vom Faulhorn bei Grindelwald. Lange war das 1832 eröffnete Gasthaus auf dem Faulhorn das höchstgelegene in den Alpen (2693 m). Kolorierte Lithographie von Eugène Guérard, 1850

balgende Buben; aller Ecken läßt ein Alpenvirtuose sich hören, oder es steht ein Quartett mündiger oder unmündiger Alpensängerinnen in Reihen anmarschiert; dazwischen werden Pistolenschüsse angeboten, um das Echo zu wecken; endlich die zahlreichen Gatter, für deren Öffnung ein halbes Dutzend Kinder ein Trinkgeld erwartet. Das Betteln ist im Oberland zu einer freien Kunst geworden.«

Aber nicht alle Fremden wandelten – wie der damals vielgelesene deutsche Dichter und Alpen-Enthusiast Friedrich Matthisson schon vor 1800 hämisch bemerkte – hintereinander her wie Sancho Pansas Gänse, so daß sie in den ausgetretenen Fußstapfen kaum mehr ohne Stolpern fortkommen konnten.[8] Besonders Fußreisende, die auf die Beförderung in Kutschen, auf Tragsesseln und char-à-bancs verzichteten, konnten noch viele unberührte Alpengegenden für sich entdecken. Der ›promeneur solitaire‹ nach dem Vorbild Rousseaus, der unabhängige, empfindsame einsame Wanderer, wurde in allen Reisehandbüchern besonders berücksichtigt. Es mußte ja nicht

Der Reisende der ersten Hälfte des 19.Jahrhunderts fand auch beispielsweise das Engadin noch im Dornröschenschlaf, den schließlich vor allem der Aufschwung des Badeplatzes St. Moritz beendete. 1878 galt er bereits als so »fashionable«, daß der Hotelier des »Kulm«, Johannes Badrutt, seinen Speisesaal mit den ersten Glühbirnen der Schweiz illuminierte. Der frühe Alpenwanderer konnte ebenso wie in Graubünden oder im Engadin im Wallis die wildromantisch-pittoreske Szenerie der Berglandschaft auf sich wirken lassen. Allerdings verzichtete er dabei auch auf gefährlichen Wegen lieber darauf, Führer zu engagieren, denn das waren in dieser Gegend damals »meistens Müßiggänger und ehemalige Schmuggler von zweideutigem, oft sehr heuchlerischem Charakter«[10]. Wenn der Fußreisende Glück hatte und sich nicht verirrte – das Gebiet war noch in den 1820er Jahren kartographisch nicht exakt erfaßt –, erreichte er etwa Zermatt, wo der Pfarrer den nur vereinzelt auftauchenden Touristen gefällige Bewirtung und Unterkunft bot. Als die Walliser

Heinrich Zschokke, ›Die klassischen Stellen der Schweiz‹: Tells Kapelle am Vierwaldstätter See. Stahlstich von Henry Winkles nach einer Zeichnung von Gustav Adolph Müller, 1836

gleich ein »Spaziergang durch die Alpen von Traunstein bis zum Mont Blanc« sein, wie ihn Eduard Silesius empfahl; der »Pilgrimm in die Heiligtümer der Natur« (Heinse)[9], konnte, fernab der »klassischen Stellen der Schweiz« – so der bekannte Titel Heinrich Zschokkes, 1836 – zum Beispiel in Graubünden wallfahrten. Dieser Kanton erlebte den Anbruch des Fremdenverkehrszeitalters erst in den 1870er Jahren. In Davos gab es Mitte des Jahrhunderts noch keinen einzigen Gasthof. Doch nahm die Entwicklung dieses Ortes einen geradezu stürmischen Verlauf, seit der einheimische Arzt Dr. Spengler in einer medizinischen Fachzeitschrift auf die vorteilhaften Wirkungen der Davoser Luft auf Lungenkranke aufmerksam gemacht hatte. 1880 etwa konnten die Tuberkulosepatienten unter neun großen Hotels und etlichen Sanatorien ihren »Zauberberg« (Thomas Mann) auswählen.

Engländer in den Schweizer Alpen: Was steht im ›Murray‹? Radierung, 19.Jahrhundert

*Hochzeitsreise in die Schweiz. »Göschenen 25 Minuten Aufent-
halt«. Zeichnung von Christian W. Allers, 1889*

Regierung 1839 den Geistlichen das Wirten verbot, baute
hier der Ortsarzt Lauber sein Haus zur Herberge ›Monte
Rosa‹ aus, wo man auf Schaffellen schlief. Zum Hotel
erweitert, wählten es dann in den 1850er Jahren die Bergsteiger des Alpine Club zu einem ihrer Stützpunkte. Besonders die Entwicklung Zermatts bewies, wie auch die
Hochregionen der Schweizer Alpen zum »playground of
England«[11] wurden.

Der Sympathie, die die Briten den Schweizer Alpen
entgegenbrachten, trug der Londoner Verleger John
Murray mit seinen ausgezeichneten Führern ›Glance at
some of the Beauties and Sublimities of Switzerland‹
(1829) und ›Handbook of Switzerland‹ (1839) Rechnung.
Sie erreichten wie Reichards, Glutz-Blotzheims und Ebels
Handbücher viele und hohe Auflagen. Adolphe Joanne
berief sich ausdrücklich auf Ebel und Murray, als er in der
Einleitung zu seinem ›Itinéraire descriptif et historique de
la Suisse‹ (1841) bemerkte, daß er den Franzosen, die

schließlich und endlich in den letzten Jahren ebenfalls die
Freuden und den Nutzen des Reisens entdeckt hätten,
einen ähnlichen Dienst leisten wolle, wie Ebel den Deutschen und Murray den Engländern. Ebel und Joanne, am
deutlichsten aber Murray waren die Vorbilder für den
Schweiz-Führer des Koblenzer Buchhändlers Karl Baedeker. 1844 zuerst veröffentlicht, erschien er bald in mehrere
Sprachen übersetzt und erlebte, zum Synonym für das
Reisehandbuch schlechthin geworden, bis heute zahlreiche, immer wieder verbesserte Auflagen.

Im übrigen ging auch die Idee der organisierten
Schweizreisen von England aus, wo der Begriff ›tourist‹
um 1800 aufkam. Schon 1818 gab es in London Agentu-
ren, die Reisende für Pauschalsummen in das Alpenland
beförderten. Im Zeitalter des Dampfschiffs und der Eisenbahn übernahm es ab 1863 das Unternehmen Thomas
Cook and Sons, Pauschal- und Gesellschaftsreisen in die
Schweiz, gegebenenfalls mit landeskundigen Begleitern,
durchzuführen.

Um diese Zeit erst setzte die touristische Entdeckung
auch der südlichen und östlichen Alpenregionen ein.

Der Schliersee im bayrischen Oberland. Bleistift-/Federzeichnung von Johann Georg von Dillis, um 1810/20

Noch 1862 war etwa in den Dolomiten – ihr Name leitet sich von dem Franzosen Déodat de Dolomieu her, der 1788 hier erste geologische Forschungen betrieb – »noch kein Fremdenbesuch zu verzeichnen ... fast die einzigen Reisenden, die man an der Ampezzaner Straße traf – von anderen seitwärts gelegenen Gegenden ganz abgesehen – waren die zahlreichen Fuhrknechte, die die riesigen Frachtwagen geleiteten«. Erst in den 1870er Jahren machte »der schwere Frachtwagen dem Landauer Platz«[12]. Die Engländer Gilbert und Churchill konnten noch 1865 behaupten, in ihrem Buch ›Die Dolomitberge. Ausflüge durch Tirol, Kärnten, Krain und Friaul‹ erstmals die südöstlichen Alpen für Touristen zu beschreiben, während dies für die westlichen und mittleren Alpenteile längst durch zahlreiche Reisehandbücher hinlänglich geschehen sei. Ähnliche Pionierdienste leistete Douglas W. Freshfield mit seiner Publikation ›Italian Alps. Sketches in the Mountains of Ticino, Lombardy, the Trentino and Venetia‹ (1875), einen nach Touren geordneten, gründlichen Wanderführer, der Freshfields Erfahrungen aus sieben Sommern zusammenfaßte.

Was dagegen die bayrischen Alpen betrifft, so waren

sie schon allein als Durchzugsgebiet auf der Reise nach Italien, ähnlich wie die entsprechende Region Tirols, spätestens seit Ausgang des 18. Jahrhunderts Gegenstand von Reisebeschreibungen. Lorenz von Westenrieder, Johann Pezzl und Franz von Paula Schrank vor allem vertraten jene Gruppe süddeutscher Wissenschaftler und Schriftsteller, die in der Form des Reisebriefs über Naturwissenschaftliches, Historisches, Handel, Handwerk und Bewohner des Landes berichteten. Der Berliner Aufklärer Friedrich Nicolai widmete den sechsten Band seiner ›Beschreibung einer Reise durch Deutschland und die Schweiz nebst Bemerkungen über Gelehrsamkeit, Industrie, Religion und Sitten‹ (1785) seinen Reiseeindrücken in Bayern. Bedeutenderen Anteil an der Entdeckung der bayrischen Alpen zu Beginn des 19. Jahrhunderts aber hatten die Maler der Münchener Landschaftsschule, die in der Natur die beste Lehrmeisterin erkannten. Johann Georg von Dillis, Wilhelm von Kobell, Max Joseph Wagenbauer, Johann Jakob Dorner, dann auch Peter von

Heß und Lorenzo Quaglio erfaßten detailgetreu und gemütvoll den Charakter der Landschaft und ihrer Bewohner.

Als Pioniere der Sommerfrische im Oberland traten – ähnlich wie die bergbegeisterten Angehörigen des Hauses Habsburg (vor allem Erzherzog Johann) in den österreichischen Alpen – die Wittelsbacher auf den Plan. Der bevorzugte Aufenthalt der Mitglieder und Repräsentanten des Bayrischen Königshauses war nämlich seit Beginn des 19. Jahrhunderts Tegernsee, wo sie nach der Säkularisation (1803) im vormaligen Benediktinerkloster, jetzt Schloß, die Sommermonate verbrachten. Ihr Interesse für die Gebirgsjagd, die Tracht, bäuerliche Umgebung und das einfache Leben der Einheimischen sowie für die Volksmusik machte Mode, die auch auf die anderen Regionen

Beliebtes Ausflugsziel für Sommerfrischler in den Alpen: Der Traunfall im Salzkammergut. Lithographie von G. Kraus, 1836

des Oberlands übergriff. In den 1820/30er Jahren stand eine Reihe von Reisehandbüchern für Bayern und die angrenzenden Alpengebiete zur Verfügung, auch speziell für Fußreisende, die für einen bereits florierenden Fremdenverkehr sprechen. Dabei bezogen sich die Verfasser einerseits durchaus auf Schweizer Vorbilder, besonders auf Ebels Handbuch, wie zum Beispiel der bayrische Staatsrat Joseph von Obernberg bereits in seinem Titel ›Anleitung zur genußreichsten Bereisung des bayrischen Alpengebirgs und einiger Gegenden von Salzburg und Tirol‹ (1832) verrät. Andererseits war ihr Bestreben, von den »kostspieligen Reisen nach der Schweiz abzulenken« und »die reizenden Eigenheiten unseres südlichen Gebirgszuges« zu empfehlen, um »hier die stillen Entzückungen geistiger Einsamkeit zu genießen …, welche die Schönheiten unseres Alpengebirges …, dieses vaterländische Arkadien gewährt«[13].

Von den Gefährdungen, von denen die Alpen heute aus vielerlei Gründen bedroht sind, wußte man damals noch nichts, oder fast nichts. Mit Friedrich Nietzsche konnte der gut aufgelegte frühe Alpentourist fühlen: »Man soll auf Bergen leben. Mit seligen Nüstern atme ich wieder Bergesfreiheit! Erlöst ist endlich meine Nase vom Geruch alles Menschenwesens! Von scharfen Lüften gekitzelt, niest meine Seele – niest und jubelt sich zu: Gesundheit! Also sprach Zarathustra.«[14]

Auf der Fußreise von Baden bei Wien nach Bad Aussee: Der Weg durch die Wildalpen. Lithographie, 1833

Gottlob Friedrich Krebel: Über die Geldsorten der Schweiz, um 1770

In der Schweizer Eidgenossenschaft hat jeder Ort und Kanton das Recht, eigene Münzen zu schlagen, daher ist ein vielfältiger Unterschied unter denselben. Im Golde gelten die Dukaten, die französischen Louis d'or, die Mirletons, die spanischen Pistolen, die Sonnen-Louis d'or usw. fast durchgehends. Im Silber hat man Alberts-Taler zu 2 Gulden 11 Kreuzern, Reichstaler, französische Kronen-Taler u. d. m. Von den Luzerner Schillingen gehen 50 auf einen Gulden. Zu Basel ist 1764 folgendes neues Courant-Geld geprägt worden: 1 Ganze, $^1/_2$, $^1/_3$, $^1/_6$ Taler von 30, 15, 10 und 5 Schweizer-Batzen an Wert; wie auch 3, 1 und $^1/_2$ Batzen, nebst Rappen-Stücken: alle anderen Münzen sind verrufen, ausgenommen die französischen Laubtaler, welche auf 40, halbe auf 20, fünftel auf 8, und zehntel auf 4 Batzen festgesetzt worden.

Heinrich Heidegger: Alpendiät, 1792

Die starke Abänderung der Diät auf den Alpen, der Genuß von so starken, nahrhaften Milchspeisen und Getränken hat beinah auf alle Reisende anfänglich die Wirkung, daß sie entweder Durchfall oder Verstopfungen verursachen. Die erste Unbequemlichkeit ist unschädlich, sie ist Wirkung der Schotte oder Suffi, die den Leib gut reinigt und gesund macht, wo man sich dabei nicht stark erhitzt oder verkältet. Der zweiten Unbequemlichkeit suche man, wenn man sie verspürt, zu rechter Zeit vermittelst eines temperierenden Pulvers abzuhelfen. In allen Fällen aber sehe man sich vor, auf einmal nie zuviel dieser Speisen, besonders des starken Rahms (Nidle) zu essen.

Johann Gottfried Ebel: Wie die richtigen Alpenschuhe um 1800 beschaffen sein sollten

Die Sohlen dieser Schuhe müssen wenigstens 6 Linien dick sein; das starke, aber doch weiche Oberleder, welches den ganzen Rücken des Fußes einschließen muß, wird über der Sohle rund herum 1–1 ½ Zoll hoch mit anderm Leder übernäht, um gegen jeden Stoß den Fuß desto mehr zu sichern. Inwendig muß keine Naht hervorstehen, welche drücken oder die Haut verletzen könnte. Man mache in diesen Schuhen stundenlange Spaziergänge, um sie zu versuchen und ein wenig auszutreten. Soll dann die Alpenreise beginnen, so läßt man sich drei Dutzend große stählerne Nägel bereiten, deren Spitzen wie Schrauben gearbeitet und deren Köpfe, die wenigstens 4 ½ Linien breit sein müssen, als eine abgestumpfte vierseitige Pyramide, mit einem tiefen Einschnitt in der Mitte, wie alle Schrauben zugehauen sind. Von diesen Nägeln werden in jeden Schuh 12 Stücke eingesetzt, nämlich 7 um die vordere Häfte der Sohle, in gleichen Entfernungen verteilt, und 5 um den Absatz, so nahe an den Rand der Sohle, als es, der festen Einsetzung des Nagels unbeschadet, geschehen kann. In die Zwischenräume dieser Stahlnägel werden alsdann gewöhnliche eiserne Nägel mit brei-

ten Köpfen, einer neben dem andern, so eingeschlagen, daß sich die Köpfe berühren. Mit diesen Schuhen geht man sicher auf Granit, Eis und glattem Grase; sie dauern lange und sind nicht beschwerlich. Das übrige Dutzend Stahlnägel wird sorgfältig auf der Reise mitgenommen, um sogleich neue in die Sohlen einsetzen zu können, wenn einige auf den Schuhen stumpf und glatt gelaufen sind.

Johann Gottfried Ebel: Das Reiten im Gebirge, 1809

Wer zu Pferd durch die Gebirge reist, der vertraue gänzlich dem sichern Gang seines Rosses; man lasse es nur gehen, wie es will, ohne es lenken zu wollen. Die Maultiere und Pferde in den Gebirgen werden zur Fortschaffung der Waren gebraucht; sie gehen daher auf den Felsenwegen beständig, sind sie durchaus gewohnt und kennen sie genau. Es ist zum Erstaunen, wie sie klettern können und wie sicher, fest und genau sie gehen. Da sie meistens als Packpferde gebraucht werden, so sind sie des Zaums und des Lenkens ganz ungewohnt; deswegen legt man ihnen auch keinen an, wenn sie zum Reiten gebraucht werden. Man bekömmt daher im allgemeinen nichts in die Hand als einen Strick, der durchs Maul des Rosses geht, oder ein elendes Halfter. Die Gebirgswege laufen öfters dicht an hohen Felsenwänden fort; da nähern sich die Pferde fast immer dem Rande der Straße, weil sie, gewöhnlich mit Gepäck beladen, gezwungen sind, so zu gehen, damit sie nicht an die Felsenwand anstoßen. Sind nun am Rande des Weges Abgründe, so überfällt den Reiter Angst und Schrecken bei diesem fürchterlichen Anblick und bei dem Gedanken, sich so durchaus seinem Pferde überlassen zu müssen. An solchen grauenvollen Stellen ist es vernünftig abzusteigen, um sich von den unangenehmsten Gefühlen zu befreien, über welche die Vernunft nie ganz gebieten kann. Sonst, wie schon gesagt, ist wirklich keine Gefahr zu befürchten, wenn man nur die Tiere gehen läßt; ich habe nie von einem Reisenden gehört, der in diesem Fall ein Unglück hatte.

Johann Gottfried Ebel: Ratschläge für Gletscherwanderer, 1809

Wer auf Gletschern und Eisfeldern viel herumwandern will, muß vom nächsten Ort mehrere Führer mit Stricken, Stangen oder Leitern mitnehmen, um jeder Gefahr auszuweichen. Man folge seinen Führern; man wage sich nicht dahin, wo sie es mißraten, und man lasse sie immer vorangehen. Wer dies beobachtet, wird nie ein Unglück haben.

Man gehe nie über Gletscher, wenn frischer Schnee gefallen ist, welches selbst in Sommermonaten bisweilen geschieht. Man gehe in diesem Fall nie während den Stunden der Mittagshitze, wo der Schnee erweicht wird und der Fußgänger sehr leicht durchbricht und in Spalten fällt.

»Ausflug nach dem Grindelstein« bei Grindelwald.
Zeichnung von W. Allers, 1884

158

Man trage ein Stück schwarzen oder grünen Flor bei sich, um es vor die Augen zu binden, wenn man viele Stunden über Schnee gehen muß; außerdem ist die Blendung fast unerträglich, wenn die Sonne scheint. Die brennenden Schmerzen im Gesicht, welche nach langen Wanderungen über Schneefelder und Gletscher bei hellem Sonnenscheine von der scharfen Reflexion der Strahlen entstehen, werden gelindert, wann man sich mit durch Wasser verdünntem flüchtigem Alkali wäscht.

Johann Gottfried Ebel: Wie man sich um 1800 ein Alpenalbum anlegt

Der Liebhaber des Zeichnens versorge sich mit blauem, oder besser noch mit graugefärbtem Papier; auf diesem Grunde kann man die Lichter schnell und leicht mit schwarzer und weißer Kreide, mit Pastellstangen oder Stiften von gelber und himmel-blauer Farbe angeben. Jeden Abend überziehe man die Umrisse mit der Feder, setze mit Tusche oder Biester die Schatten ein, und überwasche mit reinem Pinsel die weißen und gelben Licht-stellen. Dies ist die leichteste und kürzeste Art, ohne großen Zeitverlust eine treffliche Sammlung von Abrissen zu erhalten, welche dem Liebhaber lebenslangen Stoff zur fleißigen Ausfüh-rung seiner Entwürfe geben, oder wenigstens durch ihren jedes-maligen Anblick die Natur der Alpen und deren Genuß lebendi-ger wieder erwecken wird, als es durch Beschreibung möglich ist. Wenn man zeichnen will, muß man durchaus die Beleuch-tungen des Morgens und Abends wahrnehmen. Den Liebhabern der Landschaftsmalerei empfehle ich auch ganz besonders runde

Die Maler Erhard, Welker und Brüder Reinhold auf »einer maleri-schen Reise von Salzburg nach Berchtesgaden im August 1818«. Radierung von Johann Adam Klein

*Abstieg von der Furka bei Mondschein. Lithographie von G.
Banard, 1823*

schwarze und sehr wenig erhobne Spiegel, vermittelst denen
die Lichter und Schatten und die Bilder ganzer Landschaften
sowohl als einzelner Teile zusammengedrängt sich leichter studieren lassen ...

In manchen Gegenden sind die Alpenbewohner äußerst miß-
trauisch auf jeden Reisenden, den sie zeichnen sehen, welches
sie das Land abreißen nennen. Wo man dies bemerkt, unterlasse
man es sogleich, um sich keinem Verdruß auszusetzen.

J. B. Karl: Einige vorsichtige praktische Regeln für Rei-
sende durch das Königreich Bayern, 1820

Empfehlungsbriefe und Kreditbriefe

Empfehlungsschreiben, nicht bloß an Wechselhäuser, sondern
an Leute aus allen Ständen verschmähe man ja nicht; denn
wie viele unvorhergesehene Zufälle können sich auf Reisen
ereignen, wo man eine Stütze braucht, und wozu uns die Personen verhelfen, denen wir empfohlen sind. Es ist unvorsichtig,
bei sich viel bares Geld zu führen, sondern man verschaffe sich
Kreditbriefe von einer großen Stadt zur andern. Kreditbriefe
sind den Wechselbriefen vorzuziehen.

Reinlichkeit

Da man auf Reisen keineswegs sicher ist, immer gesunde und
reinliche Betten zu bekommen, und daraus die schädlichsten

Folgen für die ganze Lebenszeit entspringen können, so führe man, um die Ansteckung zu vermeiden, ein Bettlaken von gegerbter Hirschhaut bei sich und deckt solche im Wirtshaus über die Unterbetten, und über sich nimmt man die wollene oder seidene Decke, die man bei sich hat. Die Hirschhaut muß jedoch des Morgens vor dem Einpacken einige Minuten gelüftet werden. Wer nicht mit einem solchen Reisebettzeug versehen ist, sollte sich wenigstens nie ganz entkleidet in ein verdächtiges Bett legen. Doch löse er dann Halstuch, Strumpfbänder etc., damit der Umlauf des Blutes nicht gehemmt werde und er Schlagflüssen vorbeuge ...

Man setze sich nie mit entblößten Schenkeln auf einen Abtritt im Gasthofe; man vermeide auch, wo möglich, ihn unmittelbar nach dem Gebrauch eines Dritten zu besuchen.

Reiseapotheke

Man führt in derselben die unentbehrlichsten Heilmittel und andere Gegenstände, nämlich: Hofmannische Tropfen, Münzentee, Kamillen, Hollunder, Salbei, Zitronen, weißen Zucker, Limonadepulver, Rhabarber, gereinigten Salpeter, Cremor Tartari, Hirschtalg, Leinölsalbe, englisches Pflaster, Baumwolle, Honig, Weinessig, Salmiakgeist, Goulardisches Wasser, Seifenbalsam, Arquebusadenwasser, die Hahnemannsche Weinprobe, Bauschchen, Binden, Scharpie, Klistierspritze, eine kleine Waage und kleines Apothekergewicht.

Unbekannte Reisegefährten

Wenn es möglich ist, so reise man mit Bekannten und mache so wenig als möglich mit fremden Reisegesellschaften Gemeinschaft. Allein da dieses sich nicht verhüten läßt, so werde man nie zu treuherzig gegen solche unbekannte Reisegefährten, die man zufällig antrifft. Auch frage man nie nach der Absicht ihrer Reise, wie lange sie an einem Ort zu bleiben gedenken? und lasse sich ebensowenig auf bestimmte Antworten ein, wenn solche Fragen an uns gerichtet werden. Unbekannten oder Fußgängern, die man unterwegs antrifft, auf seinen Wagen aus unvorsichtiger Barmherzigkeit einen Platz einzuräumen, ist das beste Mittel, beraubt oder ermordet zu werden.

Selbstverteidigung

Wer sich bei Räuber-Anfällen verteidigen will, der tue es mit Ernst und Ausdauer; mit Pistolen schieße man nie zu weit zu, sondern warte, bis man dem Räuber das Weiße im Auge erkennen kann, und dann ziele man immer auf den halben Mann; man wird so weniger fehlen.

Was ein Fußreisender in den Alpen mit sich führen sollte. Anonymer Reiseführer, 1829

Er muß sich mit keinem Ränzel, Mantelsack oder Tornister belasten, der ihm bald sehr beschwerlich fallen würde. Er hat hinlänglich an 1 oder 2 Hemden, 1 oder 2 Paar Strümpfen, einigen Tüchern, einem starken Taschenmesser, einem ledernen Becher, einem kleinen Kompaß, einem Phosphor-Feuerzeuge oder einem andern, Landkarten, Bleistiften und einer kleinen Brieftasche, die man in der Westentasche aufbewahren könne, usw. Das alles kann mit Leichtigkeit in den Rocktaschen beherbergt werden.

Unterwegs kann der Fußreisende aus seinem Überrocke eine lange Wurst rollen (das Innere nach außen gekehrt, und die Schöße nach beiden Extremitäten geschlagen). Er kann darin seine mit einem Tuch so lang als möglich umwundene Wäsche einwickeln. Ist die Rolle fertig, so muß er sie alle sechs oder acht Zoll mit einer starken Schnur umbinden, endlich die beiden Enden ebenfalls zusammenbinden oder mit einem starken Riemen zusammenziehen, und das Ganze sodann von der linken Schulter zur rechten Seite überhängen. Dies Verfahren ist außerordentlich nützlich. Es erleichtert nicht nur die Ausdünstung, sondern beim Ansteigen auch das Atemholen sehr. Es versteht sich von selbst, daß, wenn man auf den Bergen dem Luftzuge ausgesetzt ist, man seinen Rock schnell wieder anziehen müsse.

Der Fußreisende braucht einen Hut mit breitem Rande; einen grunen Doppelflor, um sich damit, beim Überwandern der Schneefelder oder Gletscher im Sonnenschein, das Gesicht zu bedecken; weiße Hosenträger von Ziegenhaar (ja nicht von Leder); weit hinaufreichende, starke Handschuhe von roher grauer Leinwand oder Nanking; Hemden mit kleinen Perlmutterknöpfen auf der Brust und am Halse, um nicht von der Sonne verbrannt zu werden; einen starken, ziemlich langen Stock, ohne Knoten und mit einer Stahlspitze; einen Kragen oder kleinen Mantel von Wachstaffent, um sich gegen den Regen zu schützen; eine Korbflasche, mit Kirschwasser oder Himbeeressig angefüllt; $^1/_2$ Pfund Zucker und Tee; Steck- und Nähnadeln; weißen und schwarzen Zwirn; etwas starken Bindfaden; einen Kamm; ein Rasiermesser; einen kleinen Spiegel in der Brieftasche; ein hörnernes Tintenfaß mit einem Stachel; zwei Enden Wachslicht, um die Grotten besuchen zu können; endlich ein paar hundert Schuhnägel.

Robert Glutz-Blotzheim: Kosten für Verpflegung und Unterkunft in den Schweizer Alpen, 1830

Kostbarer als in Deutschland, Frankreich und Italien ist das Reisen in der Schweiz aus mehreren Ursachen. Das stark bevölkerte Land erzeugt einige der nötigen Lebensbedürfnisse nicht

»Lebende Tiere und geladene Schußwaffen dürfen nicht in einen Postwagen gebracht werden« (Aus den Dienstvorschriften der schweizerischen Post). »St. Gotthard-Post«. Gemälde von Rudolf Koller, 1873

in hinlänglicher Menge an jeder sehenswerten Stelle, am wenigsten in den Alpen, wohin der Reisende hauptsächlich trachtet; die Zufuhr aus der Ferne verteuert dieselben, auch stehen hier und da die ansehnlichsten Gasthöfe den größten Teil des Jahres leer und müssen daher in den wenigen Sommermonaten den Zins einbringen, und dagegen ist nichts einzuwenden; wohl aber gegen die noch hier und da schlechte Besorgung der Straßen, den beinahe gänzlichen Mangel an Extra-Posten und die schwelgerischen Wirtstafeln. Wem gefällt die Menge von Schüsseln, als Leckermäulern? Nach und nach werden die meisten Wirtshaustafeln städtisch-luxuriös, und wirklich ist das Mahl im Schweizer Gasthof seit langem besser als in Deutschland, aber auch teurer; ebenso verteuern sich immerfort die Preise der Zimmer, weil die Wirtshausrechte meist privilegiert sind. Zwei Schweizer Franken bezahlt man gewöhnlich für jedes Mahl, sowohl mittags als abends, nicht nur in den Gasthöfen der Städte und Städtchen, sondern auch in den Wirtshäusern an der Landstraße; doch wird an vielen Orten das Nachtessen geringer angeschlagen. Für ein Zimmer über die Nacht bezahlt man selten weniger als 30 kr. bis einen Franken, oft viel mehr. Dieses zusammen beträgt mit dem Frühstück, ohne die Trinkgelder, die stark im Schwange sind, ohne Lohnbediente und Kleinigkeiten täglich fünf und einen halben Franken. Fährt nun der Reisende in zurückkehrenden Chaisen, geht er öfters zu Fuß oder schließt er an einige Reisende, welche sich ähnlichen Reiseplan vornehmen, was das beste ist, sich an, so kann er des Tages mit acht Franken ausreichen.

Robert Glutz-Blotzheim: Über die Nützlichkeit der Führer in der Schweiz, 1830

Am besten tut man, die Führer bloß an schwierigen Stellen, und bloß für die Gegend zu nehmen, die ihnen benachbart ist. Sie sind oft sehr artige Leute, die mehr als eine Sprache reden, angenehme Gesellschafter in den einsamen Bergtälern. Gewöhnlich tragen sie das Gepäck; ist aber die Reisegesellschaft groß, so tut man besser, ein Pferd oder Maultier als einen eigenen Träger zu nehmen, nicht nur der geringern Kosten, sondern auch deswegen, weil auf denselben die Frauenzimmer oder die der Fußreisen nicht gewöhnten Männer vom Gehen ausruhen können. Ein Führer, der für seinen Unterhalt selbst sorgt, erhält täglich sechs Schweizer Franken, am Ende der Reise ein Trinkgeld, und vier Franken für jeden der zur Rückkehr nötigen Tage. Ein Führer für die Ferne, der eigentlich Beruf aus diesem Geschäfte macht, wie die bekannten Michel in Unterseen, trägt nicht mehr als etwa dreißig Pfund; wer als Führer oder Träger für wenig Stunden gedingt ist, läßt sich mehr gefallen. Schriftliche Verträge mit ihnen zu schließen wäre unnötig; aber sie freuen sich, beim Abschied nach einer größern Reise ein Zeugnis zu erhalten.

Robert Glutz-Blotzheim: Die zweckmäßige Kleidung für Reisende, 1830

Die Kleidung des Reisenden muß mehr für den Winter als für den Sommer gewählt sein. Den Kopf bedeckt am besten eine leichte Mütze von Tuch oder Samt, mit Riemen befestigt, vorn mit einem kleinen Schirm gegen den Glanz des Schnees und die Sonnenstrahlen versehen, das Ganze mit Wachsleinwand überzogen. Ein Mantel, oder wenigstens ein Kragen von dem letztern Stoffe tut ebenfalls gute Dienste, weil er leicht, und den Regen abzuhalten mehr geeignet ist, als ein Schirm, den man oft des Windes wegen nicht tragen kann. Dabei kann man den in Bergen unentbehrlichen Alpenstock führen, was zum Regenschirme weniger geht. Nach dem Regen wird der Wachstuchmantel zusammengebunden und auf dem Rücken nachgetragen. Die zweckmäßigste Kleidung besteht aus einem tüchenen Oberrock, einem Unterhemd von Flanell auf bloßem Leibe, um beim Schweiße nicht plötzlich zu erkalten, und langen weiten Beinkleidern, ebenfalls von Tuch. Gamaschen mit Kettchen unter den Bergschuhen sichern einen festen Schritt und hindern, daß Erde und Steinchen in dieselben fallen. Viele Reisende tragen absichtlich keine Strümpfe und richten ihre Schuhe besonders für die Reise ein; wer aber an die Strümpfe gewöhnt ist, behält sie besser bei, auch legt man zur Schonung für den Fuß etwa Pferdehaarsohlen in die Schuhe. Stiefel halten nur die besten Fußgänger aus; auch leichte Schuhe taugen nichts, sondern vielmehr sehr starke mit eisernen Nägeln beschlagene. Nun noch die Flasche an die Seite gehängt und den langen Stock, unten mit starker Zwinge und großer Spitze von Eisen, in die Hand genommen, und der Alpenwanderer steht reisefertig da ...

Wir wagen es nicht, Frauenzimmern eine Kleidung vorzuschreiben; am füglichsten können sie selbst aus dem Gesagten entnehmen, was not tut.

Heinrich Zschokke: Maria zum Schnee auf dem Rigi – von der Andachtsstätte zum Touristentreffpunkt, 1836

In einer Bergvertiefung, aber noch 4300 Fuß über dem Meere, auf dem Rigi, erbaute im Jahr 1689 ein frommer Mann, Sebastian Zay, ein Kirchlein. Er tat es, damit die Hirten, welche an diesem Gebirg 3–4000 Stück Vieh in den Alpen weiden, ihrer Andacht pflegen mögten. Auch eine Wohnung, oder ein Klösterlein für einige Kapuziner, fügte er hinzu, welche daselbst des Gottesdienstes Sorge trügen, Sommers und Winters. Als darauf der heilige Vater zu Rom (im Jahre 1696) noch reichlichen Ablaß hieher erteilte, begann bald großes Wallfahrten zum wundertätigen Bilde »unsrer lieben Frau zum Schnee«. Denn die Väter Kapuziner ließen es nicht an Ermunterung, erbaulichen Geschichten und guter Bewirtung der Pilger mangeln. Dafür flossen ihnen der frommen Gaben und Almosen viel. Es wurden Wirtshäuser gebaut. Aber den besten Tisch und den wohlgefülltesten Keller fand der Reichere bei den ehrwürdigen Vätern selbst; Wildpret, Forellen und Geflügel, italienische und Elsässer Weine fehlten nicht.

Heinrich Zschokke, ›Die klassischen Stellen der Schweiz‹: Maria zum Schnee auf dem Rigi. Stahlstich von Henry Winkles nach einer Zeichnung von Gustav Adolph Müller, 1836

Doch noch im Anfang des vorigen Jahrhunderts kannten, außer den Hirten, die dort in anderthalb hundert Sennhütten längst dem Gebirg zerstreut lebten, und außer den Pilgern wenige Reisende den Rigi. Sogar der alte Naturforscher Johann Jakob Scheuchzer zog im Jahre 1706 auf seiner fünften Bergreise gleichgültig an ihm vorüber und erstieg dafür lieber den gegenüber stehenden Pilatus.

Erst gegen die Mitte des vorigen Jahrhunderts ward der Rigi (die Regina montium, Königin der Berge) durch erhabene Pracht einer unermeßlichen Aussicht, die er gewährt, berühmter; und bald auch von Freunden der landschaftlichen Naturschönheiten, oder von neugierigen Reisenden, Naturforschern und von Kranken besucht, denen die Ärzte Alpenluft oder Molkenkuren verordnet hatten. Von da an mehrten sich die Gasthäuser und ihre Bequemlichkeiten. ... Die ehmals schroffen, oft lebensgefährlichen Pfade hinauf verwandelten sich in

breite, bequeme, sichre Wege für Fußgänger und Reiter, daß selbst Frauenzimmer, ohne Übermüdung, ohne Furcht, hinaufwandeln mögen.

Seitdem sieht man droben in den Sommermonden das Stelldichein von Reiselustigen aus der größern Hälfte unsers Weltteils, welche Zerstreuung, oder Gesundheit, oder Belehrung, oder das Schauspiel außerordentlicher Naturwunder suchen. Der Brite begegnet da dem Italiener, der Franzose dem Russen, der Schweizer dem Amerikaner, der Spanier dem Polen, der Deutsche dem Ungarn. Oft reichen kaum alle Gasthäuser aus, der Menge Obdach zu geben. An schönen Tagen werden von Karawanen der Auf- und Niedersteigenden die Hauptwege des Berges belebt. Die sonst einsamen Alpen gleichen dann einem weiten Lustgarten in der Nähe irgendeiner großen Hauptstadt. Gruppen der Spaziergänger, männlichen und weiblichen Geschlechts, mit Sorgfält und Auswahl gekleidet, zeigen sich in allen Richtungen; hier im Grase gelagert, dort einen Berg erklimmend, hier auf einer Felswand versammelt, mit bewaffneten oder unbewaffneten Augen die Fernen zu mustern; dort Abschiednehmende; dort Ankömmlinge in seltsamer Reisetracht, von Führern und von Trägern ihres Gepäcks begleitet. Dies bunte Getümmel, der hier entfaltete Luxus, das fröhliche Umhertreiben reicher Familien der verschiedensten Nationen machte vor einigen Jahren sogar einen Franzosen gelustig, ich glaube er hieß Lafitte, auf dem Rigi, während der Sommerzeit ein Spielhaus zu halten, und sein Pharao, Roulette, Rouge et Noir immitten der Alpen anzulegen. Er trat sogar schon mit der Regierung von Schwyz in Unterhandlung. Aber in der Eidgenossenschaft erhob sich die Stimme des tiefsten Unwilles dagegen, wie gegen eine Entweihung des Heiligtums.

Die ausgezeichnet vorteilhafte Lage dieser erhabnen Gebirgsmasse, welche, abgeschieden von andern Bergen, im Umfang von zehn Stunden, und im Vorgrund der langen Kette von Gletschern, zwischen anmutigen Landschaften und drei schönen Seen, zu einer Höhe emporsteigt, auf welcher im Sommer noch Schnee fällt, aber nicht liegen bleibt – diese Lage ist es, welcher der Rigi einen Ruhm dankt, den ihm kein Nebenbuhler unter den europäischen Bergen mehr streitig macht. Gen Süden und

Touristen in den österreichischen Alpen: »Der Dachstein vom Blaßen bei Hallstatt«. Lithographie von V. Rit, 1825

Osten lagert sich vom Montblanc bis ins Tirol die Kette der Alpen mit ihren tausend vergletscherten Firsten, Hörnern, Zinken und Türmen aus, fern genug, um sie bequem zu überschauen. Gegen Westen und Norden, bis zum Jura am Himmelssaum, schweift der Blick über einen bunten Teppich von mehreren Schweizerkantonen, über Berge, Hügel, Täler, Dörfer, Städte, Wälder, Ebnen, Seen, Ströme hin. Man denke sich einen Überblick von mehr denn einem halben Tausend Geviertmeilen!

Kein Wunder, wenn in solcher Höhe der menschliche Geist sich selber erhabner fühlt. Im Wehn der reinen Alpenluft scheint das Gemüt von den Schlacken des Alltagslebens frei zu werden.

Heinrich Wenzel: Über die Vorzüge Tirols und über englische Touristen, 1837

Freilich hat man, was in der Schweiz wohl fast nirgend der Fall ist, in den entlegeneren Gegenden Tirols bisweilen mit Entbehrungen zu kämpfen, allein wie leicht ertragen sie sich: wie gern zahlt man den Preis eines kleinen und vorübergehenden Opfers für einen Genuß, zu dessen Vollgefühl Mangel viel

eher erkräftigt als Überfluß. Man schaue nur die Gruppen der Reisenden, die sich im Tiroler Bauernhause versammeln, an und vergleiche sie mit den unzufriedenen teilnahmslosen Scharen, die sich in den Schweizer Gasthäusern zusammenfinden, welchen Unterschied wird man wahrnehmen! Wie kalt, wie fremd gehn diese nebeneinander hin, und wie herzlich vereinigt, wie gesellig verkehren jene miteinander! Doch ist andrerseits hieran wieder nicht die Hotelwirtschaft allein schuld, sondern einen starken Teil davon trägt die Masse jener Engländer, welche alljährlich, wie ein Heuschreckenschwarm, den Rhein, die Schweiz und Italien durchziehen und überall störend und hemmend auf den Gesamtverkehr der Reisenden einwirken. Das gleichgültige Wesen eines verdrießlichen Engländers, dem nichts auf der Welt sein Beefsteak und seinen Pudding ersetzen kann und der es entsetzlich findet, nicht überall, auch im entferntesten Winkel der Erde, sein Altengland, das Urbild aller Vollkommenheit und Trefflichkeit, zu finden, verdirbt einem die

Der berühmte Leiterweg von Leukerbad nach Albinen: »*Hier führen 8 bis 10 Leitern in schwindelerregende Höhen hinan. Diesen entsetzlichen gefährlichen Steig, welcher wegen seiner großen Merkwürdigkeit von den meisten Reisenden besichtigt wird, legen die Bewohner dieser Gegend häufig hinauf und hinab zurück, oft sogar noch am dunklen Abend, schwer beladen, öfter sogar im Kopfe mit geistigen Getränken, ohne daß ein Unfall vorkäme.*« *(Eduard Silesius, ›Spaziergang durch die Alpen‹, 1844). Kolorierte Lithographie von Eugène Guérard, 1850*

köstlichste Mahlzeit, und die hochmütigen Gesichter einiger Ladies im vollen Schmucke der Reisewaffen sind eine Staffage, die die schönste Schweizerlandschaft zu entstellen imstande ist. Brich in Entzücken aus über die Herrlichkeit einer Aussicht und vergiß einen Augenblick, daß du auf der Erde bist und neben einem Gentleman stehst: gewiß wird der Gentleman, verwundert über die Zudringlichkeit des Fremden, seine Lorgnette von

den Alpen weg auf dich richten und dich daran erinnern, daß man die Sitte engländischer Schicklichkeit auch in der höchsten Begeisterung nicht verletzen darf. – Von dieser Plage weiß Tirol noch wenig oder nichts: noch ist es keine Station auf der grande route der Engländer: deutsches Gemüt und deutsche Herzlichkeit führt die Bewohner mit den Reisenden und letztere untereinander zu freundlichem gegenseitigem Verkehr.

Dagegen ist auf andre Art wieder wenig für die Bequemlichkeit der Reisenden in Tirol gesorgt. Nirgends stehn in den Wirtshäusern Tirols Handbücher, Karten, Bilder zum Verkauf aus, wie dort: und die Wände sind nicht mit kunstvoll lithographierten Empfehlungskarten bedeckt, durch die man für jeden Ort im voraus mit der Straße und mit dem Wahrzeichen bekannt wird, bei welchem man Beherbergung zu suchen hat. Zu den köstlichsten Punkten, auf denen man die imposanten Wasserstürze Tirols überschaut, wie z. B. zu dem obersten Falle

Heilquellen zählten zu den wichtigsten Zielen der Reisenden in den Alpen. Hier Leukerbad, Stich des 19. Jahrhunderts. »Jeder Badende hat ein kleines, schwimmendes Brett, mit einem Körbchen für Schnupftuch, Dose und andere kleine Notwendigkeiten. Auch Frühstück, (das Wasser ist der Verdauung meist günstig), Schach, Dame, Domino wird darauf gesetzt, so wie auf den Mitteltisch Blumensträuße zur allgemeinen Ergötzung ... Gar erfreulich ist das Getöse der Schwatzenden, Singenden, dies oder jenes Fordernden. Am regsten ist es, wenn die Briefe von der Post den Badenden im Wasser zugestellt werden ...«

der Krimmel, zu dem Stuiben, zum Leitrafalle muß man über Felsen hinauf den halsbrechendsten Weg klettern, und keine gesattelten Saumrosse stehn bereit, den Wandrer auf ihrer bedächtigen Schaukelwiege über die Beschwerlichkeiten hinwegzutragen.

Theodor Mügge: Leukerbad – Treffpunkt der Gesellschaft

Leuk ist ein merkwürdiges Bad. Mitten im wilden Gebirg, umringt von Gletschern, springen die Quellen bis 40 Grad heiß aus dem Felsen empor und sind mit ihrem Gehalt von Bittersalz, Magnesia, Eisenoxyd, Kochsalz, Gips und kohlensaurem Gas ungemein heilsam für Lähmungen, Gicht, Rheumatismus, Haut- und Knochenkrankheiten. Es kommen jährlich einige Tausend Kranke her, und nicht nur aus der Schweiz, sondern mehr noch aus Frankreich, wo Leuk einen großen Ruf hat. Ein Teil der feinen Welt von Paris erholt sich hier häufig einige Wochen von den Winteranstrengungen auf Bällen und Festen, daher war es kein Wunder, ein paar der reichsten Banquiers, darunter einen Rothschild, eine Anzahl Grafen und Barone und Damen aus der Creme der Gesellschaft anzutreffen. Das Bad von Leuk ist in vielen Dingen interessant. Morgens baden Herren und Damen gemeinsam in dem großen Bassin des Badehauses, und da man mehrere Stunden in dem warmen Wasser bleibt, darin frühstückt, sich unterhält, mit Blumen bekränzt, sogar kleine Arbeiten macht, indem man sich auf die umherschwimmenden Tischchen stützt, so ist das Badehaus ein Sammelplatz für die Gesellschaft und deren Geselligkeit. Es sieht ganz allerliebst aus, wenn die Damen in ihren weiten Bademänteln wie

Nixen durch das Bassin rudern, oder die kleinen Brettchen, schwimmenden Gärten gleich, mit allerlei Blumen bepflanzen, um sie den Herren ihrer Bekanntschaft als Avisoschiffe entgegenzuschicken ...

Karl Baedeker: Wie ein Fußreisender in den Schweizer Alpen seinen Tag einteilen sollte, 1851

Um 4 bis 5 Uhr früh nüchtern auswandern, nachdem im Wirtshause oder unterwegs einige Gläser frischen Wasser getrunken sind. Nach zwei- bis dreistündigem Marsche Frühstück, bestehend aus Kaffee mit Butter, Honig, der allenthalben in der Schweiz zu haben, und Brot. Das Frühstück wird reichlich eingenommen, was sich nach einem solchen Marsche von selbst findet. Gegen 12 bis 1 Uhr Wein oder Bier und Brot mit Fleisch oder Käse. Ruhe von zwei Stunden im Walde oder an einem kühlen Ort. Dann Marsch bis gegen 7 Uhr abends. Abendessen nicht zu sparsam, wozu in den meisten Wirtshäusern solcher Orte, die an der großen Fußstraße liegen (Rigi, Andermatt,

Fußreisender in den Ötztaler Alpen. Aquarell von Jakob Gauermann, um 1805

Grimselhospiz, Meyringen, Grindelwald u. a.), Gelegenheit sich bietet, da gegen 7 Uhr hier meistens Table d'hote stattfindet. Zeitig ins Bett.

Karl Baedeker: Preise in Gasthöfen und Wirtshäusern der Schweiz um 1850

Die gewöhnlichen Preise der großen Gasthöfe sind: Zimmer von 2 Fr. an, Mittag mit Wein um 1 Uhr 3 Fr., um 4 Uhr 4 Fr., reichliches und treffliches Frühstück (Tee oder Kaffee mit Brot, Butter und Honig) im Speisesaale 1 ½, im eigenen Zimmer 2 Fr., Wachslicht 1 Fr., Bedienung 1 Fr.; Abends nach der Karte zu speisen ist nicht üblich, wenigstens nicht billiger, als wenn man ein »Souper« bestellt.

In den kleinern Häusern zahlt man gewöhnlich für ein Zimmer mit Bett 6 bis 10 Batzen, für das Frühstück 4 bis 6, für das Mittagessen mit Wein 12 bis 15, für das Licht nichts und für die Bedienung 3 bis 4 Batzen, also kaum die Hälfte des Betrages, den die großen Gasthöfe rechnen. Auf solche billige kleinere Häuser ist in dem vorliegenden Buche besonders Rücksicht genommen, sie sind, so weit die Erfahrung des Verfassers reichte, besonders hervorgehoben worden, und schlichten, namentlich Fußreisenden in der Regel weit mehr zu empfehlen als die großen Hôtels, in welchen die bessern Zimmer für Engländer und Extrapost-Reisende aufbewahrt werden, während Reisende von bescheidenem Auftreten nicht selten 6 Treppen hoch unter das Dach gesteckt werden, von aller Bedienung verlassen, ohne daß darum die Zeche billiger wäre.

Karl Baedeker: Der Paß reist in die Schweiz voraus, um 1850

In der Schweiz selbst braucht man selten einen Paß, wohl aber bei der Rückkehr nach Deutschland, oder der Weiterreise nach Savoyen (Chamonix), Italien, Österreich oder Frankreich. In diesem Falle muß der Paß auch noch von einem Gesandten der betreffenden Länder unterschrieben sein. Es ist daher ratsam, diese Unterschriften schon vor Antritt der Reise sich zu verschaffen. Wäre dies aber unterlassen worden, so kann das Versäumte in Bern nachgeholt werden. Der Paß muß aber ausdrücklich auf das betreffende Land lauten, weil andernfalls die Gesandtschaft nicht eher ihre Unterschrift gibt, bis der Gesandte des Heimatlandes bescheinigt, daß diesseits diesem Vorhaben nichts entgegensteht.

Es geschieht wohl, daß die Geschäftszimmer der einen oder andern Gesandtschaft in Bern mehrere Tage lang, namentlich des Sonntags, geschlossen sind; man tut deshalb wohl, den Paß, insofern er nicht ganz in Ordnung ist, gleich beim Eintritt in die Schweiz nach Bern an einen Bekannten oder einen Gastwirt zu senden, damit das Erforderliche dort besorgt wird.

Karl Baedeker: Abwehr unliebsamer Reisegefährten, 1851

Man macht leicht in Gasthöfen, auf Dampfbooten oder in Eilwagen Bekanntschaft mit Menschen von sonst ganz liebenswürdiger Art, mit »guten Leuten aber schlechten Musikanten«, die, wenn sie von einer Gebirgs- oder Gletscherreise hören, schwärmen und um die Erlaubnis bitten, sich anschließen zu dürfen, an Abhärtung und Entbehrung aber nicht gewöhnt sind, weder Regen noch Schnee, weder Strohlager noch anstrengende Märsche ertragen können, auch sonst mit ihrem Schuhwerk und ihrer Kleidung für solche Wanderungen nicht eingerichtet sind. Reisegefährten dieser Art können durch den Aufenthalt, welchen sie veranlassen, höchst lästig werden, die Kosten beträchtlich erhöhen und den Zweck der Reise ganz vereiteln.

VII. Eilgleitschritt und Stockbremse

DIE ANFÄNGE DES SKILAUFS IN DEN ALPEN

Die Ski sind die bockbeinigsten Dinger der Welt. Du stehst am Abhang und bereitest dich auf eine schnelle Abfahrt vor, aber die Ski kleben fest und du fällst vornüber. Oder du stehst auf einer Fläche, glatt wie ein Billardtisch, und im nächsten Augenblick, ohne Warnung schießen sie los, und du bleibst dahinter und starrst gegen Himmel ... Auf einen Menschen, der an überzogener Würde und Feierlichkeit leidet, würde eine Fahrt auf norwegischen Ski von ausgezeichnetem moralischen Einfluß sein.«[1] Zu diesem Urteil kam 1894 der Erfinder von Sherlock Holmes; Sir Arthur Conan Doyle hatte soeben ein Blatt der Skigeschichte geschrieben. Fasziniert von Fridtjof Nansens Bericht über seine Durchquerung Grönlands auf Schneeschuhen in vierzig Tagen (1890), war Doyle nach Davos gereist, um sich von den Brüdern Johann und Tobias Branger Unterricht in dieser neuen Fortbewegungsart erteilen zu lassen – offensichtlich mit Erfolg, denn die große Skitour des berühmten Kriminal-Autors von Davos aus über die Marienfelder Furka nach Arosa ist in die alpinen Annalen eingegangen.

Damals war der Skilauf, der sich bald als eine neue, vor allem touristische Form der Alpenentdeckung und -eroberung erweisen sollte, erst wenige Jahre jung. Schon nach den ersten zaghaften Versuchen in den 1880er Jahren lehnten viele Bergsteiger den Gebrauch der Skier ab, denn das Bergaufgehen mit ihnen sei langweilig und schwierig, das »Bergabgehen« äußerst gefährlich. Die neuen Geräte erschienen den meisten Alpinisten zunächst als völlig unbrauchbar; »als Hilfsmittel des Bergsteigers war ihnen bereits das Todesurteil gesprochen«[2].

Doch dann löste der erwähnte Bericht Nansens allenthalben Begeisterung aus; die alpinen Skipioniere machten sich auf, die »Wunder des Schneeschuhs« (Arnold Fanck) selbst auszukosten. Allmählich lenkten selbst hartgesottene Bergsteiger ein, auch wenn sie die Skier zunächst nur als Mittel zum Zweck ihres Sports erachteten. Das Winterbergsteigen, das zu Beginn der klassischen, der »goldenen« Zeit des Alpinismus aufgekommen war, konnte sich jetzt erst voll entfalten.

Die ersten Nachrichten über den Gebrauch von Skiern in Mitteleuropa sind aus dem 17. Jahrhundert überliefert. Sie stammen aus dem heute jugoslawischen, damals mäh-

Skilatein. Zeichnung von Eduard Thöny in: ›Simplicissimus‹, 1910

rischen Krain, im Karstgebiet südlich von Laibach gelegen. Freiherr Johann Weichhard von Valvasor, der seine Heimat erstmals kulturgeschichtlich erforschte, erzählt in seinem 1689 erschienenen, vierbändigen Werk ›Die Ehre des Herzogtums Krain‹ von einer »raren Invention«, eben jenen »zwei hölzernen Brettlein«, mit denen die Bauern »den gähesten Berg hinabfahren«. Die »Brettlein« waren damals etwa sieben Millimeter dick, fünfzehn Zentimeter breit, einen Meter fünfzig lang und in dieser Gegend

Älteste Darstellung einer Skifahrerin. Holzschnitt aus: Olaus Magnus, ›Historia ...‹, 1555

aus Ahorn gefertigt. Wie spätere Forschungen ergaben, fuhren die Krainer neben den gleichlangen kurzen auch längere und schmalere Skier. Sie hatten an ihrer Spitze einen Knopf, an den eine zwei Meter lange Schnur gebunden war; diese nahm der Fahrer in der Mitte, um so ein besseres Gleichgewicht beim Abfahren zu halten. Solche »Zügelski« waren schon sehr lange, hauptsächlich in Rußland in Gebrauch; ebenso stammte die von den Krainern verwendete »Vierlöcherbindung« (Zehenschlinge und Fersenriemen an je zwei Löchern befestigt) ursprünglich aus Sibirien, wo sie schon vor viertausend Jahren benützt wurde. Wie es scheint, waren die Schneeschuhe keine bodenständige Erfindung der Krainer Bauern; auch spricht wenig für die Vermutung des schwedischen Forschers Wiklund, nach der versprengte Schweden im Dreißigjährigen Krieg die Skier nach Krain gebracht haben. Offenbar wurden sie durch die um 600 in dieses Gebiet einwandernden Slawen eingeführt. Lange blieb der Skilauf in Mitteleuropa ein Unikum des Krainer Gebietes, von dem außer Valvasor niemand Notiz nahm.

Nach Valvasor war der Dichter Friedrich Gottlieb Klopstock im deutschsprachigen Raum der nächste, der auf das Skifahren hinwies. In einer seiner bekannten fünf Oden an den Eislauf, zusammengefaßt unter dem mythologischen Titel ›Die Kunst Tialfs‹ (1771) spricht er »Von des Normanns Sky. Ihm kleidet die leichte Rinde der Seehund, / Gebogen steht er darauf und schießt mit des Blitzes Eil / Die Gebirge herab.«[3] Es ist unwahrscheinlich, daß Klopstock je einen Schneeschuhläufer gesehen hat; vielmehr hat er wohl seine Kenntnis während seines Aufenthalts in Kopenhagen durch Lektüre erworben. In den Handschriften der altnordischen Götter- und Heldensa-

gen der Edda und der ›Geschichte Dänemarks‹ (›Gesta Danorum‹, um 1200) des Saxo Grammaticus, die in der königlichen Bibliothek aufbewahrt werden, finden sich zahlreiche Hinweise auf den Gebrauch von Skiern im alten Skandinavien.

Auf Saxo Grammaticus, der von dem ungewöhnlichen Beförderungsmittel der Skridfinnen (Lappen) auf der Jagd berichtet, bezog sich auch Olaus Magnus, ein katholischer Bischof aus Uppsala, der, durch die Reformation in die Emigration nach Rom vertrieben, seine unfreiwillige Muße nutzte und ein kulturgeschichtlich bedeutendes Werk über die »mitternächtigen« Völker (›Historia de gentibus septentrionalibus‹, 1555) verfaßte. Olaus (eigentlich Olaf Mansson Svinfot) beschrieb hier die Lebensgewohnheiten der Skandinavier; im Kapitel über die Skridfinnen, die er offensichtlich auch aus eigener Anschauung kannte, berichtet er recht ausführlich über deren Umgang mit »langen Hölzern, unten an die Füße gebunden ... vorne zugespitzt und über sich in eine Krümme gezogen, wie ein Bogen« und einem Stab, »mit welchem sie sich leiten«. Die Skier – von altnordisch Skidh = Scheit – der Lappen waren »unterzogen mit dem Haarfell eines jungen Reingers [Rentiers]. Warum dieses aber geschehe, geben sie unterschiedliche Ursachen an, also daß sie desto geschwinder über den hohen Schnee fortlaufen können ... daß sie, wann sie steil hinan müssen, nicht wieder zurückfallen mögen, falls die Haare wie Igelstachel sich in die Höhe richten und durch sonderliche Eigenschaft dem Rückfall widerstehen«. Außerdem war »das eine Brett einen Schuh länger denn das andere, nach Größe der Männer oder Weiber«[d], d. h. ca. zwei Meter vierzig bzw. siebzig lang. Im Unterschied dazu waren die in Rußland üblichen Schneeschuhe etwa einen Meter kürzer und gleich lang, wie ein Zeitgenosse Olaus', der österreichische Gesandte am russischen Hof, Siegmund Freiherr von Herberstein, 1549 von einer Reise ins Ural-Gebiet meldet. Bemerkenswert ist Olaus Magnus' Nachricht von Skifahrerinnen – sein Werk enthält die älteste Darstellung einer Schneeschuhläuferin. Außerdem erwähnt Olaus die Kunst des Abfahrens in »Windungen«, die nicht nur anläßlich der Jagd gepflegt wurde, sondern auch als eine Art Sport um die Wette. Johannes Scheffer (1673), Johann Gerhard Scheller (1727) und Knud Leem (1767) deuten dies ebenfalls in ihren Werken über Lappland an.

Dieser Aspekt bewog zwei deutsche Pioniere der Turnpädagogik zu dem Versuch, den Schneeschuh in Mitteleu-

Lappen tragen ihre Kinder auf Skiern zur Taufe. Holzschnitt aus: Olaus Magnus, ›Historia …‹, 1555

Lappen auf der Jagd. Die Darstellung der Skier durch den italienischen Illustrator entspricht nicht deren Beschreibung in Olaus Magnus' ›Historia …‹ (›Geschichte der mitternächtigen Völker‹), in Rom veröffentlicht 1555

ropa einzuführen. Gerhard Ulrich Anton Vieth berief sich auf Olaus Magnus, als er in seinem ›Versuch einer Enzyklopädie der Leibesübungen‹ (1794) den Skilauf als »schicklich, nützlich und angenehm« empfahl. Johann Christoph Friedrich Guts Muths propagierte diese Leibesübung nicht nur in der zweiten Auflage seines klassischen Werkes der Turner, ›Gymnastik für die Jugend‹ (1804), in dem er die erste deutsche Anleitung für den »Schneelauf oder das Laufen auf Schneeschuhen« gab, sondern er fertigte sich selbst nach lappländischem Muster ungleich lange Skier an und wanderte damit durch den Thüringer Wald bei Schnepfenthal, wo er als Lehrer tätig war. Doch weder Vieth noch Guts Muths, die als Philanthropen das

Ziel einer vollständigen Reform der Erziehung verfolgten, fanden Anklang mit ihrer Propaganda für den Schneeschuhlauf. In der Zeit der Napoleonischen Kriege konnte die Idee des Skilaufs nicht Fuß fassen; während der Restauration nach dem Wiener Kongreß 1814/15 wurde die Turnerbewegung politisch als zu freisinnig verdächtigt – »Turnvater« Friedrich Ludwig Jahn, auch beteiligt an der Gründung der studentischen Burschenschaft, mußte sich 1819 als Demagoge verhaften lassen.

In Nordeuropa entwickelte sich inzwischen die norwegische Provinz Telemarken allmählich zum ersten Zentrum des sportlichen Schneelaufs. Sonntags trafen sich die Holzarbeiter und Bauern, um sich im »Hoppelom« (Sprunglauf), »Uverslom« (einer Art Abfahrtslauf) und Stilfahren, genannt Slalom (von slad = Hang und lom = Spur) zu üben. Für 1808 ist eine Sprungweite überliefert: ein Leutnant der norwegischen Armee landete nach fast zehn Metern Flug. Um 1850 sprang der berühmteste Telemarker, Sondre Nordheim, erstmals in aufrechter Haltung vom Schanzentisch; einige Jahre später erreichte er die damals ungeheure Weite von ca. dreißig Metern. Bald darauf erschienen in Norwegen die ersten Anleitungen für den Gebrauch der Skier, den schließlich auch die ersten Skilehrer vermittelten. Seit 1870 wurde es üblich, daß sich die Telemarker mit den Skiläufern der Hauptstadt Kristiania (1924 in Oslo umbenannt) maßen. Den Anbruch einer neuen Ära des Sports feierte man 1883 mit dem ersten Skifest am Holmenkollen bei Kristiania, das unter den Norwegern begeisterte Zustimmung auslöste.

Im selben Jahr treffen wir – abgesehen von den Krainern – auf die ersten Schneeschuhläufer in den Alpen: die Mönche auf dem Großen St. Bernhard. Ein norwegischer

LE GRAND SAINT-BERNARD

Erste Schneeschuhläufer in den Alpen:
die Augustiner-Mönche vom Hospiz
auf dem Großen St. Bernhard-Paß,
1883. Plakat von Albert Muret, 1913

Reisender hatte ihnen ein Paar geschenkt. Im Winter
1889/90 besaßen die Augustiner zwölf Paar Ski; sie veran-
staltcten sogar Wettkämpfe und zeichneten die erfolgrei-
chen Teilnehmer mit Buchpreisen aus.

In den 1880er Jahren fließen die Nachrichten über den
Skilauf in Mitteleuropa erst spärlich. In Deutschland weisen die Spuren auf das Harzgebiet, wo 1884 ein Norweger,
zwei Engländer, dann Einheimische Angriffe auf den
Brocken wagten. Im Fichtelgebirge rüstete 1887 Graf
Harrach seine Jagdgehilfen mit den nordländischen Bret-
tern aus; ein Hauptmann Vorweg, mit dem neuen Sport

seit einer Norwegen-Reise vertraut, begann 1890 Jugendlichen Unterricht zu geben, und der Dichter Gerhart
Hauptmann versuchte sich – entgegen den Warnungen
seiner Stammtischbrüder von Schreiberhau – auf den
Schneeschuhen, die ihm zwei dänische Freundinnen geschickt hatten. Dr. Tholus, Arzt in Todtnau, machte seine
Freunde Fritz Breuer und Carl Thoma mit den 1888 aus
Norwegen mitgebrachten Geräten bekannt und benützte
sie schließlich selbst, um seine Schwarzwälder Patienten
zu besuchen.

Zum Erstaunen der Münchener zeigte Wilhelm

Postbote in den Alpen, 1911

Paulcke, Schüler des Max-Gymnasiums, dem ein Norweger in Davos die Grundkenntnisse beigebracht hatte, die ersten kleinen Abfahrten vom Monopteros im Englischen Garten. Er wurde einer der bedeutendsten Pioniere, u. a. durchquerte er 1897 aufsehenerregenderweise das Berner Oberland auf Skiern. Die Isarauen und ebenfalls der Englische Garten boten auch das Übungsterrain für seine Nachfolger: der Kunstmaler Robert Büchtger und der Gesandtschaftssekretär Georg Helfrich hatten anläßlich einer Rußlandreise in St. Petersburg Skifahren gelernt. Ihr Freund August Finsterlin erzählte öfter, daß man sich

anfangs nur im Schutz der Dunkelheit die Schneeschuhe anlegte, um dem Spott der Bürger und polizeilichen Verboten zu entgehen. Büchtger und Helfrich gründeten 1891 den ersten deutschen Verein, den ›Skiclub München‹; allerdings war ihm keine lange Dauer beschieden, nicht zuletzt, weil wenig später der ›Schneeschuhverein München 1893‹ mehr Zuspruch fand. Jedoch zählten die Ausflüge der Münchener Skiclubisten nach Bad Tölz und auf den Spitzing zu den damals wagemutigen Leistungen. 1893 datiert auch die erste (bekannte) alpine Gipfeltour; Karl Otto, der Verwalter des Gestüts Schwaiganger bei

Murnau, bestieg den Kocheler Heimgarten (1790 m) auf Skiern. Zur gleichen Zeit erschienen nicht nur einige Fachbücher wie Wilhelm von Wangenheims ›Anleitung zum Schneeschuhlaufen‹, sondern auch die ersten einschlägigen Zeitschriften: ›Der Schneeschuh‹ in München und ›Der Schneeschuhsport‹ in Berlin (wo sich übrigens ebenfalls die ersten Läufer in den Stadtparks trafen). Für eine mittlerweile nennenswerte Zahl von Interessenten spricht diese Tatsache ebenso wie die erste Skifabrikation des böhmischen Schreiners Franz Baudisch, der 1893 bereits eine Preisliste versandte und empfahl, die Bretter mit fettigem Salzhering einzureiben, um ihre Gleitfähigkeit zu erhöhen.

In der österreichischen Hauptstadt war der bekannte Eisläufer Alexander Diamantidi der Pionier auf Schneeschuhen; er hatte sie 1889 aus Norwegen mitgebracht. 1891 wurde der ›I. Wiener Skiverein‹ gegründet, der aber, wie der ›Skiclub München‹ nur wenige Jahre bestand. Dafür gab es dann seit 1893 den ›Österreichischen Skiverein‹ (im Wiener Hotel ›Kaiserin Elisabeth‹ aus der Taufe gehoben), den ›I. Mährisch-Schlesischen Schneeschuhverein‹ in Olmütz und vor allem den ›Verband Steirischer Skiläufer‹ in Mürzzuschlag, wo am 2. Februar 1893 das erste offizielle Skirennen der Alpen stattfand. Seine Initiatoren waren der Radrennfahrer Max Kleinoschegg, der

»Gott ist das schön und gesund! Wenn's nur nicht wieder aus der Mode kommt!« Illustration von Ferdinand von Reznicek in: ›Simplicissimus‹, 1910

in einem Grazer Kaffeehaus auf die Abbildung eines Skiläufers in einer englischen Zeitung gestoßen war und sich daraufhin umgehend Schneeschuhe aus Trondjem besorgt hatte, und der Wirt des Posthotels in Mürzzuschlag, Toni Schruf. Von den eigens aufgestellten Tribünen aus verfolgten Gäste aus der ganzen Monarchie – wie Schruf berichtet – den Sechs-Meter-Siegessprung eines norwegischen Bäckerlehrlings in Wien namens Samson, der über einen Misthaufen als Bakken ging. Bei der Abfahrt, ausgeführt in mehreren Ausscheidungsläufen ohne Zeitmessung – auch Damen waren zugelassen –, galt die Devise: wer zuerst unten ist, hat gewonnen. »Als die Musik einsetzte und die erste Gestalt sich oben am Waldrand löste, um nach etlichen Stürzen, am Stock hängend, in bangem Ausdruck heiliger Bodenscheu an den Tribünen vorbeizuschlottern, brachen tausendstimmige Heilrufe aus, und helle Begeisterung erfüllte die Menge … Die Fürsorge für die Skiläufer ging so weit, daß man am Rande der Böschung Kohllösche als Bremsmittel streute … Sie hatte sich mit dem Schnee zu einem schwarzen, zähen Brei vermengt, der den Skiläufern nach Durchgleiten des Zie-

»Im vorigen Winter konnten Sie Damen der höchsten Aristokratie auf Schneeschuhen erblicken« (Zitat aus der Berliner Zeitschrift ›Der Schneeschuhsport‹, 1893)

Wintersport-Plakat der elektrischen Eisenbahn Leukerbad von E. Sansonnes, 1915

hen durch Grönland‹, Hamburg 1891), mir ein Paar originelle, sehr primitive sogenannte Schneeschuhe selbst anfertigte und darauf meine Probefahrten nur bei finsterer Nacht und im Schneegestöber abhielt. Denn wehe dem, der sich damals erkühnt hätte, mit so sonderbaren Werkzeugen Übungen abzuhalten – er wäre unfehlbar dem allgemeinen Gespött und Hohngelächter anheimgefallen und hätte sicher riskiert, entweder als Tölpel dargestellt oder in der Fastnacht-Narrenzeitung publiziert zu werden.«[6] Nichtsdestotrotz hob man am 22. November 1893 den ersten Schweizer Skiclub, den ›S. C. Glarus‹, aus der Taufe.

Schon in den Anfangsjahren des Skisports entbrannte die Diskussion um die geeignete Technik. Sie wurde insbesondere von Matthias Zdarsky entfacht, einem eigenbrötlerischen und eigensinnigen, hochbegabten und erfinderischen Alpinisten, der als Turner bekannt geworden war. Ursprünglich Bildhauer und Kunstmaler aus Iglau

Plakat des Verkehrsvereins Crans, 1925

les das Bein stellte und sie zu Fall brachte, wonach sie in der Maske des Kaminfegers dem schallenden Gelächter des Publikums preisgegeben waren.«[5]

Während sich die ersten »Rennläufer« in Mürzzuschlag vergnügten, entdeckte der Bürgermeister und Wirt von Kitzbühel, Franz Reisch, die heimatlichen Berge als Skigebiet. Bald kam auch Kaiserjäger-Oberst Georg Bilgeri, der Propagandist des bremsenden Stemmbogens in Kombination mit der Doppelstocktechnik, nach Kitzbühel, um hier Kurse für das Militär abzuhalten.

In der Schweiz hatte 1883 ein Dr. Herwig die ersten Schneeschuhversuche in Arosa unternommen, doch mehr Erfolg konnte der norwegische Ingenieur Olaf Kjelsberg in Winterthur und der Engländer James Knoker in Meiringen verzeichnen. Daß es nicht einfach war, dem neuen Sport in der Schweiz Anhänger zu finden, berichtet der Kaufmann Christoph Iselin: »Es war im Winter 1891, als ich, angespornt durch Nansens Buch (›Auf Schneeschu-

Plakat des Skiclubs Luzern, 1907

Vorlage, eine weniger komplizierte und sturzanfällige Fahrweise für steileres Gelände; der Einstock diente nicht mehr als Dreh- und Stütz-, sondern als Tasthilfe. Zdarsky verbreitete seine Technik durch zahlreiche, geradezu militärisch streng abgehaltene, kostenlose Massenkurse, zu denen sich oft 100-150 Teilnehmer einfanden. Sein Streit mit dem Verfechter der norwegischen Schule, Wilhelm Paulcke, in vielen Publikationen und Versammlungen ausgetragen, dauerte bis 1910; er wurde durch Georg Bilgeri beigelegt, der die Synthese aus beiden Stilen vertrat.

Zu den Verdiensten Zdarskys gehörte die Veranstaltung des ersten Riesenslaloms in den Alpen am 19. März 1905. 24 Herren und Damen stellten sich diesem Wettkampf, der vom Mückenkobel bei Lilienfeld durch 85 Fähnchen-Tore führte; neu war dabei auch das Einzelstartverfahren und die Auslosung der Startnummern. Im selben Jahr (4./5. November) schlug, vorbereitet von Wilhelm

Spaß beim Skifahren. Postkarte von E. Fenn, um 1910

im Böhmisch-Mähren, konzentrierte er sich seit Erscheinen von Nansens Grönland-Bericht (der, spannend und abenteuerlich, dem neuen Sport allgemein einen starken Impuls gab) auf seinem kleinen Gut Habernreith bei Lilienfeld (Niederösterreich) sechs Jahre im Alleingang auf die Entwicklung einer eigenen Schneelauftechnik. In seinem 1897 veröffentlichten Lehrbuch ›Die alpine Lilienfelder Skilauftechnik‹ verwarf Zdarsky die norwegische Schule – den Telemark-Stil mit seiner weiten Knievorlage auf dem Innenski und die Kristiania-Technik des Scherenbogens mit Rücklage – als ungeeignet in alpinen Gebieten. Er konstruierte nach einer langen Versuchsreihe die Ganzmetall-Sohlenbindung (1896 patentiert) und entwickelte für seinen relativ kurzen Alpenski eine auf die Körpergröße des Fahrers abgestimmte Längentabelle, die im Prinzip den heutigen Kenntnissen entspricht. Diese Ausrüstung ermöglichte den Bogen mit Stemmstellung und

Paulcke, im Augustinerbräu in München die Geburtsstunde des ›Deutschen‹ und des ›Österreichischen‹ Skiver-
bandes. Unter dem Dach des DSV schlossen sich neun
Vereine zusammen; die Mitgliederzahl (in Klammern)
gibt einen Hinweis auf die damalige Verbreitung des Skisports: Skiclub Schwarzwald von 1895 (1550), Skiclub
Vogesen von 1896 (201), Schneeschuhverein Hochvoge-
sen von 1905 (104), Chemnitzer Skiclub von 1901 (100),
Schneeschuhverein Windsbraut-Schreiberhau von 1900
(92), Schneeschuhverein München von 1893 (88), Alpiner
Skiclub München von 1901 (66), Akademischer Skiclub
München von 1901 (54), Skiverein Gebirgsbauden von
1905 (34). Dem österreichischen Skiverband schlossen sich
zehn Vereine an, wobei der Verband Steirischer Skiläufer
(143) und der Skiclub Arlberg (138) die meisten Mitglieder aufboten.

Einst

(Zeichnungen von O. Gulbransson)

und jetzt

»Einst – und jetzt«.
Illustration von
Olaf Gulbransson in:
›Simplicissimus‹, 1913

Das rätselhafte Tier

(Zeichnungen von O. Gulbransson)

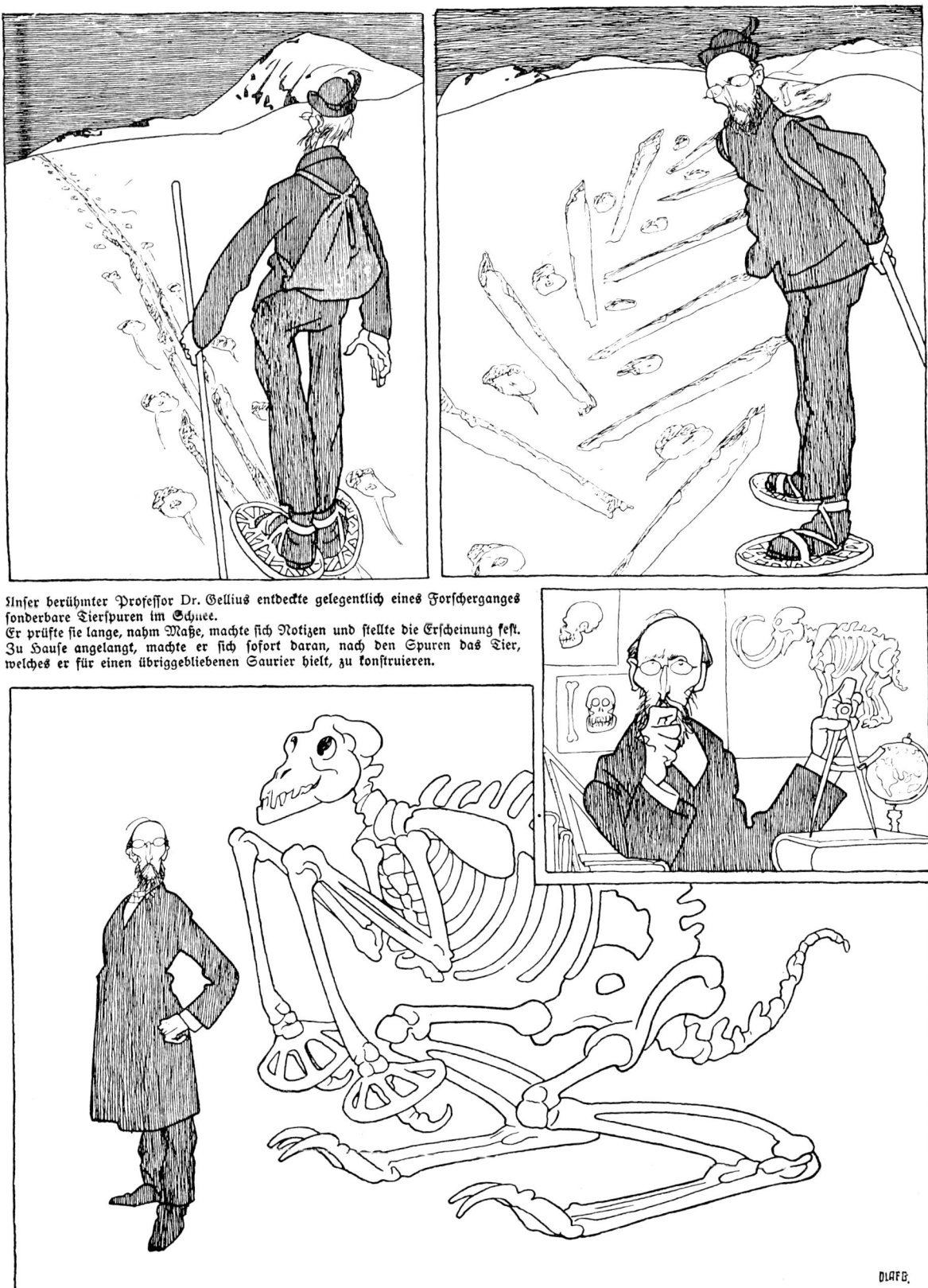

Unser berühmter Professor Dr. Gellius entdeckte gelegentlich eines Forscherganges sonderbare Tierspuren im Schnee.
Er prüfte sie lange, nahm Maße, machte sich Notizen und stellte die Erscheinung fest. Zu Hause angelangt, machte er sich sofort daran, nach den Spuren das Tier, welches er für einen übriggebliebenen Saurier hielt, zu konstruieren.

Nach mehrmonatlicher anstrengender Arbeit hatte er das Knochengerüst dieses Sauriers aufgebaut, und er suchte schon nach einem Namen, der ihn unsterblich gemacht hätte.
Aber ein tückisches Schicksal wollte es, daß die Spuren als diejenigen eines aufwärtsschreitenden Skifahrers nachträglich erkannt wurden.

Der berühmteste unter den genannten Clubs sollte der 1901 im Hospiz von St. Christoph gegründete Skiclub Arlberg werden. Zu dieser Zeit war der Skilauf am Arlberg gerade sechs Jahre alt; 1895 hatten die Geistlichen Schmidinger in Lech und Müller in Warth die ersten Spuren gezogen. 1899 war der Lindauer Hermann Hartmann als erster vom Galzig abgefahren und Victor Sohm, ein gelernter Bierbrauer, der später diverse Skibindungen sowie Steig- und Gleitwachse (Sohm-Wachse) erfand, begann systematisch, das Gebiet zu erschließen. Bemerkenswert ist die Strecke des ersten, bzw. zweiten Arlberg-Clubrennens (1903/1904): sie führte zunächst von St. Anton hinauf nach St. Christoph, von dort auf den Galzig; nach diesem Anstieg über fast 900 Höhenmeter erst begann die Abfahrt über den Arlensattel und das Steißbachtal nach St. Anton. Zu den Teilnehmern gehörten schon Damen, die diese Tour in schweren, langen Röcken bewältigten. – Erst allmählich kam der kürzere »Skirock« auf, unter dem dunkle Reformhosen die weiblichen Reize bei den unvermeidlichen Stürzen bedeckten; dann, besonders nach dem I. Weltkrieg trug man neben (Hosen-)

Röcken auch lange Hosen und Breeches mit Wickel- oder Knöpfgamaschen. Bei den Herren wurde der steife Kragen als Bestandteil des Skikostüms erst in den 30er Jahren als rückständiges Requisit betrachtet.[7]

Bald gab der norddeutsche Reederssohn Dr. Willi Rickmer-Rickmers, Anhänger Zdarskys, Mitbegründer des Ski-Club of Great Britain (1903) und einer der Verfasser des ersten englischen Skilehrbuchs (›Ski-Running‹, 1904) am Arlberg Unterricht in der jungen Sportart. Von 1907 an veranstaltete die Arlberg-Skischule regelmäßige Kurse. Ihr hervorragendster Lehrer, der Sohm-Schüler Hannes Schneider aus Stuben, entwickelte den Arlberg-Stil und begründete damit den Weltruf dieser Institution, den sie spätestens seit den 20er Jahren genießt. 1928 läuteten Schneider und der Wegbereiter der modernen alpinen Wettbewerbe, Sir Arnold Lunn, eine neue Ära des Skirennsports ein: das Arlberg-Kandahar-Rennen, dessen Name auf einer Ehrenpreisstiftung des Earl Frederik Sleigh Roberts of Kandahar und Pretoria beruht, blieb neben dem nordischen Fest am Holmenkollen jahrzehntelang die bedeutendste Skisportveranstaltung.

»Das rätselhafte Tier«.
Illustration von Olaf Gulbransson
in: ›Simplicissimus‹, 1910

»Die Belustigungen des Alpenclubs auf der Jungfrau«. Nach einer Zeichnung von Karl Reinhardt, 1868

VIII. Alpen-Curiosa mit und ohne Absicht

Christoph Meiners: Die erhabene Jungfrau, 1785

Als wir die Jungfrau zuerst ansahen, war noch fast ihr ganzer Körper, soweit er mit dem nur zum Teil sich erneuernden Schneemantel angetan ist, von der Abendsonne erleuchtet, die aber bald ihren goldnen Schmuck von dem blendendweißen, nie entweihten Busen zurückzog und nun allein ihr jungfräuliches Antlitz rötete, das niemals von einem andern Bräutigam als von den Strahlen der Sonne und von Sturmwinden, wenn diese anders sich so weit erheben können, geküßt worden ist. Daß Stürme den Saum des Gewandes der Jungfrau von Zeit zu Zeit heftig schütteln, zeigen die tiefen wellenförmigen Furchen, die ich mit meinem Teleskop bis zu beträchtlichen Höhen deutlich wahrnahm, die aber gegen den ehrwürdigen Scheitel hin zu verschwinden schienen. Einen erhabnern und zugleich schönern Berg als die Jungfrau ist, gibt es, glaube ich, auf der ganzen Erde nicht.

Heinrich Clauren: Des Ritters Wilhelm erste Begegnung mit Mimili, dem Kind der Schweizer Alpen, 1827

Wer in der Schweiz war, wird die theatralische Tracht der Alpenmädchen kennen. Bei meinem ersten Eintritt in den Kanton Bern dachte ich anfangs immer, wenn ich die idealisch gekleideten Schweizerinnen sah, es habe ein Freund mir einen Scherz bereitet und der holden Jungfrauen schönste, nach der Phantasie irgendeiner zarten Idylle angezogen, mir entgegengesandt, um mir einzubilden, ich habe das Schäferland meiner Jugendträume gefunden. Nach und nach hatte ich mich denn endlich an die freundliche Wirklichkeit gewöhnt; aber diesem Mädchen jetzt gegenüber mußte ich wieder in dem süßen Wahn mich verwirren, als sei dieses liebliche Wesen eine Erscheinung aus der Dichterwelt jener seligen Vorzeit, wo die Unschuld in Menschengestalt auf der Erde wandelte ...

In den großen blauen Augen spiegelte sich die sanfteste Freundlichkeit, die argloseste Kindlichkeit, die fromme Liebe selbst. Herrlich wölbten sich über diesen stillen Sprechern der Seele und des Herzens die schwarzen Bogen der Augenbrauen, und die langen seidenen Wimpern brachen den Feuerstrahl ihres glühenden Blickes. Jugend und Gesundheit blühten im Grübchen der Wange, auf den Purpurlippen und in der Fülle ihres ganzen schönen Körpers.

Das Brüstli wie das Miederchen war von schwarzem Samt, geschnürt mit goldenen Kettchen und reich und geschmackvoll gestickt mit Gold und buntfarbiger Seide. Die weiten Ärmel vom allerfeinsten Batist reichten vor bis zur kleinen Hand; und gleichfalls vom nämlichen Batist war das Hemdchen, das den blendend weißen Hals und den Busen züchtiglich verhüllte. Das schwarzseidene, hundertfältige Röckchen reichte kaum bis über das Knie, so daß die Zipfel der buntgestickten Strumpfbänder die fein geformte Wade sichtbar umspielten; die Blumen der Matten aber küßten das Blütenweiß ihres feinen, baumwollenen Strümpfchens, das den zartesten kleinsten Fuß verriet ...

Ich nahte mich ihr sittig und ehrsam und grüßte sie als die Besitzerin der Alpe mit feinen Worten recht manierlich.

Sie aber bot mir mit schweizerischer Treuherzigkeit die kleine Flaumenhand und hieß mich willkommen.

Ich eröffnete ihr nach dem ersten Hin- und Herreden meine Freude, diesen herrlichen Abend in einer solchen, mir wie von Gott selbst hergesandten Gesellschaft zu genießen − von der Nacht selbst aber und vom hier oben Schlafen konnte ich um keinen Preis ein Wort über die Lippen bringen, denn ich schaute dem Engel von Mädchen in die Augen, die so klar, so himmelrein mir bis auf den Grund meiner Seele sahen, daß auch kein böser Gedanke in mir aufkommen konnte, den sie nicht erspäht hätte.

»Ein wahres Glück für uns«, hob sie an, »daß ich heraufgekommen. Ihr hättet gewiß auf unserer Alpe eine böse Nacht gehabt, denn Ihr hättet auf bloßem Heu schlafen müssen; so aber kann ich Euch mein Kabinett in der Hütte abtreten, wo Ihr bequemer liegen werdet.«

Sie trat mit mir in die Sennhütte und schloß das besagte Kabinett auf.

Ich war in Trianon, Versailles, St. Cloud und auf dem zu meinen Füßen liegenden buntflitterigen Erdball in manchem andern kaiserlichen Lustschlosse gewesen. Reichere Schlafgemache hatte ich wohl da gesehen, aber freundlicher, niedlicher keins. Das Hausgeräte höchst geschmackvoll gearbeitet, von Ahorn oder schwarzem Pappelmaser; rings an den Wänden herum die ersten Prachtgemälde von Aberli, Rieter, Biedermann, Lafont, Lory, Hackert, Wocher und mehreren anderen trefflichen Künstlern, lauter Schweizer-Landschaften, viele von unschätzbarem Wert.

Aber die Königin meiner Alpe öffnete das Fenster dieses Feenkabinetts, und in die weiten Räume der vor mir liegenden Felsen-Gletscherwelt flog mein entzückter Blick. Es war, als sei die ganze große Runde dem Himmel noch näher gerückt, als sei sie heiliger geworden, seit das Mädchen in ihrem Luftkreise stand.

Ich fühlte, daß ich hier oben besser geworden war; aber ganz schlackenrein war mein sündhaftes Wesen noch nicht; denn als meine liebreizende Wirtin die schneeweißen feinen Vorhänge zurückschlug, die ihr jungfräuliches Bettchen mit frommer Feierstille umdämmerten und ich auf dem Kopfkissen das eleganteste aller Nachthäubchen gewahrte, und meine Phantasie die schwarzen Ringellocken des zaubersüßen Mädchens in dem

Korrespondenzkarte der bayrischen Post, um 1898

Häubchen und das Himmelskind selbst unter der seidnen leichten Decke sich malte, und sie wiederholentlich versicherte, daß ich hier recht gut schlafen würde, da mußte ich die Augen heimlich zudrücken, denn mich wandelte der Schwindel an; es war mir, als guckte ich schnurstracks in das Paradies hinein. Der Schwindel aber war nichts als die Lotterflamme der Schlacken meines Innern, die im Ausbrennen begriffen waren.

Ich entgegnete ihr, daß ich in der ganzen Welt kein einladenderes Schlafgemach, kein süßeres Schlummerbette kenne...

Heinrich Heine: Tirol ist sehr schön, 1828

Tirol ist sehr schön, aber die schönsten Landschaften können uns nicht entzücken bei trüber Witterung und ähnlicher Gemütsstimmung. Diese ist bei mir immer die Folge von jener, und da es draußen regnete, so war auch in mir schlechtes Wetter. Nur dann und wann durfte ich den Kopf zum Wagen hinausstrecken, und dann schaute ich himmelhohe Berge, die mich ernsthaft ansahen und mir mit den ungeheuern Häuptern und

langen Wolkenbärten eine glückliche Reise zunickten. Hie und da bemerkte ich auch ein fernblaues Berglein, das sich auf die Fußzehen zu stellen schien und den anderen Bergen recht neugierig über die Schultern blickte, wahrscheinlich, um mich zu sehen. Dabei kreischten überall die Waldbäche, die sich wie toll von den Höhen herabstürzten und in den dunkeln Talstrudeln versammelten. Die Menschen steckten in ihren niedlichen, netten Häuschen, die über der Halde, an den schroffsten Abhängen und bis auf die Bergspitzen zerstreut liegen; niedliche, nette Häuschen, gewöhnlich mit einer langen, balkonartigen Galerie, und diese wieder mit Wäsche, Heiligenbildchen, Blumentöpfen und Mädchengesichtern ausgeschmückt. Auch hübsch bemalt sind diese Häuschen, meistens weiß und grün, als trügen sie ebenfalls die Tiroler Landestracht, grüne Hosenträger über dem weißen Hemde...

Oft hob sich auch mein Herz, und trotz dem schlechten Wetter klomm es zu den Leuten, die ganz oben auf den Bergen wohnen und vielleicht kaum einmal im Leben herabkommen und wenig erfahren von dem, was hier unten geschieht. Sie sind deshalb um nichts minder fromm und glücklich. Von der Politik wissen sie nichts, als daß sie einen Kaiser haben, der einen weißen

Rock und rote Hosen trägt; das hat ihnen der alte Ohm erzählt, der es selbst in Innsbruck gehört von dem schwarzen Sepperl, der in Wien gewesen. Als nun die Patrioten zu ihnen hinaufkletterten und ihnen beredsam vorstellten, daß sie jetzt einen Fürsten bekommen, der einen blauen Rock und weiße Hosen trage, da griffen sie zu ihren Büchsen und küßten Weib und Kind und stiegen von den Bergen hinab und ließen sich totschlagen für den weißen Rock und die lieben alten roten Hosen.

Johannes Gistl: Almbesuch in des Hexameters Nähe, 1831

Nicht mehr neigen sich sanft vom linden Hauche umlispelt die zartgekrönten Kinder des Tales; schmerzgebeugt senken sie das tief betrübte Haupt – unter rasselndem Krachen und mit Macht schwingt er sich durch der starren Nadelbäume düstres Grün, und knarrend reibt sich, von ihm gegeißelt, der stolze Stamm. Wohin nun Wanderer? – Siehe! dort eilt in wilder Hast über die grasigen Hügel die milchreiche Herde, mit bogenförmig gerundetem ausgestrecktem Schweife, und mit zwischen den Vorderbeinen gesenktem Kopfe, unter lautem in den Felsen widerhallendem Gebrülle, einer balkigen Hütte auf der grünen Grasmatte zu. Auf der Hütte kleinem Vorsprunge zeigt sich auch schon, nachläßig hingestützt auf das stängige Geländer, die spähende Sennerin. – Eile zur Hütte, ehe die schwarze Gewitterwolke sich über deinem Haupte entleert! gastfreundlich ist dort deine Aufnahme. – Nun bist du sicher. Betrachte die Freude, die aus den schwarzen Augen der einsam wohnenden Sennerin, dich, den seltenen Gast, in ihrer engen Hütte bewirten zu können, hervorleuchtet ...

Du wirst auch noch nicht lange in der feuererhellten Hütte verweilt haben, so vernimmst du des Jägers rauhe Stimme, der eintretend mit dem kräftigen Lanzenstocke, und die Drehflinte über die Schulter gehangen, unwirsch von seinem Nacken herab den erlegten Gemsbock auf den reinen Boden schleudert. Bald aber erheitert sich am trocknenden Herdfeuer, an der Seite der schwarzaugigen Liese, des durchnäßten Max trotziger Blick. – Dennoch trocken sind des neuen Hüttengefährten sparsame, kurzgefaßte Worte. Mit Mühe erforschest du aus ihm, ob er es heute morgens war, der am kahlen Felsen die Gemse schoß. Seiner erpreßten Bejahung fügt er noch die Bemerkung hinzu, daß er dich längst auch mit seinen Luchsaugen auf des Wildes stetem Wechsel habe herummausen sehen. Reiche dem Murrkopfe von deinen Speisen, auch ein Pfeifchen deines Knasters; denn Gastfreundschaft ausübend, erwartet er dieselbe ...

Jesus Maria! ruft plötzlich, aufspringend vom Sitze, und schnell sich bekreuzigend vor dem heiligen Jungfrauenbilde unter der zierratenreichen Zinnrahmen, die Sennerin; denn dicht an dem Hüttenfenster zuckte im hellgelben Lichte, aus dumpfen Wettergewölke, das lanzige Zickzack des Blitzes, und ein gellend-prallendes, gleich Trommelwirbel rollendes Donnergepolter umzittert der Hütte balkige Wände. Des Wanderers Gesicht erbleicht, aber mit kaltem Blute öffnet zur Hälfte der Hütte hintere Pforte der Bergschütz, zu erspähen des wutentbrannten Blitzes Raub.

»Tod und Bergsteiger«. Gemälde von Ernst Heinrich Platz, 1893

Emma von Niendorf: Süßer die Alpenblümchen und -lein nie ..., 1843

Edelweiß liebt sein Schwesterchen, das frische Alpenröslein innig. Sie spielen zusammen allerlei fröhliche Spiele, auch Verstecken; das kann die Schwester besser als der Bruder: husch! ist sie so unter die dichten Blätter verkrochen, daß kein Auge sie erspähen kann. Dann streckt sich Edelweiß, lugt und lugt, und wenn das mutwillige Ding zu lange nichts von sich sehen und hören läßt, so schaut Brüderchen in die Wolken, die so nahe heranstreifen, winkt den Engelchen oder Koboldchen zu, welche darin sitzen, und läßt sich vom nachbarlichen Brünnlein erzählen, wie es unten in dem dunkeln Bergschacht hergeht ...

Die Geschwister haben zwei Tanten: Eis und Wärme. Diese Letzte wohnt nicht eigentlich auf den Bergen, sie hat im Tale

Der abgesperrte Groß-
glockner: »Ausschließlich
mit Gemsen zu verkehren,
ist auf die Dauer doch sehr
wenig aufregend. Das wird
ein trauriger Sommer –
ohne Rucksäcke, Berliner,
Konservenbüchsen.
Naturfreunde helft mir
und schickt mir wenig-
stens einen Phonogra-
phen, der jodeln kann.«
Illustration von Thomas
Theodor Heine in:
›Simplicissimus‹, 1914

zu viel zu tun – aber zum Besuche kommt sie, und dann liebkost sie die Kinder mit großer Zärtlichkeit – besonders Alpenröslein, dem sie das rosa Seidenröckchen immer wieder hübsch herrichtet und putzt, Edelweiß macht sich weniger aus der Tante Wärme: ihn zieht Eis, die andere Tante mehr an, die ganz hoch auf dem Gipfel des Berges wohnt, nie schöntut und kost, aber doch oft zu dem Neffen herunterkommt und ihm dann blitzende Juwelen zuwirft; sie hat ihm auch sein warmes, weißes Samtwams bestellt, damit er es in ihrer Nähe aushalten kann.

Alpenrose und Edelweiß sollen auch gar schön singen und jodeln, aber nur wenn sie Einsamkeit begleitet mit ihrem tiefergreifenden Alt; drum hat noch kein Mensch diese Gebirgsblumen-Lieder jemals vernommen.

M. E. Schleich: Pimplhuber im Gebirg, 1853

Das bayerische Hochgebirg ist gleichsam die Vorrede, welche der liebe Gott dem großen geographischen Werke, das von ihm unter dem Titel: ›Die Alpen‹ herausgekommen ist, vorgesetzt hat. Wahrlich diese lange und breite, aber sehr abwechselnd stilisierte Vorrede ist anlockend genug, und wer nicht Zeit oder Kraft hat, das ganze unerschöpfliche Alpenbuch durchzugehen, kann mit dieser Einleitung zufrieden sein . .

Am Ufer [des Kochelsees] stieß ich auf eines jener Geschöpfe, die jetzt auf unsern Gebirgen so häufig zu treffen sind und von der Vorsehung fast als ein Ersatz für die aussterbenden Gemsen bestimmt scheinen, nämlich auf einen Engländer. Gleich mir beabsichtigte er in die Jachenau zu kommen, und so nahmen wir einen Fuhrmann und durchstrichen den finstern See in südöstlicher Richtung. Ich kam mir vor, wie Struwelpeter mit seinen zwei Kameraden –

In des großen Nikolas
Seinem großen Tintenfaß.

Ich frug den Briten, ob er von der Jachenau nach Lenggries oder nach Glashütten und Kreuth wolle?

No Sir, antwortete er, ich gehe nach Immenstadt. –

Das ist ja eine ganz andere Richtung – da müssen Sie ja wieder zurück.

Tut nix. – Von Immenstadt geh ich nach Innsbruck. –

Wie, nach Innsbruck? Da müssen Sie noch einmal zurück? Sie reisen ja im Zickzack?

Zickzack tut nix! Von Innsbruck geh ich nach Kaufbeuern.

Wieder zurück! Sie sind wohl toll?

O nein! von Kaufbeuern muß ich nach Keferlohe, weil ich reise nach dem Alphabet – mit diesen Worten gab mir der mit »Ihrer Majestät Spleen« behaftete Untertan ein Reisehandbuch von Süddeutschland, versehen mit einem alphabetischen Ortschaftsverzeichnis, dem der Brite in genauer Ordnung folgte, wenn er auch hundertmal an derselben Stelle vorüber mußte. Wenn es ihm gelingt, das ganze Alphabet durchzumachen, so will er sein System erst im Großen anwenden und die ganze Halbkugel buchstäblich von A bis Z kennenlernen. Er geht dann nach Aachen, Abessinien, Ägypten, Algier, Andalusien, Ansbach, Antiochien usw. und hofft nach 6 Jahren über Westindien, Wien, Worms, Zante und Zweibrücken heimzukehren …

Englands Töchter: »In das Buch steht, daß von dieses Berg jeder tot fällt. Uir wollen kaufen ein Mann, der es macht.« *Illustration von Bruno Paul in:* ›Simplicissimus‹, *1901*

Ludwig Steub: Das Frühstück auf dem Berg, um 1860

Es ist ein wesentlicher Bestandteil eines Aufenthaltes im Hochlande, einmal etwas Apartes, Mühseliges, Abenteuerliches zu unternehmen. Die Feinsten besuchen wenigstens eine nahe Sennhütte und lächeln nach ihrer Rückkehr schelmisch, wenn sie gar über Nacht ausgeblieben sind. Die Rüstigsten tragen einen schweren Kugelstutzen nebst großem Büchsenranzen hinauf in die Schneehöhe und sofort wieder herunter und sagen

190

dann, sie seien auf der Gemsenjagd gewesen. Jene aber, denen die Sennhütten zu nah, die Schneehöhen aber zu entlegen sind, lösen ihre Aufgabe in gesellschaftlichen Partien auf ein schönes Berghorn, dessen Spitze etwa ein Belvedere ist, wie es die Badegäste von Partenkirchen mit dem Krotenkopf und die von Rosenheim mit dem Wendelstein zu machen pflegen. Da geht es denn familienweise hinaus in die tauigen Wiesen, im Angesicht der Morgenröte, die um so überraschender wirkt, je länger man sie nicht mehr gesehen hat. Bald beginnt das Steigen, und nun entwickelt sich der Knäuel. Der Papa in seinem Reisehemd, gleichsam der Hauptmann der liebenswürdigen Bande – wie schwer war er zu gewinnen –, und die Mütter, die schon leichter mithalten, bleiben keuchend mehr und mehr zurück; die Münchner Fräulein und die jungen scheinkranken Badeherren hüpfen wie die Zicklein voraus. Die Jungen tragen sich phantastisch, so daß die Spielhahnfeder auf dem grünen Hütchen und die graue Joppe mit den grünen Aufschlägen nicht leicht fehlen; die Mädchen, unter dem Einfluß der idyllischen Umgebungen, dichten ebenfalls in ihrer Tracht, und wenn sich die Jünglinge am liebsten als Jäger darstellen, so liegt den Damen am nächsten der Aufzug der arkadischen Hirtinnen, wie sie im Ballett erscheinen … Nach und nach hat sich alles eingefunden und steht in schönen Gruppen auf der freien Höhe, hinabzusehen ins unendliche Blachland, auf Hügel und Täler, Wälder und Felder, Seen und Ströme, Städte und Dörfer. Die Mädchen sind gar liebreizend, wie sie dastehen, herrlich rot im Gesichte vom Steigen in der reinen Alpenluft, seligen, träumerischen Blicks hinunterstarrend in die Tiefe, während der frische Morgenwind in ihren Locken wühlt. Ist ein Norddeutscher dabei, was jetzt kaum mehr fehlen kann, so benützt dieser den Augenblick, stellt sich in die Mitte und deklamiert etwas, zum großen Verdruß eines andern, der die Erreichung des Zieles mit einem Sturm auf der Gitarre feiern wollte, die ihm über den Rücken hängt, und zum nicht mindern Ärger eines dritten, der ein Flageolett bei sich hat. Die Verse aber hat der Poet gestern abend noch zusammengestoppelt, als er wegen erdichteter Übelkeit schon um neun Uhr auf seine Stube ging, und die Reime klappern wunderbar schön …

Nun geht's ernstlich an die Vorbereitungen zum Frühstück. Da zeigt sich erst, mit wieviel Umsicht der Plan zu diesem Unternehmen entworfen und wie passend die Rollen ausgeteilt worden. Vor allem wird der große Reisesack aufgetan, den der Führer heraufgetragen und aus welchem nun Kalbskeulen und Schinken springen, wobei die Messer und Gabeln, die auch in seinem Bauche liegen, kampflustig erklingen. Nun erschließen sich auch die Reticules der Schönen, und wer hätte es diesen zierlichen Täschchen, die den ganzen Weg herauf so gleichgültig mitbaumelten, angesehen, daß sie heute als Vorratskammern für die feingebildete Gourmandise der bergsteigenden Hauptstädter eingerichtet seien? Und doch ist's nicht anders! Aus der einen Tasche steigt vielversprechend eine edle Wurst von Welschland,

Die Sennerin: »I glaub' allaweil, Di kenn i. Hab' i net scho amal a Kind von Dir g'habt?« Illustration von Erich Wilke in: ›Jugend‹, 1910

»Das gestörte Frühstück«. Schweizer Postkarte um 1900

aus der andern ein Senftopf; andere Fräulein stellen anderes auf, geräucherte Zungen, gebratene Hühner. Jetzt zeigen aber auch die Paladine, daß sie nicht umsonst dabei sind. Ihre Aufgabe war's, den Wein zu liefern, und nun treten die Vertreter sämtlicher Rebenhügel von Würzburg bis Bordeaux aus den Rocktaschen. Das wird aber für jetzt alles nur beiseite gestellt, geordnet, und was zerlegbar ist, zerlegt; denn der Kaffee ist fertig, und die Mädchen machen lächelnd die Honneurs. Während man schlürft, wäscht der Führer in der nahen Quelle die Salathäupter, die er mitgebracht, und übergibt sie dann zerblättert und gesäubert in großer irdener Schüssel den Schönen. Man nähert sich dem nahrhaftern Teile des Frühstücks. Einzelne Vorläufer machen schon die Runde, die Kernspeisen dringen unwiderstehlich nach. Am meisten haben wieder die Mädchen zu tun, die frischen, heitern, rosigen Mädchen, die jetzt, in der Glorie der Alpenluft strahlend, wie dienende Engel hin und her eilen, voll Leben und Lust, die nun spielend alle Reize deutscher Häuslichkeit entfalten, welche uns hier oben auf der grünen Bergmatte, in der hellen Sommersonne, mehrere tausend Fuß hoch über dem Meere noch viel tausendmal einnehmender erscheinen als unten im langweiligen Abendzirkel beim trüben Lampenschimmer.

Ludwig Steub: Die Poesie des Almenlebens, 1862

Die Almerinnen führen fast ein Leben wie die Elfen, streifen in der Frühe mit leichten Sohlen über die tauigen Alpenkräuter, verschwinden im Morgennebel, singen aus dem Felsgestein, daß man nicht weiß, von wannen es kommt und schallt, trinken nur Milch und Wasser und schlummern im Heu, das sie kaum eindrücken. Das Almenleben hat so viel eingeborne Poesie, daß selbst die Tausende von Schnaderhüpfeln und die schönsten Lieder vom Berge sowie die süßinnigsten Zithermelodien diesen tiefen und wahren Zauberbrunnen nicht ganz ausschöpfen. Wenn einer einmal einen dreibändigen Walter-Scottschen Roman darüber schreiben wollte, der würde sehen, was ihm da alles entgegenkommt ...

Die Sennerin ist an Werktagen voller Schmutz, welcher sich jedoch kegelförmig verjüngt. Während nämlich die Füße von der Begehung des Trets sich in einem Überschuh von idyllischem Alpenkot züchtig verhüllen und so jedes Urteil über Größe und Kleinheit trüglich machen, so nimmt die Reinlichkeit nach oben immer zu, über Mieder und Rock, und das Gesicht wird des Tages sogar mehrere Male gewaschen. Nicht selten sind ein Paar schöne blaue Augen darin und etwas erlaubte rotbackige Schalkheit, um welche sich blonde Haare ringeln. Eine halbe Stunde Rast hat da noch wenige Junggesellen gereut. Seltsam klang aber die Antwort, als man sich diesmal nach der Liebe erkundigte: »Selbe sei hierorts ganz abgeschafft.«

Mark Twain in Europa: Expedition auf den Riffelberg, 1878/79

Nachdem ich meine Lektüre beendet hatte, war ich völlig außer mir; ich war durch die fast unglaublichen Gefahren und Abenteuer, die ich mit meinen Autoren durchgemacht, und die Triumphe, die ich mit ihnen geteilt hatte, verzückt, erhoben, berauscht. Eine Zeitlang saß ich still da, wandte mich dann zu Harris und sagte: »Mein Entschluß ist gefaßt.«

Etwas in meiner Stimme ließ ihn aufhorchen; und als er mir ins Auge geblickt und gelesen hatte, was darin geschrieben stand, erbleichte er sichtlich. Er zögerte einen Augenblick und sagte dann: »Sprich.«

Ich antwortete vollkommen ruhig: »Ich werde den Riffelberg besteigen.«

Wenn ich meinen armen Freund erschossen hätte, wäre er nicht schneller vom Stuhl gekippt. Wenn ich sein Vater gewesen wäre, hätte er mich nicht dringlicher bitten können, um mich zur Aufgabe meines Vorhabens zu bringen. Aber ich hatte für alles, was er sagte, ein taubes Ohr. Als er schließlich erkannte, daß an meinem Entschluß nichts mehr zu ändern war, drängte er nicht weiter, und eine Zeitlang wurde die tiefe Stille nur durch sein Schluchzen unterbrochen. Ich saß in marmorner

Tourismus international in der Schweiz. Titel eines Karikaturenheftes, um 1850

192

Englische Seilschaft. Zeichnung von Robida in: ›Vie Parisienne‹, 1875

Entschlossenheit da, den Blick ins Leere gerichtet; denn im Geiste rang ich bereits mit den Gefahren der Berge, und mein Freund saß da und blickte mich mit anbetender Bewunderung durch seine Tränen hindurch an. Endlich warf er sich in liebevoller Umarmung auf mich und rief mit gebrochener Stimme:

»Dein Harris wird dich niemals verlassen. Laß uns zusammen sterben!« ...

Wie es in Zermatt üblich ist, wenn eine große Besteigung unternommen werden soll, legten alle, Einheimische und Fremde, ihre eigenen Vorhaben beiseite und suchten sich einen günstigen Platz, um den Aufbruch zu beobachten. Die Expedition bestand aus 198 Personen einschließlich der Maultiere beziehungsweise 205 einschließlich der Kühe. Und zwar:

Führungsstab		Untergeordnete Dienste	
	Ich	1	Tierarzt
	Mr. Harris	1	Haushofmeister
17	Bergführer	12	Kellner
4	Wundärzte	1	Lakai
1	Geologe	1	Barbier
1	Botaniker	1	Küchenmeister
3	Feldprediger	9	Gehilfen
2	Kartenzeichner	4	Konditoren
15	Büfettiers	1	Zuckerbäcker
1	Latinist		

Transportwesen etc.

27	Träger	3	Wäscher und Plätter
44	Maultiere		für Grobwäsche
44	Maultiertreiber	1	dto. für Feinwäsche
		7	Kühe
		2	Melker

Insgesamt 154 Menschen, 51 Tiere, Summa 205.

Proviant etc.

16	Kisten Schinken
2	Fässer Mehl
22	Fässer Whisky
1	Faß Zucker
1	Fäßchen Zitronen
2000	Zigarren
1	Faß Pasteten
1	Tonne Pemmikan
143	Paar Krücken
2	Fässer Arnika
1	Ballen Verbandzeug
27	Fäßchen Opiumtinktur

Ausrüstung

25	Sprungfedermatratzen
2	Roßhaar dto.
	Bettwäsche für dieselben
2	Moskitonetze
29	Zelte
	Wissenschaftliche Instrumente
97	Eispickel
5	Kisten Dynamit
7	Büchsen Nitroglyzerin
22	Leitern je 40 Fuß
2	Meilen Seil
154	Regenschirme

Es wurde fast vier Uhr nachmittags, bis meine Kavalkade gänzlich bereit war. Um diese Zeit begann sie, sich in Bewegung zu setzen. Was Teilnehmerzahl und pompösen Aufwand betrifft, war es die imposanteste Expedition, die jemals von Zermatt aufgebrochen war.

Ich wies den Hauptführer an, Menschen und Tiere im Abstand von zwölf Fuß in einer Reihe hintereinander aufzustellen und sie alle zusammen an ein starkes Seil zu binden. Er wandte ein, die ersten zwei Meilen wären absolut flach und böten genügend Platz, und das Seil benutze man nur an sehr gefährlichen Stellen. Aber davon wollte ich nichts hören. Meine Lektüre hatte mich gelehrt, daß in den Alpen viele schwere Unfälle vorgekommen waren, einfach weil man die Leute nicht rechtzeitig angeseilt hatte; ich würde dieser Liste keinen weiteren zufügen. Daraufhin gehorchte der Führer meinem Befehl.

Als der Zug in zwangloser Haltung dastand, zusammengeseilt und marschfertig, bot er einen so schönen Anblick, wie ich noch nie einen gesehen hatte. Er war 3122 Fuß lang – über eine halbe Meile; jeder Mann außer Harris und mir war zu Fuß und hatte seinen grünen Schleier um, seine blaue Schutzbrille auf, den weißen Fetzen um den Hut, die Rolle Seil über der einen und unter der anderen Schulter und seinen Eispickel im Gürtel, und

jeder trug seinen Alpenstock in der linken Hand, den (zuge-
klappten) Schirm in der rechten und seine Krücken über den
Rücken gehängt. Edelweiß und Alpenrose schmückten die Lasten der Tragtiere und die Hörner der Kühe.

Ich und mein Agent waren die einzigen Berittenen. Wir
hatten den gefährlichen Posten in der äußersten Nachhut inne
und waren fest an je fünf Bergführer angeseilt. Unsere Knappen
trugen die Eispickel, Alpenstöcke und andere Geräte für uns.
Wir saßen auf sehr kleinen Eseln, was eine Sicherheitsmaßnahme
darstellte; in Zeiten der Gefahr konnten wir die Beine ausstrek-
ken und die Esel unter uns fortlaufen lassen. Dennoch kann ich
diese Tiergattung nicht empfehlen – jedenfalls nicht für reine
Vergnügungsausflüge –, denn ihre Ohren behindern die Aussicht. Ich und mein Agent besaßen zwar die vorschriftsmäßige
Bergsteigertracht, beschlossen aber, sie zurückzulassen. Aus
Achtung gegenüber der großen Zahl von Touristen beiderlei
Geschlechts, die vor den Hotels versammelt waren, um uns
vorüberziehen zu sehen, und auch aus Achtung gegenüber den
vielen Touristen, denen wir auf unserer Expedition zu begegnen
erwarteten, beschlossen wir, die Besteigung im Abendanzug
durchzuführen ...

Eine internationale Touristengruppe (vorne der Vertreter Großbri-
tanniens) bewältigt das Eismeer von Chamonix. Federzeichnung
um 1850

An dem kalten Wasserlauf, der durch einen Trog nahe dem
Dorfende rauscht, tränkten wir die Karawane, und bald danach
ließen wir die Gefilde der Zivilisation hinter uns zurück ...

Karl Stieler: Alpen teutonisch, 1881

König Watzmann

Wulfhild, die schwarze Sennin, wies
Nach starren Felsenklippen;
»Kennt ihr den Gipfel?« sprach sie leis
Und schürzt die vollen Lippen.

»Das war der König Watzmann einst
Der mächtigste im Lande.
Nun steht er wohl entthront, versteint
An ödem Bergseestrande!«

»Es waren sieben Kinder sein
Von seiner schönen Frauen,
Es wogte hoch die satte Flur
In seinen Bergland-Auen,«

»Doch unersättlich war sein Herz
(Sprach zornerglüht Wulfhilde),
Sein Hifthorn hetzt im Übermut
Den Bauer durchs Gefilde.«

*Der wegen seiner grausamen Taten versteinerte König Watzmann
mit Gemahlin und Kindern. Postkarte aus Berchtesgaden, um 1910*

»Da mußte selbst des Himmels Huld
An solchem Tun ermüden:
Es rissen ihn mit Weib und Kind
Zu Tode seine Rüden.«

»Ihr dunkles Blut floß in den See,
Und wo die Felsen blinken:
Das ist ihr Leib, zu Stein erstarrt,
Ein Berg mit sieben Zinken.«

»Oft lug ich nach dem Königsfels
Im Nebel selbst – ich kenn ihn!«
Sie schürzt die Lippen, dunkel blitzt
Das Aug der schwarzen Sennin.

Alphonse Daudet:
Tartarins Reise in die Schweizer Alpen, 1885

Geständnisse in einem Tunnel

»Die Schweiz, Herr Tartarin, ist heuzutage nichts anderes mehr
als ein riesengroßer Kursaal, der vom Juni bis zum September
geöffnet ist, ein Kasino mit Panorama, wohin die Leute aus allen
vier Weltteilen kommen, um sich die Langeweile zu vertreiben.

Betrieben wird dieses Unternehmen von einer Hunderte von
Millionen und Milliarden reichen Gesellschaft, die ihren Sitz in
Genf und London hat. Es brauchte viel Geld, das können Sie
sich denken, um dieses ganze Gebiet in Pacht zu nehmen, schön
zurecht zu kämmen, aufzuschniegeln, alle diese Seen, Wälder,
Berge und Wasserfälle, ein ganzes Volk aus Angestellten, Stati-
sten zu unterhalten, und auf den höchsten Berggipfeln prunk-
volle Luxushotels zu erbauen, mit Gas, Telegraph und Tele-
phon!« ...

»Wahr ist das allerdings«, überlegte Tartarin laut vor sich hin
und dachte dabei an den Rigi.

»Und ob das wahr ist! Aber Sie haben ja noch gar nichts
Besonderes gesehen. Gehen Sie noch ein bißchen weiter ins
Land hinein, so werden Sie auch nicht ein einziges Fleckchen
finden, das nicht irgendein Schwindel, irgendwie zugerichtet
und mit allerhand Tricks versehen ist, wie unter der Bühne in
der Großen Oper von Paris. Wasserfälle, die taghell erleuchtet
werden, Drehtürmchen am Eingang zu den Gletschern, das
gleiche auch bei den Zugängen zu den Bergen, ganze Haufen
von hydraulischen Eisenbahnen und Seilbähnchen. Immerhin
hat die Gesellschaft mit Rücksicht auf ihre kletterlustige Ameri-
kaner- und Engländerkundschaft ein paar berühmte Berge, wie
die Jungfrau, den Mönch, das Finsteraarhorn, in ihrem wilden,
gefährlichen Zustand belassen, allerdings nur scheinbar, denn in
Wirklichkeit besteht dort genausowenig Gefahr wie anderswo.«

»Ja, aber die Gletscherspalten, mein Lieber, die schaurigen
Gletscherspalten ... Wenn man da hineinfällt?«

Gletscherpartie. Darstellung von A. Hengeler, um 1890

Karl May: König Ludwig II. und die Muhrenleni, 1886/87

[In ›Der Weg zum Glück – Roman aus dem Leben Ludwig des Zweiten‹ schildert der Sachse Karl May einen denkwürdigen Almbesuch des Märchenkönigs. Innerhalb weniger Stunden begegnet der Monarch dem Wurzelsepp, einer gratwandelnden Mondsüchtigen, dem Krikelanton, einem Bären und vor allem der schönen Sennerin Magdalena Berghuber, genannt Muhrenleni, aus der er eine gefeierte Wagnersängerin machen wird.]

Die Muhrenleni war bekannt und sogar berühmt als die beste Jodlerin weit und breit. Ihre Stimme hatte einen »ungeheuren Umfang und außerordentliches Metall«, wie der Kantor unten im Dorfe sehr oft gesagt hatte. Das war jetzt zu hören. Es war, als ob die Berge bebten, so mächtig drang es aus der Brust des schönen Mädchens hervor …

Während des Wechselgesanges war ein Mann hinter der Felsenecke hervorgetreten und hatte mit Erstaunen zugehört. Er trug die Tracht des Gebirges, Bergschuhe, Halbstrümpfe, Joppe, Weste, breiten Gürtel, einen kleinen Hut mit Edelweiß und Spielhahnfeder, einen Rucksack auf dem Rücken und ein Gewehr von der Achsel herab. In der mit kostbaren Ringen geschmückten Hand hielt er den Bergstock, welcher oben mit einer Gemskrikel (Gemshorn) versehen war. Auch die schwere, goldene Uhrkette ließ vermuten, daß dieser Herr sich in besseren Umständen befinde als der Wurzelsepp.

Er war von sehr hoher, kräftiger, imposanter Figur. Sein Gesicht hatte einen edlen, vornehmen, durchgeistigten Ausdruck. Die Züge waren bedeutend. Das Auge zeigte bei aller Schärfe etwas Weiches, Unbestimmbares, fast möchte man sagen, Mystisches. Der Eindruck der ganzen Persönlichkeit und des von einem wohlgepflegten Barte gezierten Gesichtes war ein Ehrerbietung erweckender.

Als Sepp ihn erblickte, reckte er sich staunend empor und rief:

»Millionenschockteuf – – – ah, oh! Da hätt ich fast beinahe geflucht! Ist's denn möglich?«

»Was?« fragte der Fremde.

»Daß Du der Ludwig – nein, daß Sie der Ludwig bist! O nein, daß Du – daß Sie – Herrgottsakra! Jetzt geht mir halt gar noch der Verstand in die Luft, grad wie die Wurzeln!«

»Welchen Ludwig meinst Du denn?«

»Na, den Zweiten!«

»Ich verstehe Dich noch nicht.«

»Das glaube ich. Ich bin ja vor Freude, nein, vor Verlegenheit – nein, auch nicht, Jesses, Jesses – vor lauter Dummheit so außer Rand und Band geraten, daß ich mich halt selbst schon gar nicht mehr kenne. Aber warten Sie! Jetzt werde ich es wohl richtig fertig bringen!«

Er schlug die Fersen militärisch zusammen, richtete sich stramm empor, präsentierte den Bergstock wie ein Gewehr und meldete:

»Sie sind Königliche Majestät Ludwig der Zweite von Bayern, mein allergnädigster Gebieter und Herr! Ich aber bin halt nur der Wurzelsepp! …

Der Monarch hatte nicht weit zu steigen. Leni stand, als er

»Dann fallen Sie auf den Schnee, Herr Tartarin, und tun sich kein bißchen weh. Es ist dort unten jederzeit ein Portier oder ein Diener vorhanden, der einem wieder auf die Beine hilft, einen abbürstet, abklopft und höflich fragt: ›Hat der Herr kein Gepäck?‹«

»Was verzapfen Sie da für Unsinn, Gonzague?«

Und Bompard versetzte noch ernster und feierlicher als zuvor: »Die Instandhaltung der Gletscherspalten ist für die Gesellschaft einer der größten Ausgabeposten.«

Dann herrschte im Tunnel eine Weile tiefe Stille.

oben ankam, an der andern Seite des Hauses; er sah sie also nicht und stieß nach der dortigen Sitte einen Juchzer aus. Sofort kam sie um die Ecke geeilt ...

»Wer bist denn?«

»Ich hab mein Amt und Geschäft drin in München und heiße Ludwig. Der Wurzelsepp, Dein Pate, kennt mich sehr gut und läßt Dir sagen, daß Du mich gut aufnehmen sollst.«

Sie blickte ungläubig zu ihm auf.

»Ob's auch wahr ist!«

»Es ist wahr. Ich habe da unten an der Felsenecke mit ihm gesprochen. Sehe ich denn wie ein Lügner aus?«

»Na, sauber und akkurat bist schon, und ein guts Gesicht hast auch, so ein braves und vornehmes. Ich werde Dich also behalten. Setz Dich einstweilen daher auf die Bank, bis ich wiederkomme. Ich muß die Rinder und Ziegen in den Stall heimsen.«

»Bleiben die heut nicht im Freien?«

»Sie könnten wohl; aber da jenseits gibt es einen Bären, eine große Rarität und Seltenheit, der sich von drüben herüber verlaufen hat. Wenn der dahergekraxelt käme und mir eine Kuh erwürgte, so könnte ich in meinem ganzen Leben schon gar keine Freud nicht mehr haben.«

Sie ging. Er setzte sich und blickte ihr wohlgefällig nach. Als sie dann die Tiere getrieben brachte, beobachtete er ihre Bewegungen, nickte befriedigt vor sich hin und sagte im stillen:

»Große Stimme, schöne Gestalt, gewandte Bewegungen, Umsicht und Gewissenhaftigkeit! Sie soll mir in die Schule. Das gibt eine Sängerin, einen Stern am Kunsthimmel. Ich glaube, ich habe da eine Brunhild, eine Walküre, eine Isolde gefunden.«

Als sie dann die Herde getränkt und in den Stall geschlossen hatte, meinte sie:

»Ein Bett werde ich Dir im Heu machen, ein schönes, weiches. Jetzt nun wirst aber auch Hunger haben?«

»Ja. Hier im Rucksack befindet sich allerlei. Mach, was Du daraus bringst. Du sollst mit mir essen und mir dann von Dir erzählen.«

Sie gewann Vertrauen zu ihm und gab sich ganz so, wie sie war. Sie aßen zusammen, grad als das Ave Maria-Glöckchen aus dem Tale emporschallte. Da er nicht so schnell das Messer weglegte wie sie, sagte sie:

»Mach, daß Du Dein Ave hersagst! So ist das hier oben bei mir Mode!«

Dann saßen sie vor der Sennhütte auf der Bank. Leni hatte ganz zutraulich neben ihm Platz genommen. Sie erzählte von ihrem Leben; es war still, einfach und ärmlich verflossen; aber das kleinste Ereignis gab ihr Gelegenheit, ganz unbewußt ein reiches, tiefes, gemütvolles Seelenleben zu entwickeln und eine Urteilsschärfe zu entfalten, über welche sich der König höchlichst wunderte.

»Hast auch einen Schatz?« fragte er.

»Nein. Ich kenn einen, dem bin ich halt seelensgut; aber er weiß nix davon und ist ein Wilderer. Da mag ich ihn nicht. So bleib ich also ledig, so lange ich lebe. Glaubst's wohl nicht? Das Herz hat nur eine Lieb, und tut man die begraben, so steht sie nimmer wieder auf.«

Die Alpenbraut. Stich von P. Halm nach L. von Bode, 1864

Das klang so selbstbewußt und so rührend, daß er ihre Hand ergriff und teilnehmend sagte:

»Du bist ein braves Mädchen. Schau, die Alpen glühen.«

Die Firnen leuchteten goldig- und dann purpurrot, bis sie dunkelten. Dann ging der Mond auf; er war voll und goß sein magisches Licht über die träumende Alpenwelt.

Karl Valentin: Alpenveilchen, 1911

Der Bühnenhintergrund zeigt eine grobgemalte Hochalpenlandschaft mit steilen Felsgipfeln, Gletschern, Schneekaren und am unteren Rand Tannenwald. Davor sitzen an einem Zithertisch der Vater und der Sohn im Tirolergewand. An die vorderen Füße des Tisches haben sie zum Publikum gewendet ein Stück Pappe gelehnt, auf dem eine Sennhütte mit einem Röhrlbrunnen im Vordergrund und weitere Gletscher- und Schneeberge aufgemalt sind. Diese Pappe hat in der Mitte ein Gelenk, so daß sie zusammengeklappt werden kann …

DER HERR DIREKTOR *kommt mit Brille, angeklebter Nase und mächtigem Schnurrbart im Smokinganzug mit schwarzer Schleife auf die Bühne.*

Noch bei geschlossenem Vorhang stimmt das ganze Terzett hinter der Szene an

ALLE DREI

Grüß Gott, grüß Gott mit hellem Klang,
Heil deutschem Lied und Sang.

Während des Schlußakkords öffnet sich der Vorhang schnell und enthüllt das rührende Bild des um den Zithertisch versammelten Terzetts ›Alpenveilchen‹, zu dem sich gelegentlich als Vierter ein Harmonikaspieler gesellt.

DER VATER

Mei' Schatzerl hoaßt Nannerl,
Hat schneeweiße Zahnerl,
Hat kohlschwarze Knia,
Aber g'sehng hab' is nia.

ALLE DREI

Hat kohlschwarze Knia,
Aber g'sehng hat er s' nia. –

Es folgt ein Jodler.

DER SOHN Du kimmst, Vater!

DER VATER I woaß scho! *Er singt*

Zwischen Bergen, die voll Schnee, duljö,
Duljö, duljö, duljö, hoho,
Liegt a himmelblauer See!

DER SOHN Der Vater is allaweil no' verschleimt!

ALLE DREI

Almarausch, Almarausch, bist a schöns Bläamerl!
Almarausch, Almarausch, blüaht so schö' rot!

Es klopft dreimal.

DER SOHN Was schlagt denn da drauß auf dem Tannabaum?

DER VATER *und* DIE TOCHTER *antworten*

Was hör' i die ganze Nacht schrei'n (Kikeriki),
Was muß denn des nur für a Vogerl sei',
Des kann doch koa Nachtigall sei'.
Naa, naa, mei' Bua, des is koa Nachtigall.

Naa, naa, mei' Bua, des derfst net glaub'n.
A Nachtigall schlagt auf koan Tannabaum,
De schlagt auf ara Haselnußstaudn.

DIE TOCHTER

Und der Vater hat neulich der Dirn
A Birn aufig'worfa aufs Hirn,
Jetzt tuat der Dirn
'S Hirn weh von der Birn.
Denn a so a Birn
G'spürt ma auf der Stirn,
Drum wirft der Vater der Dirn
Koa oanzige Birn mehr auf's Hirn.

Sie knickst gschamig und dankt für den Beifall; in ihren Abgang hinein platzt plötzlich als Einlage ein kurzer Foxtrott.

Dann singt wieder DER SOHN

I bin a Steyrer-Bua
I hab a Kernnatur –

DER VATER A Hundsbua bist, daß d'as woaßt!

DER SOHN Wer is a Hundsbua? *Er springt auf und zieht sein Messer.*

DER VATER Schamst die net vor dein alten Vatern? Glei' spielst weiter!

DER SOHN Alt bist net, aber schierli'. Oan spiel i no, na mag i nimmer! *Er setzt sich wieder …*

Als zweites kommt das schöne Lied »'s Edelweiß« – gsungen von der Berger Vroni – unserer Tochter! *Er läutet mit der vor ihm stehenden Handglocke.*

DER VATER Meiner Tochter!

DER SOHN Die g'hört scho dei, die nimmt dir neamd! *Er läutet wieder. Die Tochter tritt züchtig vor mit einem künstlichen Edelweiß an überlangem Stengel.*

DER VATER Stell dich doch weiter vor!

DIE TOCHTER Was?

DER SOHN Weiter vor stelln sollst di! – Möchtst es net hint im Rückgebäud singa?

Die Tochter dreht sich um und geht rückwärts mit dem Rücken zum Publikum gegen die Rampe vor.

DER SOHN Drah di do um! Mechtst as net uns vorsinga – Hast's Bleamerl? *Er beugt sich nochmals zum Publikum vor und läutet* »'s Edelweiß!« *Dann läßt er das Vorspiel auf seiner Zither folgen und ruft zur Tochter, ehe sie überhaupt angefangen hat* – Höher – höher!

DIE TOCHTER *singt zu hoch* Wer nennt mir jene Blume, die allein –

DER SOHN Kimmst ja net nauf!

DIE TOCHTER So hoch kann i überhaupt net singa!

DER SOHN Warum singst na so hoch?

DIE TOCHTER Weilst mas du anschaffst, grad hast gsagt, höher, höher!

DER SOHN Rindvieh! Ich hab gmoant, 's Bleamerl sollst höher naufhebn! Also, jetzt singst halt tiefer! *Er beugt sich wieder zum Publikum vor und läutet* »'s Edelweiß«, *tiefer!*

Auszug in die Sommerfrische: »Sehen Sie, wir nehmen immer unsere Kuh und unser Huhn mit. Das ist die einzige Möglichkeit, im bayerischen Gebirge Milch und Eier zu bekommen.« Illustration von Olaf Gulbransson in: ›Simplicissimus‹, 1911

Auszug in die Sommerfrische

(Zeichnungen von O. Gulbransson)

„Sehn Sie, wir nehmen immer unsere Kuh und unser Huhn mit. Das ist die einzige Möglichkeit, im bayerischen Gebirge Milch und Eier zu bekommen."

Stadtkinder

„Reißen Sie ihr doch die Stöpsel aus, dann looft die Milch von alleene!"

DIE TOCHTER *singt nun viel zu tief* Wer nennt mir jene –
DER VATER *haut sie auf den Arm, so daß sie weint!* Hörst denn net,
daß z'tief is!
DER SOHN Jetzt bläckt er, der Socka! Sing's halt dann in der Mitt
drinn! *Er beugt sich abermals zum Publikum vor und läutet* »'s
Edelweiß« *in der Mitt'n!*
DIE TOCHTER *singt nun endlich richtig*
    Wer nennt mir jene Blume, die allein
    Auf steiler Alm erblüht im Sonnenschein,
    Die schönste Zierde unsrer Alpenwelt,
    Hoch droben einsam wächst vom Schnee erhellt.
Plötzlich kann sie nicht mehr weiter.
DIE ANDERN *flüstern ihr immer überlaut zu* Die schönste Zierde
unsrer Alpenwelt!
SIE *aber wiederholt fortgesetzt die letzte Zeile*
    Hoch droben einsam wächst vom Schnee erhellt!
*Bis Vater und Sohn entschlossen und unter heftigem Poltern ihrer
Stühle aufstehen und zornig abgehen. Die Tochter bleibt allein auf
der Bühne und fängt die zweite Strophe zu singen an*
    Der Hirtenknabe auf den – *Sie hört plötzlich auf und sagt* A so,
die spieln ja gar nimmer!
VATER *und* SOHN *kommen wieder herein und sagen* Ja, könna mir
des schmecka, daß du no a Stroph singst?

Statt Fäßchen ... Reklamemarke, vor 1930

DIE TOCHTER Vom Edelweiß hab i jedesmal zwei Strophn
gsungen.
DER SOHN An Dreck, 's Edelweiß hat ja bloß oa Stroph, außer
du singst die erste zwoamal!
DIE TOCHTER Aber der Vater hats do heut in der Fruah beim
Kaffee sogar gsagt, daß i zwoa Strophn singa muaß!
DER SOHN Heit ham ma gar koan Kaffee ghabt, heit ham ma an
Kakao ghabt. Jetzt tua nur grad amal 's Bleamerl runter, da halt
sie's immer in der Hand! – jetzt gehst naus und laßt dir vom
Wirt zwoa Teller gebn, dann gehst zum Sammeln. *Die Tochter
geht langsam und gschamig ab ...*

Kurt Tucholsky: Kartengruß aus dem Engadin, 1926

Unten im weißen Nietzsche-Haus
geht Ludwig Fulda ein und aus und ein und aus.
Wegen kongenial.
                Drum herum wallen und ziehn
Menschenbrocken, ausgespien
aus Berlin.
Herr Wendriner, Frau Wendriner.
Lauter ringfeine Smoking-Berliner.
Wenn sie durch die Landschaft gehn,
wird ihnen hinterrum so mondän.
Sie machen mit den Kellnern Krach,
sie sind wie im Geschäft: überwach.
Der Fexgletscher leuchtet in eisiger Ruh –
ihr Gesicht sagt: Das steht mir nämlich zu.
Ich hab es bestellt. Ich hab es bezahlt.
Für mich ist der Zauber hier aufgemalt.
Nachts unter den ewigen Sternen
werden sie in grauen Kasernen
untergebracht. Da, in den Riesenhotels,
schlummern die großen Frauen voll Schmelz
selig im Arm der Liebe. Na, Arm ...
Die Leipziger Straße hat ihren Charme
hier hinaufgeschickt in sauerster Süße ...

Du guter Leser – herzliche Postkartengrüße!
Hier gletschern die Gletscher. Der Fexbach rauscht.
Die Sonne brennt. Das Zeltdach bauscht
sich im heißen Mittagswind.
Ein Kindlein pflückt bunte Blumen lind.
Da sitzt Theobald und fühlt innerlich:
    Und wer pflückt mich?

Kurt Tucholsky: Ausflug auf die Zugspitze, 1926

Auch schwebten wir die Zugseilbahn hinauf, ich paßte auf, daß
Fritzi Massary nicht herausfiel, und daß mir nicht übel wurde.
Die befohlene Aufgabe wurde voll erfüllt.

Der Gemsjäger. Aquarell von Gabriel Lory, Sohn, um 1820

Die Zugspitzbahn ist ein Triumph menschlichen Erfindergeistes, ein Wunderstück deutscher Technik, die Überwindung der Elementargewalten durch die Kraft der Beharrlichkeit und etwas völlig Blödsinniges. Wenn ich Zugspitze wäre: man müßte sich ja zu Tode schämen. Sieht man von den Ski-Leuten ab, die sich ›mit die Brettln‹ im Winter da heraufziehen lassen können, um herrlich wieder herunter, zu Tal, zu fahren – der Berg ist gar kein Berg mehr. Entzaubert, von seinem Thron jäh heruntergeholt, eine Plattitüde von dreitausend Metern. Oben stehen die Leute und wissen nicht genau, was sie da sollen. Manche lassen sich anseilen, um bis zum noch unasphaltierten Gipfel zu steigen: grinsend zog an uns ein bayerischer Führer vorbei, seine Opfer, das Seil über den Sommerüberziehern, zog er hinter sich her. Ihre Augen sagten: Ihr Lümmels in der Etappe ...! Ein Grammophon mit Schinkensemmeln zeigte an,

bis zu welchen Gebirgshöhen heute die menschliche Zivilisation vordringen kann. Polgar, der mit heraufgeschwebt war, suchte eine Ansichtskarte, die er an Hans Müller schicken könnte. Dann schwebten wir wieder herunter.

Erich Kästner:
Vornehme Leute, 1200 Meter hoch, 1929

Sie sitzen in den Grandhotels.
Ringsum sind Eis und Schnee.
Ringsum sind Berg und Wald und Fels.
Sie sitzen in den Grandhotels
und trinken immer Tee.

Sie haben ihren Smoking an.
Im Walde klirrt der Frost.
Ein kleines Reh hüpft durch den Tann.

Gipfelglück

Sie haben ihren Smoking an
und lauern auf die Post.

Sie tanzen Blues im Blauen Saal,
wobei es draußen schneit.
Es blitzt und donnert manches Mal.
Sie tanzen Blues im Blauen Saal
und haben keine Zeit.

Sie schwärmen sehr für die Natur
und heben den Verkehr.
Sie schwärmen sehr für die Natur
und kennen die Umgebung nur
von Ansichtskarten her.

Sie sitzen in den Grandhotels
und sprechen viel von Sport.
Und einmal treten sie, im Pelz,
sogar vors Tor der Grandhotels –
und fahren wieder fort.

**Erich Kästner:
Maskenball im Hochgebirge, 1930**

Eines schönen Abends wurden alle
Gäste des Hotels verrückt, und sie
rannten schlagerbrüllend aus der Halle
in die Dunkelheit und fuhren Ski.

Und sie sausten über weiße Hänge.
Und der Vollmond wurde förmlich fahl.
Und er zog sich staunend in die Länge.
So etwas sah er zum erstenmal.

Manche Frauen trugen nichts als Flitter.
Andre Frauen waren in Trikots.
Ein Fabrikdirektor kam als Ritter.
Und der Helm war ihm zwei Kopf zu groß.

Sieben Rehe starben auf der Stelle.
Diese armen Tiere traf der Schlag.

Möglich, daß es an der Jazzkapelle –
denn auch die war mitgefahren – lag.

Die Umgebung glich gefrornen Betten.
Auf die Abendkleider fiel der Reif.
Zähne klapperten wie Kastagnetten.
Frau von Cottas Brüste wurden steif.

Das Gebirge machte böse Miene.
Das Gebirge wollte seine Ruh.
Und mit einer mittleren Lawine
deckte es die blöde Bande zu.

Dieser Vorgang ist ganz leicht erklärlich.
Der Natur riß einfach die Geduld.
Andre Gründe gibt es hierfür schwerlich.
Den Verkehrsverein trifft keine Schuld.

Man begrub die kalten Herrn und Damen.
Und auch etwas Gutes war dabei:
Für die Gäste, die am Mittwoch kamen,
wurden endlich ein paar Zimmer frei.

Ödön von Horváth: Die Eispickelhexe, 1930er Jahre

Hoch droben in dem Lande in dem es weder Wälder noch
Wiesen nur zerklüftete Eisäcker gibt, dort haust die Eispik-
kelhexe.

Statt den Zehen wuchsen ihr Pickelspitzen und ihre Zähne
sind klein und aus blauem Stahl. Ihre Brüste sind mächtige
Hängegletscher und – trinkt sie Kaffee mit Gemsenblut, darf
niemand sie stören. Nicht einmal die Mauerhakenzwerge. Sie
ist aller Eispickel Schutzpatronin.

Drum in den Nächten auf den Hütten, wenn jene sich unbe-
obachtet meinen, schleichen sie aus den Schlafräumen ihrer
Herrn: von den Haken herab, aus den Ecken heraus, unter den
Bänken hervor – unhörbar zur Türe hinaus. Dort knien sie
nieder und falten ihre Pickelschlingen und beten zum Schutzpa-
tron um guten Schnee –

Ödön von Horváth: Wintersportlegendchen

Wenn Schneeflocken fallen, binden sich selbst die heiligen Herren Skier unter die bloßen Sohlen. Also tat auch der heilige
Franz.

Und dem war kein Hang zu steil, kein Hügel zu hoch, kein
Holz zu dicht, kein Hindernis zu hinterlistig – er lief und sprang
und bremste derart meisterhaft, daß er nie seinen Heiligenschein
verbog.

So glitt er durch winterliche Wälder. Es war still ringsum
und – eigentlich ist er noch keinem Menschen begegnet und
auch keinem Reh. Nur eine verirrte Skispur erzählte einmal, sie
habe ihn auf einer Lichtung stehen sehen, woselbst er einer
Gruppe Skihaserln predigte. Die saßen um ihn herum im tiefen
Schnee, rot, grün, gelb, blau – und spitzten andächtig die Ohren,
wie er so sprach von unbefleckten Trockenkursen im Kloster
»zur guten Bindung«, von den alleinseligmachenden Stemmbö-
gen, Umsprung-Ablässen und lauwarmen Telemarkeln. Und
wie erschauerten die Skihaserln, da er losdonnerte wider gewisse
undogmatische Unterrichtsmethoden.

Ernst Jandl: lawinenspiel

die schifahrer (schauspieler) verbeugen sich vor den eltern und
zerfallen zu schnee

ANHANG

Zeittafel

Jahr	Alpen	Geschichte/Politik	Kulturelles Leben	Wissenschaft/Technik
7000–3000 v. Chr.	Jäger der Mittelsteinzeit in Alpen-Hochregionen (Sommerlager, z. B. Penserjoch)	Übergang zu Ackerbau und Viehzucht Um 4000: Arbeitsteilung in Mesopotamien Um 3000: Mythos der Universalgötter in Ägypten	Um 6700: Neolithische Kultur (Anatolien): Handwerkskunst, Wandmalerei, Keramik Um 3000: Epos von den sagenhaften Heldentaten des Königs Gilgamesch (bedeutendstes Epos der vorhomerischen Zeit und der babylonischen Literatur) Beginn der kretisch-minoischen Kultur	Um 6500: Domestizierung von Rind und Hund. Verwendung von Kupfer und Blei 4. Jtsd.: Hölzernes Scheibenrad, Bilderschrift (Sumer) Um 3000: Hieroglyphen (Ägypten)
Seit 1800 v. Chr.	Fortschreitende Besiedlung der Alpen	1728: Hammurapi unterwirft Mesopotamien und Assyrien, Babylon wird Hauptstadt des dadurch begründeten babylonischen Reiches	Blüte der ägyptischen Literatur und Kunst	Um 1700: Speichenrad, Rechenbrett (Ägypten) Chirurgische Operationen in Babylonien
Seit 800 v. Chr.	Steinsalzabbau bei Hallstatt	Vorherrschaft der Etrusker in Teilen Italiens 753: Sagenhafte Gründung Roms Ab ca. 750: Stadtstaaten in Griechenland (Polis)	Entstehung des archaischen Kunststils in Griechenland Delphi wichtigster (Apollo-)Kultort	Fackeltelegraphen in Griechenland Bewegungsbestimmung der Himmelskörper in der babylonischen Astronomie Um 750: Hufeisen im keltischen Frankreich
Um 600 v. Chr.	Gallier überschreiten unter Bellovesus die grajischen Alpen (Kleiner St. Bernhard), gründen wahrscheinlich Mailand	Um 650: Etrusker gründen Ostia. Byzanz als Handelsplatz gegründet 624: Erste schriftliche Gesetzgebung in Athen 587: Babylonier zerstören Jerusalem; »Babylonische Gefangenschaft« der Juden; viele Juden fliehen nach Ägypten	Um 650: Archaische Stufe der etruskischen Kunst Geometrischer Stil in der Hallstatt-Kultur (Keramik, Waffen) Frühe griech. Lyrik (Archilochos)	Kanalisation in Rom Thales von Milet: Erste Erkenntnisse über Magnetismus und ältester Lehrsatz der abendländischen Mathematik
Um 400 v. Chr.	Bronzene Steigeisen in den Alpen	Rom beendet die etruskische Vormacht Ende und Wiederherstellung der Demokratie in Athen 397: Gallier unter Brennus zerstören Rom, Camillus vertreibt die Gallier	Der griech. Sophist Protagoras: »Der Mensch ist das Maß aller Dinge« Sokrates durch Gift hingerichtet Übergang zum spätklassischen Stil in der griechischen Kunst	Hochentwickelte Eisenwerkzeuge, Töpferscheibe, Würfel- und Dominosteine in der keltischen Latène-Kultur Hippokrates: Der Arzt hat die natürliche Heilkraft des Körpers zu unterstützen

Jahr	Alpen	Geschichte/Politik	Kulturelles Leben	Wissenschaft/Technik
218 v. Chr.	Hannibals Alpenüberquerung	217: Hannibal besiegt die Römer am Trasimenischen See, 216 bei Cannae 211: Hannibal vor Rom 207: Nach Niederlage seines Bruders Hasdrubal zieht sich Hannibal nach Süditalien zurück 182: Selbstmord Hannibals, um Auslieferung an Rom zu entgehen	Um 200: Cato: Der Landbau (älteste lat. Prosa) Durch Plünderung gelangen viele griech. Kunstwerke nach Rom und werden dort häufig kopiert	Um 200: Die germanischen Völker berechnen die Zeit mit Hilfe von Steinmarken nach Mond- und Sonnenstand Öffentliche Bäder in Rom 212: Tod des griech. Physikers und Mathematikers Archimedes (u. a. Hebelgesetz, Flaschenzug, Kreisberechnung, Quadratwurzel)
154 v. Chr.	Vor 130: Polybios bereist auf Hannibals Spuren die Westalpen Erste militärische Expedition der Römer ins Innere der Alpen (Seealpen)	168: Beute aus dem Sieg über Makedonien (Perseus) befreit die Bürger Roms von jeder Steuer Beginn der römischen Weltherrschaft	Nach dem römischen Sieg über Perseus verbreiten griechische Geiseln und Sklaven in Rom hellenistische Bildung Entwicklung von Buchherstellung und -handel	Um 150: Bogenbau bei Brücken (Rom)
15 v. Chr.	Das gesamte Alpengebiet unter römischer Herrschaft (Augustus)	Ausdehnung des römischen Weltreichs: 3,3 Mio. qkm Augsburg (Augusta Vindelicorum) und Trier (Augusta Treverorum) gegründet, 13 v. Chr. Mainz (Mogontiacum) 7 v. Chr.: Jesus von Nazareth geboren	Spätrömische Kunst. Rege Bautätigkeit Historische Reliefs (»Ara pacis« – Friedensaltar in Rom) Wandmalerei, Mosaiken (griech.-hellen. Motive)	7 v. Chr.: Astrologie: Saturn-Jupiter-Konstellation stärkt Messiasglauben, weist auf Palästina hin
46 n. Chr.	Via Claudia Augusta (Etschtal–Reschenscheideck–Oberinntal–Arlberg–Rheintal)	41: Claudius römischer Kaiser (bis 54) 45: Paulus beginnt Missionsreisen 50: Köln (Colonia Agrippinensis) gegründet	Naturalistische Malerei in Pompeji	Römisches Reich: Gebrauch von Radpflug, Metallschreibfedern und Seife
Um 200	Brennerpaß unter dem römischen »Soldatenkaiser« Septimius Severus ausgebaut	180: Ende der Seuchenzeit, Inflation des Silbergeldes im römischen Reich	Ende der kulturellen Nachblüte in Griechenland Katakombenmalerei in Rom Frühchristliche Vokalmusik, orientalisch-hellenisch beeinflußt Erste lat. Bibelübersetzung (›Vetus Latina‹)	›Physiologus‹ (wird im Mittelalter zum meistgelesenen Werk der Tierkunde) Ptolemäus: Geozentrisches Weltsystem; ›Geographie‹ mit einer Welt- und 26 Landkarten Der röm. Arzt Galen unterscheidet (entsprechend den vier Elementen) vier Temperamente: cholerisch, melancholisch, phlegmatisch, sanguinisch

Jahr	Alpen	Geschichte/Politik	Kulturelles Leben	Wissenschaft/Technik
Um 375	Karte des römischen Reiches mit der ersten Detaildarstellung des Alpengebiets, in Kopie eines Colmarer Mönchs (1264) als »Tabula Peutingeriana« erhalten	Hunneneinfälle lösen europäische Völkerwanderung aus 379: Theodosius I., oströmischer Herrscher, vereinigt 394 noch einmal das ganze römische Reich bis zu seinem Tod 395	Baubeginn der Basiliken St. Maria Maggiore u. S. Paolo fuori le mura in Rom 383: Erstes germanisches Literaturdenkmal: Bischof Wulfila übersetzt Bibel ins Gotische	Alchimie kommt auf (zunächst in Alexandria) Übergang von der Buchrolle zum Codex, vom Papyrus zum Pergament
565	Venantius Fortunatus: ›Vita Martini‹ (dort: ältestes ostalpines Itinerar)	Tod des oströmischen Kaisers Justinian I. (zerschlug die Reiche der Wandalen und Ostgoten, machte Italien zur oström. Provinz) Beulenpest in Europa	Nach 529: Gründung des Benediktinerklosters Monte Cassino durch Benedikt von Nursia: Beginn des abendländischen Mönchswesens 537: Kuppelbasilika Hagia Sophia in Konstantinopel fertiggestellt (Hauptwerk der byzantinischen Kunst)	550: Mauricius: ›Ars militaris‹: Erste Erwähnung des Steigbügels
754	Frankenkönig Pippin zieht über den Mont Cenis gegen die Langobarden	751: Der Karolinger Pippin »der Kleine«, bisher Hausmeier, läßt sich zum König der Franken salben; Einrichtung von Grafschaften mit Grafen als königl. Beamte; jährliche Beratungen König/Adel; alle Freien müssen Kriegsdienst leisten	Um 750: ›Abrogans‹: Deutsche Bearbeitung eines lat. Wörterbuchs, ältestes bekanntes Schriftwerk in deutscher Sprache	Araber in Spanien: Beginn der Pflege von Medizin, Astronomie, Mathematik, Alchimie, Optik
Um 820	Hospiz auf der Paßhöhe des Mont Cenis, des Septimer und evtl. des Großen St. Bernhard	813: Kaiser Karl der Große krönt seinen Sohn Ludwig I. den Frommen in Aachen 814: Tod Karls d. Gr. 816 teilt Ludwig I. das Frankenreich unter seine Söhne Lothar I., Pippin u. Ludwig den Deutschen	816: Regel Benedikts für Klöster im Karolingerreich verbindlich Erste Zeugnisse christlicher deutscher Literatur: ›Wessobrunner Gebet‹, ›Muspilli‹, ›Heliand‹, ›Genesis‹	Der Abt von Fulda, Hrabanus Maurus, verfaßt u. a. naturwissenschaftliche Werke und erhält den Ehrentitel »Praeceptor Germaniae« (Deutschlands Lehrer)
1077	Übergang Heinrichs IV. über den Mont Cenis (Gang nach Canossa)	11. Jh.: Beginn des europäischen Fernhandels Rudolf von Schwaben Gegenkönig der deutschen Fürsten zu Heinrich IV.	11. Jh.: Fahrende Sänger (Spielmannsdichtung) Romanische Kirchen- und Dombauten in Deutschland: Bamberg, Augsburg (Beginn der dt. Glasmalerei), Hildesheim, Speyer, Konstanz, Würzburg, Minden, Mainz u. a. Baubeginn Feste Hohensalzberg, Tower in London	Um 1100: Pferdegeschirr mit Kummet in Europa in Gebrauch

Jahr	Alpen	Geschichte/Politik	Kulturelles Leben	Wissenschaft/Technik
Um 1240	Albert von Stade erwähnt in seinen ›Annales‹ den St. Gotthard-Paß	1215: Magna carta libertatum in England: Grundstein der Verfassung Seit 1231: Päpstliche Inquisition 1235: Fondaco dei Tedeschi (Niederlassung deutscher Kaufleute in Venedig) Blüte von Handel und Gewerbe in norditalienischen Städten Kaiser Friedrich II.: Ausbau der Zentralgewalt im Königreich Sizilien, in Deutschland Niedergang der königlichen Macht; wichtige Kronrechte gehen an weltliche und geistliche Fürsten (Landesherren) über	Spätromanik in Deutschland, Frühgotik in England	Medizinschulen in Italien und Frankreich Erste Apotheken in den Städten Villard de Honnecourt: ›Bauhüttenbuch‹ (frz. bautechnische Handschrift) Beginn der Verwendung von Pulvergeschützen in Europa
1336	Francesco Petrarca besteigt den Mont Ventoux bei Vaucluse (erste überlieferte Besteigung in den Alpen)	1315: Schweizer Waldstätten Schwyz, Uri, Unterwalden besiegen am Morgarten Herzog Leopold I. von Österreich und erlangen Selbständigkeit	Ritterlicher Minnesang mündet in bürgerlichen Meistergesang ein Italien: Weltliche Liedkunst (»Ars nova«) 1337: Giotto stirbt in Florenz	Um 1350: Brillen mit plankonvexen Gläsern
1388	Bonifacio Rotario d'Asti besteigt die Rocciamelone, den vermeintlich höchsten Alpengipfel	1363: Tirol unter der Herrschaft des Hauses Habsburg 1381: Venedig gewinnt 100jährigen Krieg gegen Genua um die Seemacht, beherrscht damit Handel mit dem Orient	Spätblüte der französischen Ritterkultur in Burgund Universität Köln gegründet	Papierherstellung mit Wasserradantrieb in Deutschland (Nürnberg)
1414	Papst Johannes XXIII. reist im Winter über den Arlbergpaß zum Konzil von Konstanz	Kaiser Sigismund beruft Konzil von Konstanz zur Kirchenreform ein Um 1400: Blütezeit der Zünfte Ausbau der Territorialstaaten in Deutschland Feuerwaffen verdrängen Ritterheere; diese durch Landsknecht-Söldner-Heere ersetzt	15. Jh.: Kunst der Frührenaissance in Italien, der Spätgotik in Deutschland Nach Italien (Dante, Petrarca, Boccaccio) Aufkommen des Humanismus in Deutschland	Erste Ausgrabungen des antiken Roms durch F. Brunelleschi, den Begründer der neueren Baukunst in Florenz

Jahr	Alpen	Geschichte/Politik	Kulturelles Leben	Wissenschaft/Technik
1492	Mit Hilfe von Leitern und Seilen besteigt Antoine de Ville mit Julien de Beaupré und 7 Gefährten im Auftrag König Karls VIII. von Frankreich den Mont Aiguille, eines der »7 Wunder der Dauphiné«. Der auf dem Gipfel verfaßte Bericht gilt als »magna charta« des Alpinismus	Kolumbus sucht Seeweg nach Indien und entdeckt Kuba und Haiti 1493: Maximilian I., der »letzte Ritter« und Mäzen der Humanisten, deutscher Kaiser aus dem Hause Habsburg, residiert u. a. in Innsbruck und Wien	Tod Lorenzos de Medici (Förderer der Renaissance-Kultur) 1493: T. Riemenschneider: ›Adam und Eva‹ (Skulptur)	M. Behaim (Nürnberg): Erster Erdglobus (ohne Amerika und Australien) Leonardo da Vinci: Entwurf einer Flugmaschine
Um 1500	Kaiser Maximilian I. richtet erste feste Postlinie Innsbruck–Mailand ein (v. Taxis) Brenner wichtigster Alpenpaß 1511: Leonardo da Vinci besteigt den Monboso	1499: Schweiz löst sich im »Schwabenkrieg« vom Deutschen Reich Aufstieg des Hauses Fugger (Handel) 1517: M. Luthers 95 Thesen über Buße und Ablaß an der Wittenberger Schloßkirche	Hochrenaissance in Italien Michelangelo: Pietà und Deckengemälde in der Sixtinischen Kapelle Neubau der Peterskirche in Rom durch D. Bramante begonnen	Graphitstifte (England) Schraubstock (Nürnberg) Leonardo da Vinci entwickelt Prinzip der linsenlosen Lochkamera (Camera obscura) und Prinzip der Wasserturbine 1510: P. Henlein: Taschenuhr
1538	Aegidius Tschudi: Erste Karte der Schweiz	1521: Luther exkommuniziert und in Reichsacht, übersetzt auf der Wartburg das Neue Testament nach dem griechischen bzw. hebräischen Urtext	Tod des Malers A. Altdorfer (Donauschule. Lebhafte Empfindung für Landschaft, Farbe, Licht)	Paracelsus: ›Irrgang der Ärzte‹ (Glaube an die Selbsthilfe der Natur, Betonung des Zusammenhangs von Leib und Seele)
1541	K. Geßner: ›Bewunderung der Berge‹ (erstes Dokument von Alpenbegeisterung)	Reformation des Jean Calvin in Genf	Michelangelo: Fresko ›Das Jüngste Gericht‹ in der Sixtinischen Kapelle in Rom	N. Kopernikus: Heliozentrisches Weltsystem wird bekannt
1552	Die ersten Frauen auf einem Alpengipfel: Katharina Botsch und Regina von Brandis besteigen die Laugenspitze in Südtirol	Erfolgloser Krieg Karls V. gegen Frankreich 1545–1563: Konzil von Trient: Ablehnung der protestantischen Lehren, Beschlüsse zur Reform des katholischen Klerus Beginn des merkantilistischen Wirtschaftssystems	1545–55 K. Geßner: ›Bibliotheca Universalis‹ (Literaturgeschichte/Enzyklopädie) 1549: S. von Herberstein macht mit seinen Gesandtschaftsberichten Rußland im Westen bekannt (dort auch: Bericht über Skilauf) Wichtigste Komponisten der Zeit: Orlando di Lasso, G. Palestrina Spanien wird tonangebend in der Mode (hohe Stehkragen, Mantille, Degen)	Schreibfedern aus Messingblech lösen Gänsekielfedern ab Kartoffel wird in Europa bekannt

Jahr	Alpen	Geschichte/Politik	Kulturelles Leben	Wissenschaft/Technik
1689	J. W. v. Valvasor: ›Die Ehre des Herzogtums Krain‹ (erste Erwähnung des Skilaufs in den Alpen)	1643–1715: Ludwig XIV. von Frankreich »Bill of Rights«: Konstitutionelle Monarchie in England 1683: Türkische Belagerung Wiens. Bis 1697: Siege Prinz Eugens über die Türken	Ca. 1600–1750: Zeitalter des Barock 1689 H. Purcell: ›Dido und Äneas‹ (bedeutendste engl. Barockoper) 1690: J. Locke: ›Versuch über den menschlichen Verstand‹ (alle Erkenntnis aus sinnlicher Erfahrung)	1684: Chr. Huygens baut Fernrohr für allgemeinen Gebrauch. 1687: I. Newton: ›Mathematische Grundlagen der Naturphilosophie‹ (Begründung der theoretischen Physik) 1690: J. Bernoulli begründet Wahrscheinlichkeitsrechnung
1694	Erste Alpenreise des Schweizer Naturforschers J. J. Scheuchzer, mit mathematischen und physikalischen Instrumenten	Hof von Versailles wird Vorbild für europäische Fürsten	Baubeginn von Schloß Schönbrunn bei Wien (J. B. Fischer von Erlach) Paris bestimmt die Mode (hohe Allonge- und Fontange-Perücken) Kleiderordnungen gegen Luxus in deutschen Städten	2. Hälfte 17. Jh.: Verbesserung der Reisewagen durch Metallfedern Sänfte Transportmittel der Vornehmen 1700: Beginn der Uhrenindustrie am Genfer See
1729	A. von Haller: ›Die Alpen‹: das vielbeachtete Gedicht lenkt die Aufmerksamkeit auf die noch weitgehend unbekannten Alpen	Ausbau des preußischen Militär- und Beamtenstaats unter Friedrich Wilhelm I.	18. Jh.: Zeitalter der Aufklärung 1709: A. Shaftesbury interpretiert die Natur als das Schöne und Gute schlechthin 1729: J. S. Bach: ›Matthäuspassion‹	1718: D. G. Fahrenheit: Quecksilberthermometer 1729: St. Gray entdeckt Unterschied zwischen elektrischen Leitern und Nichtleitern
1741	Die Engländer W. Windham und R. Pococke »entdecken« Chamonix	1740: Regierungsantritt König Friedrichs II. des Großen von Preußen und Kaiserin Maria Theresias in Wien 1741: Erbfolgekrieg Maria Theresias mit England und den Niederlanden gegen Frankreich, Spanien, Preußen, Bayern	Wiener Burgtheater gegründet	1742: B. Huntsman: Gußverfahren zur Herstellung von Stahl A. Celsius: 100teilige Thermometerskala zwischen Gefrier- und Siedepunkt des Wassers
1761	J.-J. Rousseau: ›Julie oder Die neue Héloïse‹ löst schwärmerische Alpenbegeisterung aus	1715–1774 König Ludwig XV. von Frankreich 1763: Ende des Siebenjährigen Krieges begründet Stellung Preußens als Großmacht England erste Kolonialmacht der Welt	1757: E. Burke: ›Philosophische Untersuchung über den Ursprung unserer Ideen v. Erhabenen und Schönen‹ (das »Schöne« u. »Erhabene« als sinnlich-subjektive Empfindungen; Wirkung auf das Erlebnis der Alpen) Überragender Einfluß Rousseaus auf die europäische Geistesgeschichte: Empfindsamkeit, Kulturpessimismus; politischer Vorbereiter der Franz. Revolution	Erste Industrieausstellung in England 1765: J. Watt: Dampfmaschine 1766: H. Cavendish entdeckt Wasserstoff

Jahr	Alpen	Geschichte/Politik	Kulturelles Leben	Wissenschaft/Technik
1786/87	J. Balmat und M. Paccard besteigen den Mont Blanc. Seine zweite Ersteigung durch H.-B. de Saussure als »Geburtsstunde des Alpinismus«	Tod Friedrichs II. d. Gr. 1786/88 Industrie- und Agrarkrise in Frankreich USA erster Bundesstaat und erste Demokratie der modernen Welt 1789 Beginn der Franz. Revolution	J. W. Goethes italienische Reise: Beginn der klassischen deutschen Dichtung (Goethe, Schiller, Hölderlin) Ca. 1780–1827 Wiener Klassik (Haydn, Mozart, Beethoven)	1775: E. Cartwright: mechanischer Webstuhl 1787: W. Murdock: Dampflokomotive 1788: W. Symington: Dampfboot
1800	Napoleons Übergang über den Großen St. Bernhard Anlage der ersten modernen Straßen in den Alpen durch Napoleon Fürstbischof Salm-Reifferscheids Angriff auf den Großglockner, den Pfarrer Horrasch von Döllach besteigt	Napoleon siegt bei Marengo über die Österreicher 1798: Nach französischer Eroberung Schweiz »Helvetische Republik«, 1803 in Staatenbund umgewandelt, dessen ewige Neutralität auf dem Wiener Kongreß (1814/15) festgeschrieben. Seit 1848 Schweiz Bundesstaat	1797–1835: Dichtung der Romantik in Deutschland (Wackenroder, Tieck, Novalis, Schlegel, Brentano, Kleist, Arnim, Hoffmann, Eichendorff) 1801: F. Schiller: ›Über das Erhabene‹ Empirestil in Kunstgewerbe, Innenräumen und Mode breitet sich von Paris über Europa aus Ca. 1770–1830 Klassizistischer Baustil	Bau des ersten Blechwalzwerks in England A. Volta: Batterie aus galvanischen Elementen 1801: Ph. Lebon: Gasmotor mit elektrischer Zündung J. Ritter begründet Photochemie 1802: Erste Trottoirs in Paris
1804	F. Schillers ›Wilhelm Tell‹ verstärkt das allgemeine Interesse für die Alpen und die Mode, in die Schweiz zu reisen Veranlaßt durch Erzherzog Johann von Österreich, besteigt Josef Pichler den Ortler Maler der Münchener Landschaftsschule »entdecken« die bayerischen Alpen (Dillis, Kobell, Wagenbauer u. a.)	Napoleon I. krönt sich zum Kaiser der Franzosen Europa hat ca. 190 Millionen Einwohner	Beginn der romantischen Malerei in Deutschland (C. D. Friedrich, Ph. O. Runge) im Zusammenhang mit romant. Literatur (innige Beziehung Mensch–Natur/Landschaft)	R. Trevithick baut Dampfeisenbahn für Erztransporte in England Erste öffentliche Pferdeeisenbahn in England
1820	Vermessungsoffizier Josef Naus besteigt die Zugspitze Straßen über den Splügen und San Bernardino fertiggestellt, über Maloja, Julier, Stilfser Joch begonnen	Restauration in Deutschland 1819: Karlsbader Beschlüsse gegen politische und geistige Freiheit (Verbot der Burschenschaften, des Turnens; scharfe Zensur, Demagogenverfolgungen, Bekämpfung nationaler und liberaler Bewegungen) Wirtschaftskrise in Deutschland	Biedermeier (bis ca. 1850, Möbel, Literatur, Malerei) »Vormärz«: revolutionäre politische Literatur vor der Märzrevolution 1848	1819: Erste Ozeanüberquerung des amerikanischen Dampf-Segelschiffs ›Savannah‹ in 42 Tagen 1820: A. M. Ampère: mechanische Wirkung elektrischer Ströme aufeinander H. C. Œrsted entdeckt Magnetfeld elektrischer Ströme 1821: Einrichtung von Schnellpostlinien in Deutschland 1830: Beginn der modernen Eisenbahn: Linie Liverpool–Manchester mit 45 km/Std.

Jahr	Alpen	Geschichte/Politik	Kulturelles Leben	Wissenschaft/Technik
1857	Gründung des ersten Alpenvereins: Alpine Club, London Bau des Mont-Cenis-Tunnels (erstmals Druckluftbohrer verwendet)	Victoria 1837–1901 engl. Königin Erste Weltwirtschaftskrise, von USA ausgehend	Ch. Dickens: ›Klein Dorrit‹ G. Flaubert: ›Madame Bovary‹ Ch. Baudelaire: ›Die Blumen des Bösen‹ Krinoline in der Damenmode	Stapellauf der ›Great Eastern‹, des größten Schraubendampfers seiner Zeit Gründung der Norddeutschen Lloyd Verlegung eines Mittelmeerkabels durch W. von Siemens Mitbegründer der Bakteriologie L. Pasteur veröffentlicht Arbeiten über Gärungsprozesse durch Mikroorganismen 1859: Ch. Darwin: ›Über den Ursprung der Arten durch natürliche Zuchtwahl‹ (Evolution durch natürliche Auslese)
1862/63	1862: Gründung des Österreichischen Alpenvereins in Wien 1863: Gründung des Schweizer Alpenvereins in Olten	1848–1916: Kaiser Franz Joseph I. von Österreich 1862: O. v. Bismarck preußischer Ministerpräsident 1863: F. Lasalle gründet Allgemeinen Deutschen Arbeiterverein 25 Schweizer Bürger gründen Internationales Komitee vom Roten Kreuz	1862: G. Verdi: ›Die Macht des Schicksals‹ G. Flaubert: ›Salammbô‹ Th. Fontane: ›Wanderungen durch die Mark Brandenburg‹ I. Turgenjew: ›Väter und Söhne‹	1861: Ph. Reis stellt Apparat zur elektrischen Übertragung von Tönen vor (Vorläufer des Telefons) 1862: N. Riggenbach: Zahnradsystem für Bergbahnen Weltausstellung in London 1863: Erste U-Bahn in London R. Fitzroy: Wettervorhersage aus der Bewegung von Luftmassenfronten Farbenfabriken Bayer und Hoechst gegründet
1865	Edward Whymper besteigt mit Gefährten das Matterhorn	Ende des Bürgerkrieges in USA, Sieg der Nordstaaten Abschaffung der Sklaverei Ermordung von Präsident A. Lincoln	R. Wagner: ›Tristan und Isolde‹ L. Caroll: ›Alice im Wunderland‹ E. Manet beeinflußt die impressionistische Malerei in Frankreich	Erste deutsche Pferdebahn in Berlin F. Galton: ›Vererbung von Begabung und Charakter‹ (Genetik) G. Mendel: ›Versuche über Pflanzenhybriden (aus Kreuzungsversuchen mit Erbsen entdeckte Gesetzmäßigkeiten der Vererbung)
1869	Gründung des Deutschen Alpenvereins in München	1864–1886: König Ludwig II. von Bayern 1870/71: Deutsch-Französischer Krieg. Gründung des Deutschen Reiches unter Kaiser Wilhelm I. Beginn der Gründerzeit	R. Wagner: ›Das Rheingold‹ L. Tolstoi: ›Krieg und Frieden‹ J. Verne: ›2000 Meilen unter dem Meere‹	Fahrrad mit Kettenantrieb

Jahr	Alpen	Geschichte/Politik	Kulturelles Leben	Wissenschaft/Technik
1893	Erstes offizielles Skirennen in den Alpen (Mürzzuschlag)	1890: Wilhelm II. entläßt Bismarck als Reichskanzler des Deutschen Reiches Sozialdemokratische Partei Deutschlands unter A. Bebel wieder zugelassen 1891: Erster Kongreß der freien Gewerkschaften beschließt, Frauen aufzunehmen 1892: Arbeiter-Turn- und Sportbund in Deutschland gegründet	C. Debussy begründet mit ›Der Nachmittag eines Fauns‹ den sog. Impressionismus in der Musik Paris, Berlin, München, Wien europäische Kulturzentren	R. Diesel entwickelt den ersten nach ihm benannten Motor J. Elster und H. Geitel: Photozelle 1895: W. G. Röntgen entdeckt die nach ihm benannten Strahlen Die Brüder Lumière führen in Paris, M. Skladanowsky in Berlin erste kurze Filmszenen vor 1896: H. Becquerel entdeckt radioaktive Strahlung des Urans
1905	Gründung des Deutschen und des Österreichischen Skiverbandes in München. Erstes großes Skirennen in der Schweiz (Glarus) Eröffnung des Schweizer Alpinen Museums in Bern	1904: Englisch-französische Verständigung (Entente cordiale) 1905: Erste Revolution in Rußland 1905/06: Schwere diplomatische Niederlage Deutschlands in der 1. Marokkokrise	1895–1905: Jugendstil in der bildenden Kunst und Literatur 1905: Gründung der Künstlervereinigung »Die Brücke« in Dresden durch die expressionistischen Maler E. L. Kirchner, K. Schmidt-Rottluff, E. Heckel R. Strauss: ›Salome‹ 1906: P. Picasso: ›Les demoiselles d'Avignon‹ (erstes kubistisches Gemälde)	1903: Erster Motorflug der Brüder Wright 1904: J. A. Fleming: Elektronenröhre für Nachrichtentechnik 1905: A. Einstein: Spezielle Relativitätstheorie (Folgerungen aus der Konstanz der Lichtgeschwindigkeit)

Anmerkungen/Textnachweise

I. DIE ALPEN IN DER ANTIKE

Anmerkungen

1 Robert von Ranke-Graves: Griechische Mythologie, Quellen und Deutung, 2 Bde., 5. Aufl., Reinbek bei Hamburg 1965, Bd. 2, S. 130

2 Strabon: Geographie IV, 1,7. The Geography of Strabo. With an english Translation by Horace Leonard Jones, based in Part upon the unfinished Version of John Robert Sitlington Sterrett, in eight Volumes, Cambridge, Massachusetts and London 1960, Bd. II, S. 186/187

3 Vergil: Georgica III, 474. Vergil: Landleben, hrsg. von Johannes und Maria Götte. Vergil-Viten, hrsg. von Karl Bayer. Lat. und dt., 4., verbesserte Aufl., München (Artemis) 1981, S. 150/151

4 Silius Italicus XVII, 318. Silius Italicus: Punica. With an english Translation by J. D. Duff in two Volumes, London, Cambridge, Massachusetts 1961–1968, Bd. II, S. 462/463

5 Polybios XXXIV, 10. Polybios: Geschichte. Gesamtausgabe in 2 Bden., eingeleitet und übertr. von Hans Drexler, 2. Aufl., Zürich (Artemis) 1978, Bd. II, S. 1274 f.

6 Polybios, a. a. O.

7 Probst Urban: Die Alpen in der griechischen und römischen Literatur. In: Mitteilungen des Deutschen und Österreichischen Alpenvereins, redigiert von Johannes Emmer, N. F. Bd. I, der ganzen Reihe XI. Bd. (1885), S. 280

8 H. Dübi: Allerlei Notizen über die Alpen aus antiken Schriftstellern. In: Jahrbuch des Schweizer Alpenclub, XVII. Jg. (1881–1882), S. 401

9 Plinius d. Ä.: Naturkunde XVI, 76. Pliny: Natural History. With an english Translation in ten Volumes, vol. IV, libri XII–XVI. ed. by H. Rackham, Cambridge, Massachusetts and London 1960, S. 514/515 ff.

10 Strabon IV, 6,2. Geography, a. a. O., Bd. II, S. 264/265 f.

11 Strabon IV, 6,2; 6,9. Geography, a. a. O., S. 266/267 u. 283/284 ff.

12 Plinius d. Ä. XXI, 114. C. Plinius Secundus d. Ä.: Naturkunde. Lat.-dt. Bücher XXI/XXII. Medizin und Pharmakologie: Heilmittel aus dem Pflanzenreich, hrsg. und übers. von Roderich König in Zusammenarbeit mit Gerhard Winkler, München und Zürich (Artemis) 1985, S. 88/89

13 Sueton: De vita Caesarum. Suetonius Divus Augustus. Ed. with Introduction and Commentary by John M. Carter, Bristol 1982, S. 73

14 Plinius XI, 97. Natural History, vol. III, libri VIII–XI, a. a. O., 1967, S. 582/583

15 Plinius XVIII, 12–20. Natural History, vol. V. libri XVII–XIX, a. a. O., 1961, S. 234/235 ff.

16 Plinius XVIII, 48, a. a. O., S. 296/297

17 Plinius führt u. a. die Wurzel und den Saft des Enzians an. Plinius XXV, 34. Natural History, vol. VII, libri XXIV–XXVII, ed. by W. H. S. Jones, a. a. O., 1966, S. 188/189

18 Plinius XXXVII, 9, 10. Natural History, vol. X, libri XXXVI–XXXVII, ed. by D. E. Eichholz, a. a. O., 1962, S. 180/181 ff.

19 Plinius XXXVI, 1. Natural History, a. a. O., S. 2/3

20 Ovid XIV, 712. Publius Ovidius Naso, Metamorphosen. In deutsche Hexameter übertr. und mit dem Text hrsg. von Erich Rösch, 9. Aufl. München 1980, S. 548/549

21 Horaz IV, 14. Ode. Sämtliche Werke. Lat. und dt., T. 1: Carmina, Oden und Epoden. Nach Kayser, Nordenflycht und Burger hrsg. von H. Färber, 9. Aufl., München 1982, S. 212/213 ff.

22 Polybios XXXIV, 10 ref. bei Strabon IV, 6,12. Geography, a. a. O., Bd. II, S. 290/291 ff.

23 L. Annaeus Florus: Geschichte II, 3. Zit. nach Franz Ramsauer: Die Alpenprovinzen im Altertum und ihre Unterwerfung durch die Römer. In: Deutsche Alpenzeitung. I. Jg. (1901/1902), 2. Hälfte, Nr. 32/33, S. 15

24 Paulus Orosius: Historiae adversum paganos V, 14. Zit. nach H. Dübi: Die Feldzüge der Römer in den Alpen. In: Jahrbuch des Schweizer Alpenclub, XIV. Jg. (1880–1881) S. 473 f.

25 Strabon IV, 6,7. Geography, a. a. O., Bd. II, S. 272/273 ff.

26 Juli Flori: Epitomae de Tito Livio. Bellorum omnium annorum DCC, Libro duo. Recognovit Carolus Halm, Lipsiae 1872, S. 98 (II, 22)

27 Horaz IV, 4. u. 14. Ode. Sämtliche Werke, a. a. O., T. I, S. 186/187 ff. u. 212/213 ff.

28 Strabon IV, 6,6. Zit. nach Franz Ramsauer: Die Alpenkenntnis des Polybios, des Strabo und des Plinius des Älteren, 3 Teile. In: Deutsche Alpenzeitung, I. Jg. (1901/1902), 2. T.: Nr. 5, S. 4

29 Strabon IV, 6/12. Geography, a. a. O., Bd. II, S. 290/291 ff.

30 Strabon IV, 6,12, a. a. O.

31 Strabon IV, 6,6,7. Geography, a. a. O., Bd. II, S. 272/273 ff.

32 Hans Hitzer: Die Straße. Vom Trampelpfad zur Autobahn. Lebensadern von der Urzeit bis heute, München 1971, S. 105

Textnachweis

C. Petronius Arbiter: Über den ewigen Winter im Hochgebirge
Aus: Satiricon. Übers. von Franz Ramsauer in: Die Alpen in der griechischen und römischen Literatur. Programm des königlich humanistischen Gymnasiums Burghausen für das Schuljahr 1900/1901, Burghausen o. J., S. 50

Strabon: Über die Gefahr der Lawinen.
Aus: Geographica. Übers. von F. Ramsauer in: Die Alpen in der griechischen und römischen Literatur, a. a. O., S. 50

Claudius Claudianus: Stilicho überquert den Splügenpaß
Aus: De consulatu Stilichonis. Übers. von R. Ramsauer in: Die Alpen in der griechischen und römischen Literatur, a. a. O., S. 53

Ammianus Marcellinus: Wegeleitstangen in den Alpen
Aus: Rerum gestarum libri. Übers. von F. Ramsauer in: Die Alpen in der griechischen und römischen Literatur, a. a. O., S. 54

Polybios: Über den Steinbock

Aus: Geschichte. Gesamtausgabe in 2 Bden., eingeleitet und übertr. von Hans Drexler, Zürich (Artemis) 1963, Bd. 2, S. 1273

Strabon: Das Gold der Salasser
  Aus: Geographica. Übers. von Franz Ramsauer in: Die Alpenkenntnis des Polybios, des Strabo und des Plinius des Älteren, a. a. O., 2. T., Nr. 5, S. 4

Polybios/Titus Livius: Hannibals Alpenüberquerung
  Aus: Polybios, Geschichte, a. a. O., 2. Aufl., Zürich 1978, Bd. 1, S. 237 ff.

Titus Livius, Römische Geschichte, Buch XXI–XXIII.
  Lat.-dt. hrsg. von Josef Feix, 2. verbesserte Aufl., München (Artemis) 1980, S. 69 ff.

II. PÄSSE — ZUR GESCHICHTE DER GROSSEN ALPENÜBERGÄNGE

Anmerkungen

1 Zit. nach H. Dübi: Saracenen und Ungarn in den Alpen. In: Jahrbuch des Schweizer Alpenclub, XIV. Jg. (1878–1879), S. 417

2 Zit. nach Peter Faessler: Bodensee und Alpen. Die Entdeckung einer Landschaft in der Literatur, Sigmaringen 1985, S. 44 f.

3 Zit. nach Hermann Wiesflecker: Die Entstehung des Landes Tirol. Das Paßland an der Etsch und im Gebirge. In: Die Brennerstraße. Ein deutscher Schicksalsweg von Innsbruck nach Bozen. Jahrbuch des Südtiroler Kulturinstituts 1961, S. 77

4 Zit. nach Eduard Windmoser: Zu großer Höh ein Gewaltig Straß … Zur Verkehrsgeschichte der Brennerstraße. In: Die Brennerstraße, a. a. O., S. 306

5 Zit. nach Otto Stolz: Geschichte des Zollwesens, Verkehrs und Handels in Tirol und Vorarlberg von den Anfängen bis ins XX. Jahrhundert, Innsbruck 1953, S. 211

6 Zit. nach Stolz, Geschichte des Zollwesens …, a. a. O., S. 171

7 Zit. nach Stolz, Geschichte des Zollwesens …, a. a. O., S. 185

8 Zit. nach Windmoser: Zu großer Höh ein Gewaltig Straß …, a. a. O., S. 308

9 Ludwig Richter: Lebenserinnerungen eines deutschen Malers, München o. J., S. 81

10 Johann Wolfgang von Goethe: Gedenkausgabe der Werke, Briefe und Gespräche, hrsg. von Ernst Beutler, Bd. 11: Italienische Reise, Annalen, 3. Aufl. Zürich (Artemis) 1977, S. 742 f.

11 Johann Jakob Scheuchzer: Hydrographia Helvetica … Der Natur-Historie des Schweitzerlandes zweyter Theil, Zürich 1717, S. 94

12 W. Schleif: Goethes Diener, Berlin und Weimar 1965, S. 141

Textnachweis

Lambert von Hersfeld: Heinrich IV. auf dem Weg nach Canossa
  Zit. nach Wulf Schadendorf: Zu Pferde, zu Wagen, zu Fuß. Tausend Jahre Reisen, München 1959, S. 11

Pero Tafur: Passage über den St. Gotthard
  Aus: Karl Stehlin und Rudolf Thommen: Aus der Reisebeschreibung des Pero Tafur 1438 und 1439. In: Basler Zeitschrift für Geschichte und Altertumskunde Bd. 25 (1926) S. 50 ff.

Felix Faber: Auf der Pilgerreise ins Heilige Land
  Aus: Die Reisen des Felix Faber durch Tirol in den Jahren 1483 und 1484. Aus dem Lat. übers. von Josef Graber, mit einem Anhang, Innsbruck und München 1923, S. 7 ff.

Beschwerde der Rottleute
  Nach Otto Stolz: Geschichte des Zollwesens, Verkehrs und Handels in Tirol und Vorarlberg von den Anfängen bis ins XX. Jahrhundert, Innsbruck 1953, S. 185

Michel de Montaigne: Auf dem Tragsessel über den Mont Cenis
  Aus: Reisetagebuch. In: Gesammelte Schriften Michel de Montaignes. Hist.-krit. Ausgabe mit Einleitungen und Anmerkungen unter Zugrundelegung der Übertragung von Johann Joachim Bode, 7. Bd., übers. und eingeleitet von Otto Flake, München und Berlin 1915, S. 135 f.

Andreas Ryff: Gotthardreise
  Aus: Andreas Ryffs Gotthardreise im Jahre 1587, mitgeteilt von Albert Bruckner. In: Die Alpen. Monatsschrift des Schweizer Alpenclub XIII (1937), H. 9, S. 336 f.

Johann Andreas von Sprecher: Abstieg vom Bernina-Paß
  Aus: Donna Ottavia, Basel 1878, S. 124

Lady Mary Montagu: Von Konstantinopel nach England
  Aus: Briefe aus dem Orient, Stuttgart o. J. (1962), S. 229

Johann Georg Keyßler: Reise über den Mont Cenis
  Aus: Neueste Reise durch Deutschland, Böhmen, Ungarn, die Schweitz, Italien und Lothringen …, Hannover 1740, S. 217 ff.

J. G. R. Andreae: In der Schöllenenschlucht
  Aus: Briefe aus der Schweiz nach Hannover geschrieben in dem Jahre 1763, 2. Abdruck, Zürich und Winterthur 1776, S. 106 f.

Karl Gottlob Küttner: Reise über den Nufenenpaß
  Aus: Briefe eines Sachsen aus der Schweiz an Seinen Freund in Leipzig, 3 Theile, Leipzig 1785–1786, T. 2, S. 97 f.

Napoleon: An den Bürger Talleyrand
  Aus: Napoleons Briefe, ausgewählt und hrsg. von Friedrich Schulze, Leipzig 1912, S. 114 f.

Stendhal: Auf dem Weg zu Napoleons Truppen
  Aus: Das Leben des Henry Brulard und autobiographische Schriften, übers. von Walter Widmer, München (Winkler) 1956, S. 522 ff.

Johann Gottfried Seume: Wanderung über den Semmering
  Aus: Spaziergang nach Syrakus, München 1962, S. 47 f.

Ludwig Emil Grimm: Reise über den Splügen
  Aus: Erinnerungen aus meinem Leben, hrsg. und ergänzt von Adolf Stoll, Leipzig 1911, S. 309 ff.

Joseph von Görres: Auf der Via mala
  Aus: Gesammelte Briefe, I. Bd.: Familienbriefe, München 1858, S. 207

Karl Friedrich Schinkel: Durch die Schluchten des Simplon
  Aus: Briefe, Tagebücher, Gedanken, Berlin 1922, S. 93

G. H. von Schubert: Mit der Postkutsche über das Stilfser Joch
  Aus: Wanderbüchlein eines reisenden Gelehrten nach Salzburg, Tirol und Lombardei, Erlangen 1834, S. 134

Honoré de Balzac: Schaudern auf dem Gotthard
  Aus: Briefe an die Fremde, 2 Bde., Leipzig 1911, Bd. 1, S. 431

Charles Dickens: Englische Reisegesellschaft im Hospiz auf dem
Großen St. Bernhard
Aus: Klein Dorrit, Übertr. von M. Busch, durchgesehen von A.
Ritthaler. Mit den 39 Ill. von H. K. Browne zur Erstausgabe,
2. Aufl., München (Winkler) 1978, S. 527 ff.
Gustave Flaubert: Rückkehr aus Italien über den Simplon
Aus: Tagebücher. Gesamtausgabe in 3 Bden., Potsdam 1919,
Bd. 1, S. 224 f.
Johann Georg Kohl: Am Splügenpaß. Auf dem Grimselpaß
Aus: Alpenreisen, 3 Bde., Dresden und Leipzig 1843–1851, Bd. I,
S. 117 f., S. 301
Max Dauthendey: Fahrt über den Brenner
Aus: Frühe Prosa. Aus dem handschriftlichen Nachlaß hrsg. von

Hermann Gerstner unter Mitarbeit von Edmund L. Klaffki,
München und Wien 1967, S. 179 ff.
Otto Julius Bierbaum: Im Automobil über den Gotthard
Aus: Eine empfindsame Reise im Automobil, München 1954,
S. 257 ff.
Verordnung des Staatsrats des Kantons Wallis
Aus: Charles L. Freestone: Die Hochstraßen der Alpen. Ein
Automobilführer zum Befahren von über 100 Alpenpässen.
Autorisierte deutsche Ausgabe, 2. Aufl., Berlin 1911, S. 112 f.
Ausstattung eines Automobils um 1910
Aus: Charles L. Freestone, Die Hochstraßen der Alpen …,
a. a. O., S. 42 ff.
Eugen Diesel: Im Motorwagen auf dem Mont Cenis
Aus: Autoreisen 1905, Leipzig 1941, S. 189

III. FRÜHE FORSCHER — DIE ENTDECKUNG DER ALPEN
DURCH DIE NATURWISSENSCHAFT

Anmerkungen

1 Zit. nach Hans Bauer: Wenn einer eine Reise tut. Eine Kulturgeschichte des Reisens von Homer bis Baedeker, Leipzig 1971,
S. 125
2 Gottlieb Sigmund Gruner: Die Eisgebirge des Schweizerlandes,
Drei Theile, Bern 1760, T. 1, S. 222
3 Johann Georg Altmann: Versuch einer historischen und physischen Beschreibung der helvetischen Eisbergen, Zürich 1751,
S. 226
4 Johann Jakob Scheuchzers … Naturgeschichte des Schweitzerlandes, Samt seinen Reisen über die schweitzerische Gebürge.
Aufs neue herausgegeben und mit einigen Anmerkungen versehen von Joh(ann) Georg Sulzern, Zwei Theile, Zürich 1746,
T. 2, S. 104
5 Gruner: Die Eisgebirge …, a. a. O., T. 2, S. 188
6 Altmann: Versuch …, a. a. O., S. 150
7 Jacob Grimm: Deutsche Mythologie (zuerst 1835), 3 Bde.,
Frankfurt/M. 1981, Bd. 1, S. 441
8 Scheuchzer: Naturgeschichte …, a. a. O., T. 2, S. 228
9 Scheuchzer: Naturgeschichte …, a. a. O., T. 1, S. 254 f.
10 Andreas Ryff: Bäderfahrt von 1542, zit. nach Gustav Peyer:
Geschichte des Reisens in der Schweiz. Eine culturgeschichtliche
Studie, Basel 1885, S. 64
11 Hippolyt Guarinoni: Die Grewel der Verwüstung …, Ingolstatt
1610, S. 905
12 Zit. nach Peyer; a. a. O., S. 35
13 Jakob Bernoulli, Cometen …. Zit. nach Sigmund Widmer:
Illustrierte Geschichte der Schweiz, 2. Bd.: Entstehung, Wachstum und Untergang der alten Eidgenossenschaft, Einsiedeln,
Zürich, Köln 1960, S. 269
14 Ernst Gagliardi: Geschichte der Schweiz. Von den Anfängen bis
zur Gegenwart, Bd. II: Vom Ausscheiden aus dem Deutschen
Reiche bis zur Gegenwart 1648–1937, Zürich 1937, S. 823
15 Johann Konrad Faesi: Genaue und vollständige Staats- und Erdbeschreibung der ganzen helvetischen Eidgenossenschaft, 4
Bde., Zürich 1765–1768, 1. Bd., S. 4 f.
16 Horatius Benedictus von Saussure: Reisen durch die Alpen nebst

einen Versuch über die Naturgeschichte der Gegenden von
Genf. Aus dem Französischen übers. und mit Anmerkungen
bereichert (von Jacob Samuel Wyttenbach), 4 Theile, Leipzig
1781–1788, T. 1, Vorrede, S. XVI
17 Saussures erste Begriffsbestimmung der Geologie, handschrift-
licher Entwurf aus dem Nachlaß. Zit. nach Alphonse Favre:
H.-B. de Saussure et les Alpes (= Bibliothèque universelle et
revue Suisse, Bd. 36). o. O. 1869, S. 588

Textnachweis

Leonardo da Vinci: Von den Gebirgsquellen
Aus: Tagebücher und Aufzeichnungen. Nach den italienischen
Handschriften übers. und hrsg. von Theodor Lücke, 2. Aufl.,
Leipzig 1952, S. 250 f.
Josias Simler: Der Name »Alpen«
Aus: De Alpibus Commentarius. Die Alpen, übers. und hrsg.
von Alfred Steinitzer, München 1931, S. 6 ff.
Josias Simler: Namen der Alpengruppen
Aus: Die Alpen, a. a. O., S. 9 ff.
Sebastian Münster: Das Bad von Pfäfers im 16. Jahrhundert
Aus: Cosmographey …, Basel 1598, S. 353 f.
Johann Jakob Scheuchzer: Die besondere Beschaffenheit der
Schweizer Luft
Aus: Helvetiae Historia Naturalis oder Natur-Historie des
Schweizerlandes. Erster Theil: Helvetiae Stoicheiographia,
Orographia et Oreographia oder Beschreibung der Elementen,
Grenzen und Bergen des Schweizerlandes, Zürich 1716, S. 4 ff.
Johann Jakob Scheuchzer: Theorie über die Entstehung der Alpen
Aus: Natur-Historie des Schweizerlandes, a. a. O., S. 107 ff.
Johann Jakob Scheuchzer: Von der Kälte
Aus: Beschreibung der Naturgeschichten des Schweizerlandes,
1. Teil, Zürich 1706, S. 73 ff.
Gottlieb Sigmund Gruner: Rechtfertigung der Berge aus der Darle-
gung ihres Nutzens
Aus: Die Eisgebirge des Schweizerlandes, Bern 1760, T. 3, S.
212 ff.

Belsazar Hacquet: Welche Eigenschaften ein Naturforscher besitzen muß
Aus: Leben und Werke. Bearbeitet und eingeleitet von Georg Jakob, München 1930, S. 209 ff.
Franz Josef Hugi: Notwendige Ausrüstung eines Geologen
Aus: Naturhistorische Alpenreise, Solothurn 1830, S. 18 f.

Franz Josef Hugi: Dramatische Momente einer Forschungsreise auf das Finsteraarhorn
Aus: Naturhistorische Alpenreise, a.a.O., S. 192 ff.
Edouard Desor: Über das Forscherleben auf dem Aaregletscher
Aus: Agassiz' und seiner Freunde geologische Alpenreisen in der Schweiz, Savoyen und Piemont. Unter Agassiz', Studers und Carl Vogts Mitwirkung verfaßt von E. Desor, 2., stark vermehrte Aufl., Frankfurt/M. 1877, S. 388 ff.

IV. BESTEIGUNGEN — VON DEN ANFÄNGEN BIS ZUR »GOLDENEN ZEIT« DES ALPINISMUS

Anmerkungen

1 Benedikt Marti: Lob der Berge. Zit. nach: Die Entdeckung der Alpen. Eine Sammlung schweizerischer und deutscher Alpenliteratur bis zum Jahr 1800, ausgewählt und bearbeitet von Richard Weiss, Frauenfeld und Leipzig 1934, S. 13
2 Hippolyt Guarinoni: Die Grewel der Verwüstung ..., Ingolstadt 1610, S. 423

Textnachweis

Francesco Petrarca: Besteigung des Mont Ventoux
Aus: Des Francesco Petrarca Sendschreiben an den Kardinal Giovanni Colonna, die Besteigung des Mont Ventoux betreffend. (Aus dem Lat. übers. von Viktor von Scheffel) In: 2. Sonderausgabe der Gesellschaft alpiner Bücherfreunde, München 1936, S. 13 ff.
Gabriel Walser: Von den Alp-Reisen
Aus: Kurtz gefaßte Schweizer Geographie samt den Merkwürdigkeiten in den Alpen und hohen Bergen, Zürich 1770, S. 379 ff.
Horace-Bénédict de Saussure: Besteigung des Mont Blanc
Aus: Kurzer Bericht von einer Reise auf den Mont Blanc, im August 1787 von H.-B. de Saussure, aus dem Französischen übers., Strasburg 1788
Pater Placidus a Spescha: Besteigung des Piz Urlaun
Aus: Sein Leben und seine Werke, hrsg. von Friedrich Pieth und Karl Hager, Bumplitz und Bern 1913, S. 344 f.

Friedrich Matthisson: Angst auf der Tour de Mayenne
Aus: Erinnerungen, 3. Aufl., Wien 1815, S. 84
Franz Ludwig Pfyffer von Wyher: Bergsteigerunterricht auf dem Pilatus
Aus: Spaziergang auf dem Pilatus Berg im Kanton Lucern. In: Archiv kleiner zerstreuter Reisen durch merkwürdige Gegenden der Schweiz, 1. Bd., St. Gallen 1796, S. 57 f.
Josef Naus: Besteigung der Zugspitze
Aus: Die Besteigung der Zugspitze. In: Ludwig Schrott: Biedermeier in München, Dokumente einer schöpferischen Zeit, München 1963, S. 64 f.
John Tyndall: Rettung aus einer Gletscherspalte
Aus: In den Alpen. Autorisierte deutsche Ausgabe mit einem Vorwort von Gustav Wiedemann, Braunschweig 1899, S. 130 ff.
Edward Whymper: Die Führer von Zermatt
Aus: Berg- und Gletscherfahrten in den Alpen 1860–1869. Autorisierte deutsche Bearbeitung von Friedrich Steger, Braunschweig 1872, S. 316
Edward Whymper: Über die Benutzung des Seils
Aus: Berg- und Gletscherfahrten ..., a.a.O., S. 455 f.
Edward Whymper: Über Eisbeile und ihren Gebrauch
Aus: Berg- und Gletscherfahrten ..., a.a.O., S. 423 f.
Edward Whymper: Das Gleiten
Aus: Berg- und Gletscherfahrten ..., a.a.O., S. 443 f.
Edward Whymper: Der Wettlauf auf das Matterhorn
Aus: Berg- und Gletscherfahrten ..., a.a.O., S. 469 ff.
Leslie Stephen: Gipfelerlebnis auf dem Schreckhorn
Aus: Der Spielplatz Europas, übers. und bearbeitet von Henry Hoek, Zürich, Leipzig 1942, S. 38 f.

V. DER SCHÖNE SCHAUER — DIE ENTDECKUNG DER ALPEN ALS WIRKLICHKEIT UND INNERES ERLEBNIS

Anmerkungen

1 John Evelyn: Diary, London 1908, S. 139
2 ›Die Welt als Wille und Vorstellung‹
3 Joseph Addison: Remarks on Several Parts of Italy (zuerst 1705), London 1753, S. 261
4 Friedrich Schiller: Werke in drei Bänden. Unter Mitwirkung von Gerhard Fricke hrsg. von Herbert G. Göpfert, München 1966, Bd. II, S. 614

5 Joseph Addison in: Spectator Nr. 477, Sept. 6, 1712. Zit. nach: Petra Raymond, Literarische Entdeckung einer Landschaft. Die Romantisierung der Alpen, Diss. Münster 1986, S. 36
6 Anthony Ashley Cooper Shaftesbury: The Moralists (zuerst 1709), 4. Aufl., London 1727, Bd. II, S. 219 u. 345
7 Edmund Burke: Philosophische Untersuchung über den Ursprung unserer Ideen vom Erhabenen und Schönen, übers. von Friedrich Bassenge, neu eingeleitet und hrsg. von Werner Strube, Hamburg 1980, S. 91

8 Immanuel Kant: Kritik der Urteilskraft. Werke in 10 Bden., hrsg. von Wilhelm Weischedel, Darmstadt 1983, Bd. 8, S. 343 u. 353

9 Schiller: Über das Erhabene, a.a.O., S. 611 u. 617 f.

10 Thomas Gray zit. nach W.L. Phelps: The Beginnings of the English Romantic Movement, Boston, Mass. 1899, S. 167 f.

11 Samuel Taylor Coleridge: Hymne vor Sonnenaufgang, im Tal von Chamouni (1802). In: Gedichte. Engl. und dt., übers. und mit einer Einleitung hrsg. von Edgar Mertner, Stuttgart 1973, S. 205

12 John Ruskin: Modern Painters (1843–1860), London 1910, IV. Teil, Kap. 20, S. 371

13 Jean-Jacques Rousseau: Die Bekenntnisse. Die Träumereien des einsamen Spaziergängers, übers. von Alfred Semerau und Dietrich Leube, München (Winkler) 1978, hier: Bekenntnisse, IV. Buch, S. 172 u. 162

14 Nikolaj Karamsin: Briefe eines reisenden Russen übers. von Johann Richter, München (Winkler) 1966, S. 209 f.

15 Brief an Frau von Stein, 23. Oktober 1779. Johann Wolfgang von Goethe: Weimarer Ausgabe, IV. Abteilung, 4. Bd., S. 93

16 Brief vom April 1763. Justus Möser: Briefe, hrsg. von Ernst Beins und Werner Pleister, Osnabrück 1939, S. 127 f.

17 Briefe über die Schweiz von C. Meiners, Professors der Weltweisheit auf der Universität zu Göttingen, Zweite, durchaus verbesserte und vermehrte Auflage, 4 Theile, Berlin 1788–1790, T. 2, S. 234

18 Brief an Frau von Stein, 27. Oktober 1979. Johann Wolfgang von Goethe: Werke in sechs Bänden. Nach dem Text der Artemis-Gedenkausgabe, Bd. VI: Reisen, 3. Aufl., München (Winkler) 1981, S. 16

19 Horatius Benedictus von Saussure, Professors der Weltweisheit zu Genf, Reisen durch die Alpen nebst einem Versuch über die Naturgeschichte der Gegenden von Genf. Aus dem Französischen übers. und mit Anmerkungen bereichert (von Jacob Samuel Wyttenbach), 4 Theile, Leipzig 1781–1788, T. 2, S. 191

Textnachweis

Konrad Geßner: Bewunderung der Berge
   Aus: Brief über die Bewunderung der Berge, 1541 geschrieben vom Arzt Konrad Geßner an Jakob Vogel. Hier zit. nach: Die Entdeckung der Alpen. Eine Sammlung schweizerischer und deutscher Alpenliteratur bis zum Jahr 1800. Ausgewählt und bearbeitet von Richard Weiss, Frauenfeld und Leipzig 1934, S. 1 ff.

Albrecht von Haller: Die Alpen
   Aus: Die Alpen. Bearbeitet von Harold T. Betteridge, Berlin 1959, S. 20 ff.

Jean-Jacques Rousseau: Die Alpen als inneres Erlebnis
   Aus: Julie oder Die neue Heloïse. In der Übertragung von J.G. Gellius, überarbeitet und ergänzt von Dietrich Leube, München (Winkler) 1978. 23. Brief

William Coxe: Auf den Spuren Rousseaus
   Aus: Briefe über den natürlichen, bürgerlichen und politischen Zustand der Schweiz von Wilhelm Coxe, Mitglied des königlichen Kollegiums zu Cambridge und Kaplan des Herzogs von Marlborough an Wilhelm Welmoth, Zürich 1781, S. 211 f.

Friedrich Leopold Graf Stolberg: Schweizerreise mit Goethe
   Aus: Brief an Matthias Claudius, November 1775. In: Briefe, hrsg. von Wilhelm Weigand, Göttingen 1878, S. 67

Johann Wolfgang Goethe: In Chamonix
   Aus: Die Schweizer Reisen 1775/1779/1797. Nach dem Text der von Ernst Beutler hrsg. Artemis-Gedenkausgabe, Zürich (Artemis) 1979, S. 25

Wilhelm Heinse: Auf dem St. Gotthard
   Aus: Briefe, 2. Bd.: Von der italiänischen Reise bis zum Tode. In: Sämtliche Werke, hrsg. von Carl Schüddekopf, Leipzig 1910, 10. Bd., S. 35 f.

Sophie La Roche: »die erste teutsche Frau zu Chamouni«
   Aus: Tagebuch einer Reise durch die Schweitz. Von der Verfasserin von Rosaliens Briefen, Altenburg 1787, S. 253 f.

Nikolaj Karamsin: Die Gletscher von Grindelwald
   Aus: Briefe eines reisenden Russen, übers. von Johann Richter, München (Winkler) 1966, S. 191 ff.

Friedrich Hölderlin: Die Alpen als Sinnbild
   Aus: Patmos. In: Werke, Briefe, Dokumente. Nach dem Text der von Friedrich Beißner besorgten kleinen Stuttgarter Hölderlin-Ausgabe. Ausgewählt sowie mit einem Nachwort und Erläuterungen versehen von Pierre Bertaux, 3. Aufl., München (Winkler) 1977, S. 177

Friedrich Schlegel: Heimweh nach der Schweiz
   Aus: Ansichten und Ideen von der christlichen Kunst, hrsg. von Hans Eichner. In: Werke, kritische Ausgabe, hrsg. von Ernst Behler unter Mitwirkung von Jean-Jacques Anstett und Hans Eichner, 4. Bd., Paderborn 1959, S. 195

Johanna Schopenhauer: Von kristallenen Feenschlössern
   Aus: Reise von Paris durch das südliche Frankreich bis Chamony. Nach der 2. verbesserten Aufl., Wien 1826, S. 222

Arthur Schopenhauer: Das Eismeer von Chamonix
   Aus: Reisetagebücher aus den Jahren 1803–1804, hrsg. von Charlotte Gwinner, Leipzig 1923, S. 185 f.

Fürst Hermann von Pückler-Muskau: Erhaben und einzig war der Anblick …
   Aus: Jugendwanderungen. Aus meinen Tagebüchern. Für mich und andere. Vom Verfasser der Briefe eines Verstorbenen, Stuttgart 1835. In: Ausgewählte Werke in 2 Bden., hrsg. von Heinz Ohff und Eckhard Haack, Frankfurt/M. 1985, Bd. 1., S. 294 f.

Percy Bysshe Shelley: Mont Blanc
   Aus: Mont Blanc, geschrieben im Tal von Chamonix. In: Ausgewählte Werke. Dichtung und Prosa, (engl. und dt.), hrsg. und mit einer Einleitung versehen von Horst Höhne, Hanau 1985, S. 92/93 ff.

George Gordon Lord Byron: Tagebuch aus den Alpen
   Aus: Briefe und Tagebücher, neu hrsg. von Leslie A. Marchand, Frankfurt/M. 1985, S. 182 f.

George Gordon Lord Byron: Manfred
   In: Sämtliche Werke, 3 Bde. Bd. III: Dramen, übertr. von A. Seubert, nach der historisch-kritischen Ausgabe überarbeitet mit Anmerkungen und einem Nachwort zur Gesamtausgabe hrsg. von Siegfried Schmitz, München (Winkler) 1978, S. 16 f.

Felix Mendelssohn-Bartholdy: Das Lebensgefühl in den Alpen
   Aus: Briefe einer Reise durch Deutschland, Italien und die Schweiz und Lebensbild von Peter Sutermeister. Mit Aquarellen und Zeichnungen aus Mendelssohns Reiseskizzenbüchern, Zürich 1958, S. 179

James Fenimore Cooper: Betrachtung der Jungfrau
Aus: Streifereien durch die Schweiz. Nach dem Englischen des
J. Fenimore Cooper, Verfasser des ›Piloten‹, des ›Spions‹, etc. von
Georg Nicolaus Bärmann, in 2 Theilen, Berlin 1836, T. 1, S. 93
Annette von Droste-Hülshoff: Vom Alpenglühen
Aus: Brief an Christoph Bernhard Schlüter. In: Werke, hrsg. von

R. Schneider, Bd. IV: Erzählungen, Briefe, Vaduz 1948, S. 247 f.
Victor Hugo: Wogen von Granit.
Aus: France et Belgique, Alpes et Pyrénéés, Paris o. J. (1912), S.
232; 239, übers. v. Susanne Eversmann
Felix Mendelssohn-Bartholdy: Abschied
Aus: Briefe …, a. a. O., S. 223

VI. AUS DER FRÜHZEIT DES ALPENTOURISMUS – DIE ERSTEN REISEFÜHRER

Anmerkungen

1 Karl Spazier: Wanderungen durch die Schweiz, Gotha 1790,
S. 12
2 Briefe über die Schweiz von C. Meiners, Professors der Weltweisheit auf der Universität zu Göttingen, 4 Theile, Wien
1788–1792, T. 4, S. VII u. 189
3 Gustav Peyer: Geschichte des Reisens in der Schweiz. Eine
culturgeschichtliche Studie, Basel 1885, S. 162
4 (Heinrich Heidegger:) Über das Reisen durch die Schweiz.
Oder kurze Anleitung für Ausländer, welche mit Zeit- und
Kostenersparung einige der merkwürdigsten Alpgegenden bereisen wollen. Beytrag zum Handbuch für Reisende, 2. Aufl.,
Zürich 1792, S. 5, 8
5 J(ohann) G(ottfried) Ebel: Anleitung auf die nützlichste und
genußvollste Art in der Schweiz zu reisen. Zwey Theile, Zürich
1793, T. 1, S. 3
6 Peyer: Geschichte des Reisens … a. a. O., S. 202
7 D. Plouquet: Vertrauliche Erzählung einer Schweizerreise im
Jahr 1786 in Briefen, Tübingen 1787, S. 29
8 Friedrich Matthisson: Briefe, verb. Aufl., Zürich 1802, S. 245
9 Wilhelm Heinse: Briefe, 2. Bd.: Von der italiänischen Reise bis
zum Tode. Sämtliche Werke, hrsg. von Carl Schüddekopf, Bd.
10, Leipzig 1910, S. 39
10 Johann Caspar Hirzel–Escher: Wanderungen in weniger besuchte Alpengegenden der Schweiz, Zürich 1829, S. 43
11 (Mrs. Henry Freshfield:) Alpine Byways or Light Leaves Gathered in 1859 and 1860. By a Lady, London 1861, S. 1
12 Paul Grohmann: Wanderungen in den Dolomiten, Wien 1877,
S. 5
13 Joseph von Obernberg: Anleitung zur genußreichsten Bereisung des bayrischen Alpengebirges und einiger Gegenden von
Salzburg und Tirol. Mit zwey Karten und einer Ansicht des
Gebirgszuges von Salzburg bis Kempten, München 1832, S. 4
14 Friedrich Nietzsche: Also sprach Zarathustra. In: Sämtliche
Werke in 12 Bden., Stuttgart 1964, 6. Bd., S. 206

Textnachweis

Gottlieb Friedrich Krebel: Geldsorten der Schweiz
Aus: Die vornehmsten europäischen Reisen …, Zweyter Theil,
(zuerst 1767) Hamburg o. J., S. 47
Heinrich Heidegger: Alpendiät
Aus: Über das Reisen durch die Schweiz, a. a. O., S. 12 f.
Johann Gottfried Ebel: Wie die richtigen Alpenschuhe beschaffen
sind

Aus: Anleitung auf die nützlichste und genußvollste Art die
Schweiz zu bereisen …, 3., sehr vermehrte Aufl., Zürich 1809,
T. 1, S. 53 f.
Johann Gottfried Ebel: Das Reiten im Gebirge
Aus: Anleitung …, a. a. O., S. 65
Johann Gottfried Ebel: Ratschläge für Gletscherwanderer
Aus: Anleitung …, a. a. O., S. 61 f.
Johann Gottfried Ebel: Wie man sich ein Alpenalbum anlegt
Aus: Anleitung …, a. a. O., S. 55 f. u. 64
J. B. Karl: Vorsichtige praktische Regeln für Reisende durch das
Königreich Baiern
Aus: Handbuch für Reisende durch das Königreich Baiern,
4 Bde., München 1820, Bd. 4, S. 594 ff.
Ausrüstung eines Fußreisenden
Aus: (Anonym:) Taschenbuch für Reisende im Berner Oberland,
Aarau 1829, S. 12 ff.
Robert Glutz-Blotzheim: Kosten für Verpflegung und Unterkunft
Aus: Handbuch für Reisende in der Schweiz (zuerst 1789/90),
6., verbesserte Aufl., hrsg. von E. Schoch, Zürich 1830,
S. 7 f.
Robert Glutz-Blotzheim: Über die Nützlichkeit der Führer
Aus: Handbuch für Reisende …, a. a. O., S. 9
Robert Glutz-Blotzheim: Die zweckmäßige Kleidung für Reisende
Aus: Handbuch für Reisende …, a. a. O., S. 13 f.
Heinrich Zschokke: Maria zum Schnee auf dem Rigi
Aus: Die klassischen Stellen der Schweiz …, 1. Abtheilung,
Karlsruhe und Leipzig 1836, S. 81 ff.
Heinrich Wenzel: Vorzüge Tirols
Aus: Reiseskizzen aus Tyrol und dessen Nachbarschaft, Bunzlau
1837, S. 19
Theodor Mügge: Leukerbad
Aus: Die Schweiz und ihre Zustände. Reiseerinnerungen, Han-
nover 1847, Bd. 2, S. 82 f.
Karl Baedeker: Wie ein Fußreisender in den Schweizer Alpen
seinen Tag einteilen sollte
Aus: Die Schweiz. Handbuch für Reisende nach eigener An-
schauung und den besten Hülfsquellen bearbeitet, 3., verbesserte
Aufl. mit Plänen von Basel, Bern, Genf und Zürich, einer Reise-
karte und einer Alpenansicht vom Rigi und einem Panorama
vom Faulhorn, Koblenz 1851, S. XXV
Karl Baedeker: Preise in Gasthöfen und Wirtshäusern
Aus: Die Schweiz …, a. a. O., S. XXIII
Karl Baedeker: Der Paß reist in die Schweiz voraus
Aus: Die Schweiz …, a. a. O., S. XXIV
Karl Baedeker: Abwehr unliebsamer Reisegefährten
Aus: Die Schweiz …, a. a. O., S. 31

Anmerkungen

1 Arthur Conan Doyle zit. nach: Heinz Maegerlein: Faszination Ski. 100 Jahre Skilauf, München 1980, S. 31

2 Hans von Zallinger und Fritz Riegele: Der alpine Skilauf. In: Alpines Handbuch, unter Mitarbeit von Georg Blab u. v. a. hrsg. vom Deutschen und Österreichischen Alpenverein, Leipzig 1931, Bd. 2, S. 149–183, hier S. 162

3 Friedrich Gottlieb Klopstock: Oden, hrsg. von Paul Merker, 2 Bde., Leipzig 1931, Bd. 1, S. 319

4 Olaus Magnus: Historia de gentibus septentrionalibus, zit. nach: Erwin Mehl, Grundriß der Weltgeschichte des Schifahrens. Der Weg des steinzeitlichen Jagdgerätes zum modernen Sportgerät. I.: Von der Steinzeit bis zum Beginn der schigeschichtlichen Neuzeit (1860), Stuttgart 1964, S. 134

5 Toni Schruf zit. nach Elfriede Werthan: Weiße Pisten, Gold und Geld. Eine Geschichte des alpinen Skisports, Reichling 1976, S. 21 f.

6 Christoph Iselin zit. nach: Hermann Nussbaumer: Sieg auf weißen Pisten. Eine Geschichte des alpinen Skisports, München 1963, S. 17

7 Alois Kosch: Hygiene beim Schneelauf. Ein kurzgefaßter Leitfaden zu einer selbstverständlich-natürlichen Körperpflege, Münche 1932, S. 14

VIII. ALPEN-CURIOSA MIT UND OHNE ABSICHT

Textnachweis

Christoph Meiners: Die erhabene Jungfrau
Aus: Briefe über die Schweiz, 4 Theile, Berlin 1788–1790, 2. Teil, S. 15 f.

Heinrich Clauren: Des Ritters Wilhelm erste Begegnung mit Mimili
Aus: Mimili, Stuttgart 1827, S. 16 ff.

Heinrich Heine: Tirol ist sehr schön
Aus: Reisebilder, 3. Teil: Reise von München nach Genua. In: Werke und Briefe in 10 Bden., hrsg. von Hans Kaufmann, Berlin 1961, Bd. 3, S. 218 f.

Johann Gistl: Almbesuch in des Hexameters Nähe
Aus: Die bayrischen Alpen. Reminiszenzen einer Gebirgsreise. In: Münchener Lesefrüchte belehrenden Inhalts, München 1831, S. 89 ff.

Emma von Niendorf: Süßer die Alpenblümchen
Aus: Wanderleben am Fuße der Alpen, Heilbronn 1843, S. 186 ff.

M. E. Schleich: Pimplhuber im Gebirg
Aus: Pimplhuber im Gebirg. Für Freunde des Humors beschrieben von M. E. Schleich, München 1853, S. 26 ff.

Ludwig Steub: Das Frühstück auf dem Berg
Aus: Alpenreisen, hrsg. von Ludwig Merkle. Mit 48 Ill. nach Adolf Obermüllner u. a., München 1978, S. 183 ff.

Ludwig Steub: Die Poesie des Almenlebens
Aus: Alpenreisen, a. a. O., S. 81 ff.

Mark Twain: Expedition auf den Riffelberg
Aus: Mark Twain bummelt durch Europa, München 1967

Karl Stieler: Alpen teutonisch
Aus: Neue Hochlandlieder, Stuttgart 1881, S. 121 f.

Alphonse Daudet: Tartarins Reise in die Schweizer Alpen
In: Werke, übers. von Liselotte Ronte und Walter Widmer, München (Winkler) 1972, S. 506 f.

Karl May: König Ludwig II. und die Muhrenleni
Aus: Der Weg zum Glück. Roman aus dem Leben König Ludwig des Zweiten. Mit einem Vorwort von Klaus Hoffmann, Hildesheim, New York 1971, S. 13 ff.

Karl Valentin: Alpenveilchen
In: Karl Valentins Gesammelte Werke, München 1961, S. 324 ff. © R. Piper & Co. Verlag

Kurt Tucholsky: Kartengruß aus dem Engadin
In: Gesammelte Werke, hrsg. von Mary Gerold-Tucholsky und Fritz J. Raddatz, 10 Bde., Reinbek bei Hamburg 1975, Bd. II: Werke 1925–1926, S. 473. © 1960 by Rowohlt Verlag GmbH

Kurt Tucholsky: Ausflug auf die Zugspitze
In: Gesammelte Werke ..., a. a. O., S. 479 ff.

Erich Kästner: Vornehme Leute, 1200 Meter hoch
In: Gesammelte Schriften für Erwachsene, 8 Bde., Atrium Verlag, Zürich 1969, Bd. 1: Gedichte, S. 158 f. © Erich Kästner Erben, München

Erich Kästner: Maskenball im Hochgebirge
In: Gesammelte Schriften für Erwachsene, a. a. O., S. 181 f.

Ödön von Horváth: Die Eispickelhexe
In: Gesammelte Werke, hrsg. von Traugott Krischke und Dieter Hildebrandt, Frankfurt/M. 1970, Bd. III, S. 173 f. © Suhrkamp Verlag

Ödön von Horváth: Wintersportlegendchen
In: Gesammelte Werke, a. a. O., S. 173

Ernst Jandl: lawinenspiel
In: ernst jandl für alle, Darmstadt 1974, S. 169. © Verlag Hermann Luchterhand

Bibliographie

Addison, Joseph: Remarks on Several Parts of Italy (zuerst 1705), London 1753

Agassiz, Louis: Etudes sur les glaciers, Neuchâtel 1840. Dt.: Untersuchungen über die Gletscher. Nach der Natur gezeichnet und lithographiert von J(oseph) Bettannier, Neuchâtel 1840

Agassiz, Louis: Nouvelles études et expériences sur les glaciers actuels, Paris 1847

Alpines Handbuch. Unter Mitarbeit von Georg Blab u. v. a. hrsg. vom Deutschen und Österreichischen Alpenverein, 2 Bde., Leipzig 1931

Altmann, Johann Georg: Versuch einer historischen und physischen Beschreibung der helvetischen Eisbergen, Zürich 1751

Andreae (Johann Gerhard Reinhard:) Briefe aus der Schweiz nach Hannover geschrieben in dem Jahre 1763, 2. Abdruck, Zürich und Winterthur 1776

(Anonym:) Taschenbuch für Reisende im Berner Oberlande, Aarau 1829

(Bächtold-Stäubli, Hanns/Hrsg.:) Handwörterbuch des deutschen Aberglaubens, hrsg. unter besonderer Mitwirkung von E. Hoffmann-Krayer und Mitarbeit zahlreicher Fachgenossen von Hanns Bächtold-Stäubli, 10 Bde., Berlin und Leipzig 1928–1942

(Baedeker, Karl:) Die Schweiz. Handbuch für Reisende, nach eigener Anschauung und besten Hülfsquellen bearbeitet (zuerst 1844), 3., verbesserte Aufl., Koblenz 1851

Ball, John (Hrsg.): Peaks, Passes and Glaciers, London 1859 (= 1. Band der Veröffentlichungen des Alpine Club)

Balzac, Honoré de: Briefe an die Fremde, 2 Bde., Leipzig 1911

Bauer, Hans: Wenn einer eine Reise tut. Eine Kulturgeschichte des Reisens von Homer bis Baedeker, Leipzig 1971

Benk, Franz: Die Geschichte des Skilaufs und seine wirtschaftliche Bedeutung, Diss. Innsbruck o.J. (1956)

Berlepsch, H. A.: Der Genfer-See und das Chamouny-Thal. Ein Führer für Fremde, Leipzig 1858

Berlepsch, H. A.: Das Berner Oberland. Ein Führer für Fremde, Leipzig 1858

Beitzke, H.: Die Alpen. Ein geographisch-historisches Bild, Colberg 1843

Bierbaum, Otto Julius: Eine empfindsame Reise im Automobil (zuerst 1903), München 1954

Bögli, Hans: Die Schweiz zur Römerzeit, Bern o.J.

Bordier, César Louis: Voyage pittoresque aux Glacières de Savoye, fait en 1772, Genève 1773

Bourquin, Marcus (Hrsg.): Die Schweiz in alten Ansichten und Stichen, Konstanz 1968

Bourrit, Marc Théodore: Description des glacières, glaciers et amas de glace du Duché de Savoie, Genève 1773. Faksimiledruck, hrsg. von Yves Ballu, Genève 1977

Bourrit, Marc Théodore: Nouvelle description des glacières, vallées de glace et glaciers, qui forment la grande chaîne des Alpes, de Savoie, de Suisse et d'Italie, tome 1–3, Genève 1787. Faksimiledruck, hrsg. von Yves Ballu, Genève 1981

Die Brennerautobahn. Die erste alpenüberquerende Vollautobahn, hrsg. von der Brenner AG im Verlag Tiroler Nachrichten 1972

Brooke, Arthur de Capell: Winter in Lapland and Sweden, London 1827

Brun, Friederike: Tagebuch einer Reise durch die östliche, südliche und italienische Schweiz. Ausgearbeitet in den Jahren 1798/99, Kopenhagen 1800

Burke, Edmund: Philosophical Enquiry into the Origin of our Ideas of the Sublime and the Beautiful, London 1757. Dt.: Philosophische Untersuchung über den Ursprung unserer Ideen vom Erhabenen und Schönen, übers. von Friedrich Bassenge, neu eingeleitet und hrsg. von Werner Strube, Hamburg 1980

Büttner, Heinrich: Vom Bodensee und Genfer See zum Gotthardpaß. In: Die Alpen in der europäischen Geschichte des Mittelalters. Reichenau-Vorträge 1961–1962 (= Vorträge und Forschungen, hrsg. vom Konstanzer Arbeitskreis für mittelalterliche Geschichte, geleitet von Theodor Mayer), Konstanz/Stuttgart 1965, S. 77–110

Byron, George Gordon Lord: Sämtliche Werke, 3 Bde., Bd. III: Dramen, übertragen von A. Seubert, nach der historisch-kritischen Ausgabe überarbeitet sowie mit Anmerkungen und einem Nachwort zur 2. Gesamtausgabe hrsg. von Siegfried Schmitz, München (Winkler) 1978

Byron, (George Gordon) Lord: Briefe und Tagebücher, neu hrsg. von Leslie A. Marchand, Frankfurt/M. 1985

Charpentier, Jean de: Essai sur les glaciers, Lausanne 1841

Chevallier, Elisabeth: Le passage du Mont Cenis au XVIIIᵉ siècle d'après quelques voyageurs français. In: Atti, vol. VII, ed. Centro di studi e documentazione sull'Italia romana, Milano 1975/76, S. 117–135

Chezy, Helma Wittwe von: Norika. Neues ausführliches Handbuch für Alpenwanderer und Reisende durch das Hochland von Österreich ob der Enns, Salzburg, die Gastein, die Kammergüter, Lilienfeld, Mariazell, St. Florian und die obere Steyermark. Mit einer Karte und Ansichten, München 1833

Christoffel, Ulrich: Der Berg in der Malerei. Der Schweizer Alpenclub zur Hundertjahrfeier 1963 an seine Mitglieder

Clauren, Heinrich: Mimili, Stuttgart 1827

Coleridge, Samuel Taylor: Gedichte. Engl. u. dt., übers. und mit einer Einleitung hrsg. von Edgar Mertner, Stuttgart 1973

Coolidge, W. A. B.: The Alps in Nature and History, London 1908

(Cooper, James Fenimore:) Streifereien durch die Schweiz. Nach dem Englischen des J. Fenimore Cooper, Verfasser des ›Piloten‹, des ›Spions‹ etc. von Georg Nicolaus Bärmann. In zwei Theilen, Berlin 1836

Coryat, Thomas: Crudities, London 1611

Coxe, William: Sketches of the Natural, Civil and Political State of Switzerland, London 1779

Daudet, Alphonse: Werke, übers. von Liselotte Ronte und Walter Widmer, München (Winkler) 1972

Dauthendey, Max: Frühe Prosa. Aus dem handschriftlichen Nachlaß hrsg. von Hermann Gerstner unter Mitarbeit von L. Klaffki, München und Wien 1967

Dent, T. T.: Hochtouren. Ein Handbuch für Bergsteiger, übers. und hrsg. von Walther Schulze, Leipzig 1893

Desor, Edouard: Excursions et séjours dans les glaciers, Neuchâtel 1844

(Desor, Edouard:) Agassiz' und seiner Freunde geologische Alpenreisen in der Schweiz, Savoyen und Piemont. Unter Agassiz', Studers und Carl Vogts Mitwirkung verfaßt von E. Desor, 2., stark vermehrte Aufl., Frankfurt/M. 1847

Deutelmoser, Claus: Ski alpin. Mit weiteren Beiträgen von Sepp Huber, Jupp Suttner, Walter Schwarz und Wolfgang Winheim, München 1976

Dickens, Charles: Klein Dorrit. Übers. von M. Busch, durchgesehen von A. Ritthaler. Mit den 39 Illustrationen von H. K. Browne zur Erstausgabe, 2. Aufl., München (Winkler) 1978

Diesel, Eugen: Autoreise 1905, Leipzig 1941

Dreyer, A(loys): Alpenreisen und Bergbesteigungen im 18. und zu Beginn des 19. Jahrhunderts (= Sonderabdruck aus: Zeitschrift des Deutschen und Österreichischen Alpenvereins, Bd. XLV), Wien 1914

Dreyer, A(loys): Schweizerreisen deutscher Dichter in der zweiten Hälfte des 18. Jahrhunderts. In: Jahrbuch des Schweizer Alpenclub 48 (1913), S. 185–205

Droste-Hülshoff, Annette von: Werke, hrsg. von Reinhold Schneider, Bd. IV: Erzählungen, Briefe, Vaduz 1948

Dübi, H.: Saracenen und Ungarn in den Alpen. In: Jahrbuch des Schweizer Alpenclub, XIV. Jg. (1878–1879), S. 462–492

Dübi, H.: Die Feldzüge der Römer in den Alpen. In: Jahrbuch des Schweizer Alpenclub, XVI. Jg. (1880–1881), S. 463–482

Dübi, H.: Allerlei Notizen über die Alpen aus antiken Schriftstellern. In: Jahrbuch des Schweizer Alpenclub, XVII. Jg. (1881–1882), S. 377–406

Dübi, H.: Die Römerstraßen in den Alpen, 2 Teile. In: Jahrbuch des Schweizer Alpenclub, XIX. Jg. (1883–1884), S. 381–416; XX. Jg. (1884–1885), S. 344–363

Ducrey, Pierre: Routes transalpines et interalpines dans l'antiquité. In: Jean François Bergier (Hrsg.): Histoire des Alpes. Perspectives nouvelles. Geschichte der Alpen in neuer Sicht (= Journée Nationale des Historiens Suisses – Schweizer Historikertag, Zürich 19. Mai 1979), Basel und Stuttgart 1979, S. 11–15

Ebel, J(ohann) G(ottfried): Anleitung auf die nützlichste und genußvollste Art in der Schweitz zu reisen, Zwey Theile, Zürich 1793

Ebel J(ohann) G(ottfried): Anleitung auf die nützlichste und genußvollste Art die Schweitz zu bereisen. Mit drey geätzten Blättern, welche die ganze Alpenkette, von dem Säntis im Kanton Appenzell an bis hinter den Montblanc darstellen; nebst einem Titelkupfer, einer Schweitzerkarte, einer Profilkarte und einer Abbildung der beßten Art Fußeisen, auf Gletschern zu gehen, 3., sehr vermehrte Aufl., 4 Theile, Zürich 1809

Ebel, J(ohann) G(ottfried): Über den Bau der Erde in dem Alpen-Gebirge zwischen 12 Längen- und 2–4 Breitengraden. Nebst einigen Betrachtungen über die Gebirge und den Bau der Erde überhaupt. Mit geognostischen Karten, 4 Theile, 3. sehr vermehrte Aufl., Zürich 1809–1810

Egger, Rudolf: Der Alpenraum im Zeitalter des Übergangs von der Antike zum Mittelalter. In: Die Alpen in der europäischen Geschichte des Mittelalters. Reichenau-Vorträge 1961–1962 (= Vorträge und Forschungen, hrsg. vom Konstanzer Arbeitskreis für mittelalterliche Geschichte, geleitet von Theodor Mayer), Konstanz und Stuttgart 1965, S. 15–28

Evelyn, John: Diary, London 1908

Erler, Gotthard (Hrsg.): Spaziergänge und Weltfahrten. Reisebilder von Heine bis Weerth, München 1977

Erler, Gotthard (Hrsg.): Streifzüge und Wanderungen. Reisebilder von Gerstäcker bis Fontane, München 1979

(Faber, Felix:) Die Reisen des Felix Faber durch Tirol in den Jahren 1483 und 1484. Aus dem Lat. übers. von Josef Graber, mit einem Anhang, (= Schlern-Schriften, hrsg. von R. Klebelsberg,) Innsbruck und München 1923, S. 7–37

Faesi, Johann Conrad: Genaue und vollständige Staats- und Erdbeschreibung der ganzen helvetischen Eidgenossenschaft, derselben gemeinen Herrschaften und zugewandten Orten, 4 Bde., Zürich 1765–1768

Faessler, Peter: Bodensee und Alpen. Die Entdeckung einer Landschaft in der Literatur, Sigmaringen 1985

Favre, Alphonse: H. B. de Saussure et les Alpes (= Bibliothèque universelle et revue Suisse, Bd. 36), o. O., 1869

Feist, Leo: Die Stilfserjochstraße. In: Der Obere Weg. Von Landeck über den Reschen nach Meran (= Jahrbuch des Südtiroler Kulturinstitutes Bd. V, VI, VII), Bozen 1965–1967, S. 436–445

Fetz, Friedrich (Hrsg.): Lexikon des alpinen Schifahrens, Innsbruck 1975

Fischer, Hans: Johann Jakob Scheuchzer (2. August 1672–23. Juni 1733). Naturforscher und Arzt (= Neujahrsblatt auf das Jahr 1973 als 175. Stück von der Naturforschenden Gesellschaft in Zürich zur Erinnerung an den 300. Geburtstag, den 2. August 1972, des großen Zürcher Naturforschers, Universalgelehrten und Arztes hrsg.), Zürich 1973

Flaubert, Gustave: Tagebücher. Gesamtausgabe in 3 Bänden, Potsdam 1919

Forbes, James David: Travels through the Alps, Edinburgh 1844

Forbes, James D(avid): Reisen in den Savoyer Alpen und in anderen Theilen der Penninen Kette nebst Beobachtungen über die Gletscher, bearbeitet von Gustav Leonhard, Stuttgart 1845

Franz, Leonhard: Menschen und Gebirge in zwei Jahrtausenden. In: Jahrbuch des Deutschen Alpenvereins, Bd. 25 (1967), S. 181–190

(Freshfield, Mrs. Henry:) Alpine Byways or light Leaves gathered in 1859 and 1860. By a Lady, London 1861

Freshfield, Douglas W.: Italian Alps. Sketches in the Mountains of Ticino, Lombardy, the Trentino and Venetia, London 1875

Freestone, Charles L.: Die Hochstraßen der Alpen. Ein Automobilführer zum Befahren von über 100 Alpenpässen. Autorisierte deutsche Ausgabe von St. Bloch, 2. Aufl., Berlin 1911

Friedell, Egon: Kulturgeschichte der Neuzeit. Die Krisis der europäischen Seele von der schwarzen Pest bis zum ersten Weltkrieg (zuerst 1927 ff.), München o. J.

Führer durch das Alpine Museum in München, bearbeitet von Hermann Bühler, München 1941

Gagliardi, Ernst: Geschichte der Schweiz. Von den Anfängen bis zur Gegenwart. Bd. II: Vom Ausscheiden aus dem Deutschen Reiche bis zur Gegenwart 1648–1937, Zürich 1937

(Geßner, Konrad:) Brief über die Bewunderung der Berge, 1541 geschrieben vom Arzt Konrad Geßner an Jakob Vogel (1. Druck in lateinischer Sprache in: Libellus de lacte et operibus lactariis – Schrift über die Milch und die Milchwirtschaft – Zürich 1541)

Gesneri, Conrad: Historia animalium, 4 vol. Fol., Tiguri 1551 bis 1558

Gesneri, Conrad: De fossilium, lapidum et gemmarum figuris, Tiguri 1568

(Geßner, Konrad:) Vogelbuch oder Außführliche Beschreibung und lebendige, ja auch eigentliche Controfactur und Abmahlung aller und jeder Vögel/wie dieselben unter dem weiten Himmel allenthalben gefunden und gesehen werden. Erstlich durch den hochgelehrten Herrn Doctorn Conrad Geßnern in Latein beschrieben/Nachmals aber durch Rudolf Heußlein in Hoch Teutsch versetzt/jetzt an vielen Orten rastigiert und verbessert, Franckfurt am Mayn 1600

(Geßner, Konrad:) Thierbuch/Das ist Außführliche Beschreibung und lebendige, ja auch eigentliche Contrafactur und Abmahlung aller vierfüssigen Thieren/so auff der Erden und in Wassern wohnen Sampe derselben Nutzbarkeit und Güte/so wol in Essenspeiß und Küchen/als in der Artzney und Apotheken. Durch den weitberümpten Herrn Doctor Conrad Gesner in Latein erstmals beschriben, Hernach aber von Herrn Conrad Forer der Artzney D. ins Teutsch gebracht. Jetzt aber an vielen Orthen gebessert, Heidelberg 1606

(Geßner, Konrad:) Fischbuch/Das ist Außführliche Beschreibung und lebendige Conterfactur aller und jeden Fischen/von dem kleinsten Fischlein an biß auff den größten Wallfisch. Durch den weitberümpten Herrn Doctor Conrad Gesner in Latein erstmals beschrieben. Hernach aber von Herrn Conrad Forer der Artzney D. ins Teutsch gebracht. Jetzt aber an vielen Orthen gebessert, Franckfurt am Mayn 1608

(Geßner, Konrad:) De Serpentibus oder Schlangenbuch. Das ist/ein grundtliche und vollkomme Beschreibung aller Schlangen/so im Meer/süssen Wassern und auff Erden ihr Wohnung haben/ Sampt der selbigen Conterfaitung: Erstlich durch den hochgelehrten weitberümbden Herrn D. Conrad Geßnern zusamen getragen und beschrieben/Und hernacher durch den wolgelehrten Herrn Jacobum Carronum gemehrt/und in diese Ordnung gebracht: An jetzo aber mit sonderem Fleiß verteutscht, Heydelberg 1613

Gilbert, Josiah und Churchill, G. C.: Die Dolomitberge. Ausflüge durch Tirol, Kärnten, Krain und Friaul in den Jahren 1861, 1862 und 1863. Mit einem geologischen Abschnitte. Aus dem Engl. von Gustav Adolf Zwanziger, Klagenfurt 1865

Gistl, Johannes: Die bayrischen Alpen. Reminiszenzen einer Gebirgsreise. Münchener Lesefrüchte belehrenden und unterhaltenden Inhalts, München 1831

Glauser, Fritz: Der Gotthardtransist von 1500–1660. Seine Stellung im Alpentransit. In: Jean François Bergier (Hrsg.): Histoire des Alpes. Perspectives nouvelles. Geschichte d. Alpen in neuer Sicht (= Journée Nationale des Historiens Suisses – Schweizer Historikertag, Zürich 19. 5. 1979), Basel und Stuttgart 1979, S. 16–52

Glutz-Blotzheim, Robert: Handbuch für Reisende in der Schweiz (zuerst 1789/90), 6., verbesserte Aufl., hrsg. von E. Schoch, Zürich 1830

Golowin, Sergius: Menschen und Mächte. Sagen zwischen Jura und Alpen, Zürich 1970

Görres, Guido: Gesammelte Briefe von Joseph von Görres, München 1858

Görres, Joseph von: Gesammelte Briefe, I. Bd.: Familienbriefe, München 1858

Goethe, Johann Wolfgang: Tagebücher, Briefe, Gedichte, Handzeichnungen, hrsg. von Hans Wahl, Gotha 1921

Goethe, Johann Wolfgang von: Gedenkausgabe der Werke, Briefe und Gespräche, hrsg. von Ernst Beutler, 2. Aufl., Zürich (Artemis), 1961 ff.

Goethe, Johann Wolfgang von: Werke in sechs Bänden. Nach dem Text der Artemis-Gedenkausgabe, München (Winkler) 1973 ff.

Goethe, Johann Wolfgang: Die Schweizer Reisen 1775/1779/1797. Nach dem Text der von Ernst Beutler hrsg. Artemis-Gedenkausgabe, Zürich (Artemis) 1979

Grass, Franz: Guarinoni und die Anfänge der Geomedizin in Tirol. In: Hippolytus Guarinonius (1571–1654). Zur 300. Wiederkehr seines Todestages zusammengestellt von Anton Dörrer, Franz Grass, Gustav Sauser und Karl Schadelbauer, Innsbruck 1954, S. 113–118

Grimm, Jacob: Deutsche Mythologie (zuerst 1835), 3 Bde., Frankfurt/M. 1981

Grimm, Ludwig Emil: Erinnerungen aus meinem Leben, hrsg. und ergänzt von Adolf Stoll, Leipzig 1911

Grohmann, Paul: Wanderungen in den Dolomiten, Wien 1877

Gruner, Gottlieb Sigmund: Die Eisgebirge des Schweizerlandes. Drei Theile, Bern 1760

(Gruner, Gottlieb Sigmund:) Die Naturgeschichte Helvetiens in der alten Welt. Beschrieben von Gottlieb Sigmund Gruner, Mitglied der kayserlichen Akademie der Naturforscher und der ökonomischen Gesellschaft in Bern Ehrenmitglied, Bern 1775

(Guarinoni, Hippolyt:) Die Grewel der Verwüstung des Menschlichen Geschlechts. In sieben unterschiedliche Bücher und unmeideinliche Hauptstucken/sampt einem lustigen Vortrab/abgetheilt. Newlichst gestellt durch Hippolytum Guarinonium Art u. Med. Doctorem, deß königlichen Stifts Hall im Yntal/und daselbst F. F. Durchl. Erzherzoginen zu Österreich, Ingolstatt 1610

Guntern, Josef: Walliser Sagen, Olten 1963

Guts Muths, Johann Christoph Friedrich: Gymnastik für die Jugend, 2. Aufl., Schnepfenthal 1804

(Hacquet, Belsazar:) Hacquets mineralogisch-botanische Lustreise von dem Berg Terglou in Krain zu dem Berg Glokner in Tyrol im Jahr 1779 und 1781, Wien 1783

Hacquet, Belsazar: Leben und Werke. Bearbeitet und eingeleitet von Georg Jakob (= Große Bergsteiger 5, ausgewählt und eingeleitet von Hans Fischer), München 1930

Hallbaum, Franz: Der Landschaftsgarten. Sein Entstehen und seine Einführung in Deutschland durch Friedrich Ludwig von Sckell 1750–1823, München 1927

Haller, Albrecht von: Die Alpen. Bearbeitet von Harold T. Betteridge, Berlin 1959 (= Studienausgaben zur neueren deutschen Literatur, hrsg. von der Deutschen Akademie der Wissenschaften zu Berlin, Institut für deutsche Sprache und Literatur, Bd. 3)

Hanke, Georg: Die großen Alpenpässe. Reiseberichte aus neun Jahrhunderten, München 1967

Hausherr, Reiner (Hrsg.): Die Zeit der Staufer. Geschichte – Kunst – Kultur. Katalog der Ausstellung im Alten Schloß und Kunstgebäude, 26. März–5. Juni 1975, veranstaltet vom Württembergischen Landesmuseum, 4 Bde., Stuttgart 1977

(Heidegger, Heinrich:) Über das Reisen durch die Schweiz. Oder kurze Anleitung für Ausländer, welche mit Zeit- und Kostensparung, einige der merkwürdigsten Alp-Gegenden bereisen wollen. Beytrag zum Handbuch für Reisende, 2. Aufl., Zürich 1792

Heine, Heinrich: Reisebilder, 3. Teil: Reise von München nach

Genua. In: Werke und Briefe in 10 Bänden, hrsg. von Hans Kaufmann, Berlin 1961

Heinse, Wilhelm: Sämtliche Werke, hrsg. von Carl Schüddekopf. Bd. 7: Tagebücher 1780–1800, Leipzig 1909
Bd. 10 (= Briefe Bd. II): Von der italiänischen Reise bis zum Tode, Leipzig 1910

Herberstein, Siegmund Frhr. von: Rerum Moscoviticarum Comentarii, Wien 1549

Herrliberger, David: Neue und vollständige Topographie der Eydgnoßschaft, in welcher die in den Dreyzehen und zugewandten auch verbündeten Orten und Landen dermal befindliche Städte, Bischthümer, Stifte, Klöster, Schlösser, Amts-Häuser, Edelsitze und Burgställe: Deßgleichen die zerstörte Schlösser, seltsame Natur-Prospecte, Gebirge, Bäder, Bruggen, Wasser-Fälle, etc. beschrieben, und nach der Natur oder bewährten Originalien perspectivisch und kunstmäßig in Kupfer gestochen, vorgestellt werden, 3 Theile, Zürich 1754–1773

Hibbert, Christopher: Gentleman's Europa-Reise, Frankfurt/M. 1969

Hirzel-Escher, Johann Caspar: Wanderungen in weniger besuchte Alpengegenden der Schweiz, Zürich 1829

Hirschfeld, Christian Cajus Laurenz: Neue Briefe über die Schweiz, Kiel 1785

Hitzer, Hans: Die Straße. Vom Trampelpfad zur Autobahn. Lebensadern von der Urzeit bis heute, München 1971

Hoffmann, Alfred: Der Landschaftsgarten, Hamburg 1963 (= Geschichte der deutschen Gartenkunst, hrsg. von Dieter Hennebo und Alfred Hoffmann, Bd. III)

Hölderlin, Friedrich: Werke, Briefe, Dokumente. Nach d. Text der von Friedrich Beißner besorgten kleinen Stuttgarter Hölderlin-Ausgabe. Ausgewählt sowie mit Nachwort u. Erläuterungen versehen von Pierre Bertaux, 3. Aufl., München (Winkler) 1977

Horaz: Sämtliche Werke. Lat. und dt., Teil I: Carmina, Oden und Epoden. Nach Kayser, Nordenflycht und Burger hrsg. von Hans Färber, 9. Aufl., München und Zürich (Artemis) 1982

Horváth, Ödön von: Gesammelte Werke, hrsg. von Traugott Krischke und Dieter Hildebrandt, Frankfurt/M. 1970

(Hugi, Franz Josef:) Naturhistorische Alpenreise. Vorgelesen der Naturforschenden Gesellschaft in Solothurn von ihrem Vorsteher Fr. Jos. Hugi, Lehrer. Mit Titelkupfer und Vignette, 2 Kärtchen, 16 Tafeln Profilansichten und 9 Tabellen berechneter Höhenunterschiede, Solothurn 1830

Hugi, Franz Josef: Über das Wesen der Gletscher und Winterreise in das Eismeer, Stuttgart und Tübingen 1842

Hugi, Franz Josef: Die Gletscher und die erratischen Blöcke, Solothurn 1843

Hugo, Victor: France et Belgique, Alpes et Pyrénées, Paris 1912

(Hürlimann, Martin/Hrsg.:) Große Schweizer. Hundertzehn Bildnisse zur eidgenössischen Geschichte und Kultur. Mit einer Einleitung von Max Huber. Unter Mitarbeit von Gerold Ermatinger und Ernst Winkler hrsg. von Martin Hürlimann, Zürich 1938

(Jandl, Ernst:) ernst jandl für alle, Darmstadt 1974

Joanne, Adolphe: Itinéraire descriptif et historique de la Suisse, du Jura Français, de Baden-Baden et de la Forêt-Noire; de la Chartreuse de Grenoble et des Eaux d'Aix; du Mont-Blanc, de la vallée du Chamouni, du Grand St.-Bernard et du Mont-Rose. Avec une Carte routière imprimée sur toile, les Armes de la Conféderation Suisse et des vingt-deux cantons, et deux grandes

Vues de la chaîne du Mont-Blanc et des Alpes Bernoises, Paris 1841

(Kaiser Maximilian I.:) Die Ehr und manliche Thaten/Geschichten und Gefehrlichaitenn des Streitbaren Ritters/und Edlen Helden Thewerdanck. Zu Ehren dem Hochloblichen Hause zu Osterreich/und Burgundien/etc. Zum Exempel aber unnd Vorbilde allen Fürstlichen Blut und Adelsgenossen Teutscher Nation. New zuegericht/Mit schoenen Figuren und lustigen Reimen volendet (zuerst 1517), Franckfurt o. J. (1553)

Kalb, Gertrud: Bildungsreise und literarischer Reisebericht. Studien zur englischen Literatur (1700–1850), Nürnberg 1981

Kant, Immanuel: Kritik der Urteilskraft. Bd. 8 der Werke in 10 Bden., hrsg. von Wilhelm Weischedel, Darmstadt 1983

Kappeler, Moritz Anton: Prodromus Crystallographiae, Basel 1723

Kappeler, Moritz Anton: Pilati montis historia. Naturgeschichte des Pilatusberges. Übersetzung des 1767 erschienenen Werkes, hrsg. durch Alfred Loepfe von der Naturforschenden Gesellschaft Luzern, Luzern 1960

Karamsin, Nikolaj: Briefe eines reisenden Russen, übers. von Johann Richter, München (Winkler) 1966

Karl, J. B.: Handbuch für Reisende durch das Königreich Baiern, 4 Bde., München 1820

Katalog zur Ausstellung Bilder vom Berg. Alpine Grafik aus 5 Jahrhunderten, hrsg. vom Deutschen Alpenverein 1982

(Katalog) Mit dem Auge des Touristen. Zur Geschichte des Reisebildes. Ausstellung in der Kunsthalle Tübingen, veranstaltet vom Kunsthistorischen Institut der Universität Tübingen 22. Aug.–20. Sept. 1981 (= Ausstellungskataloge der Univ. Tübingen Nr. 14)

(Katalog) Reisebeschreibungen des 16. bis 19. Jahrhunderts. Eine Ausstellung aus Beständen der Universitätsbibliothek Bremen und des Archivs »Spätaufklärung« vom 3. Oktober–15. November 1979, Bremen 1979

(Katalog) Vom Saumpfad zur Autobahn. 5000 Jahre Verkehrsgeschichte der Alpen. Katalog zur Ausstellung im Auftrag der Arbeitsgemeinschaft Alpenländer veranstaltet von der Bayerischen Staatsbibliothek, München, Januar–März 1978

Kästner, Erich: Gesammelte Schriften für Erwachsene, München und Zürich 1969, Bd. 1: Gedichte

Keenlyside, Francis: Berge und Pioniere. Eine Geschichte des Alpinismus, Zürich 1976

Keyßler, Johann Georg: Neueste Reise durch Deutschland, Böhmen, Ungarn, die Schweiz, Italien und Lothringen, worin der Zustand und das merkwürdigste dieser Länder beschrieben und vermittelst der Natürl: Gelehrten und Politischen Geschichte, der Mechanik, Mahler-, Bau- und Bildhauer-Kunst, Müntzen und Alterthümer erläutert wird, Hannover 1740

Klopstock, Friedrich Gottlieb: Oden, hrsg. von Paul Merker, 2 Bde., Leipzig 1913

Kohl, J(ohann) G(eorg): Alpenreisen, 3 Bde., Dresden und Leipzig 1843–1851

Kosch, Alois: Hygiene beim Schneelauf. Ein kurzgefaßter Leitfaden zu einer selbstverständlich-natürlichen Körperpflege, München 1932

Krebel, Gottlob Friedrich: Die vornehmsten europäischen Reisen, wie solche durch Deutschland, die Schweiz, die Niederlande, England, Portugall, Spanien, Frankreich, Italien, Dänemark,

Schweden, Ungarn, Polen, Preußen und Rußland, auf eine nütz-liche und bequeme Weise anzustellen sind, mit Auswcisung der gewöhnlichen Post- und Reiserouten, der merkwürdigsten Ör-ter, deren Sehenswürdigkeiten, besten Logis, gangbarsten Münz-sorten, Reisekosten etc. (zuerst 1767). Neue, verbesserte Aufl., Zweyter Theil, Hamburg o. J.

Kürsinger, Ignaz von und Spitaler Franz: Der Groß-Venediger in der norischen Central-Alpenkette, seine Ersteigung am 3. Sep-tember 1841 und sein Gletscher in seiner gegenwärtigen und ehemaligen Ausdehnung. Mit einem Anhange: Die zweite Er-steigung am 6. September 1842, Innsbruck 1843

(Küttner, Karl Gottlieb:) Briefe eines Sachsen aus der Schweiz an Seinen Freund in Leipzig, 3 Theile, Leipzig 1785–1786.

(Laborde, Jean Benjamin de und zur Lauben Beat Fidel Anton:) Tableaux topographiques, pittoresques, physiques, historiques, moraux, politiques, littéraires de la Suisse, Paris 1780–1788

(Lambert, André und Meyer, Ernst/Hrsg.:) Führer durch die römi-sche Schweiz. Unter Mitarbeit der schweizerischen Kantonsar-chäologen hrsg. von André Lambert und Ernst Meyer, 2., durch-gesehene und verbesserte Aufl., Zürich und München (Artemis) 1973

Lanser, Otto: Tiroler Volkstechnik (= Schlern-Schriften, hrsg. von R. Klebelsberg, Bd. 107), Innsbruck 1954

La Roche, Marie Sophie: Tagebuch einer Reise durch die Schweiz von der Verfasserin von Rosaliens Briefen, Altenburg 1787

Laufenberg, Walter: Welt hinter dem Horizont. Reisen in vier Jahrtausenden, Düsseldorf 1969

Leem, Knud: Nachrichten von den Lappen in Finnmarken (zuerst dän. und lat. 1767), Leipzig 1771

Lehner, Wilhelm: Die Eroberung der Alpen, Leipzig, Zürich 1924

Leonardo da Vinci: Tagebücher und Aufzeichnungen. Nach den italienischen Handschriften übers. und hrsg. von Theodor Lücke, 2. Aufl., Leipzig 1952

Leonhard, C. C. von: Agenda geognostica. Hülfsbuch für reisende Gebirgsforscher und Leitfaden zu Vorträgen über angewandte Geognosie, Heidelberg 1829

Lindgren, Uta: Alpenübergänge von Bayern nach Italien 1500 bis 1850. Landkarten – Straßen – Verkehr. Katalog zur Ausstellung im Deutschen Museum 15. Januar–15. März 1986, veranstaltet vom Deutschen Museum und vom Deutschen Alpenverein, München 1986

Livius, Titus: Römische Geschichte, Buch XXI–XXIII. Lat.-dt. hrsg. von Josef Feix, 2., verbesserte Aufl., München und Zürich (Artemis) 1980

Lohmeier, Dieter: Von Nutzbarkeit der frembden Reysen. Recht-fertigungen des Reisens im Zeitalter der Entdeckungen. In: Rei-sen und Tourismus. Auswirkungen auf die Landschaft und den Menschen. Öffentliche Ringvorlesung der Universität Trier, Wintersemester 1978/79 (= Trierer Beiträge, Sonderheft 3, Okt. 1979, hrsg. von Norbert Hinske und Manfred J. Müller, S. 2–8)

Luc, Jean André de: Physisch-moralische Briefe über die Berge und die Geschichte der Erde und des Menschen an Ihre Majestät die Königin von Großbritannien. Aus dem Franz. übers. von H. M. Marcard, Leipzig 1778

Lukan, Karl (Hrsg.): Alpinismus in Bildern. Geschichte und Gegen-wart. Mit Beiträgen von Willi End, Karl Kolar, Hans Kremsleh-ner, Erwin Mehl und Fritz Schmitt, Wien, München 1967

Lunn, Arnold: The Alps, London 1914

Lunn, Arnold: A History of Ski-ing, London 1927

Luther, Carl J.: Das Bilderbuch der alten Schneeläufer, Erfurt 1942

Luther, Carl J. (Hrsg.): Der deutsche Skilauf und 25 Jahre Deutscher Skiverband, München 1930

(Lutz, Markus): Nekrolog denkwürdiger Schweizer aus dem acht-zehnten Jahrhundert, nach alphabetischer Ordnung bearbeitet für Freunde vaterländischer Kultur und Geschichte von Markus Lutz, Aarau 1812

Maegerlein, Heinz: Faszination Ski. 100 Jahre Skilauf, hrsg. vom Deutschen Skiverband, München 1980

Marti, Benedikt: Stocc Hornii et Nessi in Bernatium Helvetiorum ditione montium, et nascentium in eis stirpium, brevis descriptio (Kurze Beschreibung des Stockhorns und Niesen im Gebiet von Bern und der auf ihm vorkommenden Pflanzen. 1. Druck: Am Schluß eines medizinischen Werkes von Valerius Cordus, hrsg. von Konrad Geßner, Zürich 1561)

Matthisson, Friedrich von: Briefe, verbesserte Aufl., Zürich 1802

Matthisson, Friedrich: Erinnerungen, 3. Aufl., Wien 1815

May, Karl: Der Weg zum Glück. Roman aus dem Leben König Ludwig des Zweiten. Mit einem Vorwort von Klaus Hoffmann, Hildesheim, New York 1971

Mayer, Hans Eberhard: Die Alpen und das Königreich Burgund. In: Die Alpen in der Europäischen Geschichte des Mittelalters. Reichenau-Vorträge 1961–1962 (= Vorträge und Forschungen, hrsg. vom Konstanzer Arbeitskreis für mittelalterliche Ge-schichte, geleitet von Theodor Mayer), Konstanz/Stuttgart 1965, S. 57–76

Mayer, Theodor: Die Alpen als Staatsgrenze und Völkcrbrücke im europäischen Mittelalter. In: Die Alpen in der europäischen Geschichte des Mittelalters. Reichenau-Vorträge 1961–1962 (= Vorträge und Forschungen, hrsg. vom Konstanzer Arbeitskreis für mittelalterliche Geschichte, geleitet von Theodor Mayer), Konstanz und Stuttgart 1965, S. 7–14

Mehl, Erwin: Grundriß der Weltgeschichte des Schifahrens. Der Weg des steinzeitlichen Jagdgerätes zum modernen Sportgerät. I. Von der Steinzeit bis zum Beginn der schigeschichtlichen Neuzeit (1860), Stuttgart 1964

(Meiners, Christoph:) Briefe über die Schweiz von C. Meiners, Professors der Weltweisheit auf der Universität zu Göttingen, 2., durchaus verbesserte und vermehrte Aufl., 4 Theile, Berlin 1788–1792

Mendelssohn-Bartholdy, Felix: Reisebilder aus der Schweiz 1842, Privatdruck Basel 1954

Mendelssohn-Bartholdy, Felix: Briefe einer Reise durch Deutsch-land, Italien und der Schweiz und Lebensbild von Peter Suter-meister. Mit Aquarellen und Zeichnungen aus Mendelssohns Reiseskizzenbüchern, Zürich 1958

Merkle, Ludwig: Alte Bergsteigerei, München 1976

Meyer, G.: Ein winterlicher Alpenübergang als politischer Schach-zug. In: Jahrbuch des Schweizer Alpenclub, IX. Jg. (1873–1874), S. 431–459

Meyer, Oskar Erich: Horace-Bénédict de Saussure als Alpenfor-scher. Ein Beitrag zur Geschichte der Geologie. In: Zeitschrift des Deutschen und Österreichischen Alpenvereins, Bd. 67 (1936), S. 159–174

Mommsen, Theodor: Die Schweiz in römischer Zeit, hrsg. und mit einem Nachwort versehen von Gerold Walser, 3. Aufl., Zürich (Artemis) 1973

Montagu, Lady Mary: Briefe aus dem Orient, Stuttgart o.J. (1962)

Montaigne, Michel de: Reisetagebuch. Gesammelte Schriften Michel de Montaignes. Historisch-kritische Ausgabe mit Einleitungen und Anmerkungen unter Zugrundelegung der Übertragung von Johann Joachim Bode. Bd. 7, übers. und eingeleitet v. Otto Flake, München und Berlin 1915

Möser, Justus: Briefe, hrsg. von Ernst Beins und Werner Pleister, Osnabrück 1939

Mügge, Theodor: Die Schweiz und ihre Zustände. Reiseerinnerungen, 3 Bde., Hannover 1847

(Münster, Sebastian:) Cosmographey: das ist/Beschreibung aller Länder/Herrschafften und fürnemesten Stetten des gantzen Erdbodens/sampt jhren Gelegenheiten/Eygenschafften/Religion/Gebräuchen/Geschichten und Handtierungen etc. Erstlich durch Herrn Sebastian Münster mit grosser Arbeit in sechs Bücher verfasset: Demnach an Welt und Natürlichen Historien durch ihne selbs gebessert: Jetzt aber mit allerley Gedechtnuswirdigen Sachen biß ins MLXCVIII jahr gemehret/mit newen Landtaflen/vieler Stetten und fürnemen Männern Contrafacturen/Waapen/und Geburtslinien/so ober die alten herzu kommen/gezieret (zuerst 1544), Basel 1598

(Murray, John:) Glance at some of the Beauties and Sublimities of Switzerland: With excursive Remarks on the various Objects of Interest, presented during a Tour through its picturesque Scenery by John Murray, London 1829

(Murray, John:) A Handbook for Travellers in Switzerland and the Alps of Savoy and Piedmont, London 1838

Nansen, Fridtjof: Auf Schneeschuhen durch Grönland (zuerst norweg. 1890), Hamburg 1891

Napoleons Briefe. Ausgewählt und hrsg. von Friedrich Schulze, Leipzig 1912

Naus, Josef: Die Besteigung der Zugspitze. In: Ludwig Schrott, Biedermeier in München. Dokumente einer schöpferischen Zeit, München 1963, S. 64f.

Nehring, Dorothee: Stadtparkanlagen in der ersten Hälfte des 19. Jahrhunderts. Ein Beitrag zur Kultur des Landschaftsgartens, Hannover und Berlin 1979 (= Geschichte des Stadtgrüns, hrsg. von Dieter Hennebo, Bd. IV)

Nicolai, Friedrich: Beschreibung einer Reise durch Deutschland und die Schweiz nebst Bemerkungen über Gelehrsamkeit, Religion und Sitten, Berlin und Stettin 1785

Niendorf, Emma von: Wanderleben am Fuße der Alpen, Heilbronn 1843

Nietzsche, Friedrich: Also sprach Zarathustra. Ein Buch für alle und keinen. In: Sämtliche Werke in 12 Bden., Stuttgart 1964, Bd. 6

Nissen, Walter: Göttinger Gedenktafeln. Ein biographischer Wegweiser, Göttingen 1962

Nussbaumer, Hermann: Sieg auf weißen Pisten. Eine Geschichte des alpinen Skisports, München 1963

Oberhummer, Eugen: Die Alpen zur Römerzeit. In: Mitteilungen des Deutschen und Österreichischen Alpenvereins, geleitet von Heinrich Heß, Nr. 7 und 8, N. F. Bd. XXXIV. Der ganzen Reihe XLIV. Bd. (1918), S. 44–46

Obernberg, J. Joseph von: Anleitung zur genußreichsten Bereisung des bayerischen Alpengebirges und einiger Gegenden von Salzburg und Tirol. Mit zwey Karten und einer Ansicht des Gebirgszuges von Salzburg bis Kempten, München 1832

Obholzer, Anton: Geschichte des Skis und des Skistockes. Ihre Entstehung und Entwicklung (= Beiträge zur Lehre und Forschung der Leibeserziehung, hrsg. vom ADL), Schorndorf 1974

Obholzer, Anton: 5000 Jahre Ski in Bildern, Innsbruck 1975

Oechsli, Wilhelm: Quellenbuch zur Schweizer Geschichte. Neue Folge, Zürich 1893

Offermann, W.: Aus den Anfängen des Skilaufes, München 1930

Ohler, Norbert: Reisen im Mittelalter, München (Artemis) 1986

Olaus Magnus: Historia de gentibus septentrionalibus, (zuerst Rom 1555). Dt: Olaj Magnj historien der Mittnaechtigen Laender. Von allerley Thuen, Wesens, Condition, Sitten, Gebreuchen ... ins Hochteutsch gebracht ... durch Johann Baptisten Ficklern, Basel 1567

Oppenheim, Roy: Die Entdeckung der Alpen, Frauenfeld und Stuttgart 1974

(Ovid:) Publius Ovidius Naso: Metamorphosen. In deutsche Hexameter übertr. und mit dem Text hrsg. von Erich Rösch, 9. Aufl., München und Zürich (Artemis) 1980

Pauli, Ludwig: Die Alpen in Frühzeit und Mittelalter. Die archäologische Entdeckung einer Kulturlandschaft, München 1980

Pauli, Ludwig: Wege und Reisen über die Alpen von der Urzeit bis ins Frühmittelalter. In: Uta Lindgren, Alpenübergänge von Bayern nach Italien 1500–1850. Katalog der Ausstellung im Deutschen Museum 15. Jan.–15. März 1986, veranstaltet vom Deutschen Museum und vom Deutschen Alpenverein, München 1986, S. 11–19

(Petrarca, Francesco:) Des Francesco Petrarca Sendschreiben an den Kardinal Giovanni Colonna, die Besteigung des Mont Ventoux betreffend. (Aus dem Lat. übers. von Viktor von Scheffel.) In: 2. Sonderausgabe der Gesellschaft alpiner Bücherfreunde, München 1963, S. 13–20

Peyer, Gustav: Geschichte des Reisens in der Schweiz. Eine culturgeschichtliche Studie, Basel 1885

(Pezzl, Johann:) Reise durch den Baierischen Kreis, Salzburg und Leipzig 1784

Pfyffer von Wyher, Franz Ludwig: Spaziergang auf dem Pilatus-Berg im Kanton Lucern. In: Archiv kleiner zerstreuter Reisen durch merkwüdige Gegenden der Schweiz, 1. Bd., St. Gallen 1796

Phelps, W. L.: The Beginnings of the English Romantic Movement, Boston, Mass. 1899

Pikulik, Lothar: Das romantische Reisen. In: Reisen und Tourismus. Auswirkungen auf die Landschaft und den Menschen. Öffentliche Ringvorlesung der Universität Trier, Wintersemester 1978/79 (= Trierer Beiträge, Sonderheft 3, Okt. 1979, hrsg. von Norbert Hinske und Manfred J. Müller, S. 9–14)

Pivec, Karl: Italienwege der mittelalterlichen Kaiser. In: Die Brennerstraße. Ein deutscher Schicksalsweg von Innsbruck nach Bozen. Jahrbuch des Südtiroler Kulturinstitutes 1961, Bd. 1, S. 84–110

(Plinius:) C. Plinius Secundus d. Ä. Naturkunde. Lat.-dt. Bücher XXI/XXII. Medizin und Pharmakologie: Heilmittel aus dem Pflanzenreich, hrsg. und übers. von Roderich König in Zusammenarbeit m. Gerhard Winkler, München u. Zürich (Artemis) 1985

Pliny: Natural History. With an english Translation in ten Volumes. Vol. IV, ed. by H. Rackham, Cambridge, Massachusetts and London 1960; vol. V, a. a. O., 1961; vol. X, ed. by D. E. Eichholz,

London and Cambridge, Massachusetts 1962; vol. VII, ed. by H. W. S. Jones, Cambridge, Massachusetts and London 1966; vol. III, ed. by H. Rackham, a. a. O. 1967

Plouquet, D.: Vertrauliche Erzählung einer Schweizerreise im Jahr 1786 in Briefen, Tübingen 1787

Plouquet, Wilhelm Gottfried: Über einige Gegenstände in der Schweiz, Tübingen 1789

Polednik, Heinz: Weltwunder Skisport, Wels 1969

Pölnitz, Götz Frhr. von: Jakob Fugger, 1459–1525. In: Die großen Deutschen, hrsg. von Hermann Heimpel, Theodor Heuss, Benno Reifenberg, Gütersloh 1978, Bd. 1, S. 318–331

Polybios: Geschichte. Gesamtausgabe in 2 Bden., übertr. von Hans Drexler, 1. u. 2. Aufl. Zürich (Artemis) 1963 u. 1978

Possin, Hans Joachim: Reisen und Literatur: Das Thema des Reisens in der englischen Literatur des 18. Jahrhunderts, Tübingen 1972

(Posthandbuch:) Die Schweizerischen Alpenpässe und die Postkurse im Gebirge. Offizielles illustriertes Posthandbuch, 2. vermehrte Aufl., o. O., 1893

Pückler-Muskau, Fürst Hermann von: Jugendwanderungen. Aus meinen Tagebüchern. Für mich und andere. Vom Verfasser der Briefe eines Verstorbenen (zuerst 1835). Ausgewählte Werke in 2 Bden., hrsg. von Heinz Ohff und Eckhard Haack, Frankfurt/M. 1985, Bd. 1

Ramsauer, Franz: Die Alpen in der griechischen und römischen Literatur. Programm des königlich humanistischen Gymnasiums Burghausen für das Schuljahr 1900/1901, Burghausen o. J.

Ramsauer, Franz: Die Alpenkenntnis des Polybius, des Strabo und des Plinius des Älteren, 3 Teile. In: Deutsche Alpenzeitung, I. Jg. (1901), Nr. 4, S. 3–5; Nr. 5, S. 3–5; Nr. 6, S. 3–5

Ramsauer, Franz: Die Alpen-Provinzen im Altertum und ihre Unterwerfung durch die Römer. In: Deutsche Alpenzeitung, I. Jg., 2. Hälfte (1901/1902), Nr. 32/33, S. 15–20

Ranke-Graves, Robert von: Griechische Mythologie. Quellen und Deutung, 2 Bde., 5. Aufl., Reinbek 1965

Raymond, Petra: Literarische Entdeckung einer Landschaft: Die Romantisierung der Alpen, (Masch.) Diss. Münster 1986

Reichard, H(einrich) A(ugust) O(ttokar): Handbuch für Reisende aus allen Ständen. Nebst zwey Postkarten zur großen Reise durch Europa, von Frankreich nach England und einer Karte von der Schweiz und den Gletschern von Faucigny, Leipzig 1784

Reichard, H(einrich) A(ugust) O(ttokar): Der Passagier auf der Reise in Deutschland und einigen angränzenden Ländern, vorzüglich in Hinsicht auf seine Belehrung, Bequemlichkeit und Sicherheit, Weimar 1800

(Reichard, Heinrich August Ottokar:) Malerische Reise durch einen großen Theil der Schweiz vor und nach der Revolution, Jena 1805

Reznicek, Felicitas von: Vierhundert Jahre Bergsteigerinnen. In: Jahrbuch des Deutschen Alpenvereins 1967 (= Alpenvereinszeitschrift Bd. 92), München 1967, S. 137–145

Richter, Ed. und Purtscheller, L.: In Hochregionen. Die wissenschaftliche Erforschung der Ostalpen. Entwicklungsgeschichte des Alpinismus und der alpinen Technik, Berlin 1895

Richter, Ludwig: Lebenserinnerungen eines deutschen Malers. Mit vielen Holzschnitten, München o. J.

Roch, André: Horace-Bénédict de Saussure. Forscher und Bergsteiger. In: Berge. Das internationale Magazin der Bergwelt, Nr. 7, Juli 1984, S. 29–31

Rousseau, Jean-Jacques: Die Bekenntnisse. Die Träumereien des einsamen Spaziergängers, übers. von Alfred Semerau und Dietrich Leube. Mit Kupferstichen von Chasselat, Le Barbier, Moreau le Jeune und Monsiau, einer Einführung von Jean Starobinski sowie einem Nachwort und Anmerkungen von Christoph Kunze, München (Winkler) 1978

Rousseau, Jean-Jacques: Julie oder Die neue Héloïse, in der ersten deutschen Übertragung von J. G. Gellius, mit den 12 Kupferstichen zur Erstausgabe von G. L. Crusius nach H. F. Gravelot. Überarbeitet und ergänzt nach der Edition Rey, Amsterdam 1761, und mit einer Zeittafel von Dietrich Leube. Anmerkungen und Nachwort von Reinhold Wolff, München (Winkler) 1978

(Ruetz, Michael und Müller, Martin:) Mit Goethe in der Schweiz. Ein Bildband von Michael Ruetz, mit Texten von Martin Müller, Zürich und München (Artemis) 1979

Ruskin, John: Modern Painters (zuerst 1843–60), London 1910

(Ryff, Andreas:) Andreas Ryffs Gotthardreise im Jahre 1587. Mitgeteilt von Albert Bruckner. In: Die Alpen. Monatsschrift des Schweizer Alpenclubs XIII (1937), H. 9, S. 336 f.

Saussure, Horace-Bénédict de: Voyages dans les Alpes, précédés d'un essai sur l'histoire naturelle des environs de Genève, tome 1–4, Neuchâtel 1779–1796. Dt.: Horatius Benedictus von Saussure, Professors der Weltweisheit in Genf, Reisen durch die Alpen, nebst einem Versuch über die Naturgeschichte der Gegenden von Genf. Aus dem Französischen übersetzt und mit Anmerkungen bereichert (von Jacob Samuel Wyttenbach). Mit Kupfern. 4 Theile, Leipzig 1781–1788

(Saussure, Horace-Bénédict de:) Kurzer Bericht von einer Reise auf den Mont Blanc, im August 1787 von H.-B. de Saussure, aus dem Französischen übersetzt, Strasburg 1788

(Schaden, Adolph von:) Vollständiges Handbuch für Reisende durch die gesamte Schweiz oder: Rhätiens und Helvetiens 22 Kantone. Nach den neuesten Ansichten und besten Quellen historisch, statistisch, topo- und ethnographisch bearbeitet durch Adolph von Schaden. Mit 14 Kupferstichen, 1 Karte und precisem Register, München 1834

Schaden, Adolph von: Taschenbuch für Reisende durch Bayerns und Tyrols Hochlande, dann durch Berchtesgadens und Salzburgs Gefilde nebst Beschreibungen Hohenschwangaus, Gasteins, des Salzkammergutes und Bodensees, 2., umgearbeitete Aufl. mit 2 Karten, 2 neuen Stahlstichen und 27 malerischen Ansichten, München 1836

Schadendorf, Wulf: Zu Pferd, zu Wagen, zu Fuß. Tausend Jahre Reisen, München 1959

Schaubach, Adolph: Die deutschen Alpen. Ein Handbuch für Reisende durch Tyrol, Österreich, Steyermark, Illyrien, Oberbayern und der anstoßenden Gebiete, I. Theil, Jena 1845

Scheffer, Johannes: Lapponia, Frankfurt/M. 1673

Scheller, Johann Gerhard: Reisebeschreibung von Lappland und Bothnien, Jena 1727

Schemann, Christine: Wolkenhäuser. 48 Alpenvereinshütten in alten Ansichten und ihre Geschichte. Mit einem Vorwort von Fritz März, München 1983

Scheuchzer, Johann Jakob: Beschreibung der Naturgeschichten des Schweizerlands, (3 Teile) Zürich 1706–1708 (= Seltsamer Naturgeschichten des Schweizer-Landes wochentliche Erzelung)

Scheuchzero, Johanne Jacobo: Novae Helvetiae tabula geographica, Tiguri 1712

Scheuchzer, Joh(ann) Jakob: Helvetiae Historia Naturalis oder Natur-Historie des Schweitzerlandes. Erster Theil: Helvetiae Stoicheiographia, Orographia et Oreographia oder Beschreibung der Elementen, Grenzen und Bergen des Schweitzerlandes, Zürich 1716

Scheuchzer, Joh(ann) Jakob: Hydrographia Helvetica. Beschreibung der Seen/Flüssen/Brünnen/warmen und kalten Bäderen/ und anderen Mineral-Wasseren des Schweitzerlandes. Der Natur-Histori des Schweitzerlandes zweyter Theil, Zürich 1717

Scheuchzer, Joh(ann) Jakob: Meteorologica et Oryctographia Helvetica oder Beschreibung der Lufft-Geschichten/Steinen/Metallen/und anderen Mineralien des Schweitzerlands/absonderlich auch der Überbleibseln der Sündfluth. Ist der dritte oder eigentlich der sechste Theil der Natur-Geschichten des Schweitzerlands, Zürich 1718

Scheuchzero, Johanne Jacobo: Itinera per Helvetiae Alpinas Regiones, Tomus primus – quartus, Lugduni Batavorium (Leiden) 1723

(Scheuchzer, Johann Jakob:) Johann Jakob Scheuchzers, Weyland Profess. der Natur-Lehre und Mathematic/Canonici in Zürich, wie auch Mitglieds der kayserlichen/königlich-Englisch- und Preußischen Gesellschaften der Gelehrten etc. Naturgeschichte des Schweitzerlandes, Samt seinen Reisen über die Schweitzerische Gebürge. Aufs neue herausgegeben, und mit einigen Anmerkungen versehen von Joh(ann) Georg Sulzern, Zwei Theile, Zürich 1746

Schieder, Theodor (Hrsg.): Handbuch der europäischen Geschichte. Bd. 4: Europa im Zeitalter des Absolutismus und der Aufklärung. Unter Mitarbeit von Karl Otmar Frhr. von Aretin u. a. hrsg. von Fritz Wagner, Stuttgart 1968; Bd. 5: Europa von der französischen Revolution zu den nationalstaatlichen Bewegungen des 19. Jahrhunderts. Unter Mitarbeit von Mathias Bernath u. a. hrsg. von Walter Bussmann, Stuttgart 1981

Schiller, Friedrich: Werke in drei Bänden. Unter Mitwirkung von Gerhard Fricke hrsg. von Herbert G. Göpfert, München 1966

Schinkel, Karl Friedrich: Briefe, Tagebücher, Gedanken, Berlin 1922

Schinz, Hans Rudolf: Beiträge zur näheren Kenntnis des Schweizerlandes, 6 Hefte, Zürich 1783–1791

Schlegel, Friedrich: Ansichten und Ideen von der christlichen Kunst, hrsg. von Hans Eichner. Bd. 4 der Werke, kritische Ausgabe, hrsg. von Ernst Behler unter Mitwirkung von Jean-Jacques Anstett und Hans Eichner, Paderborn 1959

(Schleich, M. E.:) Pimplhuber im Gebirg. Für Freunde des Humors beschrieben von M. E. Schleich, München 1853

Schleif, W.: Goethes Diener, Berlin und Weimar 1965

Schopenhauer, Arthur: Reisetagebücher aus den Jahren 1803–1804, hrsg. von Charlotte Gwinner. Mit einem Faksimile und 21 Bildern nach Stichen der Zeit, Leipzig 1923

Schopenhauer, Johanna: Reise von Paris durch das südliche Frankreich bis Chamouny. Nach der 2., verbesserten und vermehrten Auflage Wien 1826, Wien 1926 (= Museum der neuesten und interessantesten Reisebeschreibungen für gebildete Leser. Vollständig nach den Originalausgaben mit Karten und Kupfern, XVI. Band)

Schrank, Franz von Paula: Reise nach den südlichen Gebirgen von Baiern in Hinsicht auf botanische, mineralogische und ökonomische Gegenstände, nebst Nachrichten von den Sitten, der Klei-dung und anderen Merkwürdigkeiten der Bewohner dieser Gegenden etc. auf Befehl der kurfürstlichen Akademie der Wissenschaften, unternommen im Jahre 1788, München 1793

Schubert, G. H. von: Wanderbüchlein eines reisenden Gelehrten nach Salzburg, Tirol und der Lombardei, Erlangen 1834

Schudt, Ludwig: Italienreisen im 17. und 18. Jahrhundert, Wien und München 1959

Schulte Watt, Helga: Deutsche Reisebeschreibungen von Kaempfer bis Stolberg. Vielfalt und Tradition des Genres im 18. Jahrhundert, Phil. Diss. University of Massachusetts 1978

Schultes, G. v.: Skizze einer Wanderung durch einen Teil der Schweiz und des südlichen Deutschlands, Würzburg 1820

Schultes, Joseph August: Reise auf den Glockner, Wien 1804

(Schwarz, Bernhard:) Die Erschließung der Gebirge von den ältesten Zeiten bis auf Saussure (1787). Nach Vorlesungen an der Königlichen Bergakademie zu Freiberg i. S. für Geographen, Kulturhistoriker und Militärs, dargestellt von Dr. Bernhard Schwarz, 2. Ausgabe, Leipzig 1888

Schweiger-Lerchenfeld, Amand Frhr. von: Alpenglühen. Naturansichten und Wanderbilder. Ein Hausbuch für das deutsche Volk, Stuttgart, Berlin und Leipzig o. J.

Seidlmayer, Michael: Ulrich von Hutten. In: Die großen Deutschen. Deutsche Biographie, hrsg. von Hermann Heimpel, Theodor Heuss, Benno Reifenberg, 1. Bd., Gütersloh 1978, S. 449–463

(Seippel, Paul/Hrsg.:) Die Schweiz im 19. Jahrhundert. Hrsg. von schweizerischen Schriftstellern unter Leitung von Paul Seippel, 3 Bde., Zürich 1900

Seume, Johann Gottfried: Spaziergang nach Syrakus (zuerst 1803), München 1979

Shaftesbury, Anthony Ashley: The Moralists (zuerst 1709), 4. Aufl., London 1727

Shelley, Percy Bysshe: Ausgewählte Werke. Dichtung und Prosa (engl. und dt.), hrsg. und mit einer Einleitung versehen von Horst Höhne, Hanau 1985

Silesius, Eduard: Spaziergang durch die Alpen von Traunstein zum Mont-Blanc. I. Theil: Von Wien bis zur Gotthardstraße, II. Theil: Von der Gotthardstraße bis zum Mont-Blanc, Wien 1844

Silius Italicus: Punica. With an english Translation by J. D. Duff in two Volumes, London and Cambridge, Massachusetts, 1961–1968

Simler, Josias: Descriptio Valesiae et Alpium, Tiguri 1574

Simler, Josias: De Alpibus Commentarius (zuerst 1574). Dt.: Die Alpen, übers. und hrsg. von Alfred Steinitzer, München 1931

Spazier, Karl: Wanderungen durch die Schweiz, Gotha 1790

Spescha, Pater Placidus a. Sein Leben und seine Schriften, hrsg. von Friedrich Pieth und Karl Hager, Bumplitz und Bern 1913

Spindler, Robert: Die Alpen in der englischen Literatur und Kunst, Leipzig 1932 (= Beiträge zur englischen Philologie, hrsg. von Max Förster, Heft 21)

Sprecher, Johannes Andreas von: Donna Ottavia, Basel 1878

Steinitzer, Alfred: Der Alpinismus in Bildern, 2., ergänzte Aufl., München 1924

Stendhal: Das Leben des Henry Brulard und autobiographische Schriften, übers. von Walter Widmer, München (Winkler) 1956

Stephen, Leslie: Der Spielplatz Europas (englisch: The Playground of Europe, London 1871). Übers. und bearbeitet von Henry Hoek, Zürich und Leipzig 1942

Steub, Ludwig: Alpenreisen, hrsg. von Ludwig Merkle. Mit 48 Illustrationen nach Adolf Obermüllner, Richard Püttner, Gottfried Seelos, Wilhelm Scheuchzner, Josef Wopfner, Franz Würthle u. a., München 1978

Stieler, Karl: Neue Hochlandslieder, Stuttgart 1881

Stolberg, Friedrich Leopold Graf von: Reise in Deutschland, der Schweiz, Italien und Sicilien, Bd. I, Königsberg und Leipzig 1794

Stolberg, Friedrich Leopold Graf von: Briefe, hrsg. von Wilhelm Weingand, Göttingen 1878

Stolz, Otto: Geschichte des Zollwesens, Verkehrs und Handels in Tirol und Vorarlberg von den Anfängen bis ins XX. Jahrhundert (= Schlern-Schriften, hrsg. von R. Klebelsberg, Bd. 108), Innsbruck 1953

Storr, G(ottlieb) K(onrad) Chr(istian): Alpenreise vom Jahre 1781, zwei Theile, Leipzig 1784–1786

Strabo, Walahfrid: Ad Ruadbernum Laicum (An den Laienbruder Ruadbern). In: P. Faessler (Hrsg.): Bodensee und Alpen. Die Entdeckung e. Landschaft i. d. Literatur, Sigmaringen 1985, S. 44 f.

(Strabon:) The Geography of Strabo. With an English Translation by Horace Leonard Jones, based in Part upon the unfinished Version of John Robert Sitlington Sterrett, in eight Volumes, Cambridge, Massachusetts and London 1960

Strelka, Joseph: Der literarische Reisebericht. In: Jahrbuch für Internationale Germanistik, Jg. III (1971), H. 1, S. 63–75

(Stumpff, Johannes:) Gemeiner loblicher Eydgnoschafft Stetten/ Landen und Völckeren Chronick wirdiger thaaten beschreybung. Hierin wirt auch die gelegenheit der gantzen Europe/ Item ein kurtznergriffne Chronica Germaniae oder Teutschlands/ insbesonders aber ein fleyssige histori und ordenliche beschreybung Galliae oder Franckrychs fürgestellt/darauff den obgedachte der Eydgnoschafft beschreybung volget. Welchs alles mit gar schönen Geographischen Landtaflen/Contrafetischem abmalen der Stetten/Fläcken und Schlachten/auch mit vilen alten und herrlichen Waapen/künigklicher/fürstlicher und Edler geschlächten oder Geburtstaflen fürgebildet/darzu mit fleyssigen Registern aufgescheiden/Durch Johann Stumpffen beschriben/ und in XIII bücher abgeteilt ist. Welcher summen und innhalt nach 5. nächst umbgewendten blettern eigentlich verzeichnet findst, Zürich 1548

Sueton: De vita Caesarum. Suetonius Divus Augustus. Ed. with Introduction and Commentary by John M. Carter, Bristol 1982

Swiss Pictures. Drawn with Pen and Pencil. The Illustrations by Mr. E(dward) Whymper and others. A new and enlarged Edition, London o. J.

Tafur, Pero: Aus der Reisebeschreibung des Pero Tafur, hrsg. von Karl Stehlin u. Rudolf Thommen. In: Basler Zeitschrift für Geschichte und Altertumskunde, Bd. 25 (1926), S. 50 ff.

Terra Grischuna. Graubünden. Zeitschrift für Bündner Natur, Kultur, Tourismus, Verkehr, Heft 3, 1984, und Heft 4, 1985

Tschudi, Aegidi: De prisca ac vera Alpina Rhaetia, cum caetero Alpinarum gentium tractu, mobilis ac erudita ex optimus quibus ac probatissimus autoribus descriptio, Basileae 1538

(Tschudi, Aegidius:) Haupt-Schlüssel zu zerschidenen Althertumen. Oder gründliche – theils Historische – theils Topographische Beschreibung von dem Ursprung – Landmarchen – Alten Namen – und Mutter-Sprachen Galliae Comatae ..., geschrieben durch Aegidium von Glarus genant Tschudi, Constantz 1758

Tucholsky, Kurt: Gesammelte Werke, hrsg. von Mary Gerold-Tucholsky und Fritz J. Raddatz, Reinbek 1975, Bd. 4: Werke 1925–1926

(Twain, Mark:) Mark Twain bummelt durch Europa, München 1967

Tyndall, John: The Glaciers of the Alps. Being a Narrative of Excursions and Ascents, an Account of the Origin and Phenomena of Glaciers, and an Exposition of the physical Principles to which they are related, London 1860

Tyndall, John: In den Alpen. Autorisierte Ausgabe mit einem Vorwort von Gustav Wiedemann, Braunschweig 1899

Tyndall, John: The Glaciers of the Alps. Mountaineering in 1861, London 1906

Urban, Probst: Die Alpen in der griechischen und römischen Literatur. In: Mittheilungen des Deutschen und Österreichischen Alpenvereins, redigiert von Johannes Emmer, N. F., Bd. I. Der ganzen Reihe XI. Bd., Nr. 24 (1885), S. 278–284

(Valentin, Karl:) Karl Valentins Gesammelte Werke, München 1961

Valvasor, Johann Weichhard Frhr. von: Die Ehre des Herzogthums Krain, 4 Bde., Leibach 1689

Venetz, Ignaz: Mémoire sur les variations de la température dans les Alpes de la Suisse, Zürich 1822

Vergil: Landleben. Bucolica, Georgica, Catalepton, hrsg. von Johannes und Maria Götte. Vergil-Viten, hrsg. von Karl Bayer. Lat. und dt., 4., verb. Aufl., München und Zürich (Artemis) 1981

Vieth, Gerhard Ulrich Anton: Versuch einer Enzyklopädie der Leibesübungen, Leipzig 1794

Völkl, Karl: Der obere Weg. Die via Claudia Augusta auf der Strecke von Bozen bis Landeck. In: Der obere Weg. Von Landeck über den Reschen nach Meran (= Jahrbuch des Südtiroler Kulturinstitutes Bd. V, VI, VII), Bozen 1965–1967, S. 89–102

Voltelini, Hans von: Die Bozener Eisakbrücke (sic). In: Festschrift Emil von Ottenthal (= Schlern-Schriften, hrsg. von R. Klebelsberg, Bd. IX), Innsbruck 1925, S. 164–169

(Walser, Gabriel:) Gabriel Walsers, Reformierten Predigers zu Berneck im Rheintal, kurz gefäßte Schweitzer-Geographie. Samt den Merkwürdigkeiten in den Alpen und hohen Bergen, Zürich 1770

Wagner, Johann Jakob: Historia naturalis Helvetiae curiosa, Tiguri 1680

Walcher, Josef: Nachrichten von den Eisbergen in Tyrol, Wien 1773

Weber, Beda: Das Tal Passeier und seine Bewohner. Mit besonderer Rücksicht auf Andreas Hofer und das Jahr 1809, Innsbruck 1852

Weber, Bruno: Graubünden in alten Ansichten. Landschaftsporträts reisender Künstler vom 16. bis zum frühen 19. Jahrhundert. Mit einem Verzeichnis topographischer Ansichten in der Druckgraphik von den Anfängen bis um 1880, (= Schriftenreihe des Rätischen Museums Chur 29, 1984) Chur 1984

Wehrmann, M.: Die Benützung der Alpenpässe im Altertum. In: Mittheilungen des Deutschen und Österreichischen Alpenvereins, Nr. 13, N. F. Bd. VIII. Der ganzen Reihe XVIII. Bd. (1892), redigiert von Heinrich Heß, S. 150 f.

Weiser, Friedrich Chr.: Shaftesbury und das deutsche Geistesleben, Leipzig 1916

(Weiss, Richard/Hrsg.:) Die Entdeckung der Alpen. Eine Sammlung schweizerischer und deutscher Alpenliteratur bis zum Jahr

1800. Ausgewählt und bearbeitet von Richard Weiss, Frauenfeld und Leipzig 1934

Wenzel, Heinrich: Reiseskizzen aus Tirol und dessen Nachbarschaft, Bunzlau 1837

Werthan, Elfriede: Weiße Pisten, Gold und Geld. Eine Geschichte des alpinen Skisports, Reichling 1976

Westenrieder, Lorenz (Hrsg.): Beiträge zur vaterländischen Historie. Geographie, Statistik und Landwirthschaft, München 1788–1800

(Whymper, Edward:) Edward Whympers Berg- und Gletscherfahrten in den Alpen in den Jahren 1860 bis 1869. Autorisierte dte. Bearbeitung von Friedrich Steger, Braunschweig 1872

Widmer, Sigmund: Illustrierte Geschichte der Schweiz, 2. Bd.: Entstehung, Wachstum und Untergang der alten Eidgenossenschaft, Einsiedeln, Zürich, Köln 1960

Wiesflecker, Hermann: Die Entstehung des Landes Tirol. Das Paßland an der Etsch und im Gebirge. In: Die Brennerstraße. Ein deutscher Schicksalsweg von Innsbruck nach Bozen. Jahrbuch des Südtiroler Kulturinstitutes 1961, Bd. 1, S. 66–83

Windmoser, Eduard: Zu großer Höh ein gewaltig Straß ... Zur Verkehrsgeschichte der Brennerstraße. In: Die Brennerstraße. Ein deutscher Schicksalsweg von Innsbruck nach Bozen. Jahrbuch des Südtiroler Kulturinstitutes 1961, Bd. 1, S. 303–310

Wolff, Karl Felix: Dolomitensagen. Sagen und Überlieferungen, Märchen und Erzählungen der ladinischen und deutschen Dolomitenbewohner. Mit zwei Exkursen: Berner Klause und Gardasee, 15., erweiterte dte. Aufl., Innsbruck, Wien, München 1981

Wopfner, Hermann: Die Reise des Venantius Fortunatus durch die Ostalpen. Ein Beitrag zur frühmittelalterlichen Verkehrs- und Siedlungsgeschichte. In: Festschrift Emil von Ottenthal (= Schlern-Schriften, hrsg. von R. Klebelsberg, Bd. IX), Innsbruck 1925, S. 362–417

Wretschko, Alfred Ritter von: Zur Geschichte der Tiroler Landesfreiheiten. In: Festschrift Emil von Ottenthal (= Schlern-Schriften, hrsg. von R. Klebelsberg, Bd. IX), Innsbruck 1925, S. 309–334

Wyss, H.J.: Handatlas für das Reisen im Berner Oberland, Bern 1816

Wyttenbach, Jakob Samuel: Reisen durch die merkwürdigsten Alpen des Schweizerlandes, 3. Ausgabe, Bern 1826

Wyttenbach, Samuel: Anleitung für Reisende durch die Schweiz (= Anhang zu: Historische, geographische und physicalische Beschreibung des Schweizerlandes, 3 Bde.), Bern 1782–1784

Zebhauser, Helmuth: Frühe Zeugnisse. Die Alpenbegeisterung (= Alpine Klassiker, Bd. 5), München 1986

Zeller, R.: Ein Rundgang durch das Schweizerische Alpine Museum in Bern, Bern o.J.

Zollinger, Hans von und Riegele, Fritz: Der alpine Skilauf. In: Alpines Handbuch, unter Mitarbeit von Georg Blab u.v.a. hrsg. vom Deutschen und Österreichischen Alpenverein, Leipzig 1931, Bd. II, S. 149–183

(Zschokke, Heinrich:) Die klassischen Stellen der Schweiz und deren Hauptorte in Originalansichten dargestellt, gezeichnet von Gustav Adolph Müller, auf Stahl gestochen von Henry Winkles und den besten englischen Künstlern. Mit Erläuterungen von Heinrich Zschokke, 2 Abteilungen, Karlsruhe und Leipzig 1836–1838

Register

Aufgenommen wurden Personen und Orte, die in direktem Bezug zum Thema stehen.

ANMERKUNG ZUR SCHREIBWEISE

Aus Gründen der Einheitlichkeit und besserer Lesbarkeit wurden einige
der zitierten Texte in heutiges Deutsch übertragen, Orthographie und
Zeichensetzung prinzipiell dem aktuellen Sprachgebrauch angepaßt.
Dialektbedingte Sprachfärbungen sind – soweit dies nicht der allgemeinen Verständlichkeit widerspricht – beibehalten worden. Auslassungen
in den Zitaten sind durch drei Punkte bezeichnet.

BILDNACHWEIS

Aargauer Kunsthaus: S. 143
Alpine Club, London: S. 40 l. o.,
109, 112
Archiv für Kunst und Geschichte,
Berlin: S. 16 u., 19, 27, 35,
40 r. u., 41, 48, 66, 69, 113, 124,
129, 133, 155, 159
Artothek, München: S. 135, 137,
163
Bayerische Staatsbibliothek, München: S. 36, 102, 103 l. u., 154,
165, 171, 172, 173, 177, 180, 181,
182, 188, 189, 199
Bibliothek des Deutschen Alpen-
vereins: S. 16 o., 18 u., 34, 43, 73,
75, 76, 77, 78, 79, 80, 81, 82, 83,
84, 85, 91, 92, 95, 96, 97, 98,
103 r. o., 104, 105, 107, 108, 111,
115, 119, 122, 123, 125, 126, 132,
150, 157, 192, 194. Fotos:
Karl Reiter
Bildarchiv Preußischer Kulturbe-
sitz, Berlin: S. 7, 20, 21, 24
Bundesdenkmalamt, Wien: S. 52
Daimler-Benz AG, S. 67
Deutsches Museum, München:
S. 32/33
Erben Erich Wilke: S. 190
Germanisches Nationalmuseum,
Nürnberg: S. 26 r.
Graphische Sammlung der ETH
Zürich: S. 88, 134, 201
Kärntner Landesmuseum, Klagen-
furt: S. 8

Kunsthaus, Zürich: S. 141
Kupferstichkabinett Preußischer
Kulturbesitz, Berlin: S. 130
Landeshauptarchiv, Koblenz
(Rheinland-Pfalz): S. 28
ZB Luzern (Eigentum Korpora-
tion Luzern): S. 29
Mary Evans Picture Library, Lon-
don: S. 110 u., 121, 151, 202
Musée de la Posté, Paris: S. 175
Musée d'Unterlinden, Colmar:
S. 74
Museum für Gestaltung, Zürich:
S. 70, 174, 178 r. u., 179 l. o.
Österreichische Nationalbiblio-
thek, Wien: S. 14/15, 37, 47, 100,
110 o., 166, 184, 187, 197
Österreichische Galerie, Wien:
S. 139
Photographie Giraudon, Paris:
S. 136
Privatbesitz: S. 86, 87, 152,
179 r. u., 186, 191, 195
Sammlung Schloß Windsor
Castle: S. 89
Schweizerisches Alpines Museum
Bern: S. 72, 90
Schweizerische Landesbibliothek,
Bern: S. 13, 46, 51, 53, 55, 144,
146, 161, 178 l. o. (Plakat-
sammlung)
Schweiz. PTT-Museum, Bern:
S. 31, 39, 42, 44, 49, 57, 59, 61,
62, 148, 149, 153, 167

Staatliche Graphische Sammlung,
München: S. 156, 160
Staatliche Kunsthalle Karlsruhe:
S. 64/65
Staatliche Münzsammlung, Mün-
chen: S. 11
Staatsgalerie, Stuttgart: S. 45
Tiroler Landesmuseum Ferdinan-
deum, Innsbruck: S. 63, 106, 169
Universitätsbibliothek Erlangen:
S. 101
Zentralbibliothek Zürich: S. 25,
116, 130
H. A. Berlepsch: Der Genfer-See
und das Chamouny-Thal. Ein
Führer für Fremde, Leipzig
1858: S. 60
H. Bögli: Die Schweiz zur Römer-
zeit, Bern o. J.: S. 17
Uta Lindgren: Alpenübergänge
von Bayern nach Italien
1500–1850, München 1986:
S. 50
C. J. Luther: Das Bilderbuch der
alten Schneeläufer, Erfurt 1942:
S. 176
F. Mendelssohn-Bartholdy: Reise-
bilder aus der Schweiz 1842. Pri-
vatdruck 1954: S. 145
L. Pauli: Die Alpen in Frühzeit und
Mittelalter. Die archäologische
Entdeckung einer Kulturland-
schaft, München 1980: S. 10,
26 l. o.

J.-J. Rousseau: Julie oder Die neue
Héloise, München (Winkler)
1978: S. 138
A. Steinitzer: Der Alpinismus in
Bildern, München 1924: S. 193,
196
Swiss Pictures. Drawn with Pen
and Pencil. The Illustrations by
Mr. E(dward) Whymper and
others. London o. J.: S. 54, 58,
93, 154 r. u., 168
Terra Grischuna. Graubünden.
Zeitschrift für Bündner Natur,
Kultur, Tourismus, Verkehr.
Heft 3, 1984: S. 12. Heft 4, 1985:
S. 18 o.

Für freundliche Unterstützung bei
der Bildbeschaffung danken Auto-
rin und Verlag dem Deutschen Alpenverein, vertreten durch seinen
Kulturreferenten Dr. Helmuth
Zebhauser, für fachkundigen Rat
bei der Recherche insbesondere der
Bibliotheksleiterin des DAV, Frau
Hedwig Rüber.